中国西部县域经济数据报告
(2016)

樊　森　主编

陕西新华出版传媒集团
陕西科学技术出版社
Shaanxi Science And Technology Press

图书在版编目(CIP)数据

中国西部县域经济数据报告. 2016/樊森主编. —西安:陕西科学技术出版社，2018.1

ISBN 978-7-5369-7169-1

Ⅰ. ①中… Ⅱ. ①樊… Ⅲ. ①县级经济—区域经济发展—研究报告—西北地区—2016 ②县级经济—区域经济发展—研究报告—西南地区—2016
Ⅳ. ①F127

中国版本图书馆 CIP 数据核字(2018)第 009310 号

中国西部县域经济数据报告(2016)

樊 森 主编

责任编辑 马 莹
封面设计 萨木文化

出版者 陕西新华出版传媒集团 陕西科学技术出版社
西安北大街 131 号 邮编 710003
电话(029)87211894 传真(029)87218236
http://www.snstp.com
发行者 陕西新华出版传媒集团 陕西科学技术出版社
电话(029)87212206 87260001
印 刷 陕西天地印刷有限公司
规 格 787mm×1092mm 16 开本
印 张 20
字 数 336 千字
版 次 2018 年 1 月第 1 版
2018 年 1 月第 1 次印刷
书 号 ISBN 978-7-5369-7169-1
定 价 45.00 元

编委会名单

主　　编　樊　森

编委会成员　叶　帅　马志敏　吴　娟　王　晶　齐　睿

史　云　赵　丹　王　静　李　武　王苗苗

校　　核　吴　娟　马志敏

Preface 前言

县域是我国经济发展的基础和载体，是我国全面建成小康社会的主场。西部县域是我国经济发展的后发潜力和支撑，是我国打赢脱贫攻坚战的主阵地。“郡县治、天下安”！“十八大”以来，我国对县域经济发展空前重视，但从实际层面上看，我国针对县域经济的数据统计、基础研究普遍不足，我们对于县域经济的认识，大部分只停留在稳定器、蓄水池，地位很关键、工作很重要，底子较薄、基础较差，潜力很大等层面上，但要说清楚县域经济基本层面的相关数据和问题仍然比较困难。

鉴于以上情况，中研智库定位于中国县域发展决策高端智库，中研智业作为我国县域经济综合解决方案提供商，多年来根植于县域，长期为县域提供研究咨询及规划设计服务，在其已研究出版系列经济丛书 8 本专著的基础上，精心组织安排研究出版第 9 本专著——《中国西部县域经济数据报告(2016)》(以下简称本专著)。本专著以西部县域为研究范围和起点，统计分析我国西部县域经济发展的关键数据，开展数据库建设并进行基础研究，旨在为我国县域经济发展提供基础研究成果和数据依据，为县域主政者及相关研究等人员提供基础决策服务支撑。

本专著研究涉及陕西，甘肃，宁夏，青海，新疆，四川，重庆，云南，贵州，西藏，内蒙，广西 12 个省、市、自治区，900 余个县(区)，以 2015 年数据为研究基准数，运用县域发展的生产总值、三次产业结构、工业总产值、财政收入、固定资产投资等关键经济指标，全部采用定量统计，进行指标相关分析，最终以数据研究反映得出，西部及每个省县域经济发展的整体情况、结构情况、分布情况、发展水平及与省级与西部的差距和问题等。本专著结构分为4大块，综述篇为西部整体篇，其余12篇章为每个省的研究报告及标准数据库。以上涉及12省、市、自治区，每个省的研究报告及数据库等共同构成了本专著的全部内容。

《中国西部县域经济数据报告(2016)》是对我国西部县域一次较为全面、系统的数据统计分析，全面采用数据及定量研究，建立西部县域经济数据库，以数据推算数据，以定量推导结论是本书的最大特点。从事县域经济研究是中研智库和中研智业的立足之本和使命方向。未来，中研智库将继续推动全国县域经济数据库建设，进一步深化研究层次，开展全国县域经济研究，并持续每年出成果，为我国县域经济发展贡献绵薄之力。

樊　森

2017年12月

Contents

目 录

第三编　西南五省

第四编　其他省份

第一编

西部综合

一、整体概况

（一）西部概况

中国西部地区包括12个省市及自治区，即西北五省区（陕西、甘肃、青海、新疆、宁夏），西南五省区市（四川、云南、贵州、西藏、重庆、内蒙古和广西）。2015年末西部地区常住人口38208.9万人，占全国总人口的27.8%，总面积约686.0万平方千米，约占全国总面积的72.0%。同时，西部地区与蒙古、俄罗斯、塔吉克斯坦、哈萨克斯坦、吉尔吉斯斯坦、巴基斯坦、阿富汗、不丹、尼泊尔、印度、缅甸、老挝、越南13个国家接壤，陆地边境线长达1.8万余千米，约占全国陆地边境线的91%，与东南亚许多国家隔海相望，有大陆海岸线1595千米，约占全国海岸线的1/10。

2015年末，全国大陆总人口为137462.0万人，全年国内生产总值676708.0亿元，地区人均生产总值约为4.9万元。其中，第一产业增加值60863.0亿元，第二产业增加值274278.0亿元，第三产业增加值341567.0亿元，三次产业结构比重为9.2∶42.6∶48.2。全年全国一般公共财政收入152217.0亿元，全年全社会固定资产投资562000.0亿元，全年社会消费品零售总额300931.0亿元。其中，城镇消费品零售额258999.0亿元，乡村消费品零售额41932.0亿元。

西部地区生产总值实现145521.4亿元，占全国生产总值的21.5%，人均生产总值约为3.8万元，为全国水平的77.6%。其中，第一产业增加值17364.0亿元，第二产业增加值66282.7亿元，第三产业增加值61874.7亿元，三次产业结构比重为11.9∶45.6∶42.5。公共财政预算收入17226.6亿元，占全国公共财政收入的11.3%。全社会固定资产投资142928.3亿元，占全国固定资产投资的25.4%。社会消费品零售总额55124.0亿元，占全国社会消费品零售总额的18.3%。其中，城镇消费品零售额47641.8亿元，乡村消费品零售额7482.2亿元。

（二）县域概况

中国西部地区1089个县级行政区划单位，纳入县域体系的有906个县级行政区划单位。行政区域面积约671.3万平方千米，占西部国土面积的97.9%，占全国国土面积的69.7%；户籍人口31838.0万人，约占西部总人口的

83.3%,约占全国总人口的23.1%;县域生产总值为89072.4亿元,占西部地区生产总值的61.2%,占全国国内生产总值的13.2%;县域人均生产总值约为2.8万元,为西部地区平均水平的73.7%,为全国平均水平的57.1%。其中,第一产业增加值15290.6亿元,第二产业增加值42363.8亿元,第三产业增加值31418.0亿元,三次产业结构比重为17.2∶47.5∶35.3。县域公共财政收入为6213.5亿元,占西部地区公共财政收入的36.1%,占全国公共财政收入的4.1%;县域固定资产投资为90223.9亿元,占西部地区固定资产投资的63.1%,占全国固定资产投资的16.1%。

二、经济分析

(一)生产总值

1.占比分析

(1)西部县域占西部地区生产总值比重

2015年,西部县域生产总值为89072.4亿元,占西部地区生产总值的61.2%。其中,各省县域占西部地区生产总值比重为:陕西省占6.8%、宁夏占0.9%、四川省占12.1%、新疆占4.9%、云南省占6.5%、西藏占0.5%、贵州省占5.7%、重庆占4.6%、广西占6.3%、内蒙古占9.2%、甘肃省占2.7%、青海省占1.0%(见图1-1)。

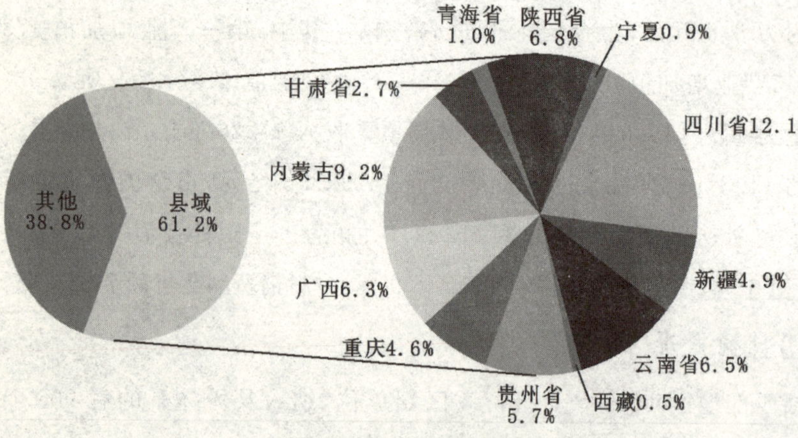

图1-1 2015年各省县域占西部地区生产总值比重

(2)各省县域占西部县域生产总值比重

2015年,西部县域生产总值为89072.4亿元。其中,陕西省占11.1%、宁夏占1.4%、四川省占19.8%、新疆占8.0%、云南省占10.7%、西藏占0.8%、贵州省占9.4%、重庆占7.5%、广西占10.3%、内蒙古占15.0%、甘肃省占4.4%、青海省占1.6%(见图1-2)。

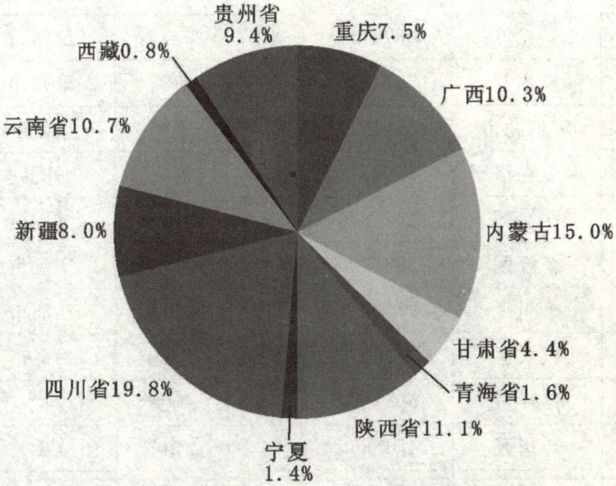

图1-2　2015年各省县域占西部县域生产总值比重

2.排名分析

(1)西部地区各省县域生产总值排名

2015年,西部地区各省县域生产总值排名依次为:四川省、内蒙古、陕西省、云南省、广西、贵州省、新疆、重庆、甘肃省、青海省、宁夏、西藏。其中,四川省生产总值为西藏的24.8倍(见图1-3)。

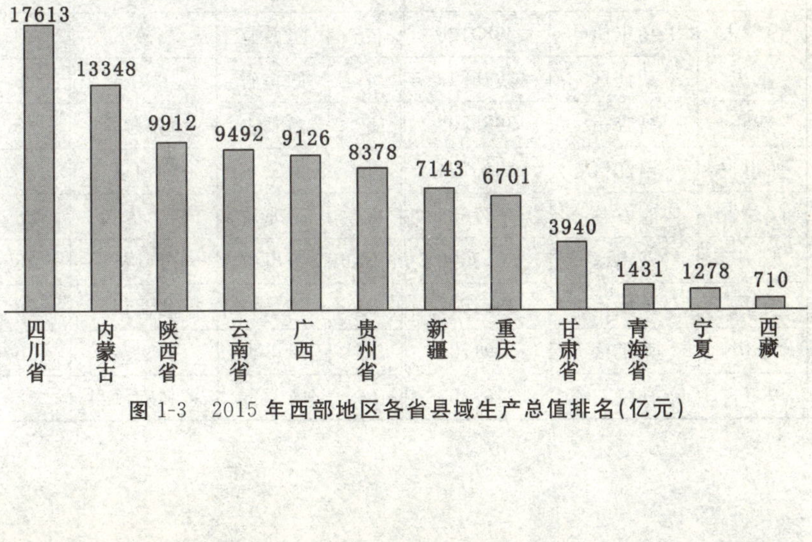

图1-3　2015年西部地区各省县域生产总值排名(亿元)

(2)西部地区县域生产总值前100名

排名	省份	单位	地区生产总值（万元）	排名	省份	单位	地区生产总值（万元）
1	内蒙古	准格尔旗	11077799	29	四川省	仁寿县	3396578
2	内蒙古	东胜区	9625930	30	云南省	大理市	3379780
3	四川省	双流区	8676111	31	四川省	彭州市	3335497
4	陕西省	神木县	8174100	32	新疆	哈密市	3307375
5	新疆	库尔勒市	6637443	33	重庆	荣昌区	3298733
6	内蒙古	伊金霍洛旗	6598912	34	重庆	开县	3259784
7	重庆	江津区	6055860	35	贵州省	七星关区	3252122
8	四川省	新都区	5827700	36	四川省	广汉市	3239278
9	重庆	永川区	5703351	37	四川省	江油市	3227387
10	陕西省	长安区	5126913	38	贵州省	兴义市	3186005
11	贵州省	仁怀市	5057200	39	新疆	石河子市	3157844
12	重庆	合川区	4761869	40	贵州省	遵义县	3138529
13	贵州省	盘县	4742399	41	陕西省	韩城市	3112887
14	内蒙古	达拉特旗	4718237	42	重庆	铜梁区	3081997
15	内蒙古	鄂托克旗	4357500	43	云南省	楚雄市	2990945
16	重庆	长寿区	4301168	44	广西	桂平市	2954931
17	四川省	西昌市	4264741	45	广西	武鸣区	2954064
18	四川省	郫县	4259679	46	四川省	威远县	2944307
19	四川省	简阳市	4013714	47	四川省	射洪县	2926481
20	内蒙古	乌审旗	3989100	48	陕西省	高陵区	2913959
21	重庆	綦江区	3945843	49	四川省	中江县	2879460
22	新疆	昌吉市	3935802	50	内蒙古	海拉尔区	2878539
23	四川省	温江区	3915784	51	内蒙古	临河区	2870842
24	陕西省	府谷县	3837635	52	青海省	格尔木市	2852412
25	重庆	璧山区	3818000	53	四川省	金堂县	2850974
26	宁夏	灵武市	3574542	54	广西	北流市	2844394
27	重庆	大足区	3491735	55	四川省	安岳县	2806021
28	内蒙古	土默特右旗	3463300	56	内蒙古	霍林郭勒市	2802800

续表

排名	省份	单位	地区生产总值（万元）	排名	省份	单位	地区生产总值（万元）
57	云南省	弥勒市	2757743	79	四川省	资中县	2361185
58	四川省	都江堰市	2753768	80	广西	临桂区	2360916
59	陕西省	靖边县	2668358	81	四川省	什邡市	2338242
60	广西	八步区	2665798	82	四川省	隆昌县	2330434
61	四川省	南部县	2661892	83	内蒙古	牙克石市	2308754
62	重庆	潼南区	2655248	84	四川省	新津县	2301816
63	广西	横县	2633734	85	四川省	崇州市	2260951
64	四川省	大竹县	2628931	86	内蒙古	满洲里市	2257860
65	甘肃省	凉州区	2611580	87	四川省	达川区	2252628
66	云南省	安宁市	2601520	88	四川省	宣汉县	2239580
67	陕西省	定边县	2576320	89	云南省	宣威市	2238424
68	贵州省	清镇市	2533349	90	重庆	忠县	2223968
69	内蒙古	阿拉善左旗	2526446	91	四川省	富顺县	2217857
70	新疆	阿拉尔市	2502806	92	广西	陆川县	2189348
71	四川省	泸县	2487867	93	四川省	渠县	2176372
72	广西	兴宾区	2465324	94	四川省	宜宾县	2173111
73	内蒙古	土默特左旗	2462287	95	新疆	喀什市	2165000
74	内蒙古	托克托县	2424539	96	云南省	昭阳区	2161418
75	重庆	梁平县	2423308	97	四川省	绵竹市	2153723
76	广西	博白县	2418856	98	广西	灵山县	2145500
77	重庆	垫江县	2398394	99	内蒙古	开鲁县	2144206
78	广西	岑溪市	2396129	100	广西	平南县	2132001

(3)西部地区各省县域人均生产总值排名

2015 年，西部地区各省县域人均生产总值排名依次为：内蒙古、新疆、宁夏、陕西省、青海省、重庆、四川省、云南省、西藏、广西、贵州省、甘肃省(见图 1-4)。

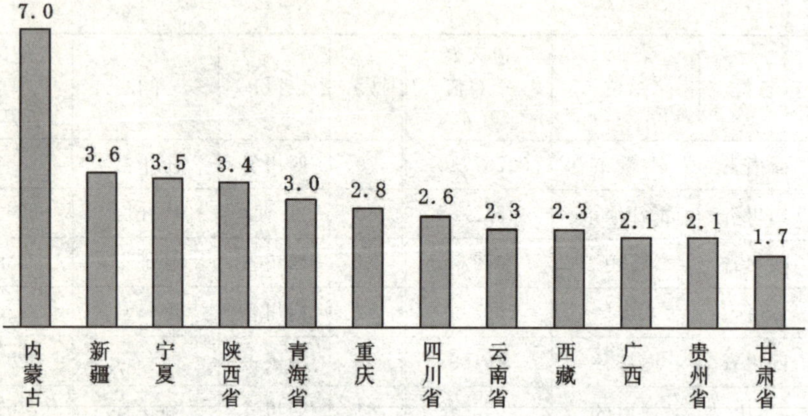

图 1-4　2015 年西部地区各省县域人均生产总值排名(万元)

(4)西部地区县域人均生产总值前 100 名

排名	省份	单位	人均生产总值(元)	排名	省份	单位	人均生产总值(元)
1	内蒙古	鄂托克旗	435750.0	15	陕西省	神木县	185775.0
2	内蒙古	伊金霍洛旗	388171.3	16	内蒙古	镶黄旗	184682.3
3	内蒙古	霍林郭勒市	350350.0	17	内蒙古	东乌珠穆沁旗	170244.1
4	内蒙古	准格尔旗	346181.2	18	内蒙古	阿拉善左旗	168429.7
5	内蒙古	东胜区	343783.2	19	内蒙古	鄂托克前旗	161237.5
6	内蒙古	呼浩特市	335769.3	20	陕西省	府谷县	153505.4
7	内蒙古	乌审旗	332425.0	21	内蒙古	陈巴尔虎旗	151533.3
8	新疆	若羌县	223067.7	22	甘肃省	阿克塞哈萨克族自治县	148538.0
9	新疆	伊吾县	221654.0	23	陕西省	凤县	148454.6
10	青海省	格尔木市	219416.3	24	内蒙古	西乌珠穆沁旗	144161.3
11	内蒙古	额济纳旗	205479.5	25	宁夏	灵武市	142981.7
12	甘肃省	肃北蒙古族自治县	202309.0	26	新疆	五家渠市	136703.1
13	内蒙古	新巴尔虎右旗	194493.3	27	内蒙古	库尔勒市	135458.0
14	内蒙古	达尔罕茂明安联合旗	189800.0	28	内蒙古	阿巴嘎旗	134710.2

续表

排名	省份	单位	人均生产总值（元）	排名	省份	单位	人均生产总值（元）
29	内蒙古	满洲里市	132815.3	55	四川省	新都	79831.5
30	内蒙古	达拉特旗	131062.1	56	内蒙古	鄂温克族自治旗	79688.9
31	西藏	巴宜区	127475.0	57	陕西省	韩城市	77822.2
32	内蒙古	苏尼特左旗	124544.8	58	内蒙古	哈密市	76915.7
33	内蒙古	托克托县	121227.0	59	内蒙古	和林格尔县	76563.3
34	内蒙古	锡林浩特市	116767.3	60	陕西省	靖边县	76238.8
35	新疆	阿拉尔市	113763.9	61	四川省	郫县	76065.7
36	新疆	昌吉市	106373.0	62	新疆	奎屯市	75227.7
37	内蒙古	乌拉特后旗	105066.7	63	内蒙古	多伦县	74588.5
38	内蒙古	海拉尔区	102805.0	64	内蒙古	新津县	74252.1
39	陕西省	吴起县	100335.1	65	陕西省	定边县	73609.1
40	云南省	安宁市	96352.6	66	甘肃省	敦煌市	72981.4
41	云南省	呈贡区	94957.4	67	贵州省	仁怀市	72245.7
42	内蒙古	土默特右旗	93602.7	68	西藏	乃东县	72024.5
43	四川省	温江区	93233.0	69	甘肃省	肃雨裕固族白治县	71880.8
44	内蒙古	阿拉善右旗	91718.7	70	陕西省	麟游县	71642.1
45	内蒙古	新巴尔虎左旗	89767.8	71	新疆	玛纳斯县	71280.0
46	陕西省	高陵区	88301.8	72	内蒙古	乌拉特中旗	71123.6
47	内蒙古	正蓝旗	87099.9	73	甘肃省	玉门市	68477.4
48	内蒙古	苏尼特右旗	85055.9	74	内蒙古	牙克石市	67904.5
49	陕西省	洛川县	84307.2	75	内蒙古	土默特左旗	66548.3
50	陕西省	志丹县	83835.8	76	陕西省	黄陵县	66306.6
51	四川省	双流区	83424.1	77	云南省	香格里拉市	66183.9
52	新疆	阜康市	82645.5	78	内蒙古	扎鲁特旗	65697.9
53	新疆	石河子市	80970.4	79	四川省	西昌市	65611.4
54	新疆	吉木萨尔县	80670.2	80	新疆	奇台县	64913.1

续表

排名	省份	单位	人均生产总值(元)	排名	省份	单位	人均生产总值(元)
81	甘肃省	华池县	64107.6	91	新疆	霍尔果斯市	59292.7
82	内蒙古	杭锦旗	64007.1	92	内蒙古	克什克腾旗	58854.3
83	新疆	沙湾县	63077.9	93	新疆	塔城市	58588.6
84	新疆	呼图壁县	62881.9	94	四川省	石棉县	58337.3
85	新疆	北屯市	62175.6	95	西藏	桑日县	58321.0
86	新疆	乌苏市	59790.2	96	内蒙古	额尔古纳市	57647.6
87	重庆	璧山	59656.3	97	云南省	楚雄市	57518.2
88	四川省	米易县	59641.0	98	西藏	米林县	57450.0
89	云南省	瑞丽市	59339.3	99	广西	右江区	57087.2
90	西藏	加查县	59327.0	100	广西	东兴市	57070.2

(二)产业结构

1.西部地区三次产业增加值比重

2015 年,西部地区生产总值实现 145521.4 亿元。其中,第一产业增加值 17364.0 亿元,第二产业增加值 66282.7 亿元,第三产业增加值 61874.7 亿元,三次产业结构比重为 11.9:45.6:42.5(见图 1-5)。

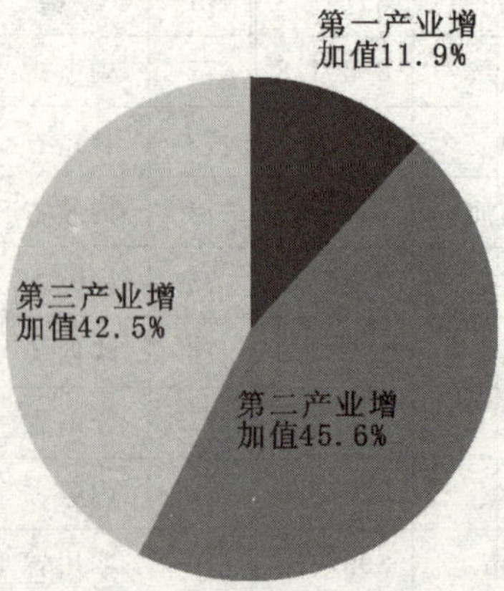

图 1-5　2015 年西部地区三次产业增加值比重

2. 西部地区县域三次产业增加值比重

2015 年，西部地区县域生产总值实现 89072.4 亿元。其中，第一产业增加值 15290.6 亿元，第二产业增加值 42363.8 亿元，第三产业增加值 31418.0 亿元，三次产业结构比重为 17.2∶47.5∶35.3（见图 1-6）。

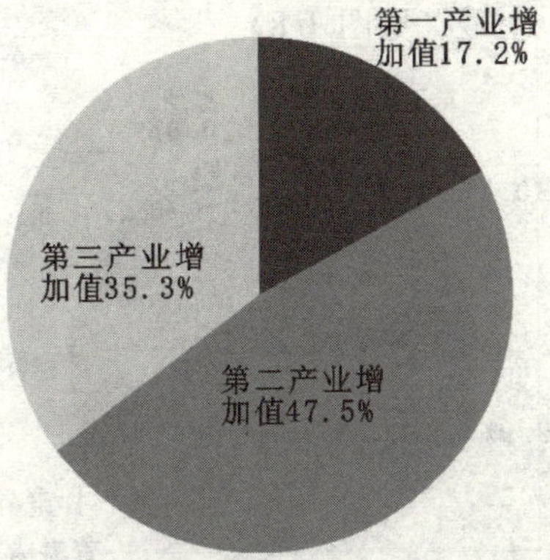

图 1-6 2015 年西部地区县域三次产业增加值比重

（三）财政收入

1. 占比分析

（1）各省县域占西部地区公共财政收入比重

2015 年，县域公共财政收入为 6213.5 亿元，占西部地区公共财政收入的比重为 36.1%。其中，陕西省占 3.0%、宁夏占 0.5%、四川省占 6.0%、新疆占 3.6%、云南省占 4.3%、西藏占 0.3%、贵州省占 4.6%、重庆占 3.9%、广西占 3.0%、内蒙古占 5.1%、甘肃省占 1.3%、青海省占 0.5%（见图 1-7）。

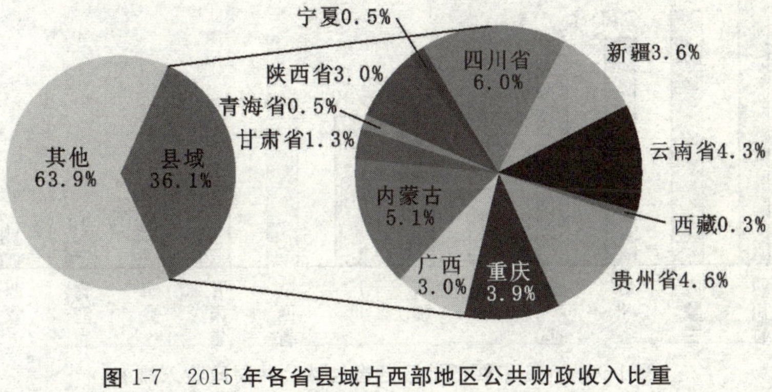

图 1-7 2015 年各省县域占西部地区公共财政收入比重

(2)各省占西部地区县域公共财政收入比重

2015年,西部地区县域公共财政收入为6213.5亿元。其中,陕西省占8.3%、宁夏占1.5%、四川省占16.6%、新疆占9.9%、云南省占11.8%、西藏占0.7%、贵州省占12.8%、重庆占10.6%、广西占8.4%、内蒙古占14.2%、甘肃省占3.7%、青海省占1.5%(见图1-8)。

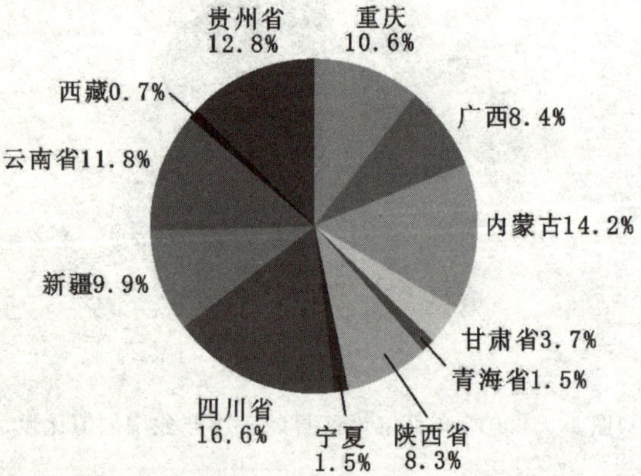

图1-8 2015年各省占西部地区县域公共财政收入比重

2.排名分析

(1)西部地区各省县域公共财政收入排名

2015年,西部地区各省县域公共财政收入排名依次为:四川省、内蒙古、贵州省、云南省、重庆、新疆、广西、陕西省、甘肃省、宁夏、青海省、西藏。其中,四川省公共财政收入为西藏的23.0倍(见图1-9)。

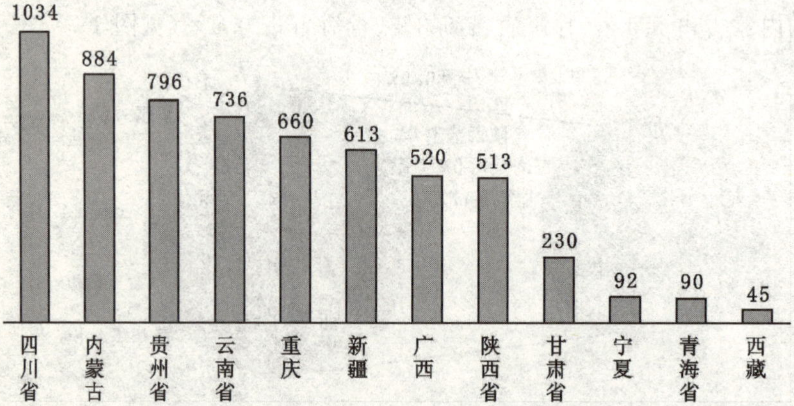

图1-9 2015年西部地区各省县域公共财政收入排名

(2)西部地区县域公共财政收入前100名

排名	省份	单位	公共财政收入(万元)	排名	省份	单位	公共财政收入(万元)
1	重庆	璧山区	1302000	27	内蒙古	霍林郭勒市	303014
2	内蒙古	东胜区	904363	28	陕西省	韩城市	301044
3	四川省	双流区	851035	29	贵州省	安龙县	297277
4	内蒙古	准格尔旗	790000	30	云南省	呈贡区	292150
5	内蒙古	伊金霍洛旗	772600	31	云南省	大理市	291900
6	贵州省	兴义市	743806	32	陕西省	吴起县	288168
7	陕西省	神木县	585202	33	贵州省	大方县	285759
8	贵州省	凯里市	584400	34	贵州省	仁怀市	283130
9	重庆	江津区	572908	35	内蒙古	乌审旗	281236
10	四川省	新都区	479591	36	内蒙古	集宁区	280268
11	贵州省	盘县	475119	37	内蒙古	托克托县	276532
12	重庆	永川区	464994	38	内蒙古	锡林浩特市	264530
13	新疆	哈密市	418729	39	云南省	安宁市	264509
14	四川省	郫县	413022	40	新疆	库车县	260292
15	重庆	合川区	409800	41	重庆	荣昌区	249166
16	陕西省	长安区	377767	42	云南省	蒙自市	246970
17	重庆	綦江区	370967	43	新疆	伊宁市	246891
18	新疆	石河子市	368259	44	重庆	铜梁区	239100
19	重庆	大足区	355828	45	陕西省	志丹县	231913
20	内蒙古	鄂托克旗	354348	46	贵州省	织金县	231400
21	新疆	昌吉市	352991	47	陕西省	定边县	230022
22	四川省	西昌市	352584	48	四川省	都江堰市	229593
23	重庆	长寿区	350247	49	贵州省	七星关区	228699
24	四川省	温江区	341439	50	重庆	开县	215563
25	云南省	文山市	321005	51	内蒙古	达拉特旗	213612
26	新疆	库尔勒市	311000	52	青海省	格尔木市	209416

续表

排名	省份	单位	公共财政收入(万元)	排名	省份	单位	公共财政收入(万元)
53	贵州省	水城县	206961	77	云南省	开远市	164640
54	内蒙古	土默特右旗	206689	78	陕西省	府谷县	164586
55	四川省	金堂县	204245	79	内蒙古	阿拉善左旗	164253
56	四川省	仁寿县	204175	80	四川省	江油市	163116
57	重庆	南川区	204142	81	内蒙古	临河区	162985
58	新疆	阜康市	202599	82	新疆	阿克苏市	160063
59	四川省	新津县	201243	83	内蒙古	鄂托克前旗	160016
60	广西	岑溪市	200035	84	内蒙古	东乌珠穆沁旗	159748
61	云南省	楚雄市	200026	85	云南省	腾冲市	159364
62	四川省	彭州市	194725	86	云南省	晋宁县	158189
63	贵州省	遵义县	192140	87	四川省	什邡市	157782
64	重庆	潼南区	190129	88	四川省	古蔺县	156536
65	内蒙古	西乌珠穆沁旗	189725	89	贵州省	都匀市	156472
66	广西	八步区	187258	90	宁夏	贺兰县	156219
67	陕西省	靖边县	187000	91	内蒙古	达尔罕茂明安联合旗	154249
68	宁夏	灵武市	186642	92	四川省	大邑县	153594
69	广西	临桂区	186227	93	重庆	垫江县	152090
70	广西	北流市	183717	94	四川省	崇州市	151448
71	贵州省	贞丰县	181483	95	广西	平果县	151304
72	四川省	简阳市	178655	96	贵州省	金沙县	151083
73	贵州省	纳雍县	175889	97	内蒙古	海拉尔区	150663
74	新疆	喀什市	173183	98	内蒙古	扎鲁特旗	150596
75	广西	宾阳县	172380	99	云南省	弥勒市	150115
76	重庆	梁平县	171357	100	内蒙古	满洲里市	149565

(3)西部地区各省县域人均公共财政收入排名

2015年,西部地区各省县域人均公共财政收入排名依次为:内蒙古、新疆、重庆、宁夏、贵州省、青海省、陕西省、云南省、四川省、西藏、广西、甘肃省(见图 1-10)。

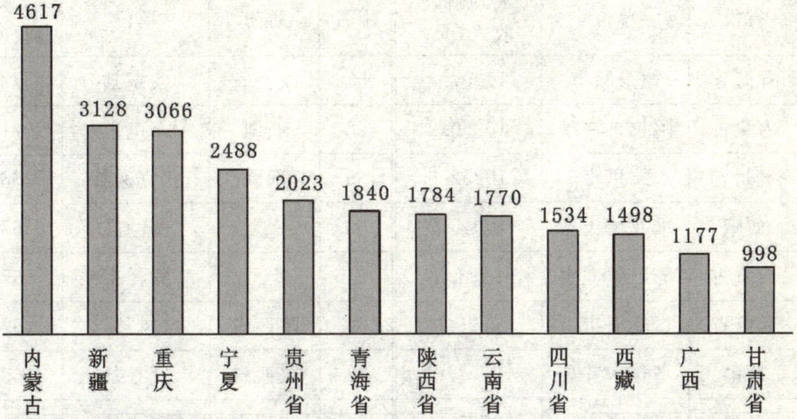

图 1-10 2015 年西部地区各省县域人均公共财政收入排名(元)

(4)西部地区县域人均公共财政收入前 100 名

排名	省份	单位	人均财政收入(元)	排名	省份	单位	人均财政收入(元)
1	内蒙古	伊金霍洛旗	45447.1	16	新疆	伊吾县	19556.5
2	内蒙古	霍林郭勒市	37876.8	17	内蒙古	呼浩特市	17341.0
3	内蒙古	鄂托克旗	35434.8	18	青海省	格尔木市	16108.9
4	内蒙古	东胜区	32298.7	19	南省	呈贡区	15376.3
5	新疆	若羌县	29419.3	20	内蒙古	锡林浩特市	14696.1
6	内蒙古	准格尔旗	24687.5	21	陕西省	志丹县	14494.6
7	内蒙古	西乌珠穆沁旗	23715.6	22	内蒙古	达尔罕茂明安联合旗	14022.6
8	甘肃省	肃北蒙古族	23438.0	23	内蒙古	托克托县	13826.6
9	内蒙古	乌审旗	23436.3	24	西藏	达孜县	13414.7
10	内蒙古	额济纳旗	20983.0	25	陕西省	神木县	13300.0
11	陕西省	吴起县	20583.4	26	新疆	五家渠市	13006.6
12	重庆	璧山区	20343.8	27	内蒙古	新巴尔虎右旗	12855.0
13	内蒙古	鄂托克前旗	20002.0	28	内蒙古	乌拉特后旗	12500.0
14	内蒙古	东乌珠穆沁旗	19968.5	29	新疆	阜康市	11917.6
15	青海省	天峻县	19650.5	30	甘肃省	阿克塞哈萨克族自治县	11915.0

续表

排名	省份	单位	人均财政收入(元)	排名	省份	单位	人均财政收入(元)
31	青海省	德令哈市	11607.5	57	陕西省	安塞县	7215.9
32	内蒙古	阿拉善左旗	10950.2	58	新疆	奎屯市	7103.7
33	贵州省	凯里市	10252.6	59	新疆	托克逊县	6880.5
34	西藏	堆龙德庆县	10045.2	60	宁夏	贺兰县	6792.1
35	内蒙古	陈巴尔虎旗	9834.3	61	广西	凭祥市	6787.8
36	云南省	安宁市	9796.6	62	陕西省	凤县	6764.9
37	新疆	乌鲁木齐县	9754.0	63	陕西省	府谷县	6583.4
38	新疆	哈密市	9737.9	64	陕西省	定边县	6572.1
39	新疆	昌吉市	9540.3	65	四川省	新都	6569.7
40	新疆	石河子市	9442.5	66	青海省	海晏县	6559.8
41	新疆	吉木萨尔县	9192.9	67	陕西省	黄陵县	6556.8
42	内蒙古	满洲里市	8797.9	68	云南省	文山市	6551.1
43	内蒙古	杭锦旗	8784.3	69	陕西省	麟游县	6540.2
44	内蒙古	集宁区	8758.4	70	四川省	新津县	6491.7
45	贵州省	兴义市	8750.7	71	新疆	库尔勒市	6346.9
46	新疆	和布克赛尔蒙古自治县	8723.8	72	宁夏	永宁县	6286.4
47	四川省	双流区	8183.0	73	西藏	亚东县	6274.0
48	四川省	温江区	8129.5	74	内蒙古	乌拉特中旗	6269.9
49	广西	东兴市	7899.1	75	内蒙古	正蓝旗	6259.9
50	内蒙古	镶黄旗	7730.7	76	西藏	墨脱县	6217.0
51	新疆	富蕴县	7700.7	77	内蒙古	鄂温克族自治旗	6195.8
52	新疆	哈巴河县	7671.5	78	贵州省	安龙县	6193.3
53	陕西省	韩城市	7526.1	79	云南省	蒙自市	6174.3
54	宁夏	灵武市	7465.7	80	内蒙古	阿拉善右旗	6052.0
55	四川省	郫县	7375.4	81	内蒙古	达拉特旗	5933.7
56	青海省	乌兰县	7219.5	82	云南省	开远市	5880.0

续表

排名	省份	单位	人均财政收入(元)	排名	省份	单位	人均财政收入(元)
83	新疆	乌苏市	5799.0	92	内蒙古	海拉尔区	5380.8
84	新疆	轮台县	5750.8	93	陕西省	靖边县	5342.9
85	云南省	晋宁县	5649.6	94	新疆	库车县	5205.8
86	内蒙古	和林格尔县	5648.6	95	甘肃省	肃南裕固族	5148.0
87	云南省	瑞丽市	5615.5	96	西藏	巴宜区	5144.3
88	新疆	巴里坤哈萨克自治县	5593.4	97	新疆	布尔津县	5074.6
89	内蒙古	土默特右旗	5586.2	98	内蒙古	扎鲁特旗	5019.9
90	内蒙古	苏尼特左旗	5553.3	99	内蒙古	新巴尔虎左旗	4968.8
91	四川省	西昌市	5424.4	100	贵州省	玉屏侗族自治县	4967.6

(5)西部地区各省县域生产总值公共财政贡献率排名

2015年,西部地区生产总值公共财政贡献率11.8%,县域生产总值公共财政贡献率7.0%,各省县域生产总值公共财政贡献率排名依次为:重庆、贵州省、新疆、云南省、宁夏、内蒙古、西藏、青海省、四川省、甘肃省、广西、陕西省(见图1-11)。

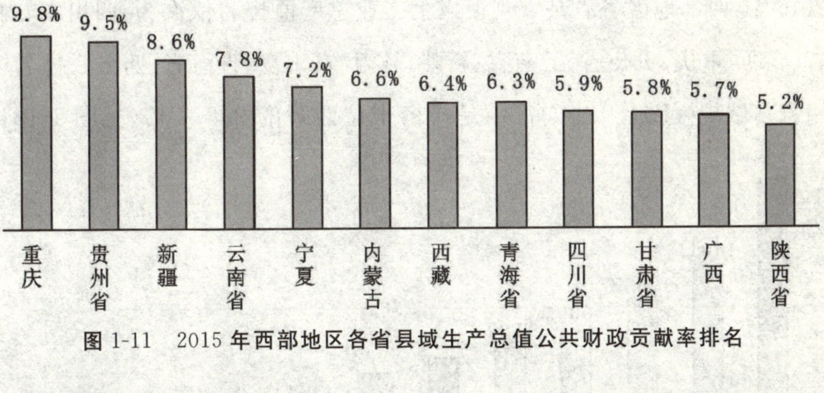

图1-11 2015年西部地区各省县域生产总值公共财政贡献率排名

(四)工业总产值

1.占比分析

2015年,西部地区县域规模以上工业总产值为94123.0亿元,各省县域规模以上工业总产值比重为:陕西省占13.1%、宁夏占2.0%、四川省占22.6%、新疆占

4.7%、云南省占7.4%、西藏占0.1%、贵州省占8.6%、重庆占9.5%、广西占10.7%、内蒙古占15.7%、甘肃省占3.9%、青海省占1.7%(见图1-12)。

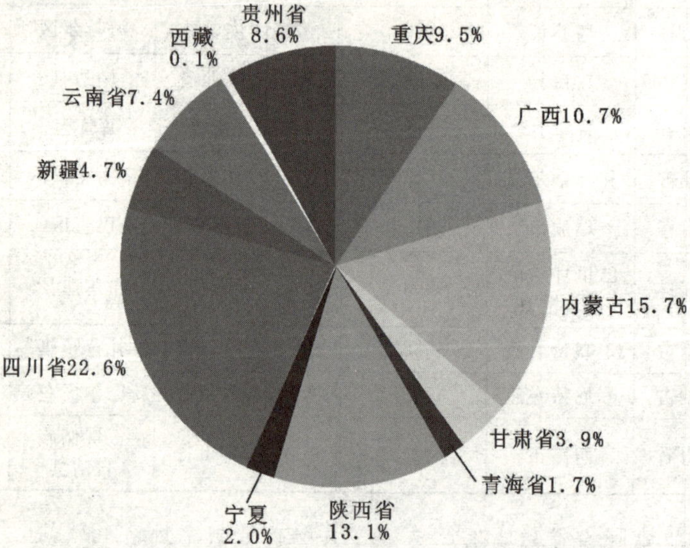

图1-12 2015年各省县域规模以上工业总产值比重

2.排名分析

(1)西部地区各省县域规模以上工业总产值排名

2015年,西部地区各省县域规模以上工业总产值排名依次为:四川省、内蒙古、陕西省、广西、重庆、贵州省、云南省、新疆、甘肃省、宁夏、青海省、西藏。排名第一位的四川省县域规模以上工业总产值是排名末位西藏的283.7倍(见图1-13)。

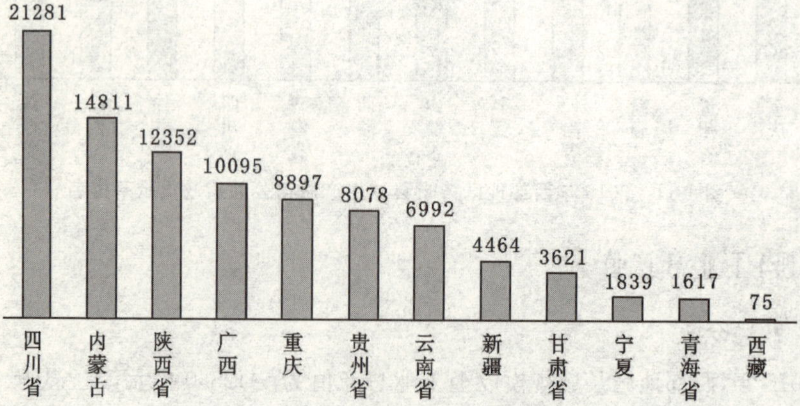

图1-13 2015年西部地区各省县域规模以上工业总产值排名(亿元)

(2)西部地区县域规模以上工业总产值前100名

排名	省份	单位	规模以上工业总产值(万元)	排名	省份	单位	规模以上工业总产值(万元)
1	重庆	江津区	13605487	26	内蒙古	东胜区	5534000
2	四川省	双流区	11432340	27	新疆	库尔勒市	5493293
3	陕西省	神木县	10993900	28	贵州省	遵义县	5315861
4	重庆	永川区	10186857	29	重庆	大足区	5265000
5	内蒙古	准格尔旗	10150900	30	贵州省	仁怀市	5263900
6	甘肃省	永昌县	9272523	31	四川省	威远县	4949187
7	重庆	璧山区	9130000	32	四川省	江油市	4814930
8	四川省	广汉市	8375397	33	四川省	新津县	4779073
9	内蒙古	伊金霍洛旗	8321000	34	新疆	石河子市	4775122
10	重庆	长寿区	8063418	35	广西	岑溪市	4771582
11	陕西省	高陵区	7865653	36	四川省	绵竹市	4749666
12	四川省	简阳市	7551164	37	内蒙古	兴和县	4580401
13	四川省	新都区	7248696	38	重庆	铜梁区	4477927
14	陕西省	韩城市	7150632	39	四川省	什邡市	4432569
15	内蒙古	乌审旗	7087457	40	内蒙古	阿拉善左旗	4413743
16	重庆	荣昌区	6987437	41	内蒙古	托克托县	4410118
17	贵州省	盘县	6540422	42	云南省	安宁市	4227807
18	内蒙古	达拉特旗	6348168	43	广西	武鸣区	4159270
19	宁夏	灵武市	6113799	44	广西	临桂区	4131664
20	内蒙古	鄂托克旗	6016697	45	内蒙古	霍林郭勒市	4101835
21	四川省	郫县	5978433	46	内蒙古	土默特左旗	4040562
22	四川省	彭州市	5943559	47	四川省	温江区	4008107
23	重庆	合川区	5877494	48	四川省	隆昌县	3994000
24	重庆	綦江区	5726048	49	青海省	格尔木市	3950215
25	陕西省	府谷县	5535937	50	四川省	水城县	3901881

续表

排名	省份	单位	规模以上工业总产值（万元）	排名	省份	单位	规模以上工业总产值（万元）
51	陕西省	靖边县	3864600	76	陕西省	耀州区	3078712
52	重庆	潼南区	3863515	77	陕西省	三原县	3064112
53	四川省	仁寿县	3843850	78	四川省	华蓥市	3045152
54	青海省	湟中县	3803925	79	内蒙古	临河区	2995417
55	陕西省	洛川县	3702222	80	新疆	五家渠市	2987371
56	陕西省	兴平市	3615860	81	四川省	西昌市	2922800
57	广西	北流市	3611463	82	贵州省	开阳县	2912556
58	四川省	射洪县	3596584	83	甘肃省	凉州区	2784911
59	四川省	安岳县	3570255	84	云南省	沾益县	2783036
60	新疆	昌吉市	3516996	85	四川省	泸县	2729082
61	四川省	南部县	3371571	86	云南省	楚雄市	2692531
62	陕西省	凤县	3364824	87	广西	八步区	2685996
63	四川省	中江县	3328264	88	重庆	开县	2681510
64	广西	桂平市	3316041	89	四川省	蓬安县	2676000
65	四川省	乐至县	3311469	90	广西	靖西市	2674378
66	内蒙古	土默特右旗	3310000	91	广西	柳江县	2671788
67	云南省	大理市	3307725	92	内蒙古	扎鲁特旗	2669338
68	广西	陆川县	3287505	93	内蒙古	达尔罕茂明安联合旗	2660900
69	云南省	呈贡区	3274802	94	广西	横县	2623661
70	新疆	吉木萨尔县	3250775	95	四川省	宜宾县	2622124
71	贵州省	兴义市	3234813	96	四川省	崇州市	2616755
72	内蒙古	开鲁县	3232377	97	宁夏	平罗县	2611847
73	四川省	彭山区	3229658	98	云南省	个旧市	2611692
74	广西	藤县	3126323	99	新疆	哈密市	2595146
75	四川省	武胜县	3081673	100	宁夏	青铜峡市	2563352

(五)固定资产投资

1. 占比分析

(1)各省县域占西部地区固定资产投资比重

2015 年,县域固定资产投资为 90223.9 亿元,各省占西部地区固定资产投资的 63.1%。其中,陕西省占 7.0%、宁夏占 1.2%、四川省占 10.7%、新疆占 4.8%、云南省占 6.7%、西藏占 0.7%、贵州省占 8.1%、重庆占 6.0%、广西占 6.2%、内蒙古占 6.1%、甘肃省占 4.4%、青海省占 1.2%(见图 1-14)。

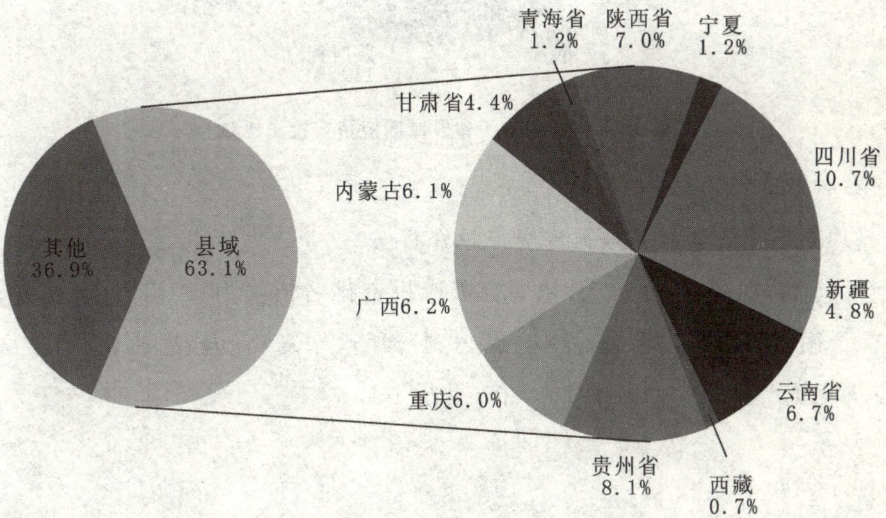

图 1-14 2015 年各省县域占西部地区固定资产投资比重

(2)各省县域固定资产投资比重

2015 年,各省县域固定资产投资比重为:陕西省占11.2%、宁夏占 1.9%、四川省占 17.0%、新疆占 7.5%、云南省占 10.5%、西藏占 1.1%、贵州省占 12.9%、重庆占 9.5%、广西占 9.8%、内蒙古占 9.7%、甘肃省占 7.0%、青海省占 1.9%(见图 1-15)。

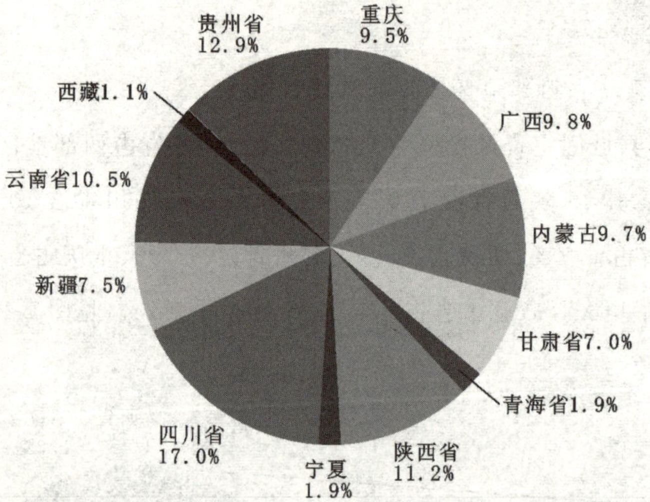

图 1-15 2015 年各省县域固定资产投资比重

2. 排名分析

(1)西部地区各省县域固定资产投资排名

2015 年,西部地区各省县域固定资产投资排名依次为:四川省、贵州省、陕西省、云南省、广西、内蒙古、重庆、新疆、甘肃省、宁夏、青海省、西藏。其中,四川省固定资产投资为西藏的 16.0 倍(见图 1-16)。

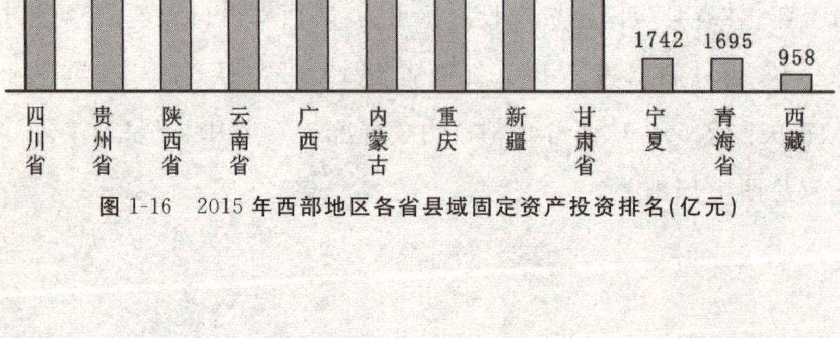

图 1-16 2015 年西部地区各省县域固定资产投资排名(亿元)

(2)西部地区县域固定资产投资前100名

排名	省份	单位	固定资产投资（万元）	排名	省份	单位	固定资产投资（万元）
1	四川省	双流区	8203790	26	重庆	开县	3585870
2	陕西省	长安区	7265300	27	贵州省	金沙县	3487000
3	重庆	永川区	7201300	28	新疆	哈密市	3458843
4	重庆	江津区	7042247	29	贵州省	仁怀市	3446230
5	贵州省	盘县	6546516	30	重庆	潼南区	3308384
6	重庆	璧山区	6308000	31	四川省	温江区	3270132
7	重庆	合川区	5334900	32	四川省	金堂县	3265963
8	重庆	綦江区	5279138	33	四川省	简阳市	3181358
9	重庆	铜梁区	5273236	34	新疆	昌吉市	3178810
10	重庆	大足区	5200014	35	广西	武鸣区	3117287
11	内蒙古	准格尔旗	5082124	36	陕西省	韩城市	3112607
12	重庆	长寿区	5068734	37	贵州省	六枝特区	3093681
13	内蒙古	东胜区	4928378	38	四川省	郫县	3022048
14	宁夏	灵武市	4884051	39	内蒙古	鄂托克旗	3000070
15	贵州省	凯里市	4504206	40	重庆	垫江县	2921534
16	重庆	荣昌区	4495910	41	四川省	西昌市	2898735
17	贵州省	遵义县	4304400	42	新疆	奇台县	2852567
18	甘肃省	凉州区	4226292	43	贵州省	息烽县	2838714
19	四川省	新都区	4160959	44	云南省	大理市	2827737
20	新疆	库尔勒市	4070311	45	贵州省	织金县	2805000
21	内蒙古	伊金霍洛旗	3933009	46	四川省	仁寿县	2798943
22	内蒙古	乌审旗	3805218	47	云南省	安宁市	2738917
23	广西	八步区	3704204	48	重庆	梁平县	2675263
24	贵州省	兴义市	3647625	49	甘肃省	西峰区	2664400
25	贵州省	纳雍县	3600000	50	陕西省	凤翔县	2663073

续表

排名	省份	单位	固定资产投资(万元)	排名	省份	单位	固定资产投资(万元)
51	广西	临桂区	2658540	76	贵州省	清镇市	2430606
52	内蒙古	阿拉善左旗	2648844	77	陕西省	眉县	2411381
53	甘肃省	肃州区	2647678	78	重庆	云阳县	2406277
54	重庆	忠县	2621013	79	四川省	大竹县	2396312
55	陕西省	陈仓区	2617749	80	云南省	景洪市	2370643
56	甘肃省	玉门市	2612052	81	四川省	平昌县	2354476
57	云南省	楚雄市	2602204	82	四川省	渠县	2345506
58	新疆	吉木萨尔县	2595381	83	重庆	奉节县	2324736
59	新疆	石河子市	2588937	84	陕西省	泾阳县	2323700
60	贵州省	开阳县	2556392	85	内蒙古	鄂托克前旗	2320576
61	四川省	新津县	2555733	86	四川省	南江县	2315760
62	广西	岑溪市	2553300	87	内蒙古	海拉尔区	2305852
63	贵州省	修文县	2545181	88	贵州省	黔西县	2266200
64	四川省	泸县	2528503	89	四川省	宣汉县	2260337
65	内蒙古	土默特右旗	2526849	90	贵州省	都匀市	2260323
66	陕西省	兴平市	2517400	91	新疆	阜康市	2251000
67	贵州省	大方县	2505900	92	贵州省	桐梓县	2247011
68	重庆	丰都县	2504149	93	陕西省	吴起县	2243489
69	贵州省	水城县	2496940	94	广西	藤县	2229139
70	四川省	达川区	2495192	95	贵州省	习水县	2226046
71	贵州省	威宁彝族回族苗族自治县	2493000	96	贵州省	碧江区	2223598
72	四川省	南部县	2492885	97	广西	博白县	2216037
73	陕西省	蒲城县	2487814	98	广西	兴宾区	2204142
74	贵州省	七星关区	2439800	99	广西	横县	2182009
75	云南省	宣威市	2432234	100	广西	柳江县	2178809

三、数据小结

(1)西部县域生产总值为89072.4亿元，占西部地区生产总值的61.2%。从各省来看，四川省总产值占比最大，占西部地区生产总值的12.1%，县域生产总值的19.8%，生产总值为西藏的24.8倍。西部地区三次产业结构比重为11.9∶45.6∶42.5，县域三次产业结构比重为17.2∶47.5∶35.3。

(2)西部县域生产总值排名，准格尔旗位居第一，数值为11077799万元。西部县域生产总值前100名各省所占比例：陕西省占7.0%、甘肃省占1.0%、宁夏占1.0%、新疆占6.0%、青海省占1.0%、四川省占30.0%、云南省占6.0%、贵州省占6.0%、西藏占0.0%、重庆占14.0%、内蒙古占16.0%、广西占12.0%。其中，四川省占比最大。

(3)西部人均生产总值约为3.8万元，县域人均生产总值约为2.8万元，为西部地区平均水平的73.7%。各省县域人均生产总值排名，内蒙古位居第一，甘肃省排名末位，排名第一位的人均生产总值是末位的4.1倍。从县域来看，鄂托克旗位居第一，数值为435750.0万元。西部县域人均生产总值前100名各省所占比例：陕西省占12.0%、甘肃省占6.0%、宁夏占1.0%、新疆占17.0%、青海省占1.0%、四川省占7.0%、云南省占5.0%、贵州省占1.0%、西藏占5.0%、重庆占1.0%、内蒙古占42.0%、广西占2.0%。其中，内蒙古占比最大。

(4)县域占西部地区公共财政收入的比重为36.1%，其中，四川省占比最大，占西部地区6.0%，占西部县域16.6%。西部人均公共财政收入为4508.5元，县域人均公共财政收入为1951.6元，县域为西部人均公共财政收入水平的43.3%。

(5)西部县域公共财政收入排名，第一位为璧山区，1302000万元。西部县域公共财政收入前100名各省所占比例：陕西省占8.0%、甘肃省占0%、宁夏占2.0%、新疆占9.0%、青海省占1.0%、四川省占16.0%、云南省占10.0%、贵州省占14.0%、西藏占0%、重庆占14.0%、内蒙古占20.0%、广西占6.0%。其中，内蒙古占比最大。

(6)西部县域人均公共财政收入排名,第一位是伊金霍洛旗,数值为45447.1元。西部县域人均公共财政收入前100名各省所占比例:陕西省占11.0%、甘肃省占3.0%、宁夏占3.0%、新疆占20.0%、青海省占5.0%、四川省占6.0%、云南省占7.0%、贵州省占4.0%、西藏占5.0%、重庆占1.0%、内蒙古占33.0%、广西占2.0%。其中,内蒙古占比最大。

(7)西部生产总值公共财政贡献率为11.8%,县域生产总公共值财政贡献率7.0%,县域是西部平均水平的59.3%。西部各省县域生产总值公共财政贡献率排名,第一位是重庆,贡献率为9.8%,末位是陕西省,贡献率为5.2%。

(8)西部县域规模以上工业总产值为94123.0亿元,四川省占比最大,占县域工业总产值的22.6%。从县域来看,西部县域规模以上工业总产值江津区排名第一位,数值为13605487万元。西部县域规模以上工业总产值前100名各省所占比例:陕西省占10.0%、甘肃省占2.0%、宁夏占3.0%、新疆占6.0%、青海省占2.0%、四川省占28.0%、云南省占6.0%、贵州省占5.0%、西藏占0%、重庆占11.0%、内蒙古占16.0%、广西占11.0%。其中,四川省占比最大。

(9)西部县域固定资产投资为90223.9亿元,占西部地区固定资产投资的63.1%,其中四川省占比最大,占西部地区10.7%,占县域的17.0%。西部县域固定资产投资排名,双流区位居第一,数值为8203790万元。西部县域固定资产投资前100名各省所占比例:陕西省占9.0%、甘肃省占4.0%、宁夏占1.0%、新疆占7.0%、青海省占0%、四川省占17.0%、云南省占5.0%、贵州省占22.0%、西藏占0%、重庆占17.0%、内蒙古占9.0%、广西占9.0%。其中,贵州省占比最大。

第二编

西北五省

第一章　陕西篇

一、整体概况

（一）全省概况

陕西简称陕或秦，省会古都西安。位于西北内陆腹地，横跨黄河和长江两大流域中部，是连接中国东、中部地区和西北、西南的重要枢纽，面积为20.56万平方千米。2015年末全省常住人口3792.87万人。全省拥有10个地级市，107个县级行政区划单位（其中15个市辖区、8个县级市、84个县）全省行政地域分布主要分为关中、陕北、陕南3个区域，其中关中区域包含5个地级市（宝鸡市、铜川市、咸阳市、西安市、渭南市），陕北区域包含2个地级市（榆林市、延安市），陕南区域包含3个地级市（安康市、汉中市、商洛市）。

2015年，全省生产总值18171.8亿元，人均生产总值约为4.8万元。其中，第一产业增加值1597.6亿元，第二产业增加值9360.3亿元，第三产业增加值7213.9亿元，三次产业结构比重为8.8∶51.5∶39.7。全部工业增加值7634.2亿元，其中公共财政预算收入2060.0亿元，全社会固定资产投资20178.0亿元，社会消费品零售总额6578.1亿元，其中城镇消费品零售额5794.9亿元，乡村消费品零售额783.2亿元。

（二）县域概况

全省107个县级行政区划单位，纳入县域体系的有87个县级行政区划单位（其中7个市辖区、3个县级市、77个县），行政区域面积18.7万平方千米，户籍人口2875万人。县域生产总值为9911.9亿元，人均生产总值约为3.4万元。其中，第一产业增加值1357.6亿元，第二产业增加值5590.1亿元，第三产业增加值2964.3亿元，三次产业结构比重为13.7∶56.4∶29.9。县域公共财政收入为512.9亿元，县域固定资产投资为10064.1亿元。

二、经济分析

(一)生产总值

1. 占比分析

(1)县域占全省生产总值比重

2015 年,县域生产总值为 9911.9 亿元,占全省生产总值的 54.5%。其中,关中区域占全省生产总值的 27.0%,陕北区域占全省生产总值的 16.5%,陕南区域占全省生产总值的 11.0%(见图 2-1)。

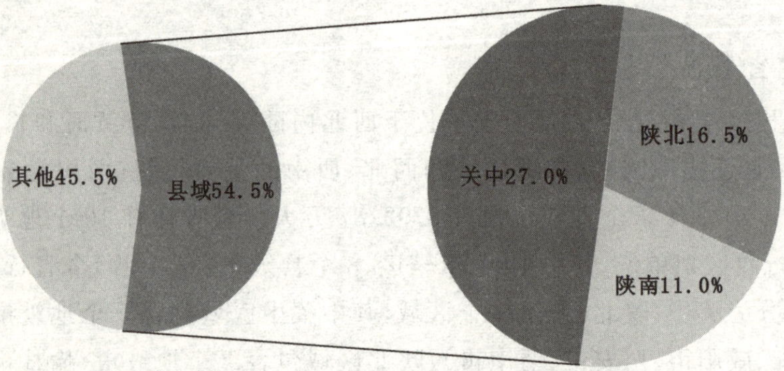

图 2-1　2015 年陕西省县域占全省生产总值比重

(2)各区域县域生产总值比重

2015 年,各区域县域生产总值比重为:关中区域占县域总值的49.4%,陕北区域占县域生产总值的 30.4%,陕南区域占县域生产总值的20.2%(见图 2-2)。

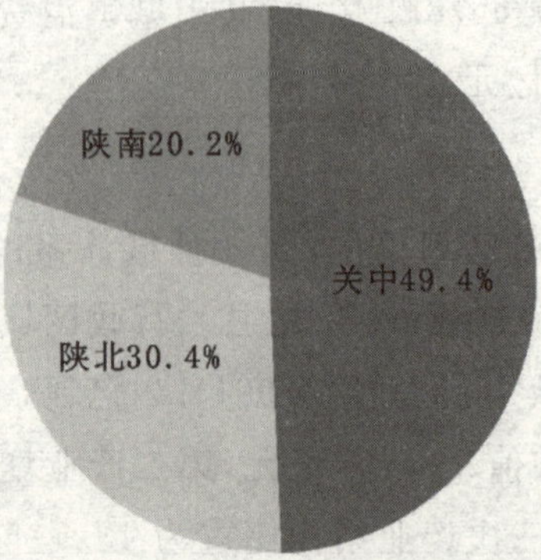

图 2-2　2015 年陕西省各区域县域生产总值比重

(3)各地市县域占全省生产总值比重

2015年，各地市县域占全省生产总值比重为：关中区域，西安市占6.4%、铜川市占1.0%、宝鸡市占5.6%、咸阳市占7.7%、渭南市占6.3%；陕北区域，延安市占5.1%、榆林市占11.4%；陕南区域，汉中市占4.6%、安康市占3.0%、商洛市占3.4%(见图2-3)。

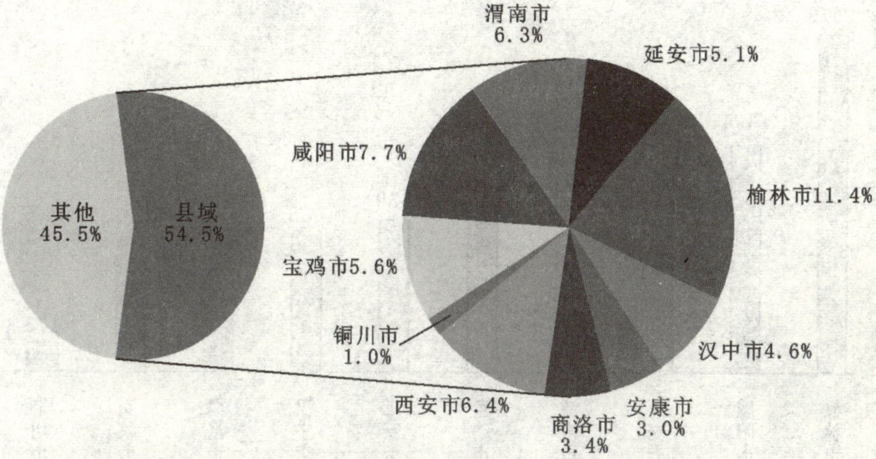

图2-3 2015年陕西省各地市县域占全省生产总值比重

(4)各地市县域生产总值比重

2015年，各地市县域生产总值比重为：关中区域，西安市占11.6%、铜川市占1.8%、宝鸡市占10.3%、咸阳市占14.1%、渭南市占11.6%；陕北区域，延安市占9.4%、榆林市占21.0%；陕南区域，汉中市占8.5%、安康市占5.4%、商洛市占6.3%(见图2-4)。

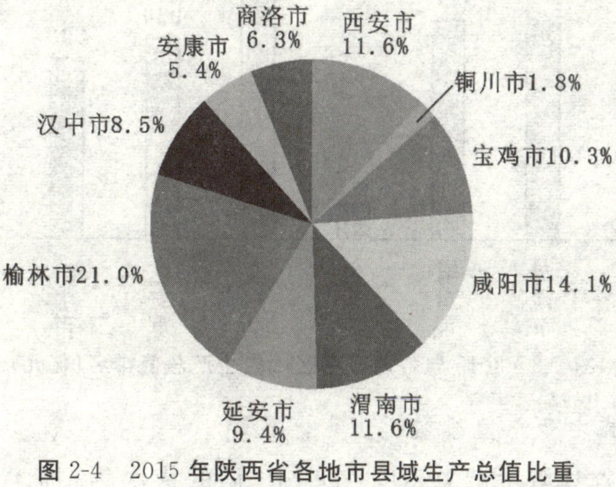

图2-4 2015年陕西省各地市县域生产总值比重

2.排名分析

(1)全省各地市县域生产总值排名

2015年,全省各地市县域生产总值排名依次为:榆林市、咸阳市、西安市、渭南市、宝鸡市、延安市、汉中市、商洛市、安康市、铜川市。其中,榆林市生产总值是铜川市的11.9倍(见图2-5、图2-6)。

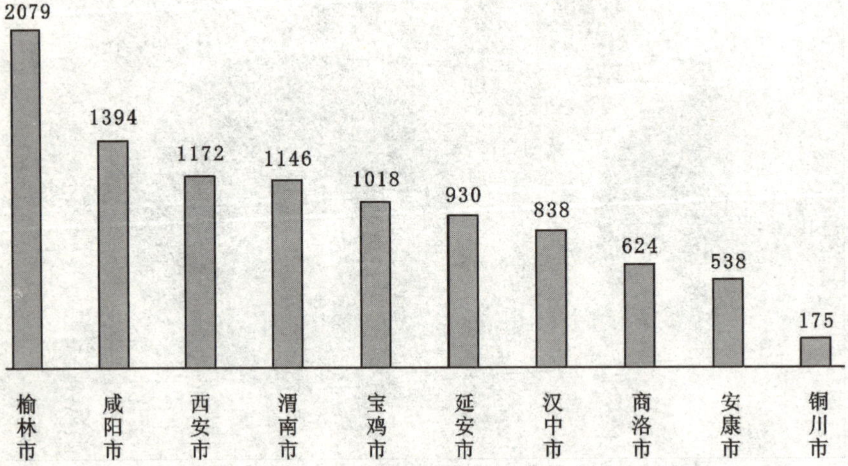

图2-5 2015年各地市县域生产总值排名(亿元)

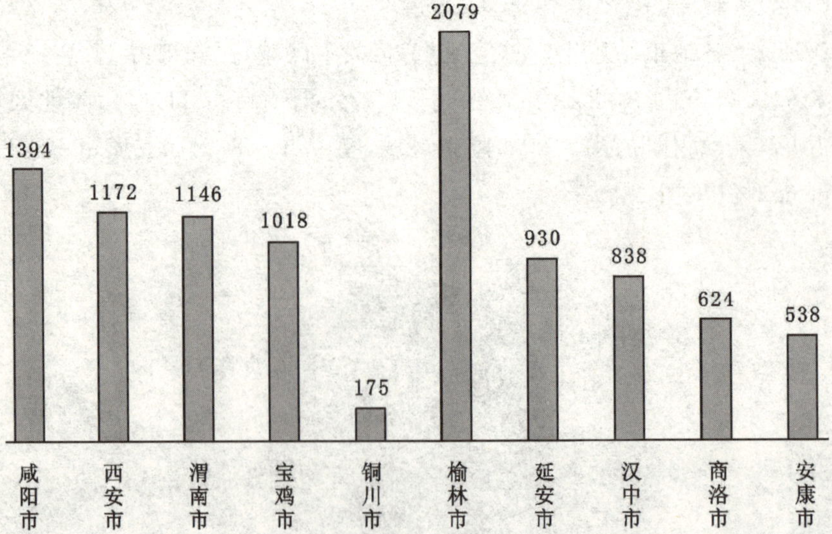

图2-6 2015年各地市在区域内生产总值排名(亿元)

(2)全省县域生产总值排名

2015年,全省县域生产总值排名前10位的依次为:神木县、长安区、府谷县、韩城市、高陵区、靖边县、定边县、城固县、兴平市、凤翔县。其中，前10位次的4位分布在陕北区域榆林市（见图2-7）。

2015年，全省县域生产总值排名后10位的依次为：宜君县、宜川县、宁陕县、甘泉县、太白县、吴堡县、镇坪县、黄龙县、留坝县、佛坪县。其中，后10位次的3位分布在陕北区域延安市。排名第一位的生产总值是末位的111.9倍，后10位生产总值总和仅占排名第一位神木县的22.9%（见图2-8）。

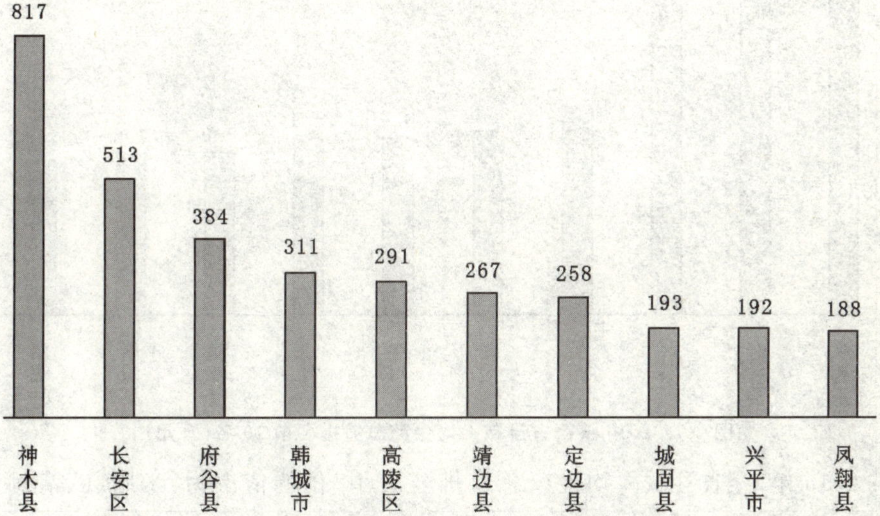

图2-7　2015年陕西省县域生产总值排名前10名(亿元)

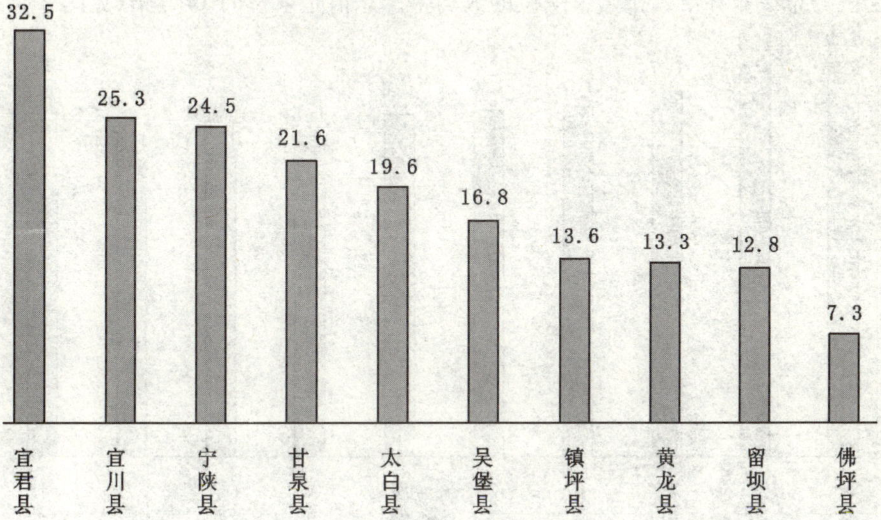

图2-8　2015年陕西省县域生产总值排名后10名(亿元)

(3)全省县域人均生产总值排名

2015年,全省县域人均生产总值排名前10位的依次为:神木县、府谷县、凤县、吴起县、高陵区、洛川县、志丹县、韩城市、靖边县、定边县。其中,前10位次的7位分布在陕北区域的榆林市和延安市(见图2-9)。

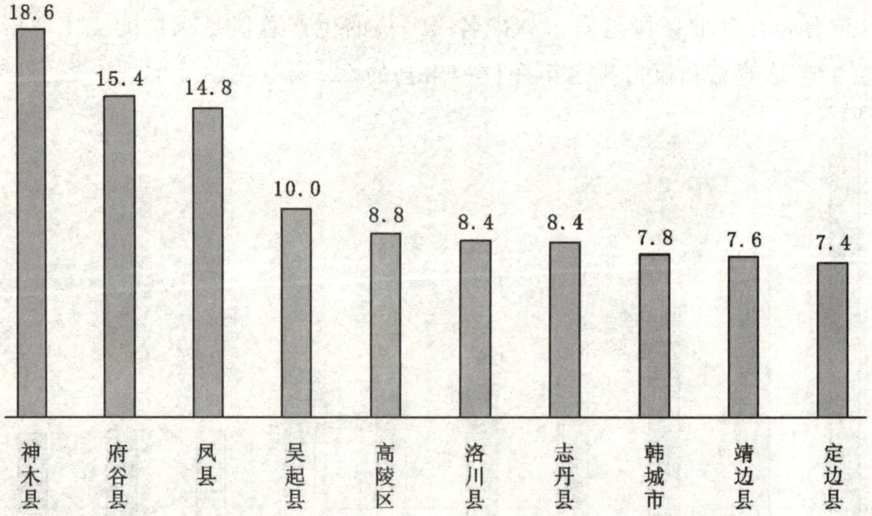

图2-9 2015陕西省县域人均生产总值排名前10名(万元)

2015年,全省县域人均生产总值排名后10位的依次为:米脂县、清涧县、蓝田县、合阳县、富平县、绥德县、周至县、子洲县、大荔县、佳县。其中,后10位次的5位分布在榆林市。排名第一位的人均生产总值是末位的14.3倍(见图2-10)。

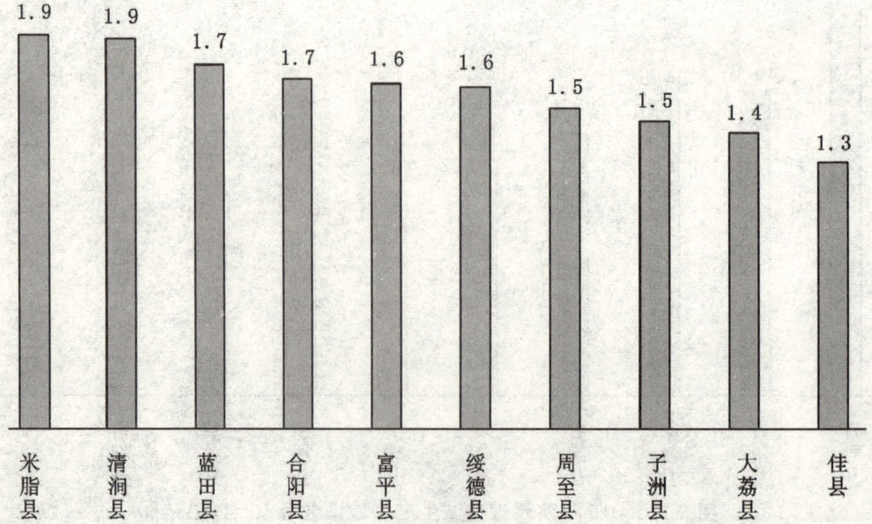

图2-10 2015年陕西省县域人均生产总值排名后10名(万元)

（二）产业结构

1.全省三次产业增加值比重

2015年，全省生产总值18171.8亿元，其中，第一产业增加值1597.6亿元，第二产业增加值9360.3亿元，第三产业增加值7213.9亿元，三次产业结构比重为8.8∶51.5∶39.7（见图2-11）。

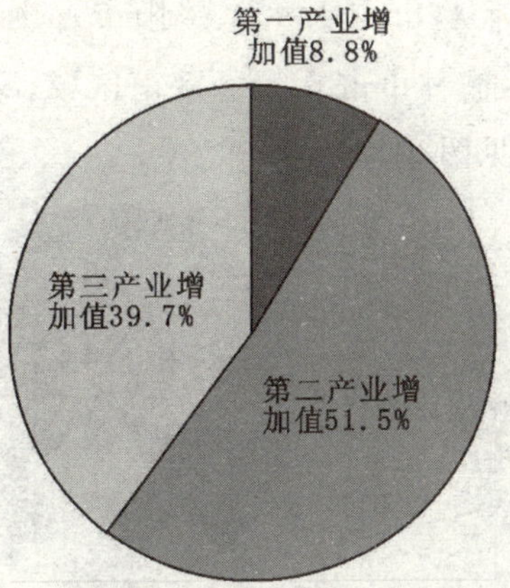

图2-11　2015年陕西省三次产业增加值比重

2.县域三次产业增加值比重

2015年，全省县域生产总值为9911.9亿元，其中，第一产业增加值1357.6万元，第二产业增加值5590.1万元，第三产业增加值2964.3万元，三次产业结构比重为13.7∶56.4∶29.9（见图2-12）。

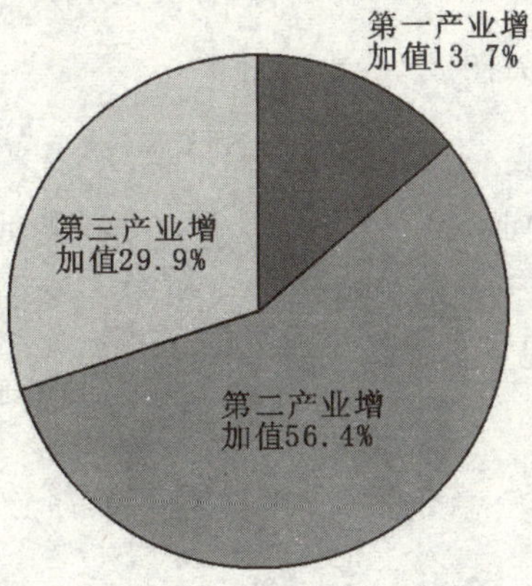

图2-12　2015年陕西省县域三次产业增加值比重

(三)财政收入

1. 占比分析

(1)县域占全省公共财政收入比重

2015 年,县域公共财政收入为 512.9 亿元,占全省公共财政收入的比重为 24.9%。其中,各地市占全省公共财政收入的比重为:关中区域,西安市占 3.4%、铜川市占 0.4%、宝鸡市占 1.9%、咸阳市占 1.8%、渭南市占 3.1%;陕北区域,延安市占 4.6%、榆林市占 6.1%;陕南区域,汉中市占 1.2%、安康市占 0.8%、商洛市占 1.6%(见图 2-13)。

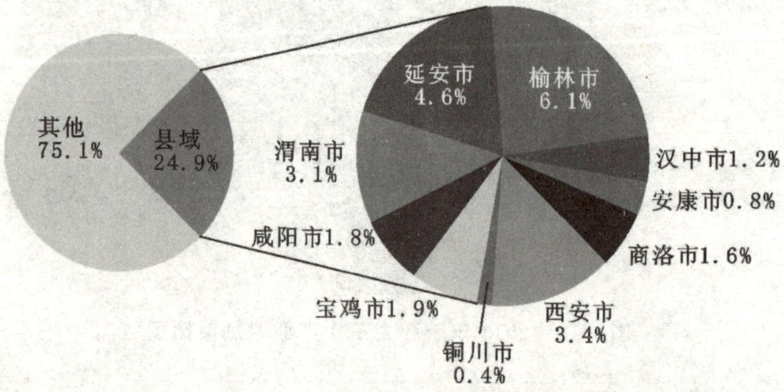

图 2-13　2015 年陕西省县域占全省公共财政收入比重

(2)各地市县域公共财政收入比重

2015 年,各地市县域公共财政收入比重为:关中区域,西安市占 13.5%、铜川市占 1.5%、宝鸡市占 7.6%、咸阳市占 7.4%、渭南市占 12.3%;陕北区域,延安市占 18.7%、榆林市占 24.4%;陕南区域,汉中市占 4.9%、安康市占 3.4%、商洛市占 6.3%(见图 2-14)。

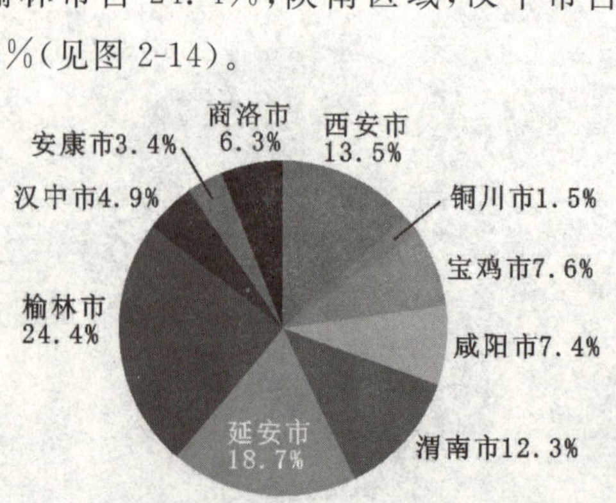

图 2-14　2015 年陕西省各地市县域公共财政收入比重

2. 排名分析

(1)全省各地市县域公共财政收入排名

2015 年，各地市县域公共财政收入排名依次为：榆林市、延安市、西安市、渭南市、宝鸡市、咸阳市、商洛市、汉中市、安康市、铜川市。其中，榆林市公共财政收入为铜川市的 15.6 倍(见图 2-15)。

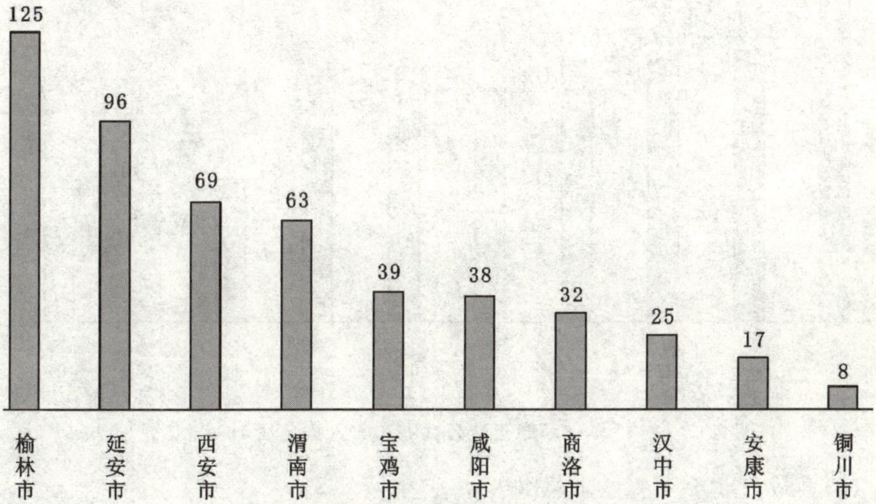

图 2-15　2015 年陕西省各地市县域公共财政收入排名(亿元)

2015 年，全省县域公共财政收入排名前 10 位的依次为：神木县、长安区、韩城市、吴起县、志丹县、定边县、靖边县、府谷县、安塞县、高陵区。其中，前 10 位次的 7 位分布在陕北区域榆林市(见图 2-16)。

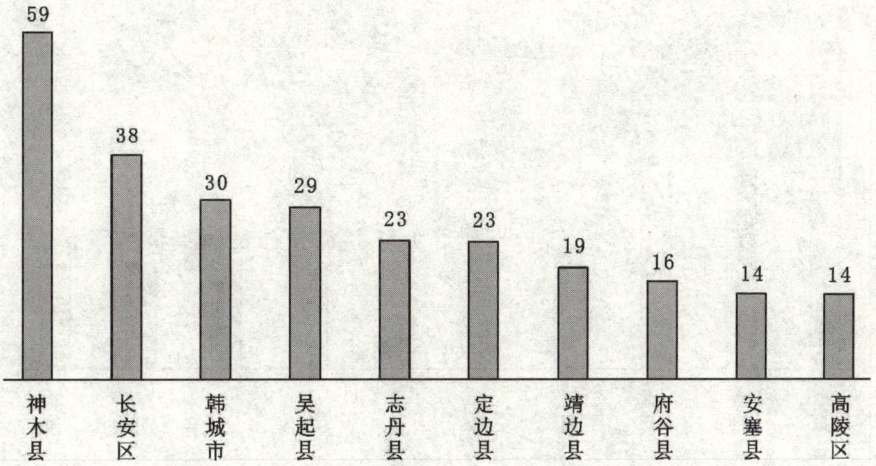

图 2-16　2015 年陕西省县域公共财政收入排名前 10 名(亿元)

2015 年,全省县域公共财政收入排名后 10 位的依次为:绥德县、米脂县、清涧县、子洲县、淳化县、镇坪县、黄龙县、留坝县、佛坪县、吴堡县。其中,后 10 位次的 6 位分布在陕北区域榆林市。排名第一位的公共财政收入是末位的 210.7 倍(见图 2-17)。

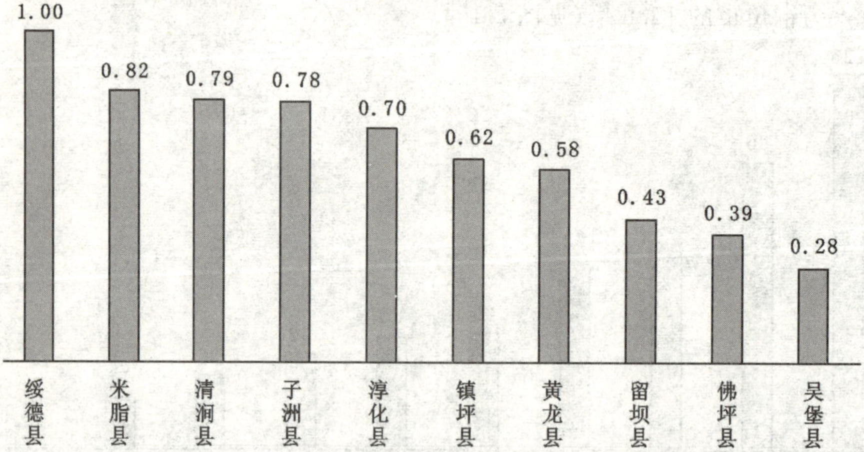

图 2-17　2015 年陕西省县域公共财政收入排名后 10 名(亿元)

(2)县域人均公共财政收入排名

2015 年,县域人均公共财政收入为 1784.1 元,全省县域人均公共财政收入排名前 10 位的依次为:吴起县、志丹县、神木县、韩城市、安塞县、凤县、府谷县、定边县、黄陵县、麟游县。其中,前 10 位次的 4 位分布在陕北区域延安市(见图 2-18)。

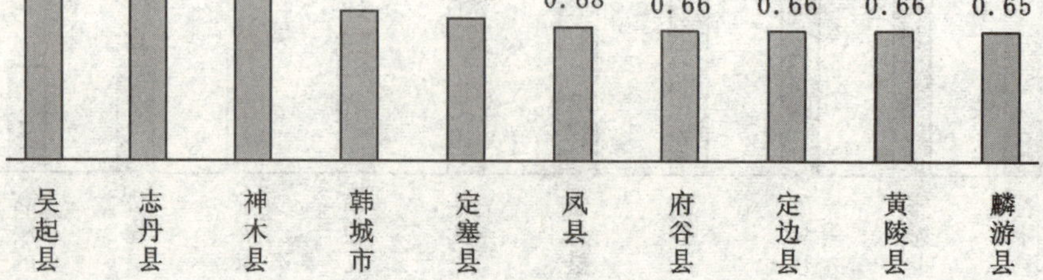

图 2-18　2015 年陕西省县域人均公共财政收入排名前 10 名(万元)

2015年，全省县域人均公共财政收入排名后10位的依次为：镇巴县、佳县、米脂县、大荔县、武功县、清涧县、吴堡县、淳化县、绥德县、子洲县。其中，后10位次的6位分布在陕北区域榆林市（见图2-19）。

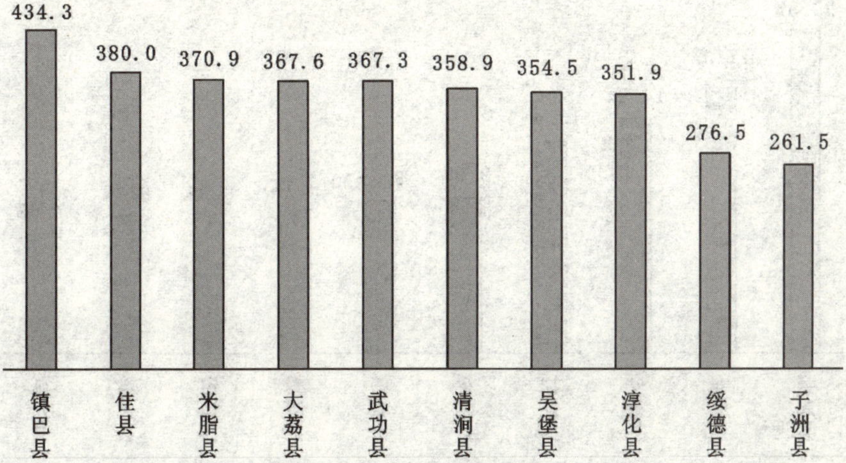

图2-19 2015年陕西省县域人均公共财政收入排名后10名(元)

(3)县域生产总值公共财政贡献率排名

2015年，全省生产总值公共财政贡献率11.3%，县域生产总值公共财政贡献率5.2%，各地市县域生产总值公共财政贡献率排名依次为：延安市、榆林市、西安市、渭南市、商洛市、铜川市、宝鸡市、安康市、汉中市、咸阳市（见图2-20）。

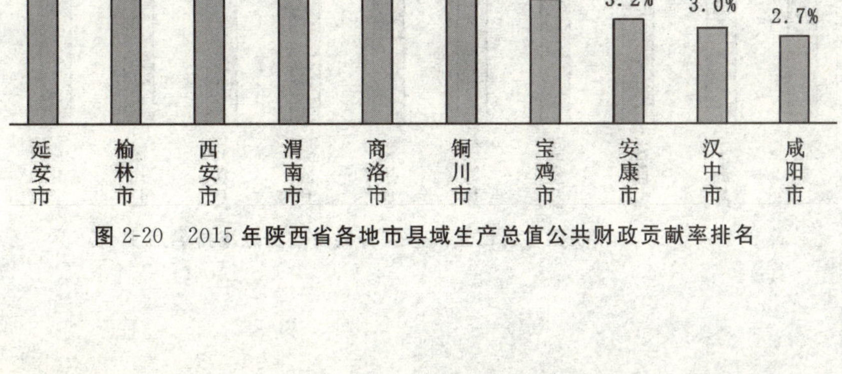

图2-20 2015年陕西省各地市县域生产总值公共财政贡献率排名

2015年,全省县域生产总值公共财政贡献率排名前10位的依次为:吴起县、志丹县、安塞县、甘泉县、黄陵县、韩城市、麟游县、定边县、潼关县、延长县。其中,前10位次的7位分布在陕北区域延安市(见图2-21)。

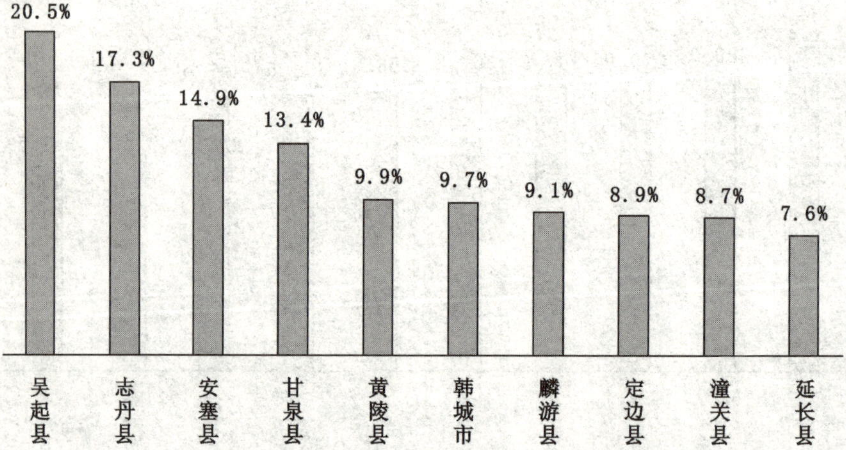

图2-21 2015年陕西省县域生产总值公共财政贡献率排名前10名

2015年,全省县域生产总值公共财政贡献率排名后10位的依次为:乾县、子洲县、泾阳县、吴堡县、绥德县、礼泉县、城固县、武功县、洛川县、淳化县。其中,后10位次的4位分别分布在关中区域的咸阳市和陕北区域的榆林市(见图2-22)。

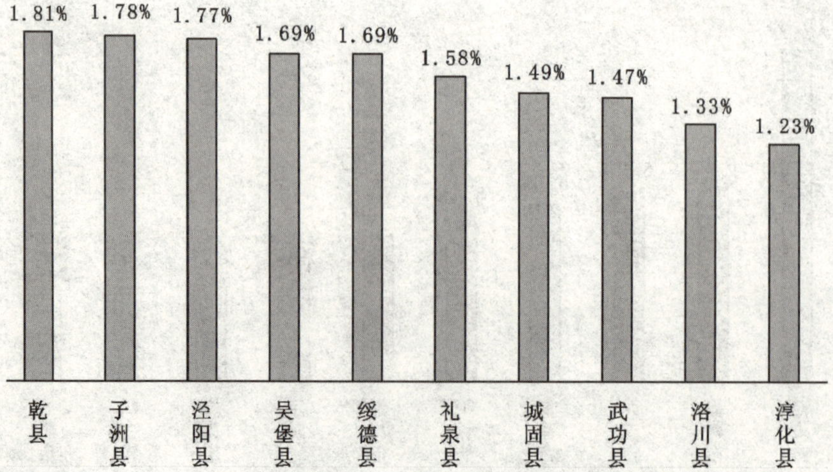

图2-22 2015年陕西省县域生产总值公共财政贡献率排名后10名

(四)固定资产投资

1.占比分析

(1)县域占全省固定资产投资比重

2015年,县域固定资产投资为10064.1亿元,占全省固定资产投资的49.9%,各地市县域占全省固定资产投资比重为:关中区域,西安市占6.2%、铜川市占1.2%、宝鸡市占8.8%、咸阳市占7.1%、渭南市占7.2%;陕北区域,延安市占5.3%、榆林市占4.4%;陕南区域,汉中市占3.5%、安康市占2.5%、商洛市占3.7%(见图2-23)。

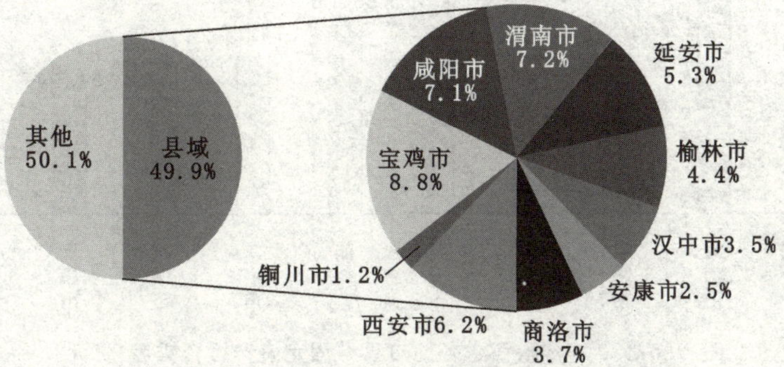

图2-23 2015年陕西省县域占全省固定资产投资比重

(2)各地市县域固定资产投资比重

2015年,各地市占县域固定资产投资比重为:关中区域,西安市占12.2%、铜川市占2.4%、宝鸡市占17.7%、咸阳市占14.2%、渭南市占14.4%;陕北区域,延安市占10.7%、榆林市占8.8%;陕南区域,汉中市占7.1%、安康市占5.1%、商洛市占7.4%(见图2-24)。

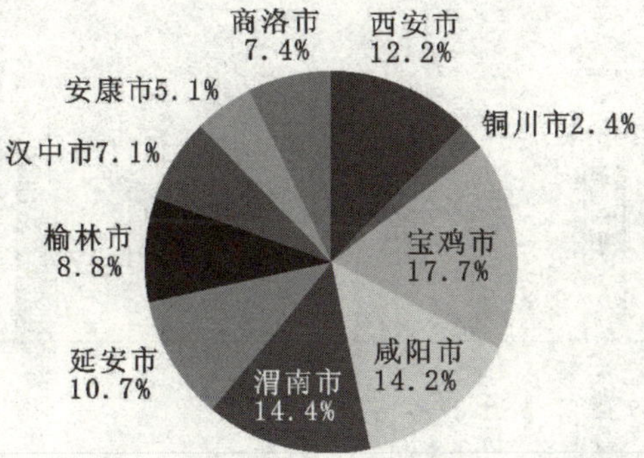

图2-24 2015年陕西省各地市县域固定资产投资比重

2.排名分析

2015年,各地市县域固定资产投资排名依次为:宝鸡市、渭南市、咸阳市、西安市、延安市、榆林市、商洛市、汉中市、安康市、铜川市。其中,宝鸡市固定资产投资为铜川市的7.5倍(见图2-25)。

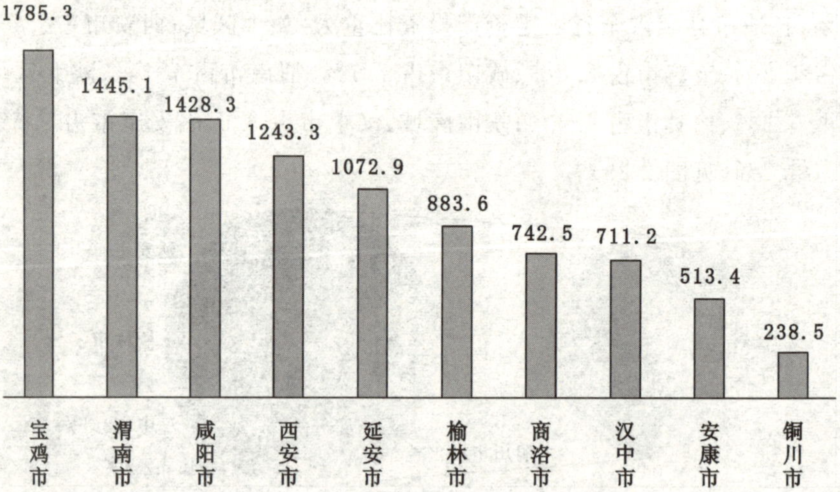

图2-25 2015年陕西省各地市县域固定资产投资排名(亿元)

2015年,全省县域固定资产投资排名前10位的依次为:长安区、韩城市、凤翔县、陈仓区、兴平市、蒲城县、眉县、泾阳县、吴起县、志丹县。其中,前10位次的3位分布在宝鸡市(见图2-26)。

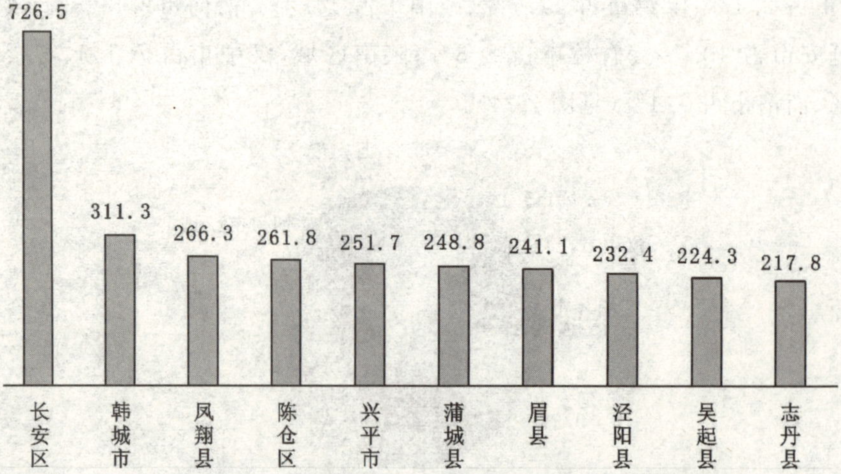

图2-26 2015年陕西省县域固定资产投资排名前10名(亿元)

2015 年，全省县域固定资产投资排名后 10 位的依次为：宜川县、甘泉县、留坝县、礼泉县、子洲县、镇坪县、佛坪县、黄龙县、大荔县、吴堡县。其中，后 10 位次的 5 位分布在陕北区域的延安市。排名第一位长安区的固定资产投资是末位吴堡县的 69.2 倍(见图 2-27)。

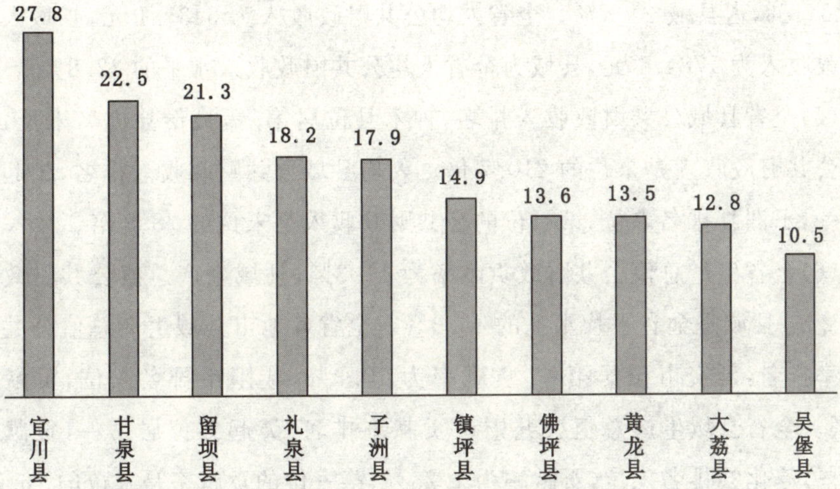

图 2-27 2015 年陕西省县域固定资产投资排名后 10 名(亿元)

三、数据小结

(1)全省县域生产总值占全省生产总值的 54.5%，其中从区域来看，关中区域生产总值占比最大，占全省生产总值的 27.0%，占县域生产总值的 49.4%；从地市来看，榆林市生产总值占比最大，占全省生产总值的 11.4%，占县域生产总值的 21.0%，高出排名第二位咸阳市的 49.1%，为铜川市的 11.9 倍。全省三次产业结构比重为 8.8∶51.5∶39.7，县域三次产业结构比重为 13.7∶56.4∶29.9。

(2)全省县域生产总值排名，神木县位居第一，陕北区域榆林市囊括全省前 10 位次的 4 位；佛坪县排名末位，后 10 位次的 3 位分布在陕北区域的延安市。排名第一位的生产总值是末位的 111.9 倍，后 10 位生产总值总和仅占排名第一位神木县的 22.9%。

(3)全省人均生产总值约为 4.8 万元，县域人均生产总值约为 3.4 万元，为全省平均水平的70.8%。全省县域人均生产总值排名,神木县位居第一,陕北区域的榆林市和延安市分别囊括全省前10位次的7位;佳县排名末位,后10位次的5位分布在榆林市。排名第一位的人均生产总值是末位的14.3倍。

(4)县域占全省公共财政收入的比重为24.9%,其中榆林市占比最大,占全省6.1%,占县域24.4%。全省人均公共财政收入为5431.1元,县域人均公共财政收入为1784.1元,县域为全省人均公共财政收入水平的32.8%。

(5)全省县域公共财政收入排名,神木县位居第一,吴堡县排名末位,第一位的公共财政收入是末位的210.7倍。人均县域公共财政收入排名,吴起县位居第一,子洲县排名末位,第一位的公共财政收入是末位的78.8倍。

(6)全省生产总值公共财政贡献率为11.3%,县域生产总值公共财政贡献率5.2%,县域是全省平均水平的46.0%。全省各地市县域生产总值公共财政贡献率排名,延安市位居第一,贡献率为10.3%,咸阳市排名末位,贡献率为2.7%。全省县域生产总值公共财政贡献率排名,吴起县位居第一,贡献率为20.5%,淳化县排名末位,贡献率为1.23%,第一位的贡献率是末位的16.7倍。

(7)全省县域固定资产投资为10064.1亿元,占全省固定资产投资的49.9%,其中宝鸡市占比最大,占全省8.8%,占县域的17.7%,为铜川市的7.5倍。全省县域固定资产投资排名,宝鸡市囊括全省前10位次的3位,排名第一位的长安区固定资产投资是末位吴堡县的69.2倍。

附录：

陕西全省107个县级行政区划单位（其中15个市辖区、8个县级市、84个县）

陕西省87个县域行政区划单位（其中7个市辖区，3个县级市，77个县）

地市	县域	行政区域面积（平方千米）	户籍人口（万人）	地区生产总值（万元）	人均生产总值（元）	第一产业增加值（万元）	第二产业增加值（万元）	第三产业增加值（万元）	公共财政收入（万元）	人均公共财政收入（元）	生产总值公共财政贡献率	规模以上工业总产值（万元）	固定资产投资（万元）
西安市【9区4县(市)】不包含在内的区：新城区、碑林区、莲湖区、灞桥区、未央区、雁塔区、阎良区、临潼区	长安区	1588	107	5126913	47915.1	365213	2617600	2144100	377767	7.4%	3530.5	296764	7265300
	蓝田县	2006	65	1130900	17398.5	260100	345700	525100	42564	3.8%	654.8	424005	1966800
	周至县	2969	68	1040600	15302.9	295400	250100	495100	39260	3.8%	577.4	357721	1260137
	户　县	1279	61	1508429	24728.3	275729	603500	629200	91442	6.1%	1499.0	1202906	1507700
	高陵县	294	33	2913959	88301.8	276959	2097700	539300	141334	4.9%	4282.8	7865653	432800
铜川市【3区1县(市)】不包含在内的：王益区、印台区	耀州区	1604	34	1420906	41791.4	104506	961700	354700	57145	4.0%	1680.7	3078712	1993696
	宜君县	1532	9	325277	36141.9	60247	195800	69230	22309	6.9%	2478.8	408313	390889
宝鸡市【3区9县(市)】不包含在内的：渭滨区、金台区	陈仓区	2472	60	1477197	24620.0	246346	814250	416601	38026	2.6%	633.8	2457505	2617749
	凤翔县	1179	53	1877620	35426.8	242161	1138910	496549	47636	2.5%	898.8	2332480	2663073
	岐山县	856	48	1438455	29967.8	229643	793700	415112	38121	2.7%	794.2	2068600	2156505
	扶风县	705	45	978690	21748.7	203762	505559	269369	47711	4.9%	1060.2	1172069	1803871
	眉　县	858	33	1069120	32397.6	204416	566990	297714	33869	3.2%	1026.3	1696642	2411381
	陇　县	2277	27	597820	22141.5	171335	247579	178906	30375	5.1%	1125.0	435720	1441867

续表

地市	县域	行政区域面积（平方千米）	户籍人口（万人）	地区生产总值（万元）	人均生产总值（元）	第一产业增加值（万元）	第二产业增加值（万元）	第三产业增加值（万元）	公共财政收入（万元）	人均公共财政收入（元）	生产总值公共财政贡献率	规模以上工业总产值（万元）	固定资产投资（万元）
宝鸡市【3区9县(市)】不包含在内的：渭滨区、金台区	千阳县	997	13	411117	31624.4	95697	212453	102967	18773	4.6%	1444.1	571800	954461
	麟游县	1704	9	644779	71642.1	67079	501700	76000	58862	9.1%	6540.2	941700	1436928
	凤　县	3187	10	1484546	148454.6	66515	1210296	207735	67649	4.6%	6764.9	3364824	2004579
	太白县	2968	5	195973	39194.6	57560	85583	52830	10924	5.6%	2184.8	157894	362336
咸阳市【3区11县(市)】不包含在内：秦都区、杨凌区、渭城区	三原县	577	42	1776275	42292.3	298715	1006850	470710	51362	2.9%	1222.9	3064112	1665944
	泾阳县	792	54	1602269	29671.6	449989	643840	508440	28371	1.8%	525.4	2085419	2323700
	乾　县	1003	60	1487320	24788.7	304620	682800	499900	26880	1.8%	448.0	1783459	1643217
	礼泉县	1012	51	1518300	29770.6	507949	582300	428051	23962	1.6%	469.8	1371980	182031
	永寿县	889	21	500040	23811.4	150110	211550	138380	14800	3.0%	704.8	592700	652119
	彬　县	1184	37	1700114	45949.0	172374	1284970	242770	100210	5.9%	2708.4	2101286	1916905
	长武县	568	19	688340	36228.4	152760	430870	104710	35075	5.1%	1846.1	783456	1323400
	旬邑县	1774	29	1049230	36180.3	270580	619450	159200	22443	2.1%	773.9	807091	939300
	淳化县	983	20	573757	28687.9	231687	193860	148210	7037	1.2%	351.9	463800	447500
	武功县	398	45	1124451	24987.8	209891	567570	346990	16529	1.5%	367.3	1342131	671064
	兴平市	508	62	1916993	30919.2	249283	1052950	614760	52000	2.7%	838.7	3615860	2517400

续表

地市	县域	行政区域面积（平方千米）	户籍人口（万人）	地区生产总值（万元）	人均生产总值（元）	第一产业增加值（万元）	第二产业增加值（万元）	第三产业增加值（万元）	公共财政收入（万元）	人均公共财政收入（元）	生产总值公共财政贡献率	规模以上工业总产值（万元）	固定资产投资（万元）
渭南市【1区10县(市)】不包含在内的：临渭区	华州区	1139	34	1080287	31773.1	96415	763869	220003	30001	2.8%	882.4	2437320	1693833
	潼关县	526	16	365453	22840.8	35190	172732	157531	31742	8.7%	1983.9	517100	540835
	大荔县	1776	74	1047265	14152.2	319635	214130	513500	27202	2.6%	367.6	682688	128190
	合阳县	1437	45	753095	16735.4	181981	205620	365494	26008	3.5%	578.0	400110	1162900
	澄城县	1121	39	822583	21091.9	202072	304100	316411	40300	4.9%	1033.3	776652	1416356
	蒲城县	1584	79	1551564	19640.1	243668	724500	583396	65535	4.2%	829.6	1914642	2487814
	白水县	960	29	615398	21220.6	237235	149388	228775	24200	3.9%	834.5	368045	891993
	富平县	1243	79	1303492	16499.9	271000	587600	444892	44634	3.4%	565.0	1760298	1573095
	韩城市	1621	40	3112887	77822.2	143256	2307700	661931	301044	9.7%	7526.1	7150632	3112607
	华阴市	817	26	804221	30931.6	56300	372594	375327	39314	4.9%	1512.1	1075400	1443800
延安市【1区12县(市)】不包含在内的：宝塔区	延长县	2368	16	430013	26875.8	87863	217683	124467	32700	7.6%	2043.8	306907	576600
	延川县	1985	19	704394	37073.4	67342	453175	183877	30810	4.4%	1621.6	1048264	469079
	子长县	2396	27	722217	26748.8	63529	457607	201081	44837	6.2%	1660.6	708069	1221000
	安塞县	2950	20	971017	48550.9	73074	710444	187499	144317	14.9%	7215.9	1114811	1466676
	志丹县	3781	16	1341373	83835.8	50310	1066324	224739	231913	17.3%	14494.6	1382448	2177816

续表

地市	县域	行政区域面积（平方千米）	户籍人口（万人）	地区生产总值（万元）	人均生产总值（元）	第一产业增加值（万元）	第二产业增加值（万元）	第三产业增加值（万元）	公共财政收入（万元）	人均公共财政收入（元）	生产总值公共财政贡献率	规模以上工业总产值（万元）	固定资产投资（万元）
延安市【1区12县(市)】不包含在内的：宝塔区	吴起县	3789	14	1404691	100335.1	48871	1146190	209630	288168	20.5%	20583.4	1555172	2243489
	甘泉县	2272	9	216226	24025.1	42100	82037	92089	29016	13.4%	3224.0	210499	224949
	富县	4180	16	409500	25593.8	122120	135170	152210	27707	6.8%	1731.7	225855	587500
	洛川县	1792	22	1854759	84307.2	194014	1458073	202672	24701	1.3%	1122.8	3702222	581564
	宜川县	2938	12	253150	21095.8	111651	17103	124396	12616	5.0%	1051.3	32942	277587
	黄龙县	2746	5	132673	26534.6	48076	12325	72272	5834	4.4%	1166.8	10538	135025
	黄陵县	2287	13	861986	66306.6	77034	571832	213120	85239	9.9%	6556.8	1062428	768097
榆林市【1区11县(市)】不包含在内的：榆阳区	神木县	7635	44	8174100	185775.0	119900	5551700	2502500	585202	7.2%	13300.0	10993900	2144412
	府谷县	3229	25	3837635	153505.4	58379	2773742	1005514	164586	4.3%	6583.4	5535937	1059600
	横山区	4333	38	1165137	30661.5	142500	652564	370073	40071	3.4%	1054.5	602000	746433
	靖边县	5088	35	2668358	76238.8	197358	1807900	663100	187000	7.0%	5342.9	3864600	1565161
	定边县	6920	35	2576320	73609.1	178982	1824226	573112	230022	8.9%	6572.1	2413800	1362600
	绥德县	1853	36	588700	16352.8	100400	71900	416400	9955	1.7%	276.5	52355	467942
	米脂县	1212	22	415291	18876.9	56687	137580	221024	8160	2.0%	370.9	297200	301137
	佳县	2029	27	344418	12756.2	90629	92600	161189	10260	3.0%	380.0	149000	569225

续表

地市	县域	行政区域面积（平方千米）	户籍人口（万人）	地区生产总值（万元）	人均生产总值（元）	第一产业增加值（万元）	第二产业增加值（万元）	第三产业增加值（万元）	公共财政收入（万元）	人均公共财政收入（元）	生产总值公共财政贡献率	规模以上工业总产值（万元）	固定资产投资（万元）
榆林市【1区11县(市)】不包含在内的：榆阳区	吴堡县	418	8	167567	20945.9	24014	67200	76353	2836	1.7%	354.5	74000	104968
	清涧县	1881	22	410490	18658.6	116514	108700	185276	7896	1.9%	358.9	191169	335596
	子洲县	2042	30	439946	14664.9	100646	175000	164300	7845	1.8%	261.5	297443	179272
汉中市【1区10县(市)】不包含在内的：汉台区	南郑县	2824	57	1648849	28927.2	222999	960787	465063	71567	4.3%	1255.6	1630298	757588
	城固县	2265	54	1925214	35652.1	427740	937179	560295	28726	1.5%	532.0	1998721	1722400
	洋县	3206	45	1002557	22279.0	233456	435974	333127	43302	4.3%	962.3	948327	1281200
	西乡县	3253	42	812020	19333.8	184719	270520	356781	25458	3.1%	606.1	539966	747239
	勉县	2406	43	1057550	24594.2	204975	495600	356975	31243	3.0%	726.6	2450364	440248
	宁强县	3260	33	641237	19431.4	181927	182450	276860	17418	2.7%	527.8	466461	889700
	略阳县	2831	19	504633	26559.6	89369	157422	257842	11088	2.2%	583.6	282370	314200
	镇巴县	3437	29	583047	20105.1	158167	174908	249972	12594	2.2%	434.3	275628	610200
	留坝县	1965	4	127700	31925.0	29850	32070	65780	4311	3.4%	1077.8	44196	213200
	佛坪县	1279	3	73200	24400.0	12460	24460	36280	3897	5.3%	1299.0	25214	136089
安康市【1区9县(市)】不包含在内：汉滨区	汉阴县	1365	31	774991	24999.7	122571	457362	195058	21500	2.8%	693.5	1231554	659608
	石泉县	1516	18	629768	34987.1	65495	422024	142249	14696	2.3%	816.4	1094038	649036

续表

地市	县域	行政区域面积（平方千米）	户籍人口（万人）	地区生产总值（万元）	人均生产总值（元）	第一产业增加值（万元）	第二产业增加值（万元）	第三产业增加值（万元）	公共财政收入（万元）	人均公共财政收入（元）	生产总值公共财政贡献率	规模以上工业总产值（万元）	固定资产投资（万元）
安康市【1区9县(市)】不包含在内：汉滨区	宁陕县	3678	7	245244	35034.9	42044	137800	65400	14359	5.9%	2051.3	216297	316108
	紫阳县	2240	34	745779	21934.7	110143	421410	214226	21306	2.9%	626.6	826996	693510
	岚皋县	1957	17	401303	23606.1	63912	224546	112845	10703	2.7%	629.6	496818	406749
	平利县	2648	23	679271	29533.5	100433	458301	120537	29769	4.4%	1294.3	1006297	631695
	镇坪县	1503	6	135595	22599.2	31041	48456	56098	6151	4.5%	1025.2	68214	149368
商洛市【1区6县】	旬阳县	3541	46	1240942	26977.0	124355	729710	386877	42197	3.4%	917.3	1465319	1162710
	白河县	1453	21	524255	24964.5	73508	316064	134683	13646	2.6%	649.8	881055	465260
	商州区	2672	56	1228990	21946.3	132005	542400	554585	71233	5.8%	1272.0	1443500	1509304
	洛南县	2830	46	991700	21558.7	206134	459100	326466	68376	6.9%	1486.4	1378054	1019800
	丹凤县	2438	31	789350	25462.9	109179	391200	288971	32609	4.1%	1051.9	730900	1001000
	商南县	2307	25	689220	27568.8	117170	350000	222050	34496	5.0%	1379.8	777766	919427
	山阳县	3535	47	1040530	22138.9	174620	542400	323510	42113	4.0%	896.0	1241750	1060529
	镇安县	3487	30	839100	27970.0	115449	493821	229830	41700	5.0%	1390.0	765600	1047400
	柞水县	2332	16	661700	41356.3	63000	415300	183400	30698	4.6%	1918.6	1473879	867930
合　计	87个	186739	2875	99119341	34476.3	13576092	55900702	29642547	5129263	5.2%	1784.1	123518624	100641301

第二章　甘肃篇

一、整体概况

（一）全省概况

甘肃省简称甘或陇，省会兰州市。位于我国西北部，黄河上游。甘肃海拔大多在1000米以上，四周为群山峻岭所环抱。北有六盘山、合黎山和龙首山，东为岷山、秦岭和子午岭，西接阿尔金山和祁连山，南壤青泥岭。境内地势起伏、山岭连绵、江河奔流，地形相当复杂，面积45.37万平方千米。2015年末全省常住人口2599.5万人。全省拥有12个地级市和2个自治州，86个县级行政区划单位（其中17个市辖区、4个县级市、58个县、7个自治县）。全省行政地域分布主要分为陇中、河西走廊、陇东南3个区域。其中，陇中区域包含3个地级市和2个自治州（兰州市、白银市、定西市、临夏回族自治州（以下简称临夏州）、甘南藏族自治州（以下简称甘南州）），河西走廊区域包含5个地级市（武威市、张掖市、酒泉市、金昌市、嘉峪关市），陇东南区域包含4个地级市（平凉市、庆阳市、天水市、陇南市）。

2015年，全省生产总值6790.3亿元，人均生产总值约为2.6万元。其中，第一产业增加值954.5亿元，第二产业增加值2494.8亿元，第三产业增加值3341.0亿元，三次产业结构比重为14.1∶36.7∶49.2。全部工业增加值1778.1亿元，其中规模以上工业增加值1662.0亿元，其中公共财政预算收入743.9亿元，全社会固定资产投资8626.6亿元，社会消费品零售总额2907.2亿元，其中城镇消费品零售额1709.1亿元，乡村消费品零售额590.4亿元。

(二)县域概况

全省86个县级行政区划单位,纳入县域体系的有76个县级行政区划单位(其中7个市辖区、4个县级市、58个县、7个自治县),行政区域面积44.3万平方千米,户籍人口2304万人。县域生产总值为3939.9亿元,人均生产总值约为1.7万元。其中,第一产业增加值827.3亿元,第二产业增加值1272.1亿元,第三产业增加值1840.5亿元,三次产业结构比重为21.0:32.3:46.7。县域公共财政收入为229.9亿元,县域固定资产投资为6282.4亿元。

二、经济分析

(一)生产总值

1.占比分析

(1)县域占全省生产总值比重

2015年,县域生产总值为3939.9亿元,占全省生产总值的58.0%。其中,陇中区域占全省生产总值的15.4%,河西走廊区域占全省生产总值的20.6%,陇东南区域占全省生产总值的22.0%(见图2-28)。

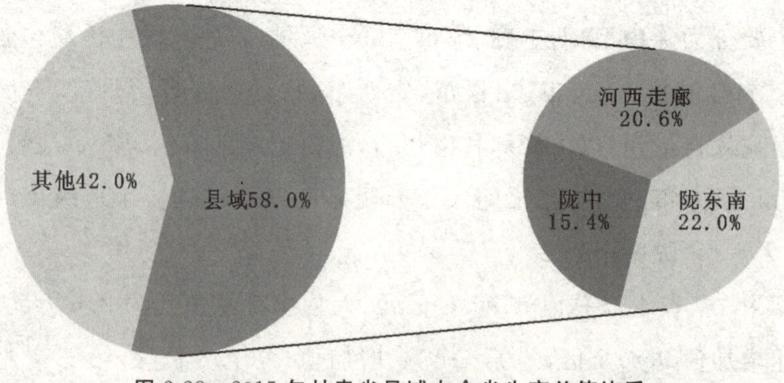

图2-28　2015年甘肃省县域占全省生产总值比重

(2)各区域县域生产总值比重

2015年,各区域县域生产总值比重为:陇中区域占县域生产总值的26.5%,河西走廊区域占县域生产总值的35.5%,陇东南区域占县域生产总值的38.0%(见图2-29)。

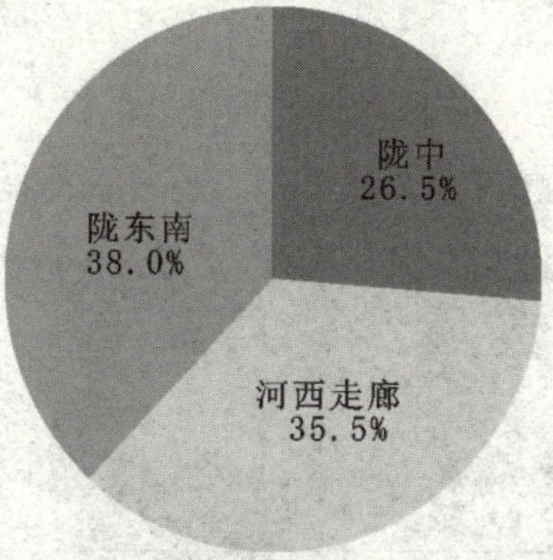

图 2-29　2015 年甘肃省各区域县域生产总值比重

(3)各地州市县域占全省生产总值比重

2015 年，各地州市县域占全省生产总值比重为：陇中区域，兰州市占 3.4%、白银市占 2.5%、定西市占 4.5%、临夏州占 3.1%、甘南州占 1.9%；河西走廊区域，金昌市占 0.9%、武威市占 6.1%、酒泉市占 8.0%、张掖市占 5.5%；陇东南区域，天水市占 3.3%、平凉市占 5.1%、庆阳市占 9.0%、陇南市占 4.7%(见图 2-30)。

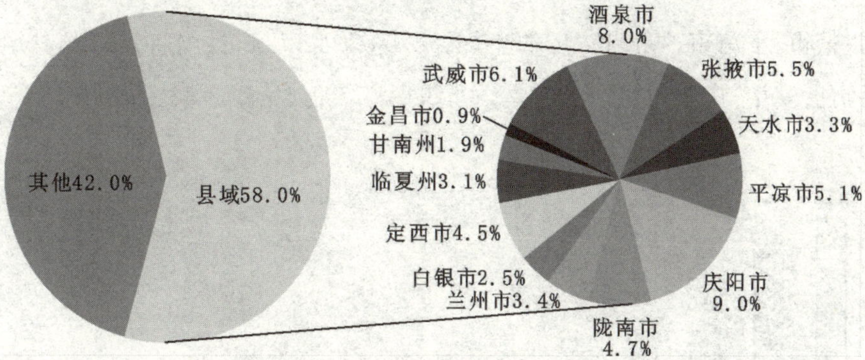

图 2-30　2015 年甘肃省各地州市县域占全省生产总值比重

(4)各地州市县域生产总值比重

2015 年，各地州市县域生产总值比重为：陇中区域，兰州市占 5.9%、白银市占 4.3%、定西市占 7.7%、临夏州占 5.4%、甘南州占 3.2%；河西走廊区域，金昌市占 1.6%、武威市占 10.6%、酒泉市占 13.8%、张掖市占 9.5%；陇东南区域，天水市占 5.7%、平凉市占 8.7%、庆阳市占 15.5%、陇南市占 8.1%(见

图 2-31)。

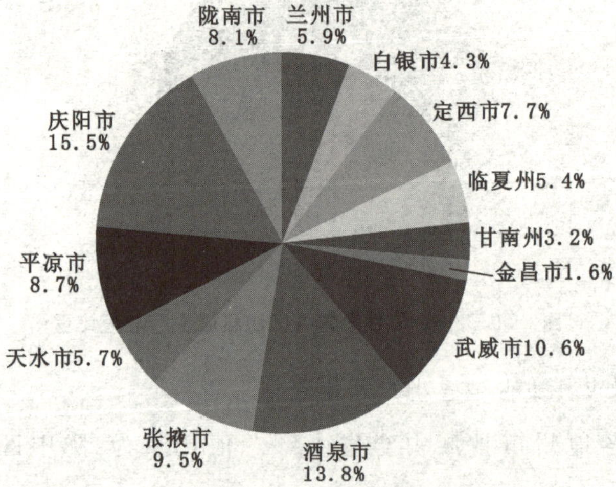

图 2-31　2015 年甘肃省各地州市县域生产总值比重

2. 排名分析

(1)全省各地州市县域生产总值排名

2015 年,全省各地州市县域生产总值排名依次为:庆阳市、酒泉市、武威市、张掖市、平凉市、陇南市、定西市、兰州市、天水市、临夏州、白银市、甘南州、金昌市。其中,庆阳市生产总值是金昌市的 9.5 倍(见图 2-32、图 2-33)。

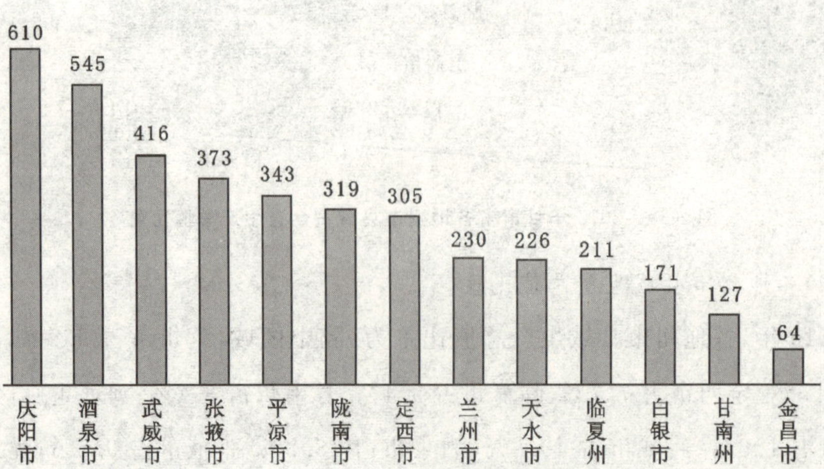

图 2-32　2015 年甘肃省各地州市县域生产总值排名(亿元)

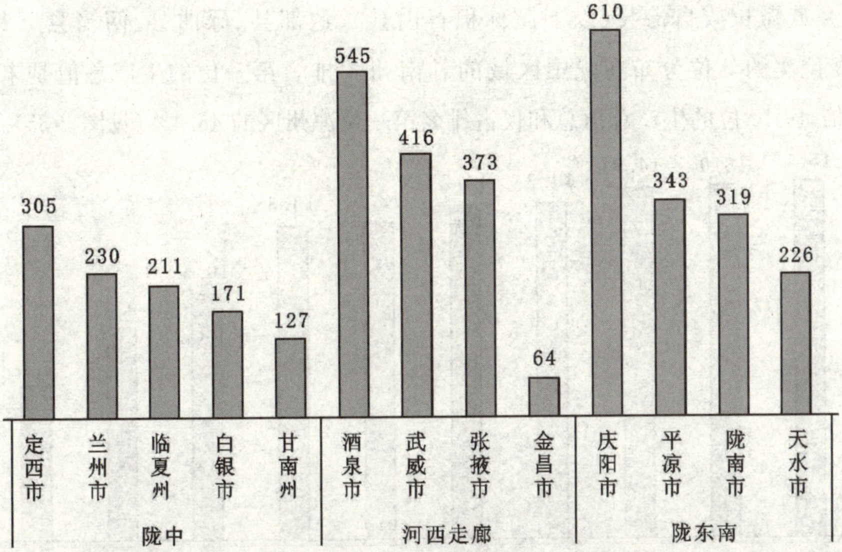

图 2-33 2015 年甘肃省各地州市县域在区域内生产总值排名(亿元)

(2)全省县域生产总值排名

2015 年,全省县域生产总值排名前 10 位的依次为:凉州区、肃州区、甘州区、西峰区、崆峒区、玉门市、敦煌市、永登县、武都区、庆城县。其中,前 10 位次的 6 位分布在河西走廊区域的酒泉市和陇东南区域的庆阳市(见图 2-34)。

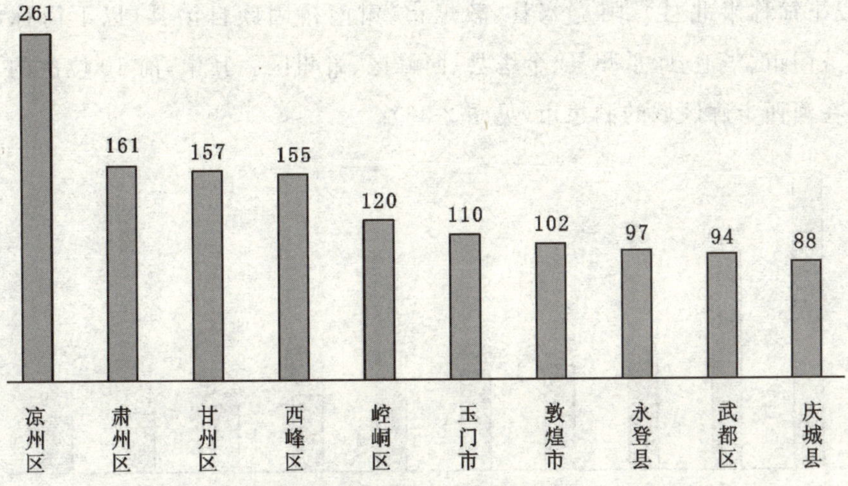

图 2-34 2015 年甘肃省县域生产总值排名前 10 名(亿元)

2015 年,全省县域生产总值排名后 10 位的依次为:夏河县、和政县、阿克塞哈萨克族自治县(以下简称阿克塞县)、舟曲县、卓尼县、玛曲县、积石山保安族东乡族撒拉族自治县(以下简称积石山县)、迭部县、碌曲县、两当县。其中,后10位次的6位分布在陇中区域的甘南州。排名第一位的生产总值是末位的39.5倍,后10位的生产总值总和仅占排名第一位凉州区的48.4%(见图2-35)。

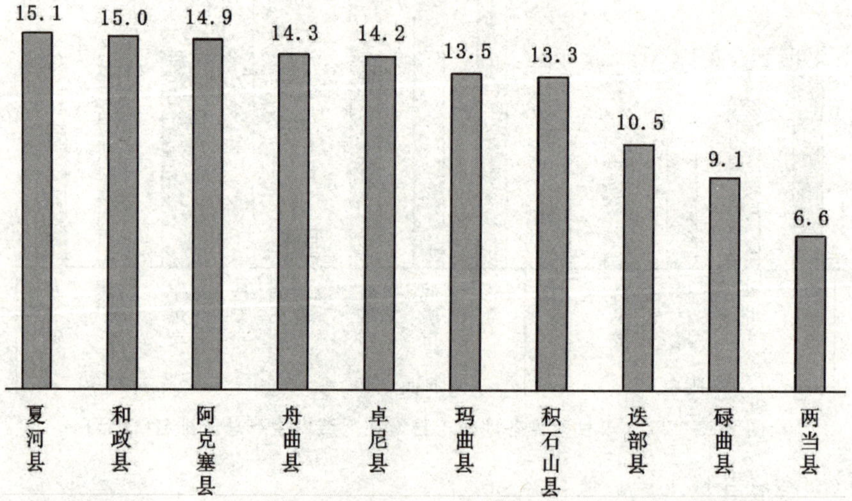

图2-35　2015年甘肃省县域生产总值排名后10名(亿元)

(3)全省县域人均生产总值排名

2015年,全省县域人均生产总值排名前10位的依次为:肃北蒙古族自治县(以下简称肃北县)、阿克塞县、敦煌市、肃南裕固族自治县(以下简称肃南县)、玉门市、华池县、瓜州县、金塔县、西峰区、肃州区。其中,前10位次的7位分布在河西走廊区域的酒泉市(见图2-36)。

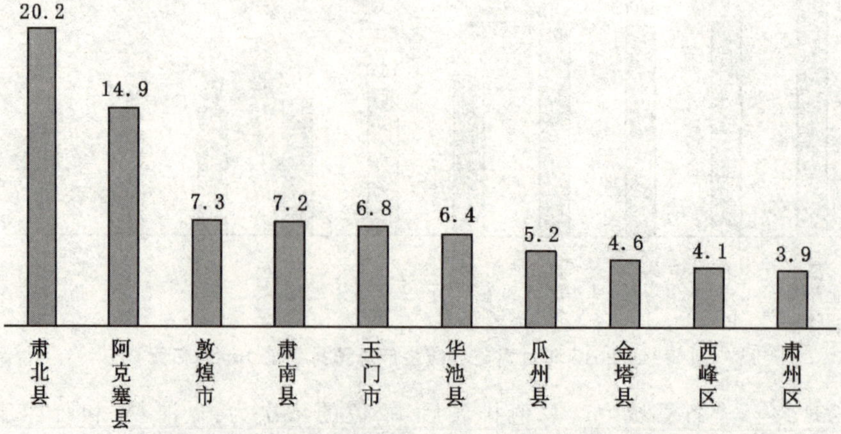

图2-36　2015甘肃省县域人均生产总值排名前10名(万元)

2015年，全省县域人均生产总值排名后10位的依次为：张家川县、和政县、西和县、宕昌县、岷县、广河县、康乐县、礼县、东乡县、积石山县。其中，后10位次的5位分布在陇中区域的临夏州。排名第一位的人均生产总值是末位的40.4倍(见图2-37)。

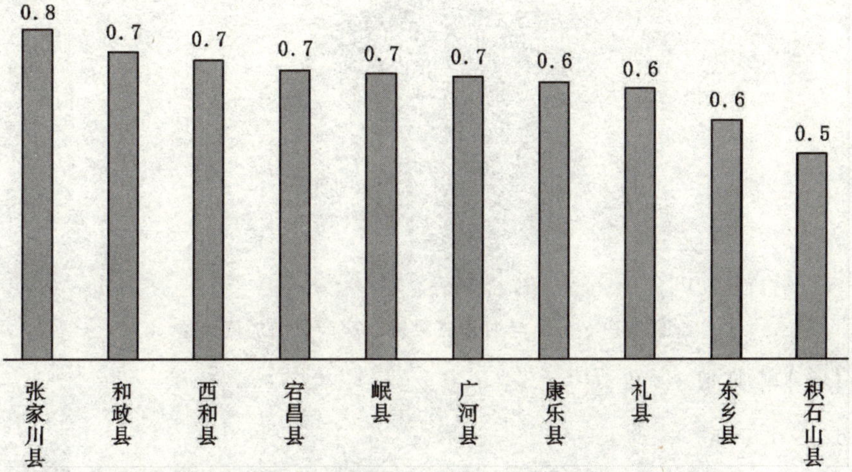

图2-37　2015年甘肃省县域人均生产总值排名后10名(万元)

(二)产业结构

1.全省三次产业增加值比重

2015年，全省生产总值6790.3亿元，其中，第一产业增加值954.5亿元，第二产业增加值2494.8亿元，第三产业增加值3341.0亿元，三次产业结构比重为14.1∶36.7∶49.2(见图2-38)。

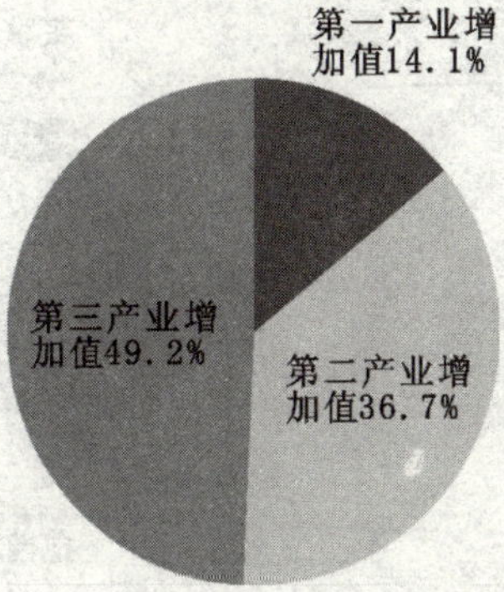

图2-38　2015年甘肃省三次产业增加值比重

2. 县域三次产业增加值比重

2015 年,全省县域生产总值为 3939.9 亿元,其中,第一产业增加值 827.3 亿元,第二产业增加值 1272.1 亿元,第三产业增加值 1840.5 亿元,三次产业结构比重为 21.0∶32.3∶46.7(见图 2-39)。

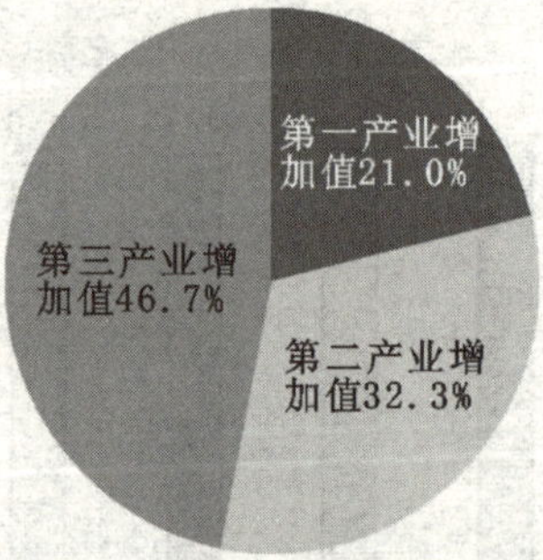

图 2-39　2015 年甘肃省县域三次产业增加值比重

(三)财政收入

1. 占比分析

(1)县域占全省公共财政收入比重

2015 年,县域公共财政收入为 229.9 亿元,占全省公共财政收入的比重为 30.9%。其中,各地州市县域占全省公共财政收入的比重为:陇中区域,兰州市占 1.7%、白银市占 1.0%、定西市占 2.7%、临夏州占 2.8%、甘南州占1.1%;河西走廊区域,金昌市占 0.4%、武威市占2.7%、酒泉市占 3.3%、张掖市占 3.4%;陇东南区域,天水市占 1.7%、平凉市占 2.6%、庆阳市占 4.6%、陇南市占 2.9%(见图 2-40)。

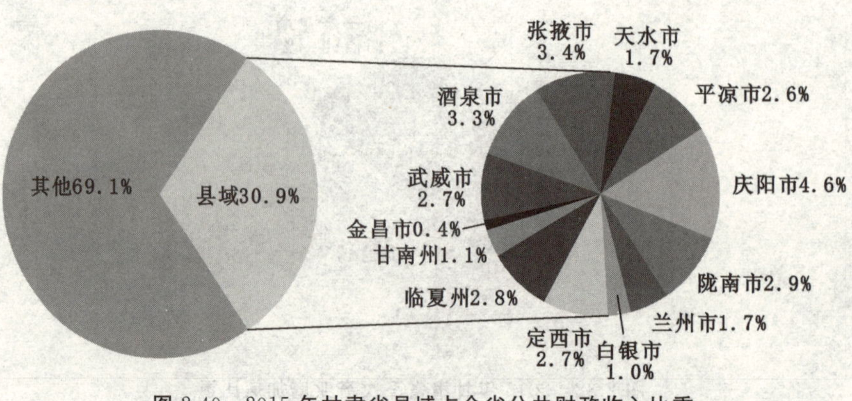

图 2-40　2015 年甘肃省县域占全省公共财政收入比重

(2)各地州市县域公共财政收入比重

2015 年，各地州市县域公共财政收入的比重为：陇中区域，兰州市占 5.5%、白银市占 3.3%、定西市占 8.8%、临夏州占 8.9%、甘南州占 3.4%；河西走廊区域，金昌市占 1.4%、武威市占 8.7%、酒泉市占 10.7%、张掖市占 11.1%；陇东南区域，天水市占 5.6%、平凉市占 8.3%、庆阳市占 14.9%、陇南市占 9.4%(见图 2-41)。

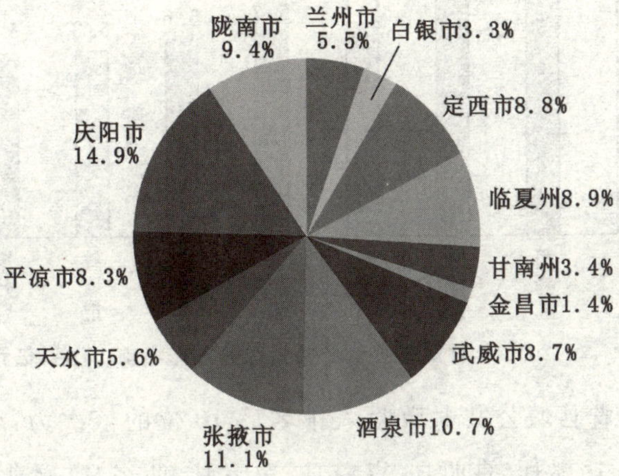

图 2-41　2015 年甘肃省各地州市县域公共财政收入比重

2. 排名分析

(1)县域公共财政收入排名

2015 年，各地州市县域公共财政收入排名依次为：庆阳市、张掖市、酒泉市、陇南市、临夏州、定西市、武威市、平凉市、天水市、兰州市、甘南州、白银市、金昌市。其中，庆阳市公共财政收入为金昌市的 10.7 倍(见图 2-42)。

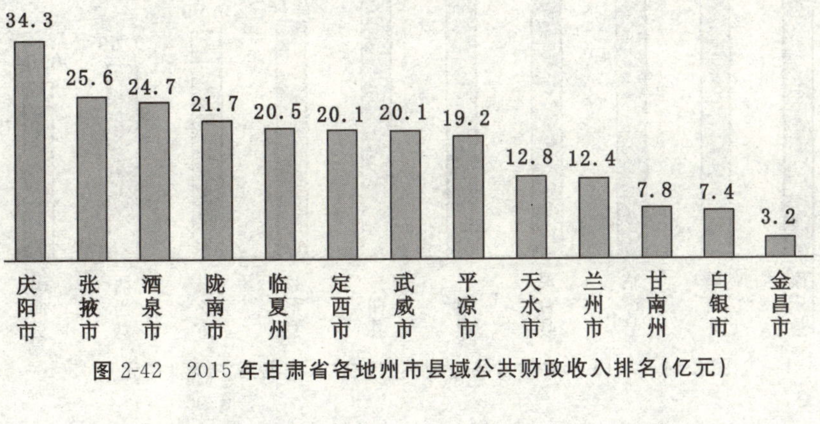

图 2-42　2015 年甘肃省各地州市县域公共财政收入排名(亿元)

2015年,全省县域公共财政收入排名前10位的依次为:凉州区、临夏市、西峰区、甘州区、环县、华池县、高台县、敦煌市、肃州区、庆城县。其中,前10位次的4位分布在庆阳市(见图2-43)。

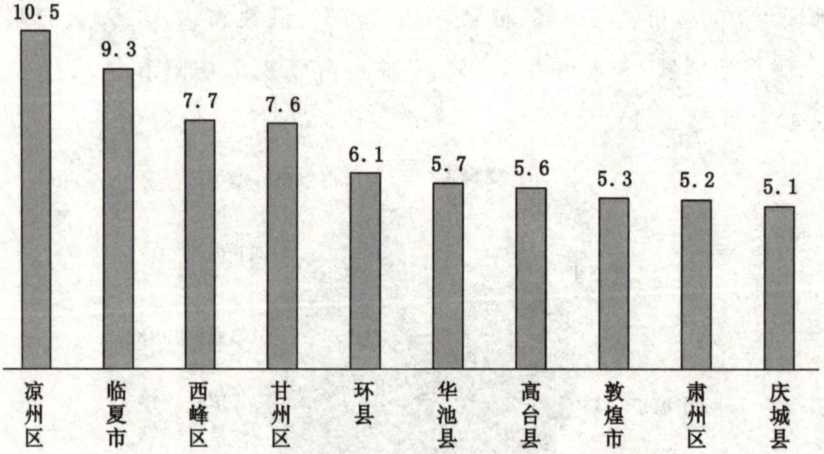

图2-43　2015年甘肃省县域公共财政收入排名前10名(亿元)

2015年,全省县域公共财政收入排名后10位的依次为:康乐县、玛曲县、临潭县、灵台县、迭部县、舟曲县、卓尼县、东乡县、两当县、碌曲县。其中,后10位次的6位分布在陇中区域甘南州。排名第一位的公共财政收入是末位的19.4倍(见图2-44)。

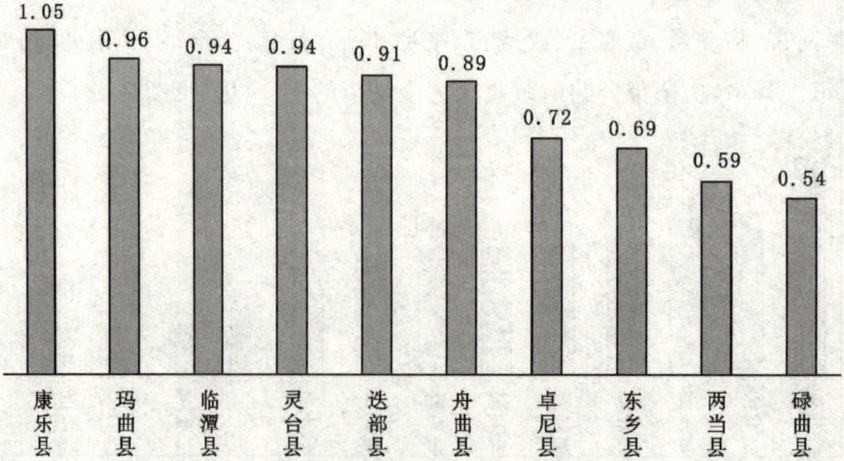

图2-44　2015年甘肃省县域公共财政收入排名后10名(亿元)

(2)县域人均公共财政收入排名

2015年,县域人均公共财政收入为997.8元,全省县域人均公共财政收入排名前10位的依次为:肃北县、阿克塞县、肃南县、华池县、敦煌市、临夏市、高台县、临泽县、玉门市、瓜州县。其中,前10位次的5位分布在河西走廊区域的酒泉市(见图2-45)。

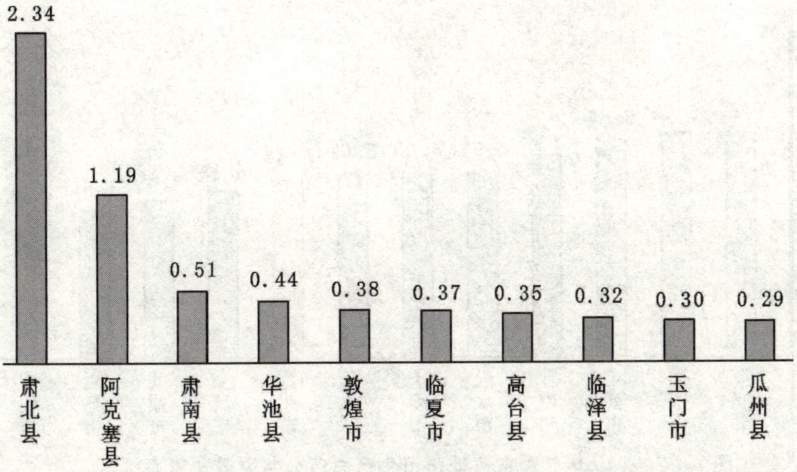

图2-45 2015年甘肃省县域人均公共财政收入排名前10名(万元)

2015年,全省县域人均公共财政收入排名后10位的依次为:西和县、灵台县、张家川县、礼县、武山县、庄浪县、临夏县、通渭县、康乐县、东乡县。其中,后10位次的3位分布在陇中区域的临夏州(见图2-46)。

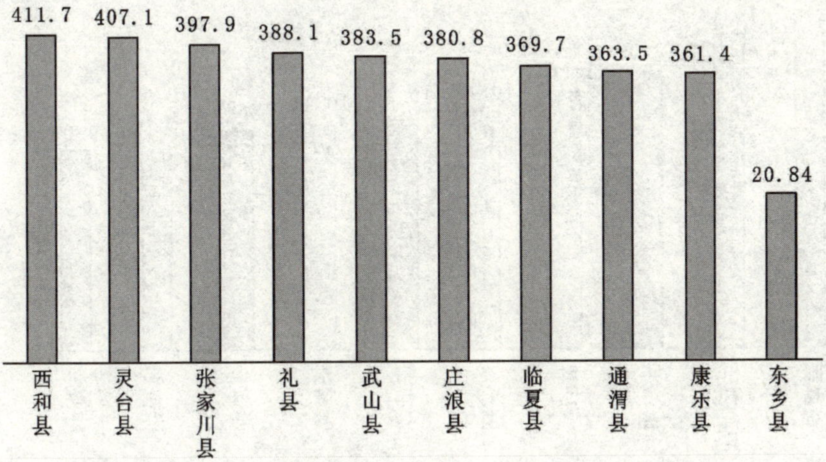

图2-46 2015年甘肃省县域人均公共财政收入排名后10名(元)

(3)县域生产总值公共财政贡献率排名

2015年,全省生产总值公共财政贡献率11.0%,县域生产总值财政贡献率5.8%,各地州市县域生产总值公共财政贡献率排名依次为:临夏州、张掖市、陇南市、定西市、甘南州、天水市、庆阳市、平凉市、兰州市、金昌市、武威市、酒泉市、白银市(见图2-47)。

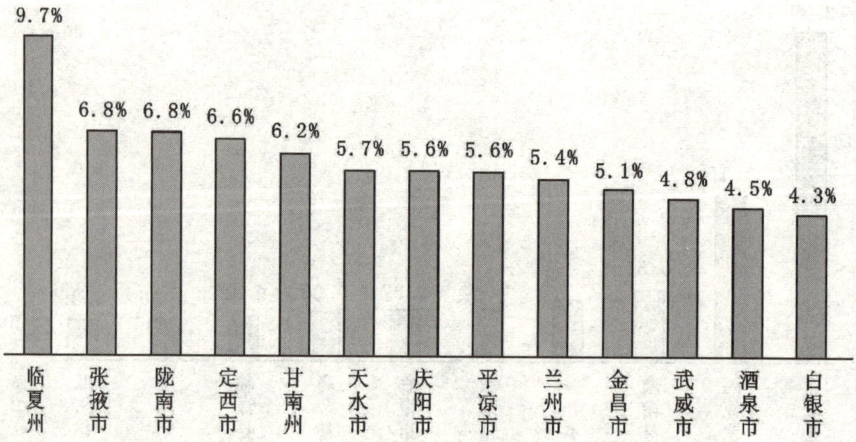

图2-47　2015年甘肃省各地州市生产总值公共财政贡献率排名

2015年,全省县域生产总值公共财政贡献率排名前10位的依次为:临夏市、积石山县、华亭县、肃北县、高台县、临泽县、永靖县、崇信县、秦安县、和政县。其中,前10位次的4位分布在陇中区域的临夏州(见图2-48)。

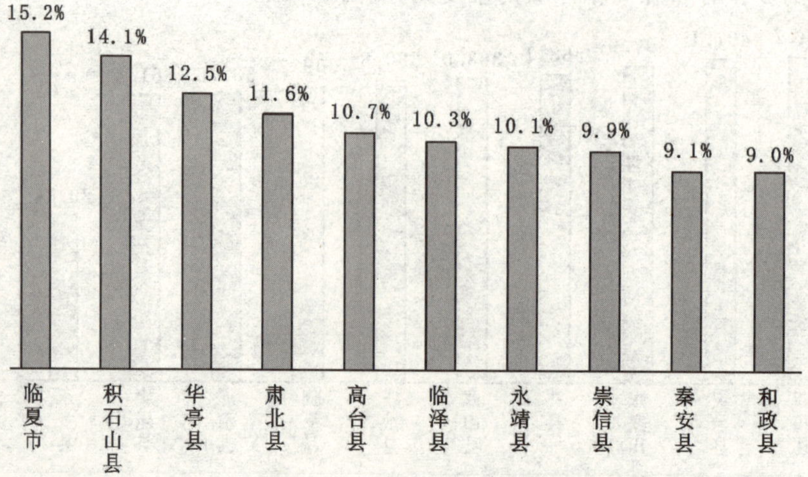

图2-48　2015年甘肃省县域生产总值公共财政贡献率排名前10名

2015 年，全省县域生产总值公共财政贡献率排名后 10 位的依次为：崆峒区、凉州区、景泰县、泾川县、宁县、清水县、武山县、灵台县、肃州区、金塔县。其中，后 10 位次的 3 位分布在陇东南区域的平凉市（见图 2-49）。

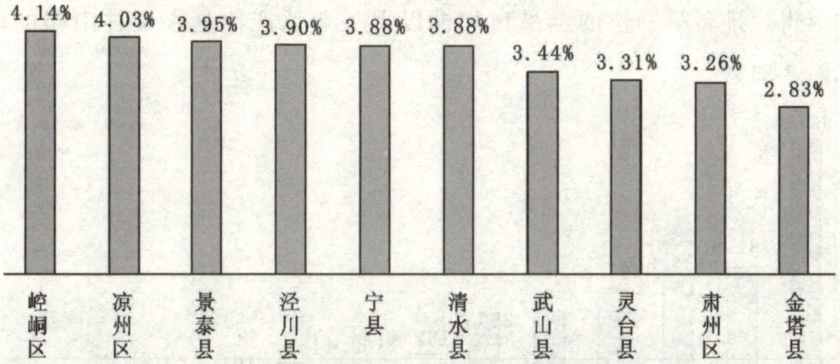

图 2-49　2015 年甘肃省县域生产总值公共财政贡献率排名后 10 名

（四）工业总产值

1. 占比分析

2015 年，县域规模以上工业总产值为 3620.98 亿元，各地州市县域规模以上工业总产值比重为：陇中区域，兰州市占 12.0%、白银市占 2.4%、定西市占 4.2%、临夏州占 2.8%、甘南州占 1.1%；河西走廊区域，金昌市占25.6%、武威市占 11.2%、酒泉市占 13.3%、张掖市占 9.2%；陇东南区域，天水市占1.7%、平凉市占 5.0%、庆阳市占 6.9%、陇南市占 4.5%（见图 2-50）。

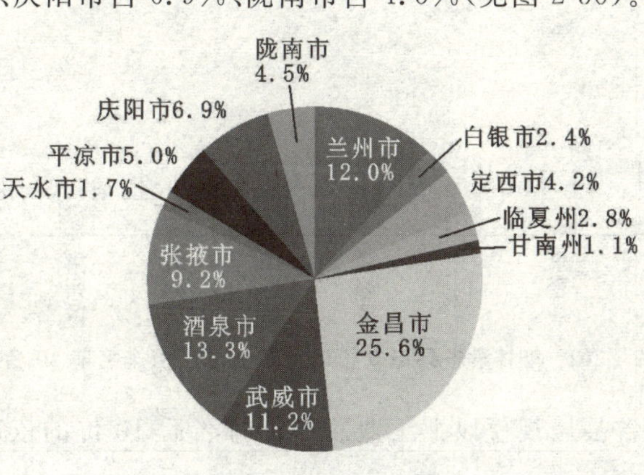

图 2-50　2015 年甘肃省各地州市县域规模以上工业总产值比重

2.排名分析

2015年,各地州市县域规模以上工业总产值排名依次为:金昌市、酒泉市、兰州市、武威市、张掖市、庆阳市、平凉市、陇南市、定西市、临夏州、白银市、天水市、甘南州。排名第一位的金昌市规模以上工业总产值是末位甘南州的22.6倍(见图2-51)。

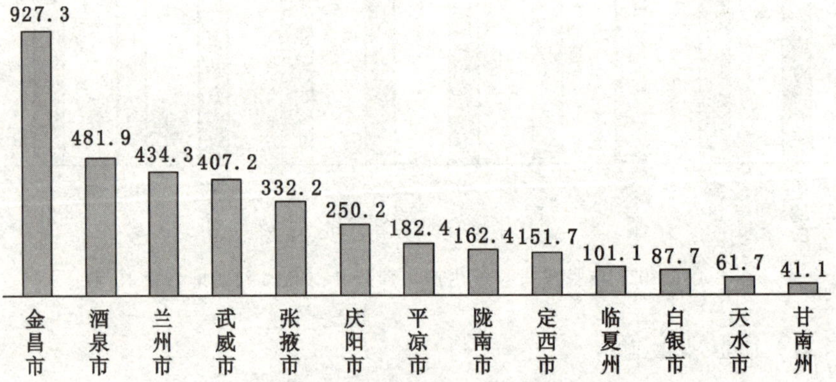

图2-51　2015年甘肃省各地州市县域规模以上工业总产值排名(亿元)

2015年,全省县域规模以上工业总产值排名前10位的依次为:永昌县、凉州区、永登县、玉门市、西峰区、皋兰县、甘州区、肃州区、榆中县、敦煌市。其中,前10位次的3位分布在陇中区域的兰州市(见图2-52)。

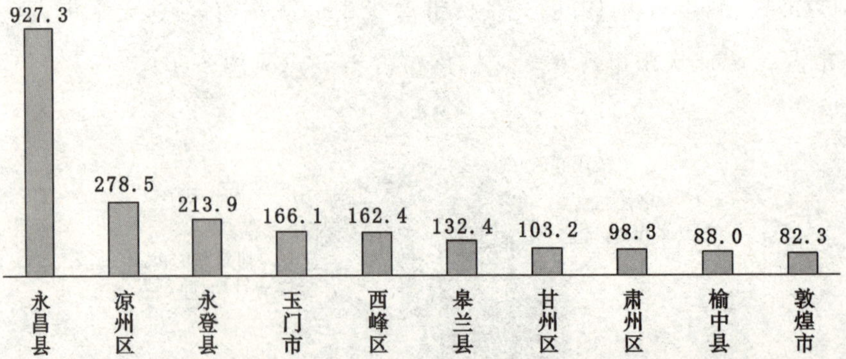

图2-52　2015年甘肃省县域规模以上工业总产值排名前10名(亿元)

2015年,全省县域规模以上工业总产值排名后10位的依次为:灵台县、正宁县、康乐县、华池县、卓尼县、迭部县、舟曲县、两当县、积石山县、临潭县。其中,后10位次的4位分布在陇中区域的甘南州,排名第一位的永昌县规模以上工业总产值是后10位总和的41.4倍(见图2-53)。

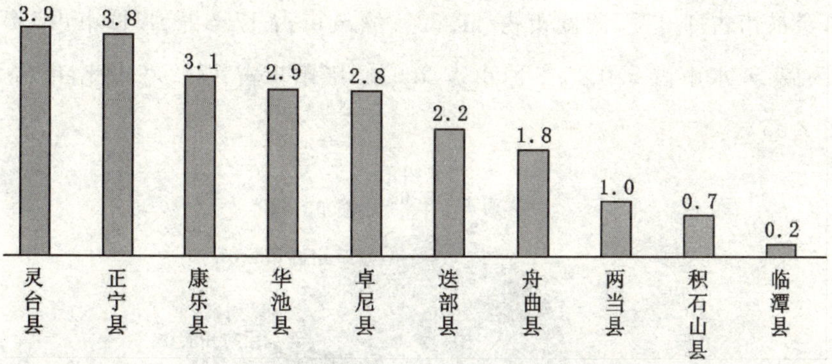

图2-53 2015年甘肃省县域规模以上工业总产值排名后10名(亿元)

(五)固定资产投资

1.占比分析

(1)县域占全省固定资产投资比重

2015年,县域固定资产投资为6282.4亿元,占全省固定资产投资的72.8%,各地州市县域占全省固定资产投资比重为:陇中区域,兰州市占2.6%、白银市占2.6%、定西市占6.4%、临夏州占3.4%、甘南州占2.2%;河西走廊区域,金昌市占0.8%、武威市占8.4%、酒泉市占12.8%、张掖市占3.6%;陇东南区域,天水市占3.6%、平凉市占7.0%、庆阳市占12.5%、陇南市占6.8%(见图2-54)。

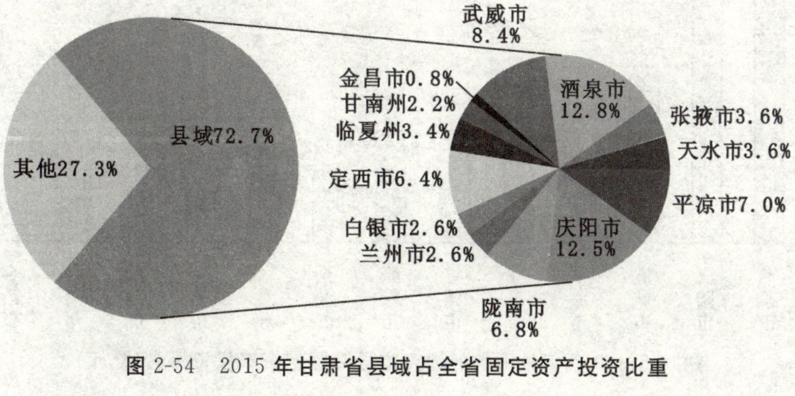

图2-54 2015年甘肃省县域占全省固定资产投资比重

(2)各地州市县域固定资产投资比重

2015年,各地州市县域固定资产投资比重为:陇中区域,兰州市占3.6%、白银市占3.5%、定西市占8.8%、临夏州占4.7%、甘南州占3.0%;河西走廊区域,金昌市占1.1%、武威市占11.5%、酒泉市占17.6%、张掖市占5.0%;陇东南区域,天水市占5.0%、平凉市占9.6%、庆阳市占17.2%、陇南市占9.4%(见图2-55)。

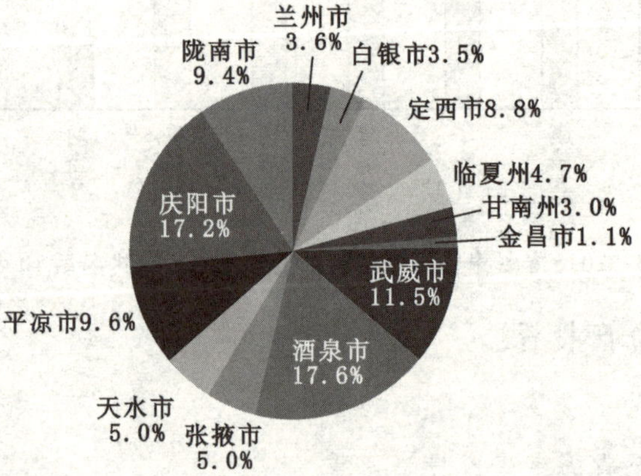

图2-55 2015年甘肃省各地州市县域固定资产投资比重

2.排名分析

2015年,各地州市县域固定资产投资排名依次为:酒泉市、庆阳市、武威市、平凉市、陇南市、定西市、张掖市、天水市、临夏州、兰州市、白银市、甘南州、金昌市。其中,酒泉市固定资产投资为金昌市的15.5倍(见图2-56)。

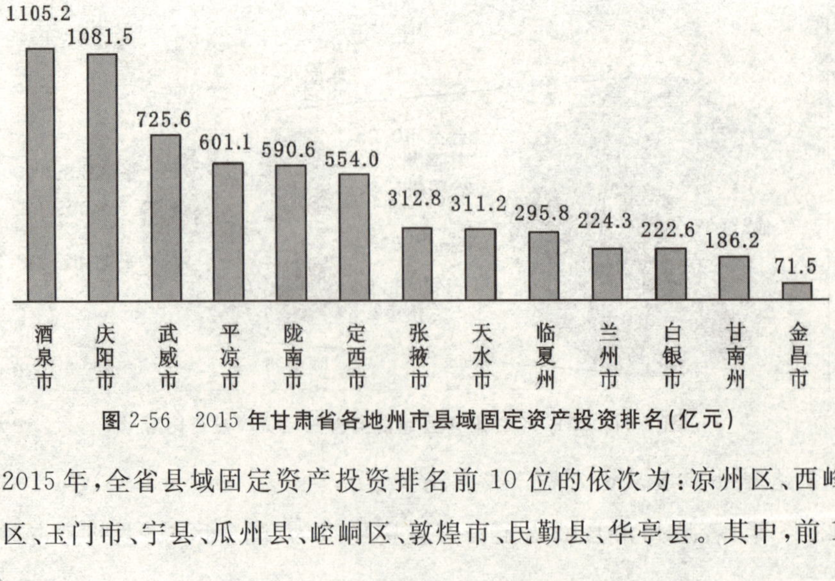

图2-56 2015年甘肃省各地州市县域固定资产投资排名(亿元)

2015年,全省县域固定资产投资排名前10位的依次为:凉州区、西峰区、肃州区、玉门市、宁县、瓜州县、崆峒区、敦煌市、民勤县、华亭县。其中,前10位次的4位分布在河西走廊区域的酒泉市(见图2-57)。

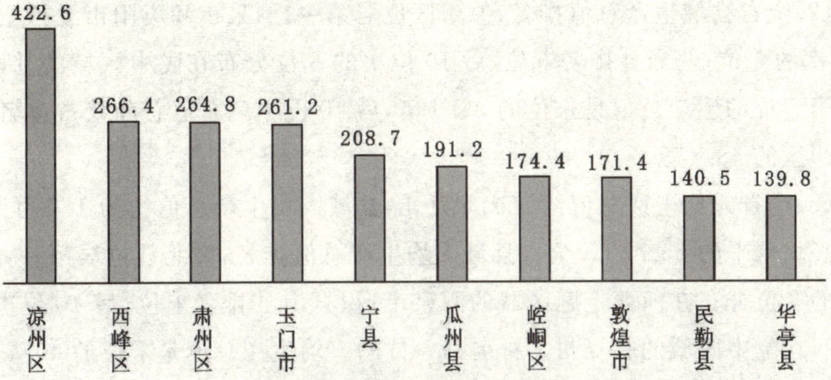

图2-57 2015年甘肃省县域固定资产投资排名前10名(亿元)

2015年,全省县域固定资产投资排名后10位的依次为:卓尼县、迭部县、东乡县、夏河县、积石山县、康乐县、舟曲县、玛曲县、碌曲县、两当县。其中,后10位次的6位分布在陇中区域的甘南州。排名第一位凉州区的固定资产投资是末位两当县的41.4倍(见图2-58)。

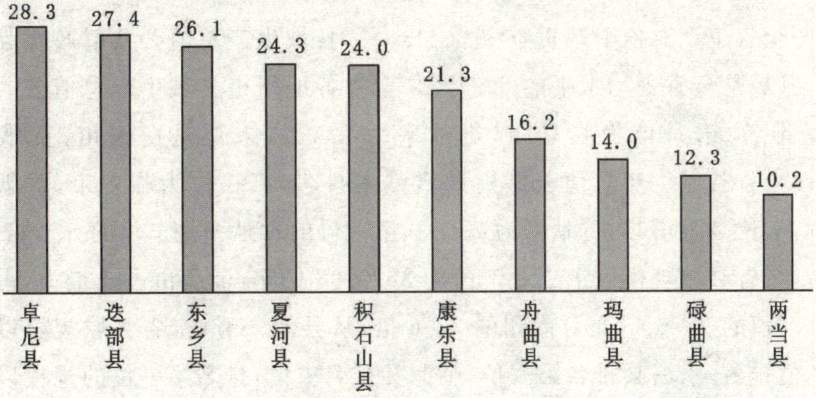

图2-58 2015年甘肃省县域固定资产投资排名后10名(亿元)

三、数据小结

(1)全省县域生产总值占全省生产总值的58.0%,其中从区域来看,陇东南区域生产总值占比最大,占全省总产值的22.0%,占县域生产总值的38.0%;从各地州市来看,庆阳市生产总值占比最大,占全省生产总值的9.0%,占县域生产总值的15.5%,为金昌市的9.5倍。全省三次产业结构比重为

14.1∶36.7∶49.2,县域三次产业结构比重为21.0∶32.3∶46.7。

(2)全省县域生产总值排名,凉州区位居第一,酒泉市和庆阳市囊括全省前10位次的6位;两当县排名末位,后10位次的6位分布在陇中区域的甘南州。排名第一位的生产总值是末位的39.5倍,后10位生产总值总和仅占排名第一位凉州区的48.4%。

(3)全省人均生产总值约为2.6万元,县域人均生产总值约为1.7万元,为全省平均水平的65.4%。全省县域人均生产总值排名,肃北县位居第一,前10位次的7位分布在河西走廊区域的酒泉市;积石山县排名末位,后10位次的5位分布在陇中区域的临夏州。排名第一位的人均生产总值是末位的40.4倍。

(4)县域占全省公共财政收入的比重为30.9%,其中庆阳市占比最大,占全省4.6%,占县域14.9%。全省人均公共财政收入为2866.5元,县域人均公共财政收入为997.8元,县域为全省人均公共财政收入水平的34.8%。

(5)全省县域公共财政收入排名,第一位为凉州区,末位是碌曲县,第一位的公共财政收入是末位的19.4倍。人均县域公共财政收入排名,第一位为肃北县,末位是东乡县,第一位的公共财政收入是末位的112.5倍。

(6)全省生产总值财政贡献率为11.0%,县域生产总值公共财政贡献率为5.8%,县域是全省平均水平的52.7%。全省各地州市县域生产总值公共财政贡献率排名,第一位为临夏州,贡献率为9.7%,末位是白银市,贡献率为4.3%。全省县域生产总值公共财政贡献率排名,第一位为临夏市,贡献率为15.2%,末位是金塔县,贡献率为2.8%,第一位的贡献率是末位的5.4倍。

(7)全省县域规模以上工业产值为3620.98亿元,金昌市占比最大,占县域工业总产值的25.6%,是甘南州的22.6倍;从县域来看,全省县域规模以上工业总产值排名,永昌县排名第一位,临潭县排名末位,排名第一位的规模以上工业总产值是后10位总和的41.4倍。

(8)全省县域固定资产投资为6282.4亿元,占全省固定资产投资的72.8%,其中酒泉市占比最大,占全省的12.8%,占县域的17.6%。全省县域固定资产投资排名,酒泉市囊括全省前10位次的4位,排名第一位的凉州区固定资产投资是末位两当县的41.4倍。

附录：

甘肃全省86个县级行政区划单位（17个市辖区、4个县级市、58个县、7个自治县）

甘肃省76个县域行政区划单位（7个市辖区，4个县级市，58个县，7个自治县）

地州市	县域	行政区域面积（平方千米）	户籍人口（万人）	地区生产总值（万元）	人均生产总值（元）	第一产业增加值（万元）	第二产业增加值（万元）	第三产业增加值（万元）	公共财政收入（万元）	生产总值公共财政贡献率	人均公共财政收入（元）	规模以上工业总产值（万元）	固定资产投资（万元）
兰州市【5区3县(市)】不包含在内的区：城关区、七里河区、西固区、安宁区、红古区	永登县	5622	44	965625	21946.0	105273	354530	505822.0	40395	4.2%	918.1	2138741	707213
	皋兰县	2180	15	452003	30133.5	61145	216043	174814.9	34648	7.7%	2309.9	1323542	361819
	榆中县	3302	45	881611	19591.4	151062	272779	457770.0	48915	5.5%	1087.0	880426	1173556
白银市【2区3县(市)】不包含在内：白银区、平川区	靖远县	5792	50	633857	12677.1	221647	157297	254913.0	30269	4.8%	605.4	234575	924611
	会宁县	6439	58	570721	9840.0	174706	133953	262062.0	24114	4.2%	415.8	308493	827283
	景泰县	5483	24	503726	20988.6	109418	145342	248966.0	19900	4.0%	829.2	333730	474377
定西县【1区6县】	安定区	3639	46	702111	15263.3	130977	197527	373607.4	38175	5.4%	829.9	550068	1213788
	通渭县	2909	44	368308	8370.6	109662	43985	214661.0	15994	4.3%	363.5	69835	463040
	陇西县	2409	52	574385	11045.9	139970	104576	329839.2	49648	8.6%	954.8	353665	1205886
	渭源县	2066	35	276219	7892.0	95332	34664	146223.0	18741	6.8%	535.5	50525	543779
	临洮县	2851	55	589067	10710.3	141991	166958	280118.0	39454	6.7%	717.3	288860	1016907
	漳 县	2164	21	207979	9903.8	57737	39531	110710.8	15621	7.5%	743.9	77854	415490
	岷 县	3533	49	331110	6757.3	94050	77642	159418.0	23816	7.2%	486.0	125832	681556

续表

地州市	县域	行政区域面积（平方千米）	户籍人口（万人）	地区生产总值（万元）	人均生产总值（元）	第一产业增加值（万元）	第二产业增加值（万元）	第三产业增加值（万元）	公共财政收入（万元）	生产总值公共财政贡献率	人均公共财政收入（元）	规模以上工业总产值（万元）	固定资产投资（万元）
临夏回族自治州【8县】	临夏市	89	25	614250	24570.0	33105	103856	477289.0	93133	15.2%	3725.3	241559	608659
	临夏县	1213	40	326288	8157.2	72551	49645	204092.0	14789	4.5%	369.7	82073	300805
	康乐县	1083	29	187520	6466.2	48310	20852	118358.0	10481	5.6%	361.4	30805	213024
	永靖县	1864	21	356181	16961.0	59429	168385	128367.0	36053	10.1%	1716.8	411628	625536
	广河县	538	27	178721	6619.3	31168	32640	114913.0	11333	6.3%	419.7	94401	327993
	和政县	960	21	149876	7137.0	39274	32220	78382.0	13525	9.0%	644.0	56958	379935
	东乡族自治县	1511	33	162743	4931.6	42392	31028	89323.0	6878	4.2%	208.4	86029	261310
	积石山保安族东乡族撒拉族自治县	910	27	133132	4930.8	35155	7082	90895.0	18783	14.1%	695.7	7080	240465
甘南藏族自治州【8县】	合作市	2291	9	334246	37138.4	19902	57395	256949.0	17456	5.2%	1939.6	182440	348525
	临潭县	1558	16	169235	10577.2	31129	18678	119428.0	9416	5.6%	588.5	2368	290050
	卓尼县	5420	11	141786	12889.6	39522	22234	80030.0	7211	5.1%	655.5	28416	282790
	舟曲县	3010	14	142611	10186.5	36641	22519	83451.0	8937	6.3%	638.4	18444	161850
	迭部县	5108	6	104699	17449.9	24700	21957	58042.3	9135	8.7%	1522.5	21837	274184
	玛曲县	10191	5	134564	26912.8	46826	23610	64128.0	9600	7.1%	1920.0	63641	139740
	碌曲县	5299	4	91138	22784.5	26416	24700	40022.0	5379	5.9%	1344.8	52780	122500
	夏河县	6274	9	151398	16822.0	44924	15869	90605.0	11297	7.5%	1255.2	40950	242800

续表

地州市	县域	行政区域面积（平方千米）	户籍人口（万人）	地区生产总值（万元）	人均生产总值（元）	第一产业增加值（万元）	第二产业增加值（万元）	第三产业增加值（万元）	公共财政收入（万元）	生产总值公共财政贡献率	人均公共财政收入（元）	规模以上工业总产值（万元）	固定资产投资（万元）
金昌市【1区1县(市)】不包含在内的：金川区	永昌县	5877	25	638121	25524.8	141449	192226	304446.0	32402	5.1%	1296.1	9272523	715149
武威市【1区3县(市)】	凉州区	5081	103	2611580	25355.1	571800	982754	1057026.0	105200	4.0%	1021.4	2784911	4226292
	民勤县	15907	28	695614	24843.4	237073	219468	239073.0	33713	4.8%	1204.0	469886	1405186
	古浪县	5130	39	408506	10474.5	124907	116320	167279.0	22378	5.5%	573.8	303707	751189
	天祝藏族自治县	7147	21	446583	21265.9	64079	206900	175604.0	39483	8.8%	1880.1	513471	872854
酒泉市【1区6县(市)】	肃州区	3386	41	1609881	39265.4	251833	445821	912227.2	52485	3.3%	1280.1	983303	2647678
	金塔县	18798	15	696349	46423.3	182694	175934	337720.6	19740	2.8%	1316.0	305999	955684
	瓜州县	24130	13	679067	52235.9	99167	333275	246625.0	37833	5.6%	2910.2	420910	1912225
	肃北蒙古族自治县	66748	1	202309	202309.0	5041	128307	68961.0	23438	11.6%	23438.0	330411	836000
	阿克塞哈萨克族自治县	31241	1	148538	148538.0	5478	96255	46805.0	11915	8.0%	11915.0	294282	374000
	玉门市	13496	16	1095639	68477.4	105672	547133	442833.8	48203	4.4%	3012.7	1660856	2612052
	敦煌市	31200	14	1021740	72981.4	136008	289232	596500.0	53007	5.2%	3786.2	822829	1713982

续表

地州市	县域	行政区域面积（平方千米）	户籍人口（万人）	地区生产总值（万元）	人均生产总值（元）	第一产业增加值（万元）	第二产业增加值（万元）	第三产业增加值（万元）	公共财政收入（万元）	生产总值公共财政贡献率	人均公共财政收入（元）	规模以上工业总产值（万元）	固定资产投资（万元）
嘉峪关市 【1(市)】 不包含在内：嘉峪关市													
张掖市 【1区5县(市)】	甘州区	4240	51	1567485	30735.0	355876	379341	832268.0	76415	4.9%	1498.3	1032443	1099615
	肃南裕固族自治县	23887	4	287523	71880.8	47321	168091	72110.9	20592	7.2%	5148.0	488436	398609
	民乐县	3687	25	457991	18319.6	147394	141509	169088.0	22924	5.0%	917.0	558367	412077
	临泽县	2729	15	467126	31141.7	134872	134396	197858.0	48307	10.3%	3220.5	578693	397698
	高台县	4426	16	524113	32757.1	168127	161524	194462.0	56303	10.7%	3518.9	414140	400957
	山丹县	5402	20	430009	21500.5	96602	113895	219512.0	31160	7.2%	1558.0	249897	419096
天水市 【2区5县(市)】 不包含在内的：秦州区、麦积区	清水县	2012	33	387686	11748.1	113550	50956	223180.0	15029	3.9%	455.4	87217	592901
	秦安县	1602	61	526009	8623.1	169265	114103	242641.0	47668	9.1%	781.4	119794	448654
	甘谷县	1572	63	588280	9337.8	169440	185241	233599.0	34502	5.9%	547.7	225951	841114
	武山县	2011	46	512145	11133.6	196912	92996	222237.0	17643	3.4%	383.5	118698	772121
	张家川回族自治县	1312	34	249793	7346.9	64210	26169	159414.0	13528	5.4%	397.9	65588	457298

续表

地州市	县域	行政区域面积（平方千米）	户籍人口（万人）	地区生产总值（万元）	人均生产总值（元）	第一产业增加值（万元）	第二产业增加值（万元）	第三产业增加值（万元）	公共财政收入（万元）	生产总值公共财政贡献率	人均公共财政收入（元）	规模以上工业总产值（万元）	固定资产投资（万元）
平凉市【1区6县(市)】	崆峒区	1936	51	1200136	23532.1	171543	298806	729787.0	49675	4.1%	974.0	663084	1743629
	泾川县	1409	36	474723	13186.8	196418	96885	181420.0	18519	3.9%	514.4	94264	683569
	灵台县	2038	23	283078	12307.7	115953	65425	101700.0	9364	3.3%	407.1	39233	406666
	崇信县	850	10	254257	25425.7	65524	110690	78043.0	25272	9.9%	2527.2	276746	572754
	华亭县	1182	19	402850	21202.6	77922	179629	145299.0	50266	12.5%	2645.6	507194	1397663
	庄浪县	1553	45	360861	8019.1	142521	58173	160167.0	17136	4.7%	380.8	52519	483511
	静宁县	2194	49	451515	9214.6	163822	111012	176681.0	21400	4.7%	436.7	190547	723639
庆阳市【1区7县(市)】	西峰区	996	38	1547638	40727.3	102014	643805	801818.7	77244	5.0%	2032.7	1623613	2664400
	庆城县	2692	29	882445	30429.2	94014	586420	202011.4	50576	5.7%	1744.0	307582	923676
	环　县	9236	35	770790	22022.6	90027	437148	243615.1	60656	7.9%	1733.0	103063	1189089
	华池县	3791	13	833399	64107.6	54549	664972	113878.5	57441	6.9%	4418.5	28589	871529
	合水县	2933	18	533688	29649.3	76986	344451	112251.0	22754	4.3%	1264.1	71824	848040
	正宁县	1320	25	258945	10357.8	91391	18059	149495.0	17967	6.9%	718.7	38100	1087167
	宁　县	2653	56	634800	11335.7	151100	225300	258400.0	24659	3.9%	440.3	203000	2087200
	镇原县	3500	53	635700	11994.3	162445	251444	221811.0	31907	5.0%	602.0	126194	1143631

续表

地州市	县域	行政区域面积（平方千米）	户籍人口（万人）	地区生产总值（万元）	人均生产总值（元）	第一产业增加值（万元）	第二产业增加值（万元）	第三产业增加值（万元）	公共财政收入（万元）	生产总值公共财政贡献率	人均公共财政收入（元）	规模以上工业总产值(万元)	固定资产投资（万元）
陇南市【1区8县】	武都区	4683	57	935524	16412.7	163214	134088	638222.0	41309	4.4%	724.7	102680	1026067
	成　县	1677	27	511263	18935.7	92820	176052	242391.0	42734	8.4%	1582.7	481814	806489
	文　县	4994	24	235775	9824.0	53015	63411	119349.0	21242	9.0%	885.1	214044	747088
	宕昌县	3331	31	211569	6824.8	52407	42402	116760.0	15078	7.1%	486.4	83628	610531
	康　县	2959	20	192207	9610.4	45906	55653	90648.0	14917	7.8%	745.9	166422	706553
	西和县	1862	44	304263	6915.1	65426	69611	169226.0	18114	6.0%	411.7	166899	678000
	礼　县	4300	54	309540	5732.2	94613	62374	152553.0	20958	6.8%	388.1	124539	642980
	徽　县	2722	22	420629	19119.5	113539	118635	188455.0	36787	8.7%	1672.1	274796	586056
	两当县	1374	5	66060	13212.0	22151	7083	36826.0	5897	8.9%	1179.4	9565	102158
合　计	76 个	442914	2304	39398852.9	17100.2	8272504.2	12720871	18405477.8	2298836	5.8%	997.8	36209806	62823987

第三章　青海篇

一、整体概况

(一)全省概况

青海省简称“青”,省会西宁市。青海北部和东部同青海省相接,西北部与新疆维吾尔自治区相邻,南部和西南部与西藏自治区毗连,东南部与四川省接壤,全省东西长约1240.6千米,南北宽约844.5千米,总面积72.2万平方千米。2015年末全省常住人口588.43万人。全省拥有8个地级行政单位(2个地级市、6个自治州),46个县级行政区划单位(其中6个市辖区、3个县级市、27个县、7个自治县,3个县级行委)。

2015年,全省生产总值2417.05亿元,人均生产总值约为4.1万元。其中,第一产业增加值208.9亿元,第二产业增加值1207.3亿元,第三产业增加值1000.8亿元,三次产业结构比重为8.6∶50.0∶41.4。全部工业增加值893.87亿元,公共财政预算收入381.1亿元,全社会固定资产投资3266.6亿元。社会消费品零售总额690.98亿元,其中城镇消费品零售额600.22亿元,乡村消费品零售额90.76亿元。

(二)县域概况

全省46个县级行政区划单位,纳入县域体系的有39个县级行政区划单位(2个市辖区、3个县级市、27个县、7个自治县),行政区域面积64.7万平方千米,户籍人口480万人。县域生产总值为1430.8亿元,人均生产总值约为3.0万元。其中,第一产业增加值214.0亿元,第二产业增加值789.8亿元,第三产业增加值427.0亿元,三次产业结构比重为15.0∶55.2∶29.8。县域公共财政收入为90.4亿元,县域规模以上工业总产值为1616.8亿元,县域固定资产投资为1694.8亿元。

二、经济分析

1.占比分析

(1)各地州市县域占全省生产总值比重

2015年,县域生产总值为1430.8亿元,占全省生产总值比重为59.3%,其中,各地州市县域占全省生产总值比重为:西宁市占11.3%、海东市占16.0%、海北藏族自治州(以下简称海北州)占4.0%、黄南藏族自治州(以下简称黄南州)占3.0%、海南藏族自治州(以下简称海南州)占5.8%、果洛藏族自治州(以下简称果洛州)占1.2%、玉树藏族自治州(以下简称玉树州)占2.2%;海西蒙古族藏族自治州(以下简称海西州)占15.8%(见图2-59)。

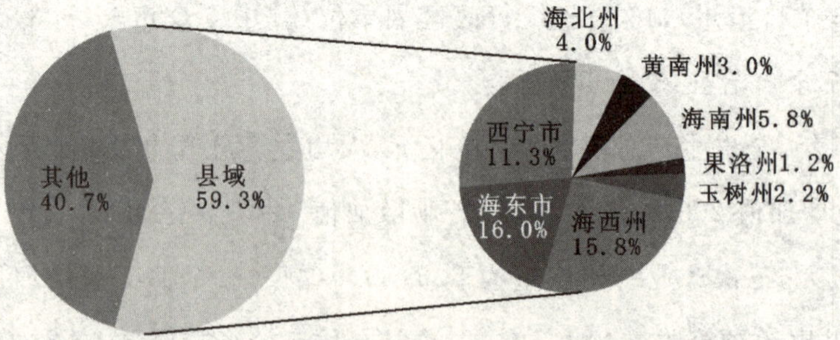

图2-59 2015年青海省县域占全省生产总值比重

(2)各地州市县域生产总值比重

2015年,各地州市县域生产总值比重为:西宁市占19.4%、海东市占26.9%、海北州占6.7%、黄南州占5.1%、海南州占9.8%、果洛州占2.1%、玉树州占3.4%、海西州占26.6%(见图2-60)。

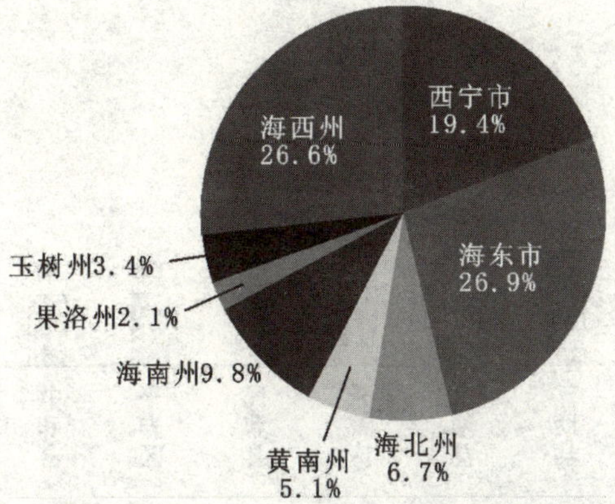

图 2-60　2015 年青海省各地州市县域生产总值比重

2. 排名分析

(1)全省各地州市县域生产总值排名

2015 年，全省各地州市县域生产总值排名依次为：海东市、海西州、西宁市、海南州、海北州、黄南州、玉树州、果洛州。其中，海东市生产总值是果洛州的 13.3 倍(见图 2-61)。

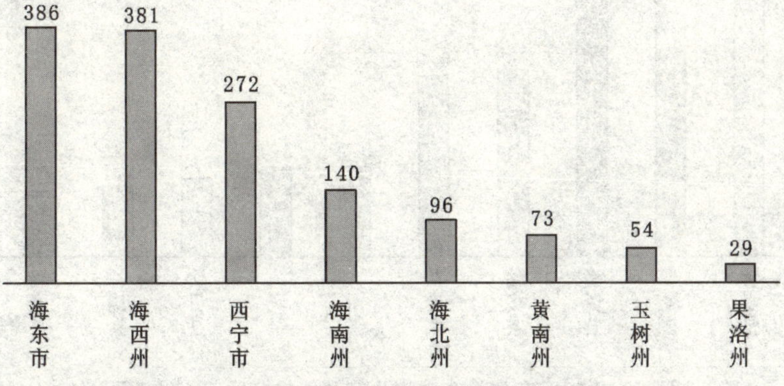

图 2-61　2015 年青海省各地州市县域生产总值排名(亿元)

(2)全省县域生产总值排名

2015 年，全省县域生产总值排名前 10 位的依次为：格尔木市、湟中县、互助县、大通县、乐都区、民和县、平安区、共和县、化隆县、德令哈市。其中，前 10 位次的 5 位分布在海东市(见图 2-62)。

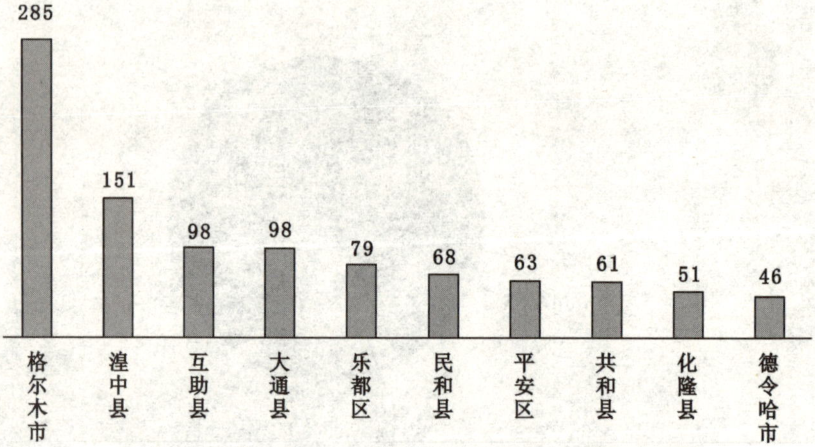

图 2-62　2015 年青海省县域生产总值排名前 10 名(亿元)

2015 年,全省县域生产总值排名后 10 位的依次为:称多县、天峻县、囊谦县、治多县、曲麻莱县、久治县、班玛县、达日县、甘德县、玛多县。其中,后 10 位次中各有 5 位分别分布在玉树州和果洛州。排名第一位的格尔木市生产总值是末位玛多县的 123.9 倍,后 10 位的生产总值总和仅占排名第一位格尔木市的 18.6%(见图 2-63)。

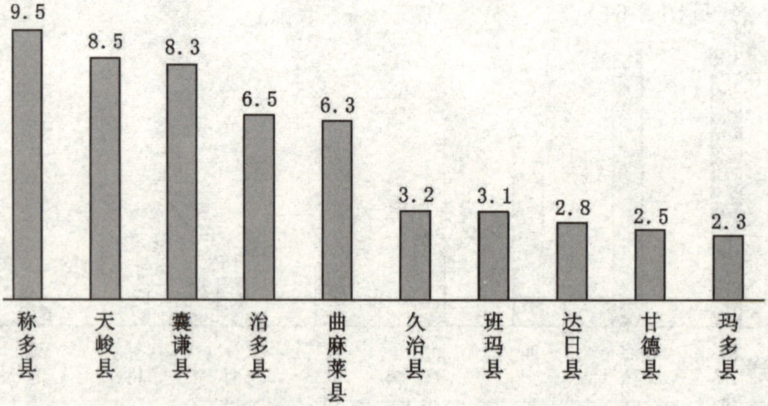

图 2-63　2015 年青海省县域生产总值排名后 10 名(亿元)

(3)全省县域人均生产总值排名

2015 年,全省县域人均生产总值排名前 10 位的依次为:格尔木市、德令哈市、海晏县、平安区、祁连县、共和县、都兰县、天峻县、尖扎县、河南县。其中,前 10 位次的 5 位分布在海西州(见图 2-64)。

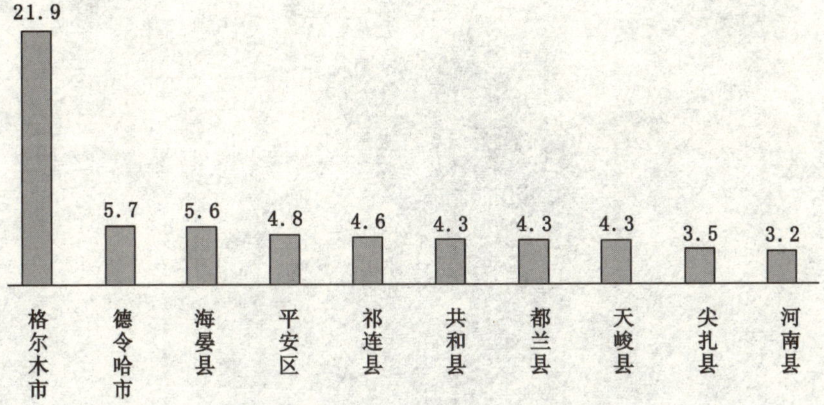

图 2-64　2015 青海省县域人均生产总值排名前 10 名(万元)

2015 年,全省县域人均生产总值排名后 10 位的依次为:循化县、民和县、称多县、玛多县、玉树市、久治县、班玛县、达日县、囊谦县、甘德县。其中,后 10 位次的 5 位分布在果洛州。排名第一位的格尔木市人均生产总值是末位甘德县的 34.8 倍(见图 2-65)。

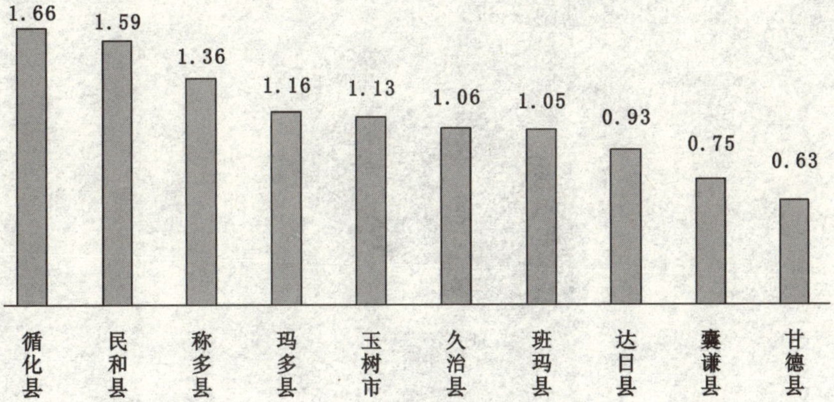

图 2-65　2015 年青海省县域人均生产总值排名后 10 名(万元)

(二)产业结构

1. 全省三次产业增加值比重

2015 年,全省生产总值 2417.05 亿元,其中,第一产业增加值 208.9 亿元,第二产业增加值 1207.3 亿元,第三产业增加值 1000.8 亿元,三次产业结构比重为 8.6:50.0:41.4(见图 2-66)。

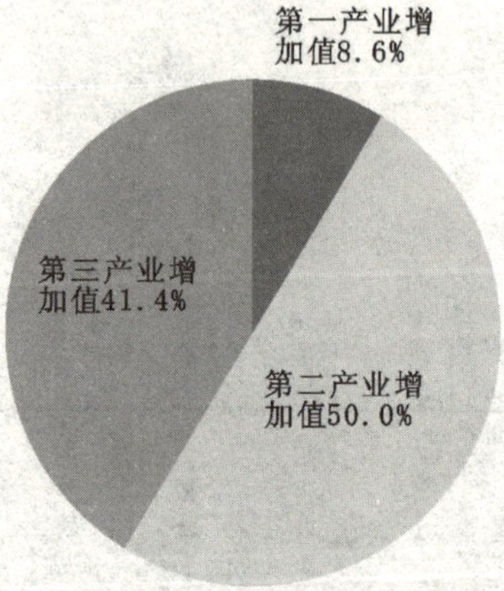

图 2-66 2015 年青海省三次产业增加值比重

2. 县域三次产业增加值比重

2015 年,全省县域生产总值为 1430.8 亿元。其中,第一产业增加值 214.0 亿元,第二产业增加值 789.8 亿元,第三产业增加值 427.0 亿元,三次产业结构比重为 15.0∶55.2∶29.8(见图 2-67)。

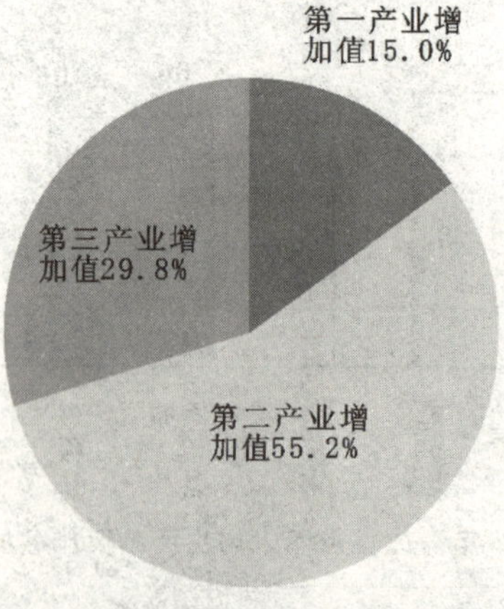

图 2-67 2015 年青海省县域三次产业增加值比重

(三)财政收入

1. 占比分析

(1)县域占全省公共财政收入比重

2015 年,县域公共财政收入为 90.4 亿元,占全省公共财政收入的比重为

23.8%。其中,各地州市县域占全省公共财政收入的比重为:西宁市占2.8%、海东市占 4.1%、海北州占 1.7%、黄南州占 1.1%、海南州占 1.9%、果洛州占0.8%、玉树州占 0.9%、海西州占 10.5%(见图 2-68)。

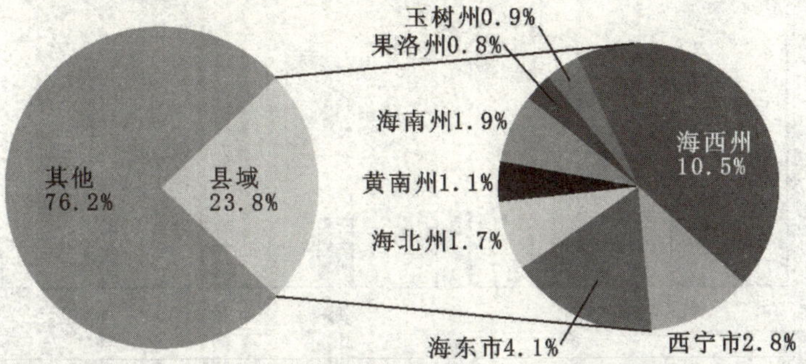

图 2-68　2015 年青海省县域占全省公共财政收入比重

(2)各地州市县域公共财政收入比重

2015 年,各地州市县域公共财政收入的比重为:西宁市占 11.6%、海东市占 17.3%、海北州占 7.3%、黄南州占 4.6%、海南州占 7.9%、果洛州占3.3%、玉树州占 3.9%、海西州占 44.1%(见图 2-69)。

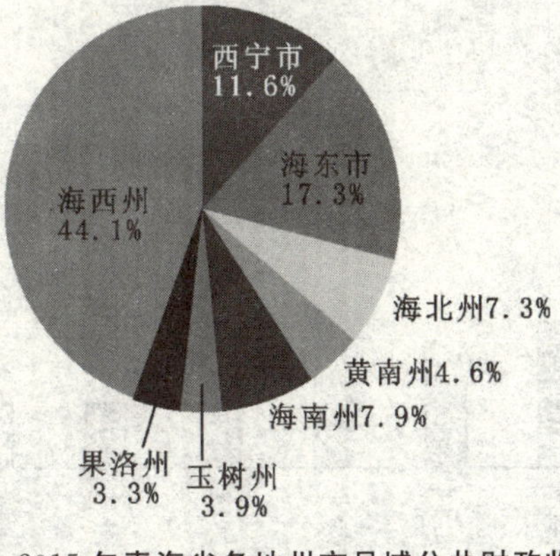

图 2-69　2015 年青海省各地州市县域公共财政收入比重

2. 排名分析

(1)全省各地州市县域公共财政收入排名

2015 年,全省各地州市县域公共财政收入排名依次为:海西州、海东市、西宁市、海南州、海北州、黄南州、玉树州、果洛州。其中,海西州公共财政收入为果洛州公共财政收入的 13.3 倍(见图 2-70)。

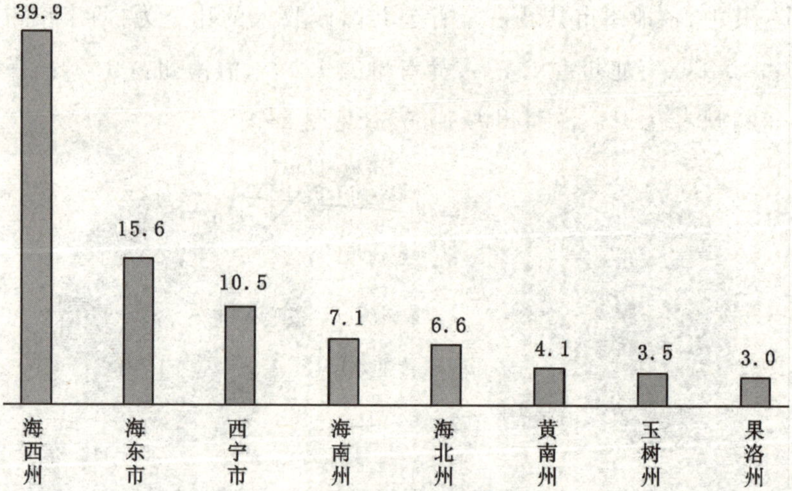

图 2-70　2015 年青海省各地州市县域公共财政收入排名(亿元)

2015 年,全省县域公共财政收入排名前 10 位的依次为:格尔木市、德令哈市、大通县、互助县、天峻县、民和县、平安区、都兰县、乌兰县、乐都区。其中,前 10 位次的 5 位分布在海西州(见图 2-71)。

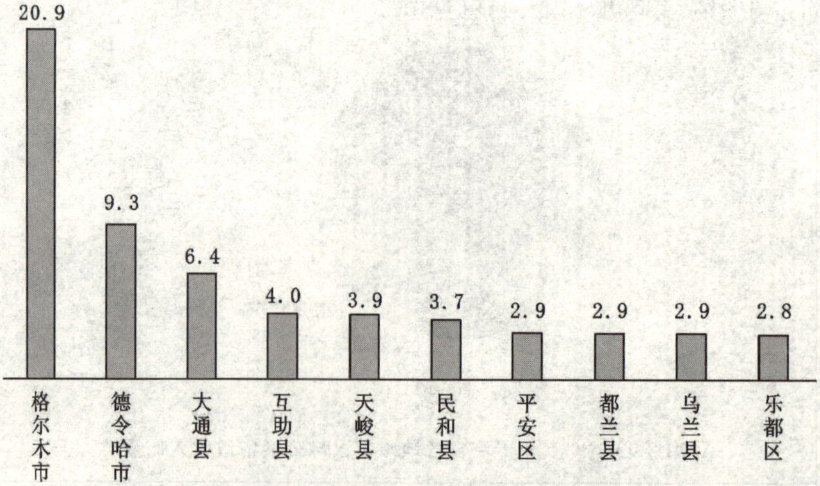

图 2-71　2015 年青海省县域公共财政收入排名前 10 名(亿元)

2015 年,全省县域公共财政收入排名后 10 位的依次为:河南县、班玛县、泽库县、玛多县、曲麻莱县、达日县、杂多县、甘德县、称多县、治多县。其中,后 10 位次的 4 位分布在玉树州,4 位分布在果洛州。排名第一位的公共财政收入是末位的 83.6 倍(见图 2-72)。

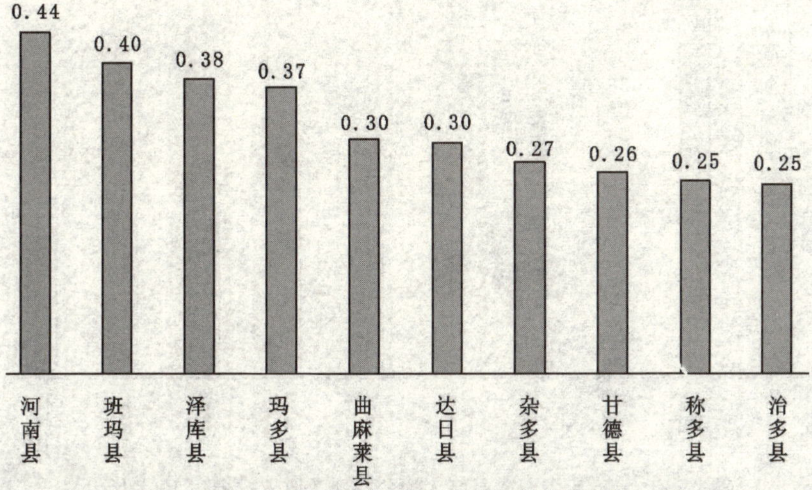

图 2-72　2015 年青海省县域公共财政收入排名后 10 名(亿元)

(2)县域人均公共财政收入排名

2015 年,县域人均公共财政收入为 1883.6 元,全省县域人均公共财政收入排名前 10 位的依次为:天峻县、格尔木市、德令哈市、乌兰县、海晏县、都兰县、尖扎县、刚察县、祁连县、平安区。其中,前 10 位次的 5 位分布在海西州(见图 2-73)。

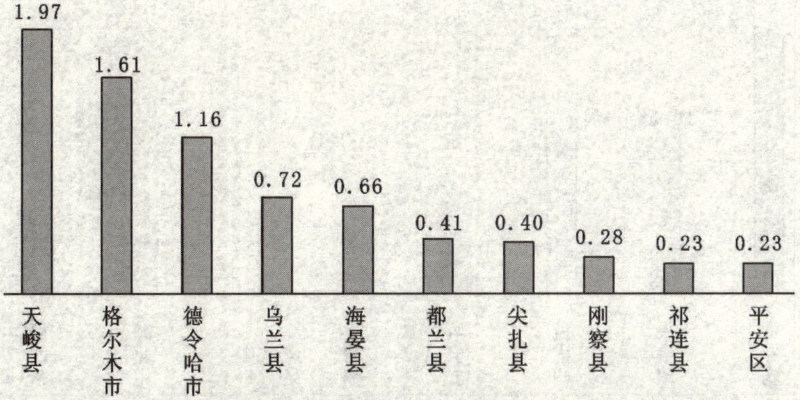

图 2-73　2015 年青海省县域人均公共财政收入排名前 10 名(万元)

2015 年,全省县域人均公共财政收入排名后 10 位的依次为:治多县、贵南县、甘德县、循化县、湟中县、泽库县、杂多县、囊谦县、化隆县、称多县。其中,后 10 位次的 4 位分布在玉树州(见图 2-74)。

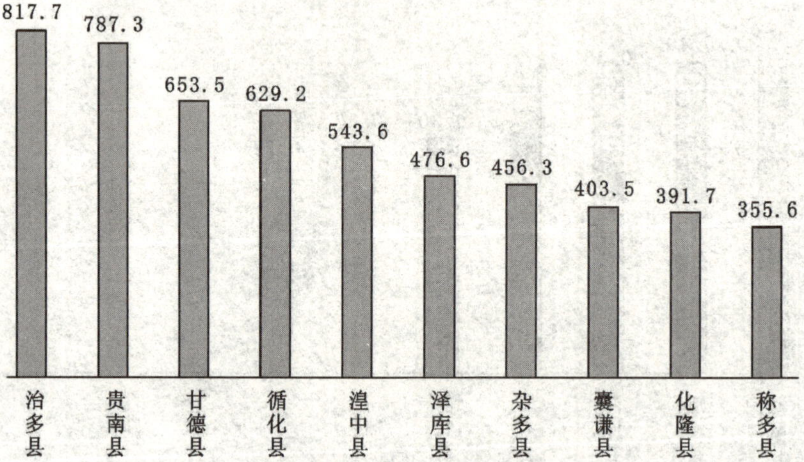

图 2-74　2015 年青海省县域人均公共财政收入排名后 10 名(元)

(3)县域生产总值公共财政收入贡献率排名

2015 年,全省生产总值公共财政贡献率 15.8%,县域生产总值公共财政贡献率6.3%,各地州市县域生产总值公共财政贡献率排名依次为:海东市、果洛州、黄南州、西宁市、玉树州、海南州、海北州、海西州(见图 2-75)。

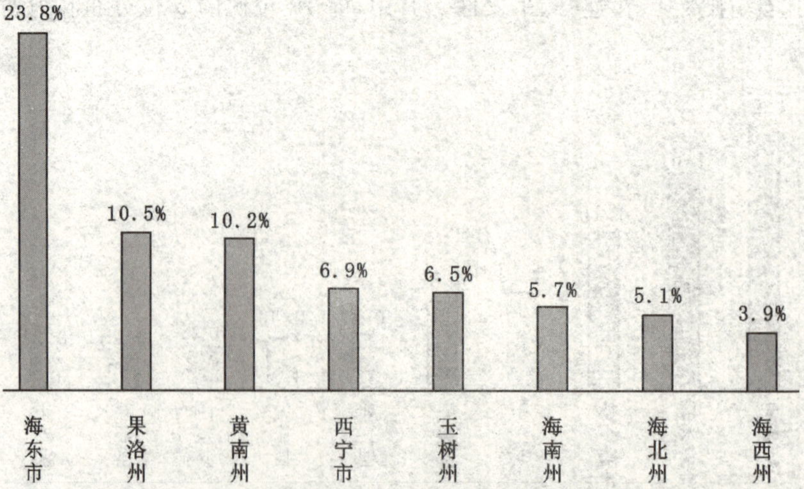

图 2-75　2015 年青海省各地州市生产总值公共财政贡献率排名

2015 年,全省县域生产总值公共财政贡献率排名前 10 位的依次为:天峻县、乌兰县、德令哈市、久治县、玛多县、玉树市、班玛县、海晏县、尖扎县、达日县。其中,前 10 位次中各有 3 位分别分布在海西州和果洛州(见图 2-76)。

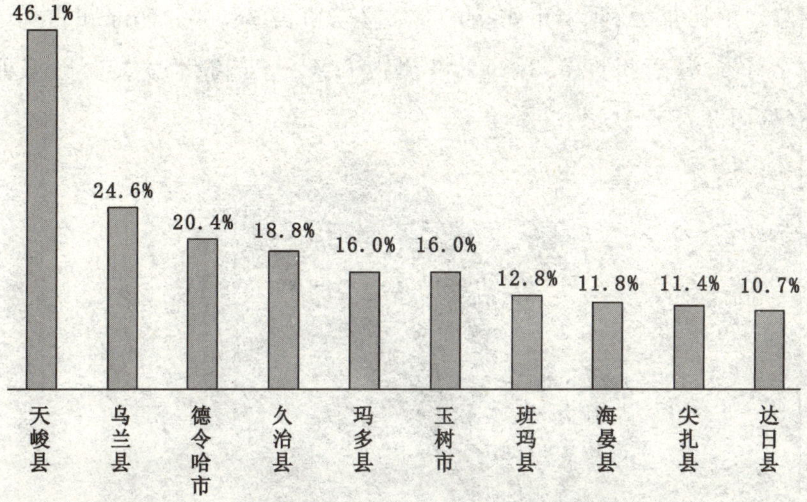

图 2-76 2015 年青海省县域生产总值公共财政贡献率排名前 10 名

2015 年,全省县域生产总值公共财政贡献率排名后 10 位的依次为:循化县、治多县、同仁县、乐都区、河南县、泽库县、称多县、杂多县、化隆县、湟中县。其中,后 10 位次的 3 位分布玉树州(见图 2-77)。

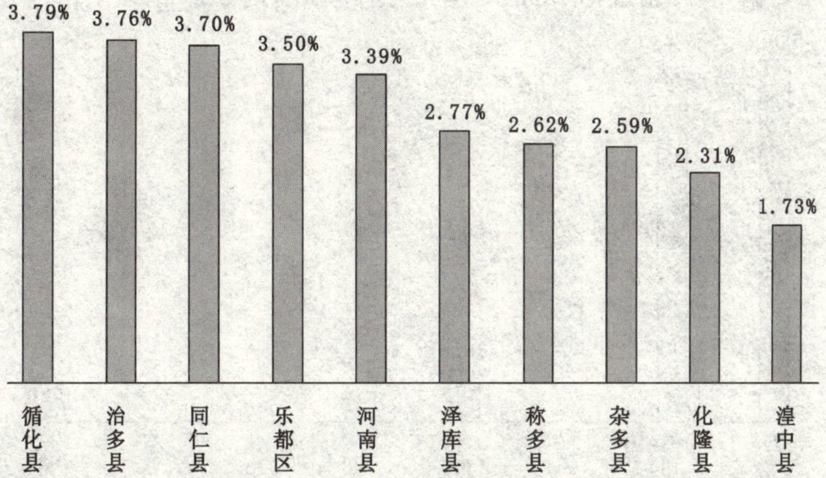

图 2-77 2015 年青海省县域生产总值公共财政贡献率排名后 10 名

(四)工业总产值

1. 占比分析

2015 年,县域规模以上工业总产值为 1616.8 亿元,各地州市县域规模以上工业总产值比重为:西宁市占36.4%、海东市占23.6%、海北州占3.0%、黄南州占1.6%、海南州占5.3%、果洛州占0.4%、玉树州占0.0%、海西州占29.7%(见图2-78)。

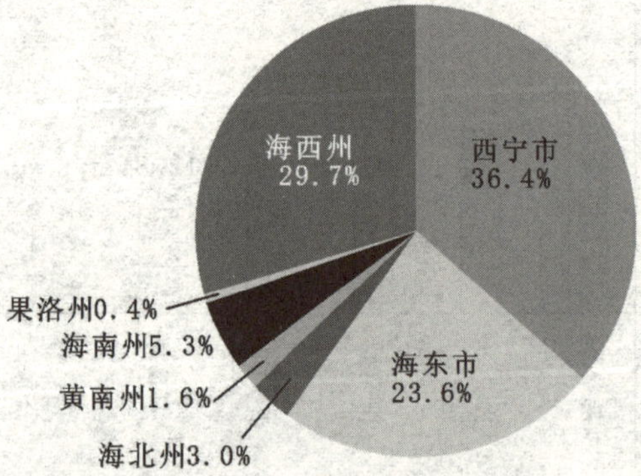

图2-78 2015年青海省各地州市县域规模以上工业总产值比重

2.排名分析

2015年,各地州市县域规模以上工业总产值排名依次为:西宁市、海西州、海东市、海南州、海北州、黄南州、果洛州、玉树州(见图2-79)。

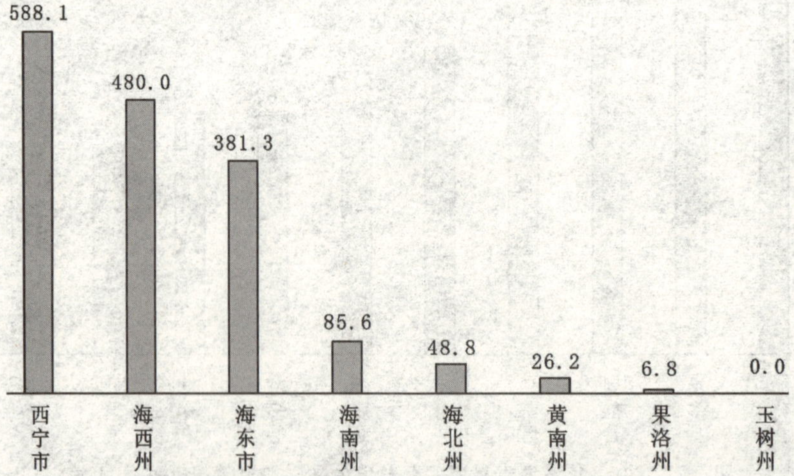

图2-79 2015年青海省各地州市县域规模以上工业总产值排名(亿元)

2015年,全省已统计县域规模以上工业总产值排名前10位的依次为:格尔木市、湟中县、大通县、互助县、乐都区、民和县、平安区、共和县、化隆县、德令哈市。其中,前10位次的5位分布在海东市(见图2-80)。

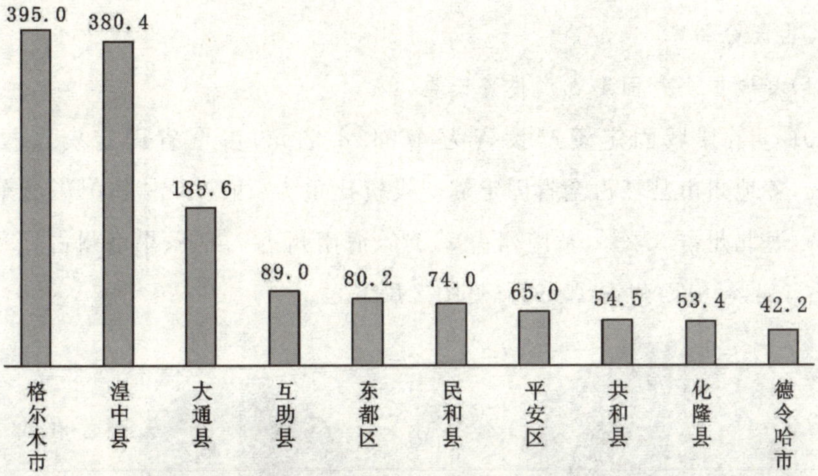

图 2-80 2015 年青海省县域规模以上工业总产值排名前 10 名(亿元)

2015 年,全省已统计县域规模以上工业总产值排名后 10 位的依次为:门源县、海晏县、祁连县、乌兰县、玛沁县、兴海县、河南县、刚察县、同德县、天峻县。其中,排名第一位的规模以上工业总产值是后 10 位总和的 5.1 倍。其中,久治县、玛多县、玉树市、班玛县、达日县、甘德县、囊谦县、曲麻莱县、贵南县、治多县、同仁县、泽库县、称多县、杂多县未统计规模以上工业总产值(见图 2-81)。

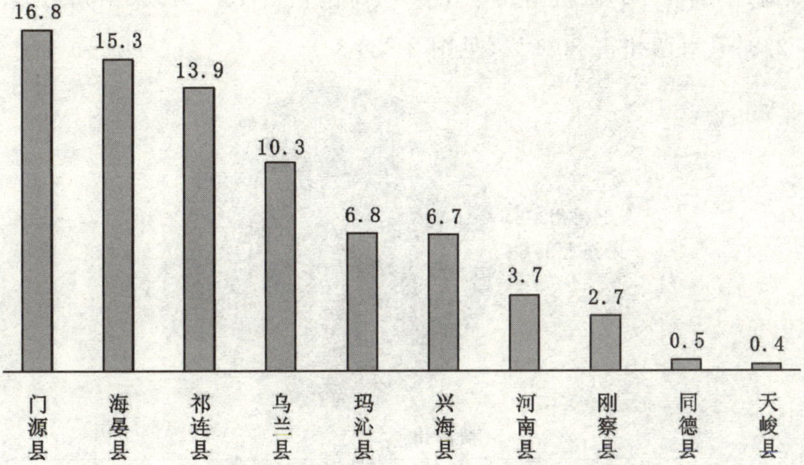

图 2-81 2015 年青海省县域规模以上工业总产值排名后 10 名(亿元)

(五)固定资产投资

1.占比分析

(1)县域占全省固定资产投资比重

2015年,县域固定资产投资为1694.8亿元,占全省固定资产投资的52.0%,各地州市县域占全省固定资产投资比重为:西宁市占7.0%、海东市占18.3%、海北州占3.2%、黄南州占2.3%、海南州占7.0%、果洛州占1.9%、玉树州占1.4%、海西州占10.9%(见图2-82)。

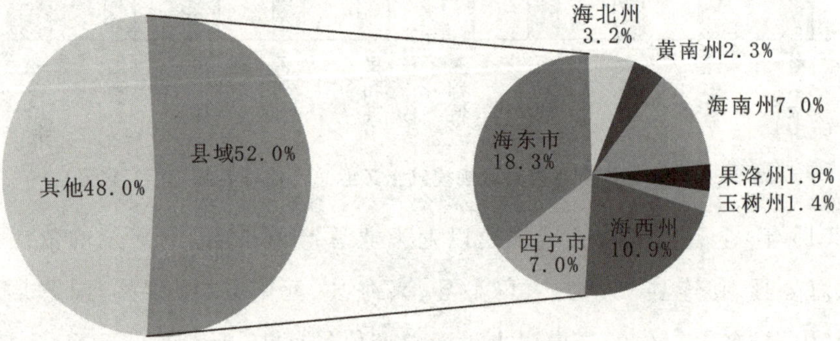

图2-82 2015年青海省各地州市县域占全省固定资产投资比重

(2)各地州市县域固定资产投资比重

2015年,各地州市县域固定资产投资比重为:西宁市占13.4%、海东市占35.3%、海北州占6.2%、黄南州占4.4%、海南州占13.4%、果洛州占3.6%、玉树州占2.8%、海西州占20.9%(见图2-83)。

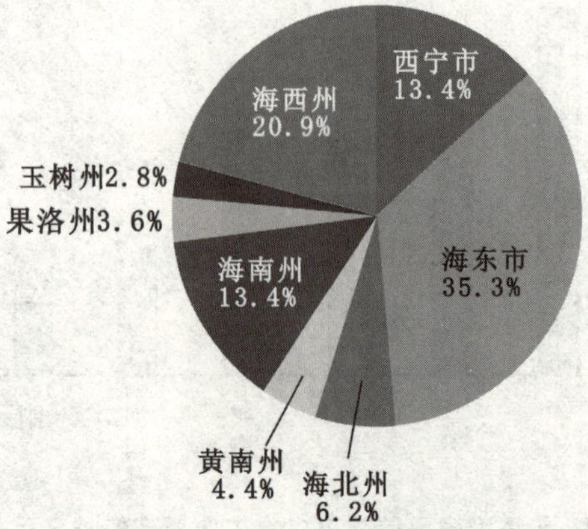

图2-83 2015年青海省各地州市县域固定资产投资比重

2. 排名分析

2015 年，各地州市县域固定资产投资排名依次为：海东市、海西州、海南州、西宁市、海北州、黄南州、果洛州、玉树州。其中，海东市固定资产投资为玉树州的 12.6 倍（见图 2-84）。

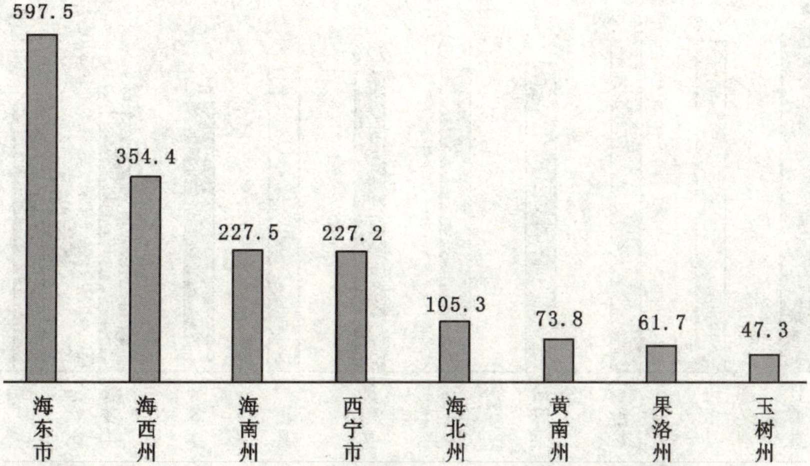

图 2-84 2015 年青海省各地州市县域固定资产投资排名（亿元）

2015 年，全省县域固定资产投资排名前 10 位的依次为：格尔木市、共和县、乐都区、互助县、民和县、平安区、大通县、湟中县、德令哈市、湟源县。其中，前 10 位次的 4 位分布在海东市（见图 2-85）。

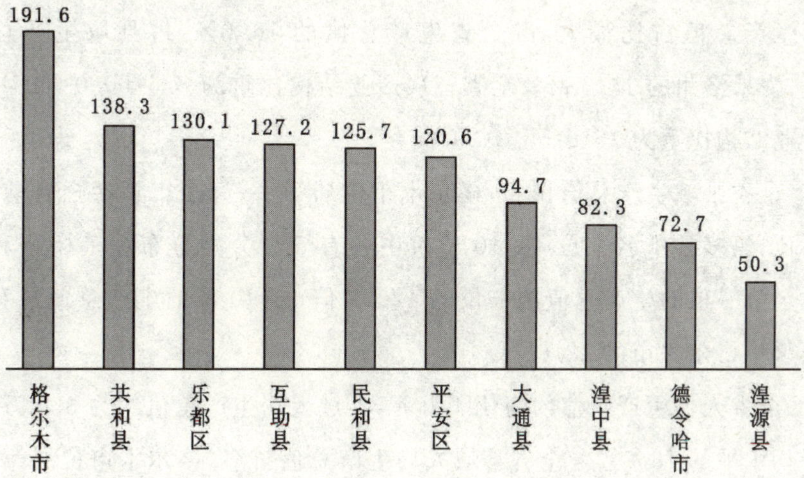

图 2-85 2015 年青海省县域固定资产投资排名前 10 名（亿元）

2015年,全省县域固定资产投资排名后10位的依次为:甘德县、玛多县、囊谦县、曲麻莱县、久治县、班玛县、达日县、杂多县、治多县、称多县。其中,后10位次中各有5位分别分布在玉树州和果洛州。排名第一位的格尔木市固定资产投资是末位称多县的30.4倍(见图2-86)。

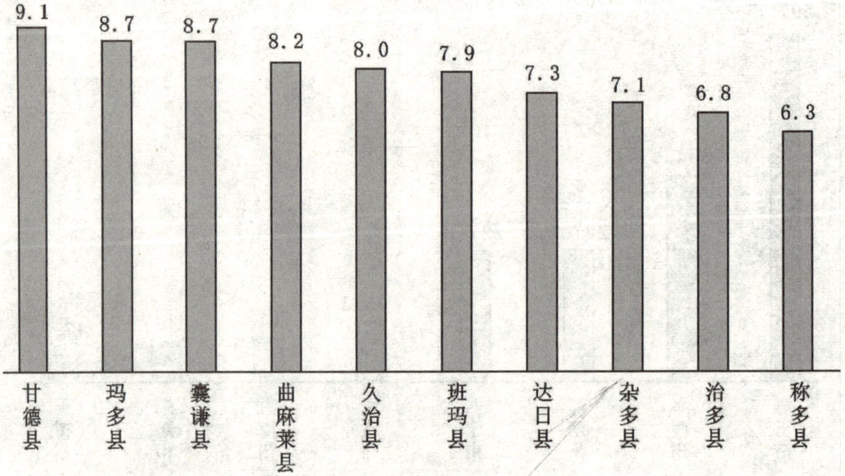

图2-86 2015年青海省县域固定资产投资排名后10名(亿元)

三、数据小结

(1)全省县域生产总值占全省生产总值的59.3%,其中从各地州市来看,海东市生产总值占比最大,占全省生产总值的16.0%,占县域生产总值的26.9%,为果洛州的13.3倍。全省三次产业结构比重为8.6:50.0:41.4,县域三次产业结构比重为15.0:55.2:29.8。

(2)全省县域生产总值排名,格尔木市位居第一;海东市囊括全省前10位次的5位;玛多县排名末位,后10位次中各有5位分别分布在玉树州和果洛州。排名第一位的生产总值是末位的123.9倍,后10位的生产总值总和仅占排名第一位格尔木市的18.6%。

(3)全省人均生产总值约为4.1万元,县域人均生产总值约为3.0万元,为全省平均水平的73.0%。全省县域人均生产总值排名,格尔木市位居第一,前10位次的5位分布在海西州;甘德县排名末位,其中,后10位次的5位分布在果洛州。排名第一位的人均生产总值是末位的 34.8 倍。

(4)县域占全省公共财政收入的比重为 23.8%，其中海西州占比最大，占全省 10.5%，占县域 44.1%。全省人均公共财政收入为 6477.1 元，县域人均公共财政收入为 1883.6 元，县域为全省人均公共财政收入水平的 29.1%。

(5)全省县域公共财政收入排名，格尔木市位居第一，治多县排名末位，第一位的公共财政收入是末位的 83.6 倍。人均县域公共财政收入排名，天峻县位居第一，称多县排名末位，第一位的人均公共财政收入是末位的 55.4 倍。

(6)全省生产总值公共财政贡献率为 15.8%，县域生产总值公共财政贡献率 6.3%。全省各地州市县域生产总值公共财政贡献率排名，海东市位居第一，贡献率为 23.8%，海西州排名末位，贡献率为 3.9%。全省县域生产总值公共财政贡献率排名，天峻县位居第一，贡献率为 46.1%，湟中县排名末位，贡献率为1.73%，第一位的贡献率是末位的 26.6 倍。

(7)全省县域规模以上工业总产值为 1616.8 亿元，西宁市占比最大，占县域规模以上工业总产值的 36.4%，是果洛州的 86.5 倍；从县域来看，全省县域规模以上工业总产值排名，格尔木市位居第一，天峻县排名末位，排名第一位的规模以上工业总产值是末位的 987.5 倍。其中，久治县、玛多县、玉树市、班玛县、达日县、甘德县、囊谦县、曲麻莱县、贵南县、治多县、同仁县、泽库县、称多县、杂多县未统计规模以上工业总产值。

(8)全省县域固定资产投资为 1694.8 亿元，占全省固定资产投资的 52.0%。其中，海东市占比最大，占全省 18.3%，占县域的 35.3%，为玉树州的 12.6 倍。全省县域固定资产投资排名，海东市囊括全省前 10 位次的 4 位，排名第一位的格尔木市是末位称多县的 30.4 倍。

附录:

青海全省46个县级行政区划单位(6个市辖区,3个县级市,27个县,7个自治县,3个县级行委)

青海省39个县域行政区划单位(2个市辖区,3个县级市,27个县,7个自治县)

地州市	县域	行政区域面积(平方千米)	户籍人口(万人)	地区生产总值(万元)	人均生产总值(元)	第一产业增加值(万元)	第二产业增加值(万元)	第三产业增加值(万元)	公共公共财政收入(万元)	人均公共财政收入(元)	生产总值公共财政贡献率	规模以上工业总产值(万元)	固定资产投资(万元)
西宁市	大通回族土族自治县	3090	46	978446	21270.6	136496	639459	202491	63641	1383.5	6.5%	1855861	946567
	湟中县	2600	48	1507049	31396.9	164649	1150121	192279	26094	543.6	1.7%	3803925	823054
	湟源县	1509	14	238370	17026.4	47134	104463	86773	15602	1114.4	6.5%	221572	502510
海东市	乐都区	2500	29	793069	27347.2	113847	373050	306172	27734	956.3	3.5%	802002	1300941
	平安区	769	13	625411	48108.5	41031	325284	259096	29358	2258.3	4.7%	649607	1206103
	民和回族土族自治县	1891	43	683083	15885.7	97359	357410	228314	37236	866.0	5.5%	739605	1256900
	互助土族自治县	3424	40	980948	24523.7	178261	449384	353303	40011	1000.3	4.1%	890040	1271730
	化隆回族自治县	2740	30	507758	16925.3	58978	327878	120902	11750	391.7	2.3%	533531	459483
	循化撒拉族自治县	1851	16	265717	16607.3	42778	114678	108261	10067	629.2	3.8%	198206	480148

续表

地州市	县域	行政区域面积（平方千米）	户籍人口（万人）	地区生产总值（万元）	人均生产总值（元）	第一产业增加值（万元）	第二产业增加值（万元）	第三产业增加值（万元）	公共财政收入（万元）	人均公共财政收入（元）	生产总值公共财政贡献率	规模以上工业总产值（万元）	固定资产投资（万元）
海北藏族自治州	门源回族自治县	6422	17	348272	20486.6	70941	147096	130235	14653	861.9	4.2%	168116	317762
	祁连县	14000	5	230678	46135.6	43951	126259	60468	11370	2274.0	4.9%	139357	298918
	海晏县	4500	4	222490	55622.5	16523	109085	96882	26239	6559.8	11.8%	153150	164571
	刚察县	9600	5	157745	31549.0	39350	59238	59157	13832	2766.4	8.8%	27289	271601
黄南藏族自治州	同仁县	3275	10	252705	25270.5	41670	44368	166667	9341	934.1	3.7%		223800
	尖扎县	1714	6	207386	34564.3	20298	145276	41812	23711	3951.8	11.4%	224876	222625
	泽库县	6773	8	137832	17229.0	70447	31989	35396	3813	476.6	2.8%		145690
	河南蒙古族自治县	6700	4	129610	32402.5	63775	32536	33299	4394	1098.5	3.4%	37099	146281
海南藏族自治州	共和县	17209	14	608016	43429.7	75546	334265	198205	23844	1703.1	3.9%	545473	1383413
	同德县	4653	6	128517	21419.5	66018	36312	26187	5420	903.3	4.2%	5426	143755
	贵德县	3600	11	293563	26687.5	28583	194610	70370	23369	2124.5	8.0%	238000	423916
	兴海县	12182	8	225890	28236.3	68310	104880	52700	12094	1511.8	5.4%	67239	197503
	贵南县	6650	8	145985	18248.1	73684	31299	41002	6298	787.3	4.3%		126809

续表

地州市	县域	行政区域面积（平方千米）	户籍人口（万人）	地区生产总值（万元）	人均生产总值（元）	第一产业增加值（万元）	第二产业增加值（万元）	第三产业增加值（万元）	公共财政收入（万元）	人均公共财政收入（元）	生产总值公共财政贡献率	规模以上工业总产值（万元）	固定资产投资（万元）
果洛藏族自治州	玛沁县	13400	5	154775	30955.0	19126	72278	63371	10628	2125.6	6.9%	67969	207500
	班玛县	6139	3	31368	10456.0	8905	9957	12506	4007	1335.7	12.8%		78816
	甘德县	7100	4	25089	6272.3	8232	8631	8226	2614	653.5	10.4%		90773
	达日县	14842	3	27795	9265.0	7673	9617	10505	2987	995.7	10.7%		73250
	久治县	8757	3	31671	10557.0	9938	8166	13567	5944	1981.3	18.8%		79600
	玛多县	26248	2	23189	11594.5	5168	7796	10225	3703	1851.5	16.0%		87083
玉树藏族自治州	玉树市	15412	11	123879	11261.7	50435	56853	16591	19781	1798.3	16.0%		102900
	杂多县	35500	6	105804	17634.0	47842	32853	25109	2738	456.3	2.6%		70633
	称多县	23934	7	94970	13567.1	40798	29663	24509	2489	355.6	2.6%		63085
	治多县	88770	3	65198	21732.7	42475	14542	8181	79774	26591.3	122.4%		68000
	囊谦县	12741	11	82867	7533.4	41871	22785	18211	4438	403.5	5.4%		86747
	曲麻莱县	46636	3	63381	21127.0	33763	16652	12966	3024	1008.0	4.8%		81515
海西蒙古族藏族自治州	格尔木市	119263	13	2852412	219416.3	42364	2008084	801964	209416	16108.9	7.3%	3950215	1916173
	德令哈市	27358	8	455014	56876.8	50476	163721	240817	92860	11607.5	20.4%	421943	726829
	乌兰县	12256	4	117468	29367.0	29290	59805	28373	28878	7219.5	24.6%	102584	321714
	都兰县	45270	7	299769	42824.1	113571	120834	65364	28985	4140.7	9.7%	321411	308186
	天峻县	25989	2	85200	42600.0	28340	17127	39733	39301	19650.5	46.1%	3527	271460
合　　计	39 个	647267	480	14308389	29809.1	2139896	7898304	4270189	981438	1840.5	6.86%	16168023	16948344

第四章　新疆篇

一、整体概况

（一）全区概况

新疆维吾尔自治区简称“新”，首府乌鲁木齐。新疆维吾尔自治区（以下简称“新疆”）位于我国西北边陲，地处亚欧大陆腹地，陆地边境线5600多千米，周边与俄罗斯、哈萨克斯坦、吉尔吉斯斯坦、塔吉克斯坦、巴基斯坦、蒙古、印度、阿富汗斯坦8国接壤，是中国陆地面积最大的省级行政区，面积166万平方千米，占中国国土总面积1/6。截至2015年末全区常住人口2360万人。新疆拥有4个地级市、6个地区、5个自治州、104个县级行政区划单位（其中12个市辖区、24个县级市、62个县、6个自治县）。新疆行政地域分布主要分为北疆、东疆、南疆3个区域，其中北疆区域包含2个地级市、3个自治州、2个地区、3个直辖县级市[乌鲁木齐市、吐鲁番市、昌吉回族自治州（以下简称“昌吉州”）、博尔塔拉蒙古族自治州（以下简称“博州”）、伊犁哈萨克自治州（以下简称“伊犁州”）、塔城地区、阿勒泰地区、石河子市、五家渠市、北屯市]；东疆区域包含1个地区（哈密地区）；南疆区域包含2个自治州、3个地区、2个直辖县级市[巴音郭楞蒙古自治州（以下简称“巴州”）、克孜勒苏柯尔克孜自治州（以下简称“克州”）、阿克苏地区、喀什地区、和田地区、阿拉尔市、图木舒克市]。本文在数据分析中将5个直辖县级市归入其他类。

2015年，新疆生产总值9324.8亿元，人均生产总值约为4.0万元。其中，第一产业增加值1559.1亿元，第二产业增加值3565.0亿元，第三产业增加值4200.7亿元，三次产业结构比重为16.7∶38.2∶45.1。全年全部工业增加值2690.0亿元，其中规模以上工业增加值2500.1亿元；全部财政收入2441.0亿元,其中公共财政预算收入 1331.0 亿元;全社会固定资产投资 10729.3 亿元;社会消费品零售总额 2606.0 亿元,其中城镇实现社会消费品零售额 2373.8 亿元,乡村实现社会消费品零售额 232.2 亿元。

(二)县域概况

自治区 104 个县级行政区划单位,纳入县域体系的有 89 个县级行政区划单位(其中 1 个市辖区、20 个县级市、62 个县、6 个自治县),户籍人口 1961.0 万人。县域生产总值为 7142.9 亿元,人均生产总值约为 3.6 万元。其中,第一产业增加值 1534.2 亿元,第二产业增加值 2951.4 亿元,第三产业增加值2657.3 亿元,三次产业结构比重为 21.5∶41.3∶37.2。县域公共财政收入为 613.3 亿元,县域固定资产为 6790.9 亿元。

二、经济分析

(一)生产总值

1. 占比分析

(1)县域占全区生产总值比重

2015 年,县域生产总值为 7142.9 亿元,占全区生产总值的 76.6%。其中,北疆区域占全区生产总值的 38.7%,东疆区域占全区生产总值的 4.6%,南疆区域占全区生产总值的 33.3%(见图 2-87)。

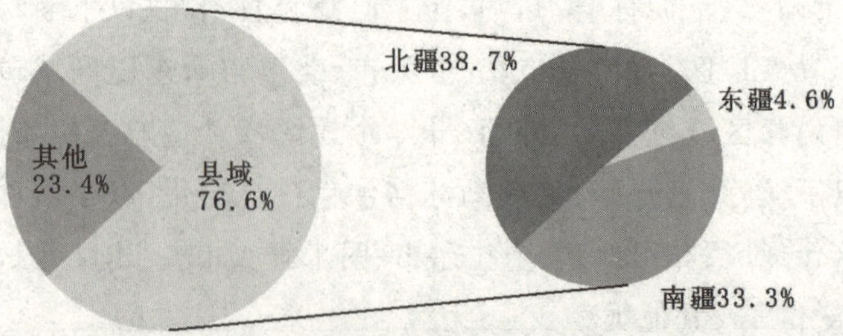

图 2-87　2015 年新疆县域占全区生产总值比重

(2)各区域县域生产总值比重

2015 年,各区域县域生产总值比重为:北疆区域占全区生产总值的 50.6%,东疆区域占全区生产总值的 5.9%,南疆区域占全区生产总值的

43.5%(见图 2-88)。

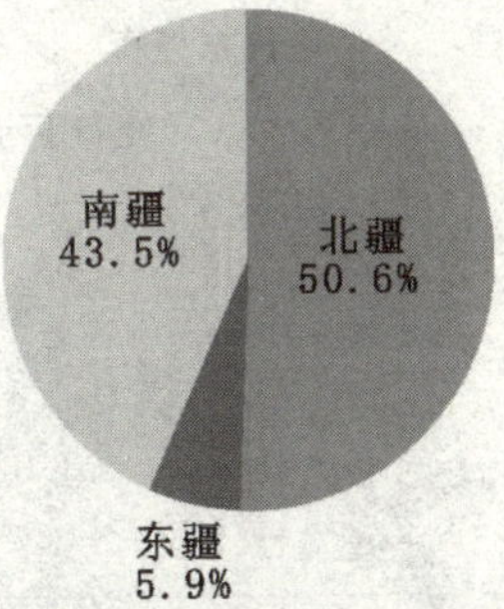

图 2-88 2015 年新疆各区域县域生产总值比重

(3)各地州市县域占全区生产总值比重

2015 年,各地州市县域占全区生产总值比重为:北疆区域,乌鲁木齐市占 0.2%、吐鲁番市占 2.7%、昌吉州占 12.0%、博州占 2.6%、伊犁州占8.7%、塔城地区占 5.3%、阿勒泰地区占 2.2%;东疆区域,哈密地区占 4.5%;南疆区域,巴州占 11.2%、阿克苏地区占 6.5%、克州占 1.1%、喀什地区占8.7%、和田地区占 2.5%;其他(县级直辖市)占 8.4%(见图 2-89)。

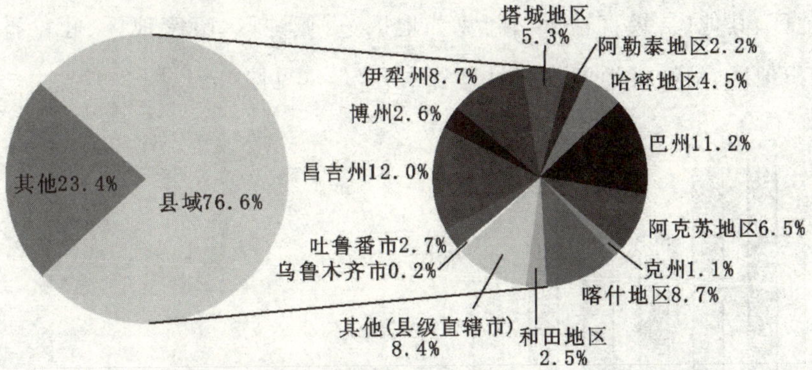

图 2-89 2015 年新疆各地州市县域占全区生产总值比重

(4)各地州市县域生产总值比重

2015 年,各地州市县域生产总值比重为:北疆区域,乌鲁木齐市占0.3%、吐鲁番市占 3.5%、昌吉州占 15.7%、博州占 3.3%、伊犁州占 11.3%、塔城地区占 7.0%、阿勒泰地区占 2.9%;东疆区域,哈密地区占 5.9%;南疆区域,巴州占 14.6%、阿克苏地区占 8.5%、克州占 1.4%、喀什地区占 11.3%、和田地区占 3.3%;其他(县级直辖市)占 11.0%(见图 2-90)。

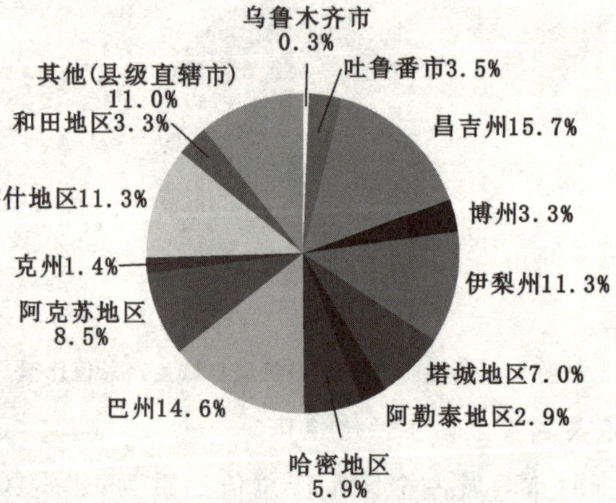

图 2-90　2015 年新疆各地州市县域生产总值比重

2. 排名分析

(1)全区各地州市县域生产总值排名

2015 年,全区各地州市县域生产总值排名依次为:昌吉州、巴州、伊犁州、喀什地区、其他(县级直辖市)、阿克苏地区、塔城地区、哈密地区、吐鲁番市、博州、和田地区、阿勒泰地区、克州、乌鲁木齐市。(见图 2-91、图 2-92)。

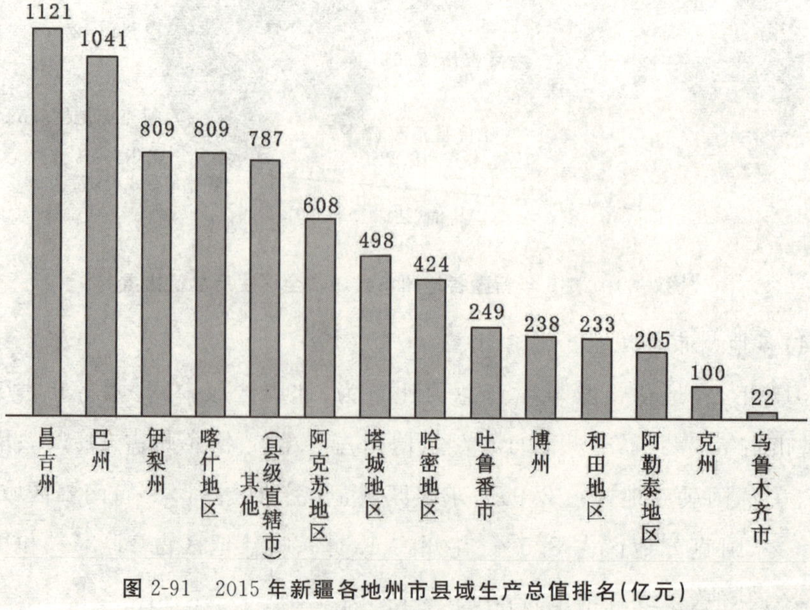

图 2-91　2015 年新疆各地州市县域生产总值排名(亿元)

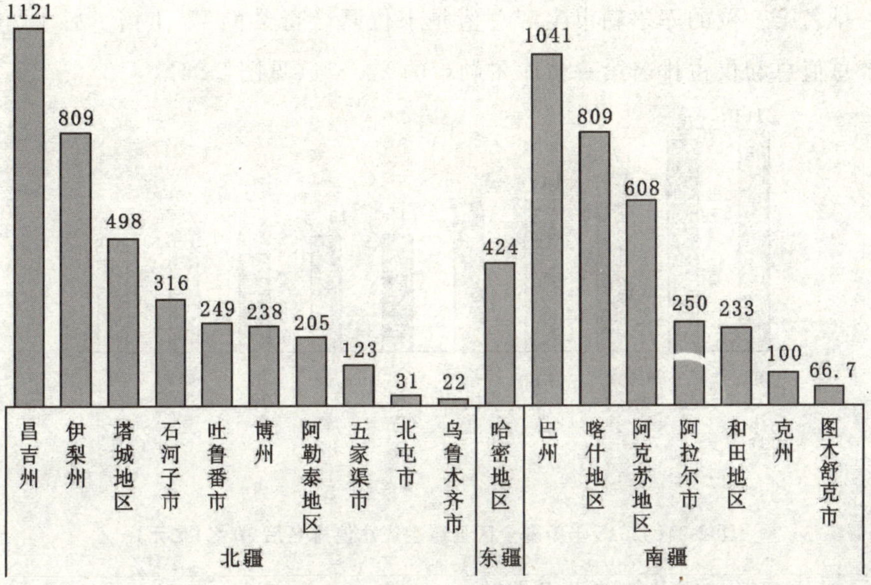

图 2-92 2015 年新疆各地州市县域生产总值在区域内排名(亿元)

(2)全区县域生产总值排名

2015 年，全区县域生产总值排名前 10 位的依次为：库尔勒市、昌吉市、哈密市、石河子市、阿拉尔市、喀什市、伊宁市、玛纳斯县、阿克苏市、库车县。(见图 2-93)。

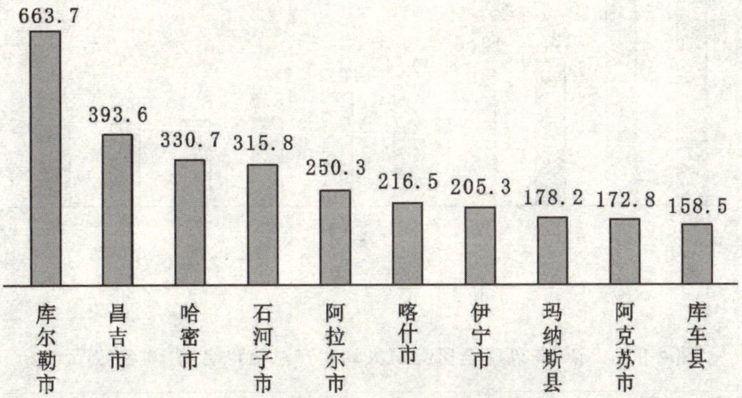

图 2-93 2015 年新疆全区县域生产总值排名前 10 名(亿元)

2015 年，全区县域生产总值排名后 10 位的依次为：布尔津县、乌恰县、策勒县、清河县、裕民县、吉木乃县、塔什库尔干塔克吉自治县(以下简称“塔什库尔干县”)、柯坪县、民丰县、阿合奇县。其中，后 10 位次的 6 位分布在南疆区域。排名第一位的库尔勒市生产总值是末位阿合奇县的 75.4 倍。后 10 位的生产总值总和仅占排名第一位库尔勒市的 20.5%(见图 2-94)。

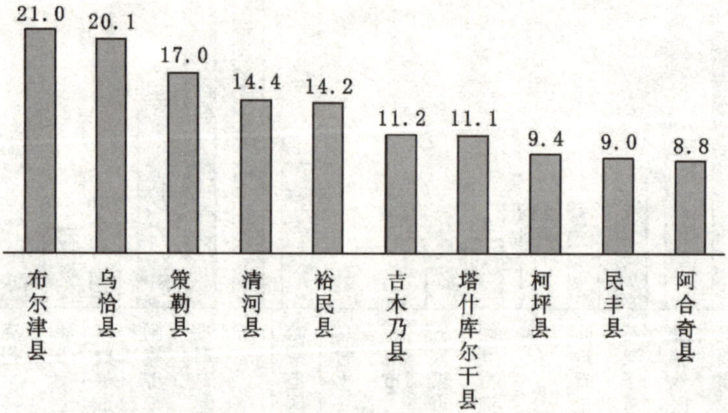

图 2-94　2015 年新疆全区县域生产总值排名后 10 名(亿元)

(3)全区县域人均生产总值排名

2015 年,全区县域人均生产总值排名前 10 位的依次为:若羌县、伊吾县、五家渠市、库尔勒市、阿拉尔市、昌吉市、阜康市、石河子市、吉木萨尔县、哈密市。其中,前 10 位次的 5 位分布在北疆区域(见图 2-95)。

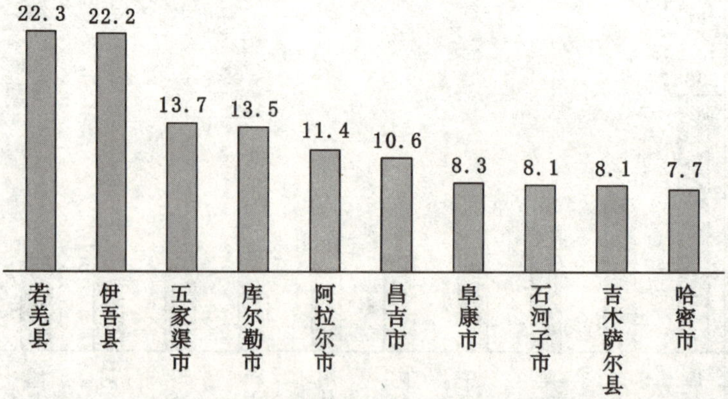

图 2-95　2015 年新疆全区县域人均生产总值排名前 10 名(万元)

2015 年,全区县域人均生产总值排名后 10 位的依次为:英吉沙县、阿克陶县、乌什县、莎车县、策勒县、和田县、皮山县、洛浦县、于田县、墨玉县。其中,后 10 位全部分布在南疆区域,和田地区占其中 6 位。排名第一位的人均生产总值是末位的 31.9 倍(见图 2-96)。

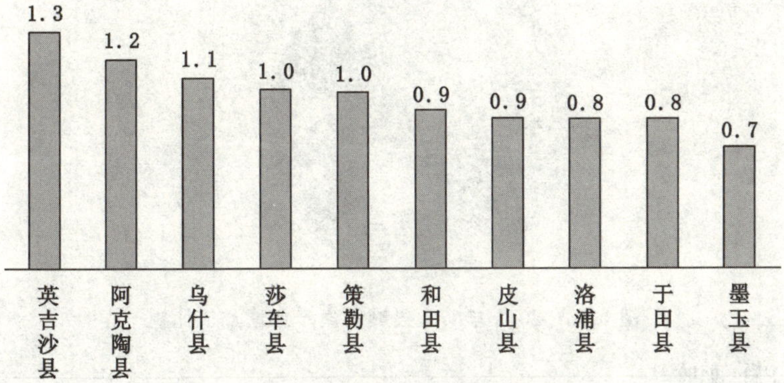

图 2-96 2015 年新疆全区县域人均生产总值排名后 10 名(万元)

(二)产业结构

1.全区三次产业增加值比重

2015 年,全区生产总值 9324.8 亿元。其中,第一产业增加值 1559.1 亿元,第二产业增加值 3565.0 亿元,第三产业增加值 4200.7 亿元,三次产业结构比重为 16.7:38.2:45.1(见图 2-97)。

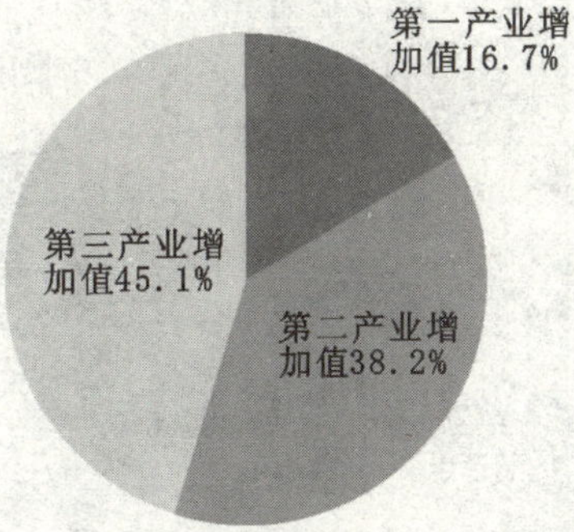

图 2-97 2015 年新疆全区三次产业增加值比重

2.县域三次产业增加值比重

2015 年,全区县域生产总值为 7142.9 亿元。其中,第一产业增加值1534.2 亿元,第二产业增加值 2951.4 亿元,第三产业增加值 2657.3 亿元,三次产业结构比重为 21.5:41.3:37.2(见图 2-98)。

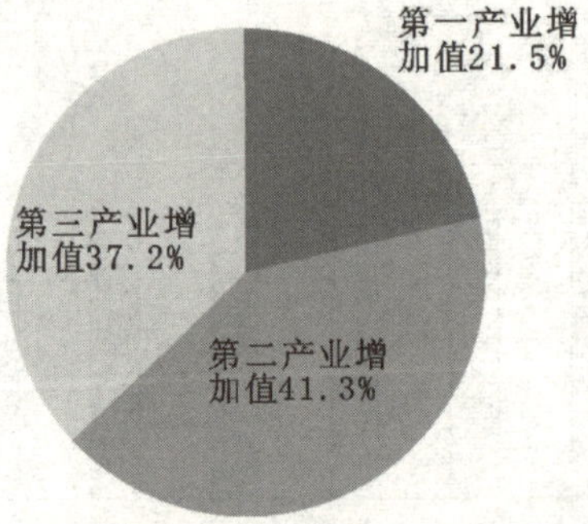

图 2-98　2015 年新疆县域三次产业增加值比重

(三)财政收入

1.占比分析

(1)县域占全区公共财政收入比重

2015 年,县域公共财政收入为 613.3 亿元,占全区公共财政收入的比重为 46.1%。其中,各地州市县域占全区公共财政收入的比重为:北疆区域,乌鲁木齐市占 0.5%、吐鲁番市占 2.0%、昌吉州占 7.6%、博州占 1.0%、伊犁州占 4.8%、塔城地区占 2.9%、阿勒泰地区占 2.2%;东疆区域,哈密地区占3.9%;南疆区域,巴州占 4.6%、阿克苏地区占 5.5%、克州占 0.9%、喀什地区占 4.1%、和田地区占 1.5%;其他(县级直辖市)占 4.6%(见图 2-99)。

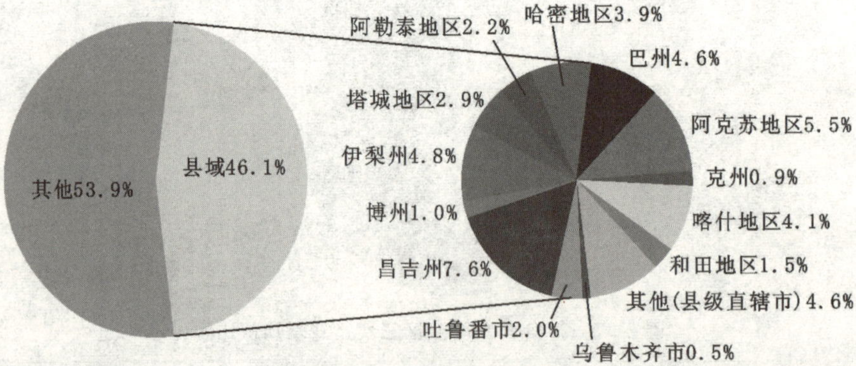

图 2-99　2015 年新疆县域占全区公共财政收入比重

(2)各地州市占县域公共财政收入比重

2015 年,各地州市占县域公共财政收入的比重为:北疆区域,乌鲁木齐市占 1.0%、吐鲁番市占 4.4%、昌吉州占 16.4%、博州占 2.2%、伊犁州占 10.5%、塔城地区占 6.4%、阿勒泰地区占 4.8%;东疆区域,哈密地区占 8.5%;

南疆区域，巴州占9.9%、阿克苏地区占11.9%、克州占1.9%、喀什地区占9.0%、和田地区占3.2%；其他（县级直辖市）占9.9%（见图2-100）。

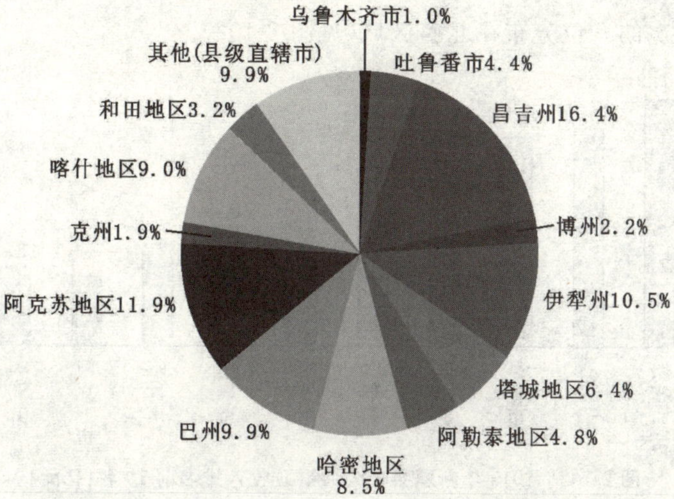

图2-100　2015年新疆各地州市占县域公共财政收入比重

2.排名分析

(1)县域公共财政收入排名

2015年，各地州市县域公共财政收入排名依次为：昌吉州、阿克苏地区、伊犁州、巴州、其他（县级直辖市）、喀什地区、哈密地区、塔城地区、阿勒泰地区、吐鲁番市、和田地区、博州、克州、乌鲁木齐市。其中，昌吉州的公共财政收入是乌鲁木齐市的17.1倍（见图2-101）。

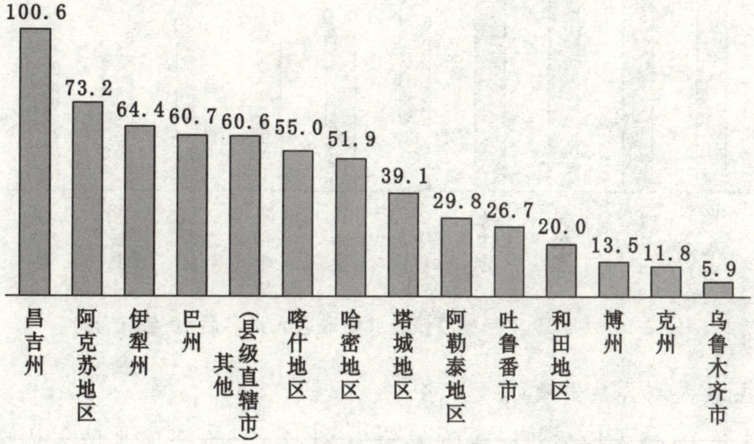

图2-101　2015年新疆各地州市县域公共财政收入排名(亿元)

2015年,全区县域公共财政收入排名前10位的依次为:哈密市、石河子市、昌吉市、库尔勒市、库车县、伊宁市、阜康市、喀什市、阿克苏市、乌苏市。其中,前10位次的5位分布在北疆区域(见图2-102)。

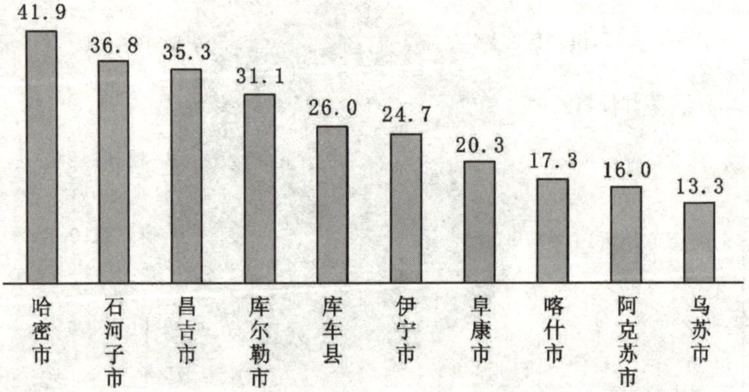

图2-102　2015年新疆县域公共财政收入排名前10名(亿元)

2015年,全区县域公共财政收入排名后10位的依次为:昭苏县、皮山县、温泉县、乌什县、吉木乃县、民丰县、阿合奇县、策勒县、裕民县、柯坪县。其中,后10位次的6位分布在南疆区域,排名第一位的公共财政收入是末位的69.8倍(见图2-103)。

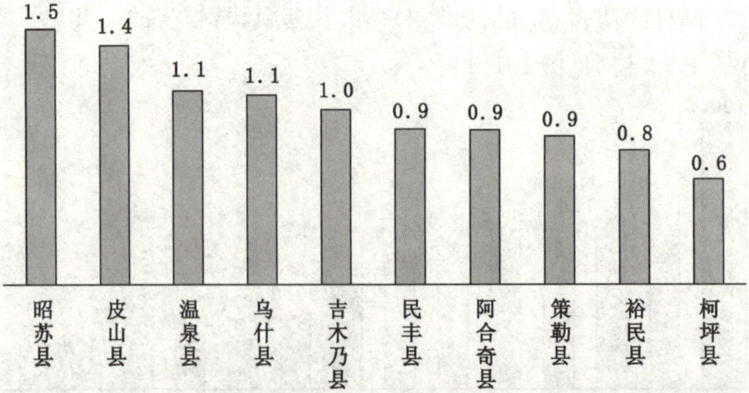

图2-103　2015年新疆县域公共财政收入排名后10名(亿元)

(2)县域人均公共财政收入排名

2015年,县域人均公共财政收入约为3127.5元,全区县域人均公共财政收入排名前10位的依次为:若羌县、伊吾县、五家渠市、阜康市、乌鲁木齐县、哈密市、昌吉市、石河子市、吉木萨尔县、和布克赛尔蒙古自治县(以下简称“和布克赛尔县”)。其中,前10位次的7位分布在北疆区域(见图2-104)。

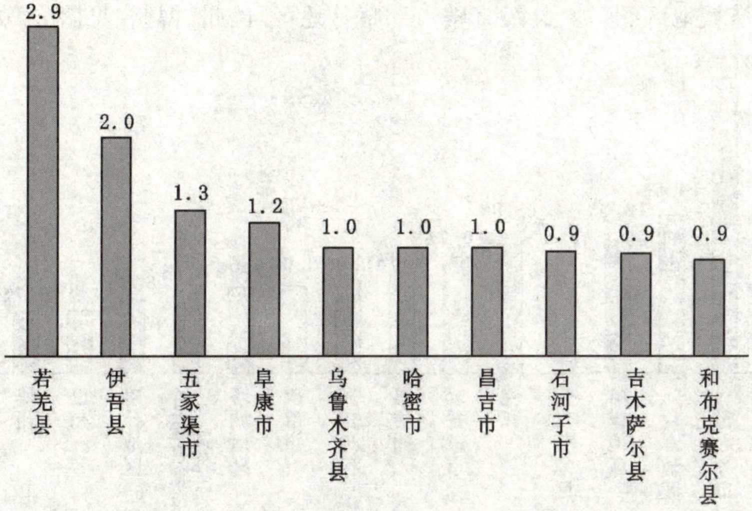

图2-104　2015年新疆县域人均公共财政收入排名前10名(万元)

2015年,全区县域人均公共财政收入排名后10位的依次为:昭苏县、莎车县、阿瓦提县、英吉沙县、洛浦县、皮山县、策勒县、和田县、乌什县、墨玉县。其中,后10位次的9位分布在南疆区域(见图2-105)。

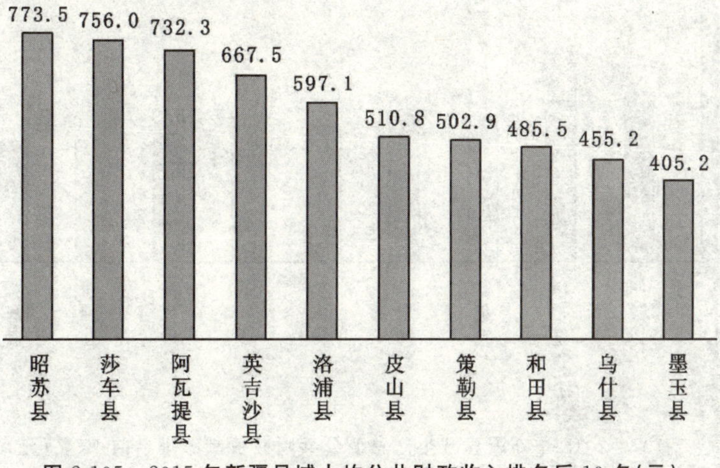

图2-105　2015年新疆县域人均公共财政收入排名后10名(元)

(3)县域生产总值公共财政贡献率排名

2015年,全区生产总值公共财政贡献率为14.3%,县域生产总值公共财政贡献率为8.6%,各地州市县域生产总值公共财政贡献率排名依次为:乌鲁木齐市、阿勒泰地区、哈密地区、阿克苏地区、克州、吐鲁番市、昌吉州、和田地区、伊犁州、塔城地区、其他(县级直辖市)、喀什地区、巴州、博州(见图2-106)。

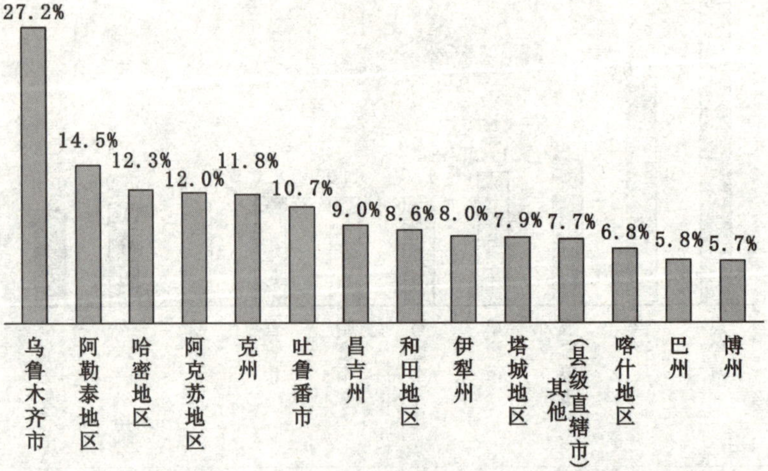

图2-106 2015年新疆各地州市县域生产总值公共财政贡献率排名

2015年,全区县域生产总值公共财政贡献率排名前10位的依次为:乌鲁木齐县、拜城县、和布克赛尔县、富蕴县、哈巴河县、布尔津县、库车县、托克逊县、沙雅县、福海县。其中,前10位次的7位分布在北疆区域(见图2-107)。

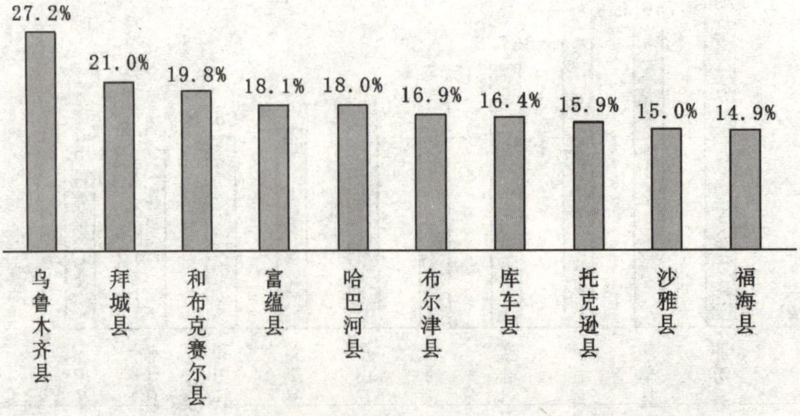

图2-107 2015年新疆县域生产总值公共财政贡献率排名前10名(元)

2015年,全区县域生产总值公共财政贡献率排名后10位的依次为:精河县、托里县、库尔勒市、图木舒克市、巩留县、乌什县、阿瓦提县、尉犁县、昭苏县、阿拉尔市。其中,后10位次的6位分布在南疆区域(见图2-108)。

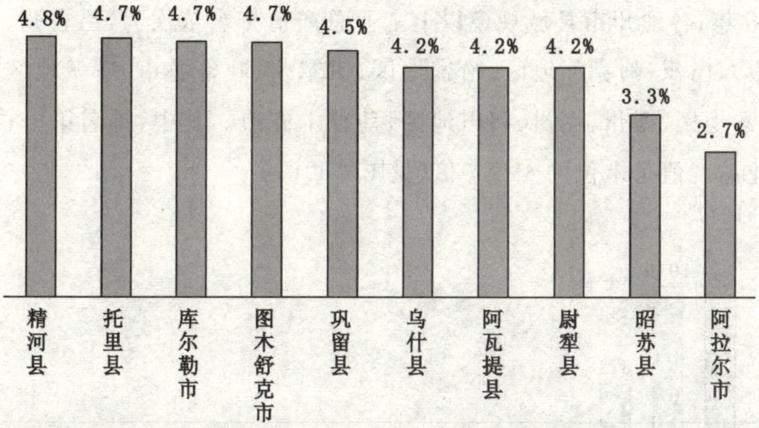

图2-108　2015年新疆县域生产总值公共财政贡献率排名后10名(元)

(四)工业总产值

1.占比分析

2015年,县域规模以上工业总产值为4464.1亿元,各地州市县域规模以上工业总产值比重为:北疆区域,乌鲁木齐市占0.1%、吐鲁番市占4.7%、昌吉州占27.3%、博州占1.0%、伊犁州占5.0%、塔城地区占2.5%、阿勒泰地区占1.8%;东疆区域,哈密地区占6.8%;南疆区域,巴州占15.0%、阿克苏地区占9.5%、克州占0.9%、喀什地区占2.3%、和田地区占0.3%;其他(县级直辖市)占22.8%(见图2-109)。

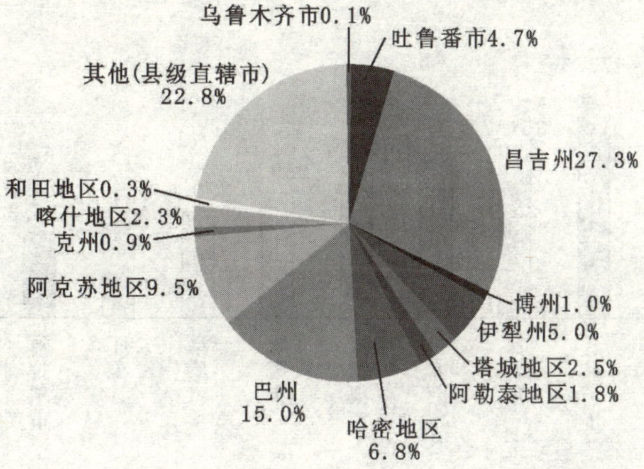

图2-109　2015年新疆各地州市县域规模以上工业总产值比重

2.排名分析

2015年,各地州市县域规模以上工业总产值排名依次为:昌吉州、其他(县级直辖市)、巴州、阿克苏地区、哈密地区、伊犁州、吐鲁番市、塔城地区、喀什地区、阿勒泰地区、博州、克州、和田地区、乌鲁木齐市。其中,排名第一位的规模以上工业总产值是末位的405.7倍(见图2-110)。

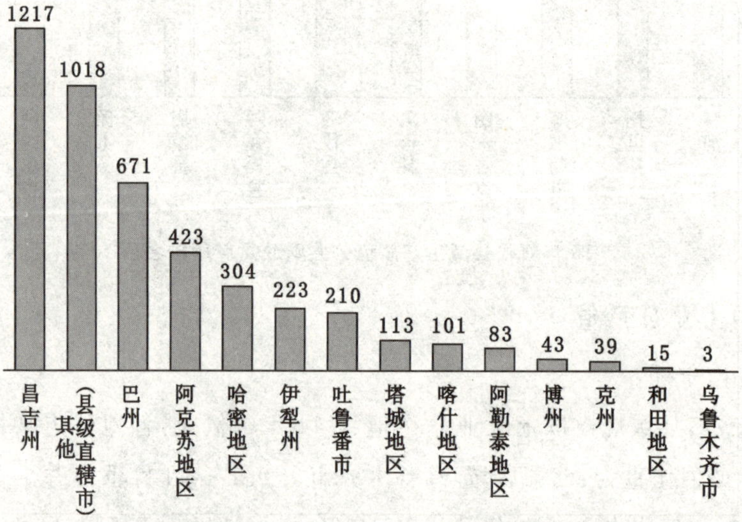

图2-110　2015年新疆各地州市县域规模以上工业总产值排名(亿元)

2015年,全区县域规模以上工业总产值排名前10位的依次为:库尔勒市、石河子市、昌吉市、吉木萨尔县、五家渠市、哈密市、阜康市、库车县、阿拉尔市、玛纳斯县。其中,前10位次的6位分布在北疆区域(见图2-111)。

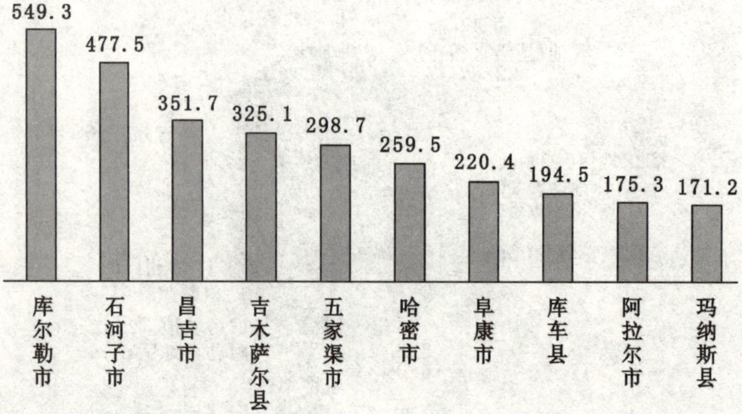

图2-111　2015年新疆县域规模以上工业总产值排名前10名(亿元)

2015年，全区县域规模以上工业总产值排名后10位的依次为：麦盖提县、温泉县、且末县、霍尔果斯市、墨玉县、昭苏县、疏附县、裕民县、策勒县、民丰县。其中，后10位次的6位分布在南疆区域(见图2-112)。

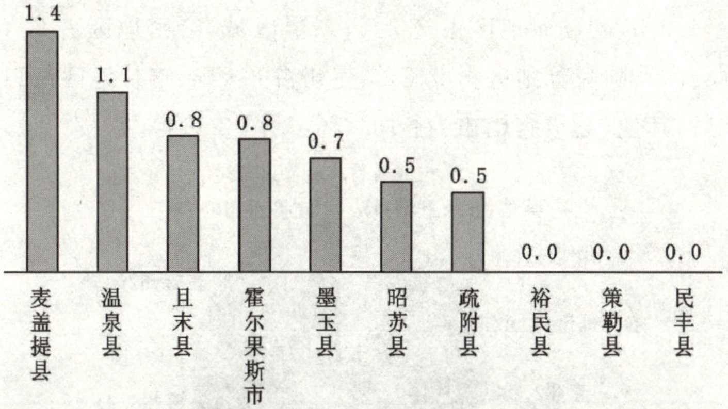

图2-112　2015年新疆县域规模以上工业总产值排名后10名(亿元)

(五)固定资产投资

1.占比分析

(1)县域占全区固定资产投资比重

2015年，全区县域固定资产投资为6790.9亿元，占全区固定资产投资的63.3%，各地州市县域占全区固定资产投资比重为：北疆区域，乌鲁木齐市占0.5%、吐鲁番市占3.2%、昌吉州占13.1%、博州占2.1%、伊犁州占5.8%、塔城地区占3.1%、阿勒泰地区占1.5%；东疆区域，哈密地区占4.7%；南疆区域，巴州占5.5%、阿克苏地区占6.0%、克州占1.3%、喀什地区占7.5%、和田地区占2.4%；其他(县级直辖市)占6.6%(见图2-113)。

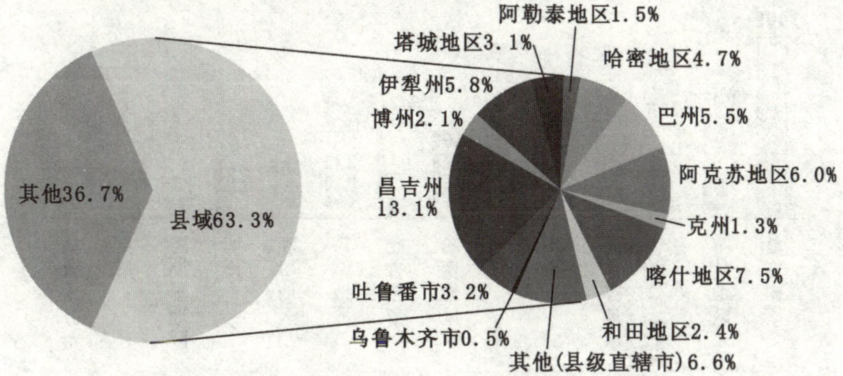

图2-113　2015年新疆县域占全区固定资产投资比重

(2)各地州市县域固定资产投资比重

2015 年,全区各地州市县域固定资产投资比重为:北疆区域,乌鲁木齐市占 0.7%、吐鲁番市占 5.1%、昌吉州占 20.7%、博州占 3.4%、伊犁州占9.0%、塔城地区占 4.9%、阿勒泰地区占 2.4%;东疆区域,哈密地区占 7.4%;南疆区域,巴州占 8.7%、阿克苏地区占 9.6%、克州占 2.0%、喀什地区占11.9%、和田地区占 3.8%;其他(县级直辖市)占 10.4%(见图 2-114)。

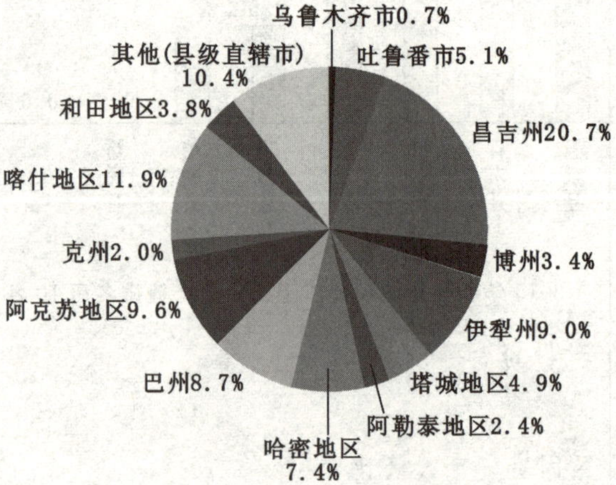

图 2-114　2015 年新疆各地州市县域固定资产投资比重

2.排名分析

2015 年,全区各地州市县域固定资产投资排名依次为:昌吉州、喀什地区、其他(县级直辖市)、阿克苏地区、伊犁州、巴州、哈密地区、吐鲁番市、塔城地区、和田地区、博州、阿勒泰地区、克州、乌鲁木齐市。其中,昌吉州固定资产投资为乌鲁木齐市的 27.5 倍(见图 2-115)。

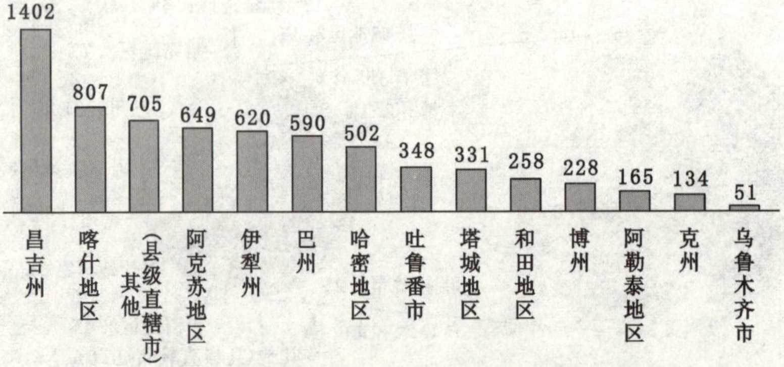

图 2-115　2015 年新疆各地州市县域固定资产投资排名(亿元)

2015 年，全区县域固定资产投资排名前 10 位的依次为：库尔勒市、哈密市、昌吉市、奇台县、吉木萨尔县、石河子市、阜康市、伊宁市、阿拉尔市、阿克苏市。其中，前 10 位次的 6 位分布在北疆区域（见图 2-116）。

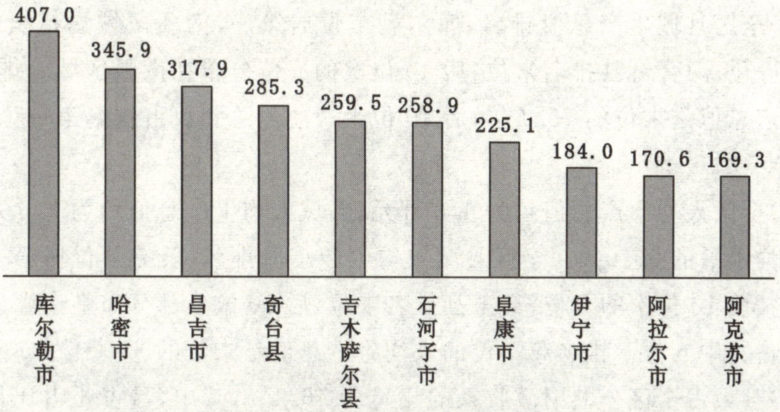

图 2-116 2015 年新疆县域固定资产投资排名前 10 名（亿元）

2015 年，全区县域固定资产投资排名后 10 位的依次为：温泉县、轮台县、清河县、柯坪县、和硕县、民丰县、博湖县、阿合奇县、裕民县、阿勒泰市。其中，后 10 位次的 6 位分布在南疆区域。排名第一位的库尔勒市固定资产投资是末位阿勒泰市的 101.8 倍（见图 2-117）。

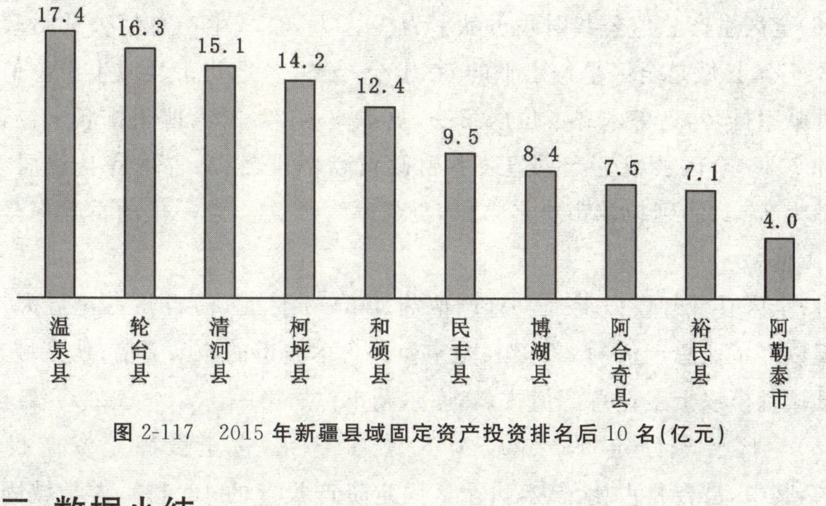

图 2-117 2015 年新疆县域固定资产投资排名后 10 名（亿元）

三、数据小结

（1）新疆县域生产总值占全区生产总值的 76.6%，其中从区域来看，北疆区域生产总值占比最大，占全区生产总值的 38.7%，占县域生产总值的

50.6%;从地州市来看,昌吉州生产总值占比最大,占全区生产总值的12.0%,占县域生产总值的15.7%。全区三次产业结构比重为16.7∶38.2∶45.1,县域三次产业结构比重为21.5∶41.3∶37.2。

(2)全区县域生产总值排名,库尔勒市位居第一,南疆区域囊括全区前10位次的5位;阿合奇县排名末位,后10位次的6位分布在南疆区域。排名第一位的生产总值是末位的75.4倍,后10位生产总值总和仅占排名第一位库尔勒市的20.5%。

(3)全区人均生产总值约为4.0万元,县域人均生产总值约为3.6万元,为全区平均水平的90.0%。全区县域人均生产总值排名,若羌县位居第一,北疆区域囊括前10位次的5位;墨玉县排名末位,后10位全部分布在南疆区域,和田地区占其中6位。排名第一位的人均生产总值是末位的31.9倍。

(4)县域占全区公共财政收入的比重为46.1%,其中,昌吉州占比最大,占全区的7.6%,占县域的16.4%。全区人均公共财政收入约为5639.8元,县域人均公共财政收入为3127.5元,县域为全区人均公共财政收入水平的55.5%。

(5)全区县域公共财政收入排名,哈密市位居第一,柯坪县排名末位,第一位的公共财政收入是末位的69.8倍。人均县域公共财政收入排名,若羌县位居第一,墨玉县排名末位,第一位的人均公共财政收入是末位的71.6倍。

(6)全区生产总值公共财政贡献率为14.3%,县域生产总值公共财政贡献率为8.6%,县域是全区平均水平的60.1%。全区各地州市县域生产总值公共财政贡献率排名,乌鲁木齐市位居第一,贡献率为27.2%,博州排名末位,贡献率为5.7%。全区县域生产总值公共财政贡献率排名,乌鲁木齐县位居第一,贡献率为27.2%,阿拉尔市排名末位,贡献率为2.7%,第一位的贡献率是末位的10.1倍。

(7)全区县域规模以上工业总产值为4464.1亿元,昌吉州占比最大,占县域规模以上工业总产值的27.3%,是末位乌鲁木齐市的405.7倍;从县域来看,全区县域规模以上工业总产值排名,库尔勒市位居第一。

(8)全区县域固定资产投资为6790.9亿元,占全区固定资产投资的63.3%,其中,昌吉州占比最大,占全区固定资产投资的13.1%,占县域固定资产投资的20.7%。全区各地州市县域固定资产投资排名,昌吉州囊括全区前10位次的4位,全区县域固定资产投资排名第一位的库尔勒市固定资产投资是末位阿勒泰市的101.8倍。

附录：

新疆维吾尔自治区89个县域行政区划单位（1个市辖区，20个县级市，62个县，6个自治县）

地州市	县域	行政区域面积（平方千米）	户籍人口（万人）	地区生产总值（万元）	人均生产总值（元）	第一产业增加值（万元）	第二产业增加值（万元）	第三产业增加值（万元）	公共财政收入（万元）	人均公共财政收入（元）	生公总值公共财政贡献率	规模以上工业总产值（万元）	固定资产投资（万元）
乌鲁木齐市【1县】不包含在内的区：天山区、沙依巴克区、新市区、水磨沟区、头屯河区、达坂城区、米东区	乌鲁木齐县	4141	6	215201	35866.8	74403	44662	96136	58524	9754.0	27.2%	34490	507678
吐鲁番市【1市辖区2县】	高昌区	13650	29	761353	26253.6	197553	185500	378300	74809	2579.6	9.8%	353636	1029847
	托克逊县	16561	12	519251	43270.9	98896	316001	104354	82566	6880.5	15.9%	606379	1251739
	鄯善县	39548	23	1206731	52466.6	161631	797000	248100	110000	4782.6	9.1%	1138871	1196600
昌吉回族自治州【2县级市，4县，1自治县】	昌吉市	8215	37	3935802	106373.0	399071	2032713	1504018	352991	9540.3	9.0%	3516996	3178810
	阜康市	8529	17	1404974	82645.5	274511	765410	365053	202599	11917.6	14.4%	2203975	2251000
	呼图壁县	9721	22	1383401	62881.9	432722	517904	432775	97820	4446.4	7.1%	817325	1392067
	玛纳斯县	11067	25	1782000	71280.0	625000	713000	444000	100700	4028.0	5.7%	1712402	904865
	奇台县	19300	20	1298261	64913.1	464851	490825	342585	90424	4521.2	7.0%	634856	2852567
	吉木萨尔县	8144	14	1129383	80670.2	200572	730009	198802	128700	9192.9	11.4%	3250775	2595381
	木垒哈萨克自治县	22171	9	276205	30689.4	117034	49000	110171	33261	3695.7	12.0%	36687	850006

续表

地州市	县域	行政区域面积（平方千米）	户籍人口（万人）	地区生产总值（万元）	人均生产总值（元）	第一产业增加值（万元）	第二产业增加值（万元）	第三产业增加值（万元）	公共财政收入（万元）	人均公共财政收入（元）	生产总值公共财政贡献率	规模以上工业总产值（万元）	固定资产投资（万元）
博尔塔拉蒙古自治州【1县级市，2县】	博乐市	7790	26	1448654	55717.5	302012	458342	688300	90632	3485.8	6.3%	248753	1381992
	精河县	11187	15	702981	46865.4	255080	198103	249798	33433	2228.9	4.8%	171104	725716
	温泉县	5881	8	230044	28755.5	79060	50275	100709	11158	1394.8	4.9%	10837	173855
伊犁哈萨克自治州【2县级市，7县，1自治县】	伊宁市	761	55	2053177	37330.5	68879	440159	1544139	246891	4488.9	12.0%	332955	1840315
	奎屯市	1110	16	1203643	75227.7	71148	479365	653130	113659	7103.7	9.4%	577180	702989
	伊宁县	4682	44	759896	17270.4	309449	200303	250144	46447	1055.6	6.1%	405518	705901
	察布查尔锡伯自治县	4485	20	476440	23822.0	229955	96978	149507	26700	1335.0	5.6%	80174	575502
	霍城县	3780	34	780779	22964.1	255787	194077	330915	43117	1268.1	5.5%	80309	510462
	巩留县	4327	20	433761	21688.1	141729	166534	125498	19600	980.0	4.5%	177394	271790
	新源县	7422	30	802914	26763.8	277295	263916	261703	50441	1681.4	6.3%	364389	350005
	昭苏县	11128	19	441027	23211.9	180559	106855	153613	14696	773.5	3.3%	5487	300025
	特克斯县	8067	18	265352	14741.8	108282	43075	113995	20610	1145.0	7.8%	42304	250000
	尼勒克县	10130	19	460799	24252.6	156181	188866	115752	27316	1437.7	5.9%	154006	442000
	霍尔果斯市	1909	7	415049	59292.7	80298	163781	170970	34759	4965.6	8.4%	8044	254478

续表

地州市	县域	行政区域面积（平方千米）	户籍人口（万人）	地区生产总值（万元）	人均生产总值（元）	第一产业增加值（万元）	第二产业增加值（万元）	第三产业增加值（万元）	公共财政收入（万元）	人均公共财政收入（元）	生产总值公共财政贡献率	规模以上工业总产值（万元）	固定资产投资（万元）
塔城地区【2县级市，4县，1自治县】	塔城市	4357	15	878829	58588.6	181672	187041	510116	50530	3368.7	5.7%	42643	552909
	乌苏市	14394	23	1375175	59790.2	418782	645314	311079	133377	5799.0	9.7%	723804	860640
	额敏县	9532	16	570210	35638.1	160592	197266	212352	44375	2773.4	7.8%	32594	586000
	沙湾县	13110	21	1324636	63077.9	469000	330973	524663	82824	3944.0	6.3%	49477	655154
	托里县	21300	10	421923	42192.3	61365	263067	97491	20010	2001.0	4.7%	167240	264305
	裕民县	6220	6	141756	23626.0	43771	32757	65228	7722	1287.0	5.4%	0	70788
	和布克赛尔蒙古自治县	30600	6	264005	44000.8	41310	158000	64695	52343	8723.8	19.8%	113786	320371
阿勒泰地区【1县级市，6县】	阿勒泰市	11481	20	607916	30395.8	88424	110053	409439	62000	3100.0	10.2%	33257	40365
	布尔津县	10357	7	210363	30051.9	34809	89911	85643	35522	5074.6	16.9%	81519	440334
	富蕴县	32186	10	426546	42654.6	62429	261650	102467	77007	7700.7	18.1%	353592	397512
	福海县	32035	7	212578	30368.3	86763	34388	91427	31575	4510.7	14.9%	37990	198550
	哈巴河县	8186	8	340762	42595.3	75612	174161	90989	61372	7671.5	18.0%	186543	225110
	清河县	15743	7	143954	20564.9	37538	49706	56710	20017	2859.6	13.9%	56449	151114
	吉木乃县	7146	4	112441	28110.3	13096	68600	30745	10050	2512.5	8.9%	79675	198034

续表

地州市	县域	行政区域面积（平方千米）	户籍人口（万人）	地区生产总值（万元）	人均生产总值（元）	第一产业增加值（万元）	第二产业增加值（万元）	第三产业增加值（万元）	公共财政收入（万元）	人均公共财政收入（元）	生产总值公共财政贡献率	规模以上工业总产值（万元）	固定资产投资（万元）
石河子市【1县级市】	石河子市	460	39	3157844	80970.4	107541	1854032	1196271	368259	9442.5	11.7%	4775122	2588937
五家渠市【1县级市】	五家渠市	740	9	1230328	136703.1	66502	851105	312721	117059	13006.6	9.5%	2987371	1388178
北屯市【1县级市】	北屯市	911	5	310878	62175.6	47331	156505	107042	22634	4526.8	7.3%	137302	516490
哈密地区【1县级市，1县，1自治县】	哈密市	85587	43	3307375	76915.7	243603	1725646	1338126	418729	9737.9	12.7%	2595146	3458843
	巴里坤哈萨克自治县	36901	11	485752	44159.3	101320	236524	147908	61527	5593.4	12.7%	151169	894359
	伊吾县	19519	2	443308	221654.0	49849	321746	71713	39113	19556.5	8.8%	289010	661939
巴音郭楞蒙古自治州【1县级市，7县，1自治县】	库尔勒市	7267	49	6637443	135458.0	400500	4939658	1297285	311000	6346.9	4.7%	5493293	4070311
	轮台县	14182	12	480255	40021.3	161982	49814	268459	69010	5750.8	14.4%	214119	162680
	尉犁县	59700	10	511704	51170.4	294122	82623	134959	21298	2129.8	4.2%	14631	228185
	若羌县	202298	3	669203	223067.7	202900	372443	93860	88258	29419.3	13.2%	468473	351223
	且末县	138645	7	237879	33982.7	118302	31698	87879	20615	2945.0	8.7%	8225	230014
	焉耆回族自治县	2571	14	600020	42858.6	140584	132433	327003	30551	2182.2	5.1%	70662	299542
	和静县	34978	18	701463	38970.2	206819	210249	284395	35500	1972.2	5.1%	356029	346662
	和硕县	12753	7	327543	46791.9	195861	35912	95770	15730	2247.1	4.8%	55846	124443
	博湖县	3581	6	246667	41111.2	96323	41730	108614	14763	2460.5	6.0%	29322	84069

续表

地州市	县域	行政区域面积（平方千米）	户籍人口（万人）	地区生产总值（万元）	人均生产总值（元）	第一产业增加值（万元）	第二产业增加值（万元）	第三产业增加值（万元）	公共财政收入（万元）	人均公共财政收入（元）	生产总值公共财政贡献率	规模以上工业总产值（万元）	固定资产投资（万元）
阿克苏地区【1县级市,8县】	阿克苏市	15033	51	1727801	33878.5	208866	473417	1045518	160063	3138.5	9.3%	1257188	1693028
	温宿县	14336	25	537783	21511.3	218016	104746	215021	43467	1738.7	8.1%	115075	824000
	库车县	14603	50	1585364	31707.3	220892	817255	547217	260292	5205.8	16.4%	1945033	1668127
	沙雅县	31955	26	510435	19632.1	149767	102317	258351	76498	2942.2	15.0%	215522	551458
	新和县	5821	20	354306	17715.3	127316	72740	154250	39000	1950.0	11.0%	129740	300000
	拜城县	19100	24	557696	23237.3	124811	226148	206737	117010	4875.4	21.0%	454082	774980
	乌什县	9082	24	259135	10797.3	87468	33881	137786	10925	455.2	4.2%	28251	236000
	阿瓦提县	13018	26	455481	17518.5	177204	73287	204990	19039	732.3	4.2%	55079	300707
	柯坪县	8912	6	94125	15687.5	21629	17399	55097	6088	1014.7	6.5%	34311	141751
克孜勒苏柯尔克孜自治州【1县级市,3县】	阿图什市	16151	27	445760	16509.6	64300	109082	272378	61853	2290.9	13.9%	140071	464191
	阿克陶县	24540	22	260931	11860.5	57926	77329	125676	24897	1131.7	9.5%	127123	482755
	阿合奇县	12737	4	88121	22030.3	9427	23717	54977	8818	2204.5	10.0%	19634	74713
	乌恰县	22000	6	200765	33460.8	10008	84583	106174	22405	3734.2	11.2%	106972	321100
喀什地区【1县级市,10县,1自治县】	喀什市	1059	63	2165000	34365.1	81200	674300	1409500	173183	2748.9	8.0%	359272	1601100
	疏附县	2708	28	410600	14664.3	155600	81000	174000	31387	1121.0	7.6%	4896	544545
	疏勒县	2398	36	700980	19471.7	223949	328316	148715	43745	1215.1	6.2%	107346	800523

续表

地州市	县域	行政区域面积(平方千米)	户籍人口(万人)	地区生产总值(万元)	人均生产总值(元)	第一产业增加值(万元)	第二产业增加值(万元)	第三产业增加值(万元)	公共财政收入(万元)	人均公共财政收入(元)	生产总值公共财政贡献率	规模以上工业总产值(万元)	固定资产投资(万元)
喀什地区【1县级市,10县,1自治县】	英吉沙县	3425	30	401001	13366.7	122056	120005	158940	20026	667.5	5.0%	41544	636038
	泽普县	988	20	494771	24738.6	153090	114405	227276	24267	1213.4	4.9%	17290	429013
	莎车县	8957	85	867930	10210.9	419484	130571	317875	64258	756.0	7.4%	98369	622000
	叶城县	28929	52	826247	15889.4	341030	217714	267503	51237	985.3	6.2%	133331	773231
	麦盖提县	15200	24	433072	18044.7	215301	83368	134403	26000	1083.3	6.0%	14383	471000
	岳普湖县	3023	17	380071	22357.1	98071	152635	129365	19086	1122.7	5.0%	87497	580413
	伽师县	6528	43	646137	15026.4	245006	220351	180780	42178	980.9	6.5%	89683	625320
	巴楚县	21700	38	651400	17142.1	221700	134700	295000	38501	1013.2	5.9%	37485	680812
	塔什库尔干塔克吉自治县	25000	4	110639	27659.8	14807	56564	39268	16216	4054.0	14.7%	14586	309417
和田地区【1县级市,7县】	和田市	466	35	653384	18668.1	38761	123223	491400	84722	2420.6	13.0%	25655	811003
	和田县	41080	33	298868	9056.6	96152	68059	134657	16022	485.5	5.4%	53198	332039
	墨玉县	25608	58	401360	6920.0	141460	33700	226200	23500	405.2	5.9%	6900	395186
	皮山县	39463	27	230790	8547.8	94083	21887	114820	13792	510.8	6.0%	17725	236050
	洛浦县	14114	29	246310	8493.4	64220	45271	136819	17316	597.1	7.0%	34148	276202
	策勒县	31592	17	170197	10011.6	54218	24168	91811	8550	502.9	5.0%	0	191195

续表

地州市	县域	行政区域面积（平方千米）	户籍人口（万人）	地区生产总值（万元）	人均生产总值（元）	第一产业增加值（万元）	第二产业增加值（万元）	第三产业增加值（万元）	公共财政收入（万元）	人均公共财政收入（元）	生产总值公共财政贡献率	规模以上工业总产值(万元)	固定资产投资（万元）
和田地区【1县级市,7县】	于田县	39034	28	236660	8452.1	75648	32942	128070	27142	969.4	11.5%	17359	245893
	民丰县	57575	4	90223	22555.8	15396	13949	60878	9001	2250.3	10.0%	0	94669
阿拉尔市【1县级市】	阿拉尔市	5264	22	2502806	113763.9	1025116	964995	512695	66882	3040.1	2.7%	1753455	1705623
图木舒克市【1县级市】	图木舒克市	2003	17	667071	39239.5	197759	317954	151358	31040	1825.9	4.7%	529504	852030
合计	89个	1663848	1961	71429054	36424.8	15342397	29513636	26573021	6133029	3127.5	8.6%	44640847	67908763

第五章 宁夏篇

一、整体概况

(一)全区概况

宁夏回族自治区,简称"宁",是中国五大少数民族自治区之一,自治区首府银川。宁夏处于中国西部的黄河上游,东邻陕西省,西、北部接内蒙古自治区,西南、南部和东南部与甘肃省相连。南北相距约 456 千米,东西相距约 250 千米,总面积为 6.6 万平方千米。2015 年末全区常住人口 667.9 万人。全区拥有 5 个地级市,22 个县级行政区划单位(其中 9 个市辖区、2 个县级市、11 个县)。

2015 年,全区生产总值 2911.8 亿元,人均生产总值约为 4.4 万元。其中,第一产业增加值 238.5 亿元,第二产业增加值 1379.0 亿元,第三产业增加值 1294.3 亿元,三次产业结构比重为 8.2:47.4:44.4。全年全部工业增加值979.7亿元,其中规模以上工业增加值 972.2 亿元;全部财政收入 984. 2 亿元,其中公共财政预算收入 610.5 亿元;全社会固定资产投资 3532.9 亿元,社会消费品零售总额 789.6 亿元,其中城镇消费品零售额 726.7 亿元,乡村消费品零售额 62.9 亿元。

(二)县域概况

全区 22 个县级行政区划单位,纳入县域体系的有 13 个县级行政区划单位(其中 2 个县级市,11 个县),行政区域面积 4.1 万平方千米,户籍人口 369 万人。县域生产总值为 1278.5 亿元,人均生产总值约为 3.5 万元。其中,第一产业增加值 155.5 亿元,第二产业增加值 772.4 亿元,第三产业增加值 350.6 亿元,三次产业结构比重为 12.2:60.4:27.4。县域公共财政收入为 91.8 亿元,县域规模以上工业总产值为1839.1亿元，县域固定资产投资为1742.4亿元。

二、经济分析

（一）生产总值

1.占比分析

（1）各地市县域占全区生产总值比重

2015年，县域生产总值为1278.5亿元，占全区生产总值比重的43.9%。其中，各地市县域占全区生产总值比重为：银川市占20.6%、石嘴山市占4.8%、吴忠市占8.3%、固原市占4.3%、中卫市占5.9%（见图2-118）。

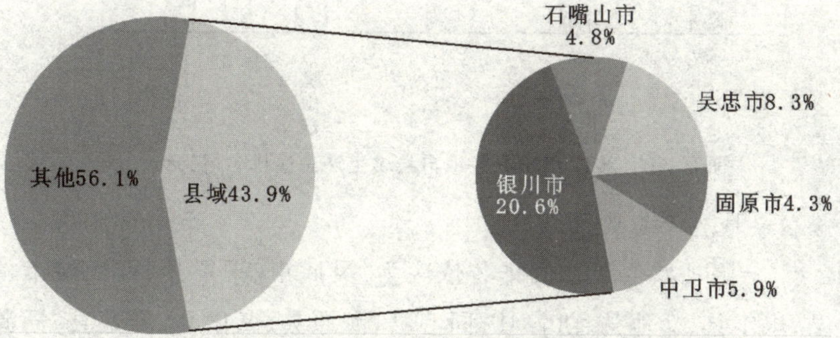

图2-118 2015年宁夏各地市县域占全区生产总值比重

（2）各地市县域生产总值比重

2015年，各地市县域生产总值比重为：银川市占46.9%、石嘴山市占11.0%、吴忠市占19.0%、固原市占9.7%、中卫市占13.4%（见图2-119）。

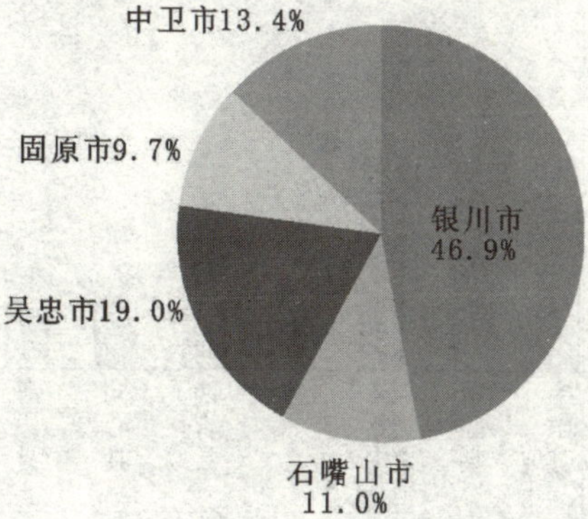

图2-119 2015年宁夏各地市县域生产总值比重

2.排名分析

(1)全区各地市县域生产总值排名

2015年,全区各地市县域生产总值排名依次为:银川市、吴忠市、中卫市、石嘴山市、固原市。其中,银川市生产总值是末位固原市的4.8倍(见图2-120)。

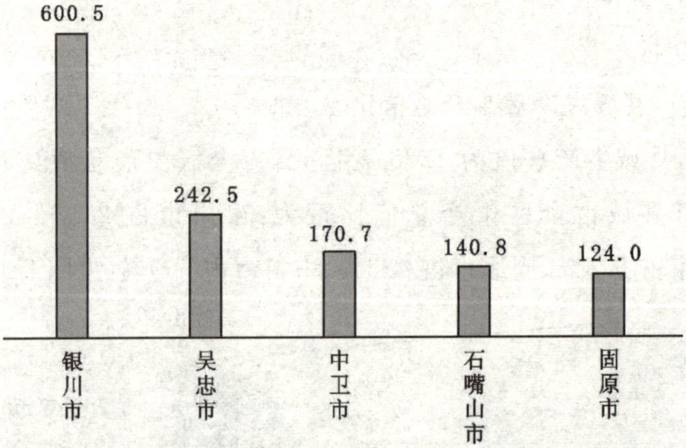

图2-120 2015年宁夏各地市县域生产总值排名(亿元)

(2)全区县域生产总值排名

2015年,全区县域生产总值排名依次为:灵武市、平罗县、青铜峡市、中宁县、贺兰县、永宁县、盐池县、西吉县、同心县、海原县、彭阳县、隆德县、泾源县。其中,生产总值过100亿元以上的6个县、市中有1/2位于银川市,且灵武市的生产总值位列榜首,排名后2位的为隆德县和泾源县。排名第一位的灵武市生产总值是末位泾源县的26.7倍(见图2-121)。

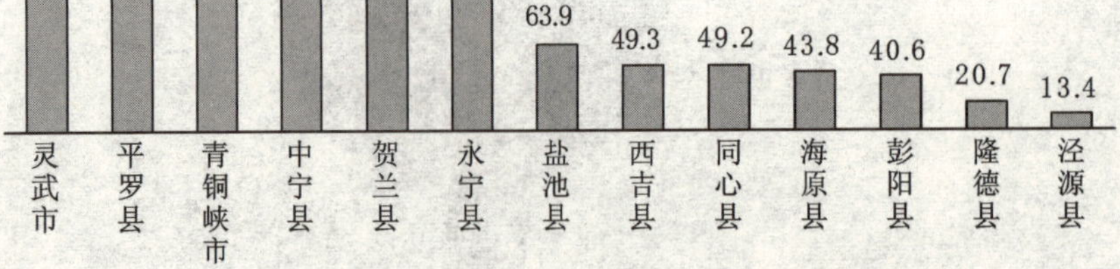

图2-121 2015年宁夏县域生产总值排名(亿元)

(3)全区县域人均生产总值排名

2015年,全区县域人均生产总值排名依次为:灵武市、贺兰县、永宁县、青铜峡市、平罗县、盐池县、中宁县、彭阳县、同心县、隆德县、泾源县、西吉县、海原县。其中,灵武市位居第一,为排名第二位贺兰县的2.7倍,为末位海原县的14.3倍。排名前4位的县市中有3个位于银川市,排名后6位的县、市中有4个位于固原市(见图2-122)。

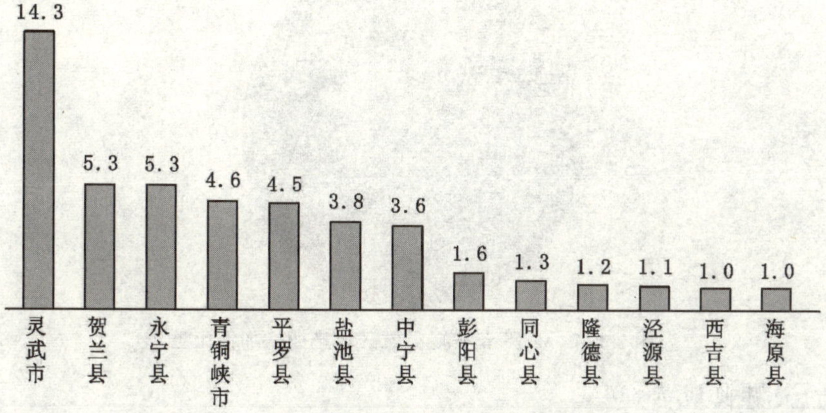

图2-122 2015年宁夏县域人均生产总值排名(万元)

(二)产业结构

1.全区三次产业增加值比重

2015年,全区生产总值2911.8亿元。其中,第一产业增加值238.5亿元,第二产业增加值1379.0亿元,第三产业增加值1294.3亿元,三次产业结构比重为8.2:47.4:44.4(见图2-123)。

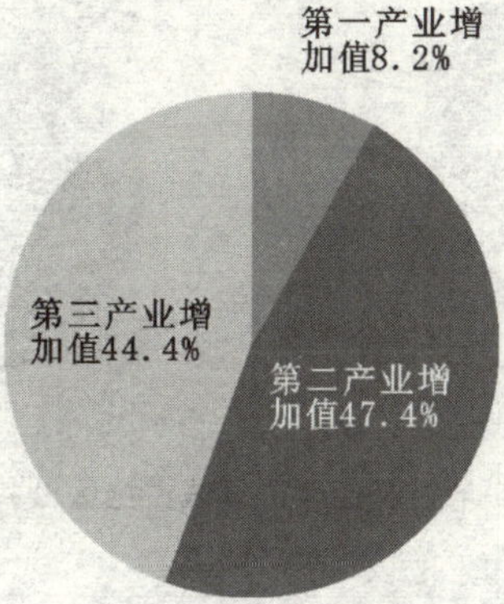

图2-123 2015年宁夏三次产业增加值比重(亿元)

2.县域三次产业增加值比重

2015年,全区县域生产总值为1278.5亿元。其中,第一产业增加值155.5亿元,第二产业增加值772.4亿元,第三产业增加值350.6亿元,县域三次产业结构比重为12.2:60.4:27.4(见图2-124)。

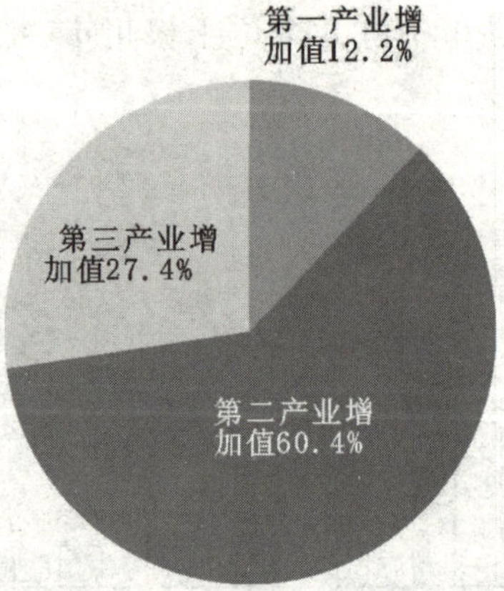

图2-124 2015年宁夏县域三次产业增加值比重

(三)财政收入

1.占比分析

(1)县域占全区公共财政收入比重

2015年,县域公共财政收入为91.8亿元,占全区公共财政收入的比重为9.3%。其中,各地市县域占全区公共财政收入的比重为:银川市占4.9%、石嘴山市占0.9%、吴忠市占1.7%、固原市占0.7%、中卫市占1.1%(见图2-125)。

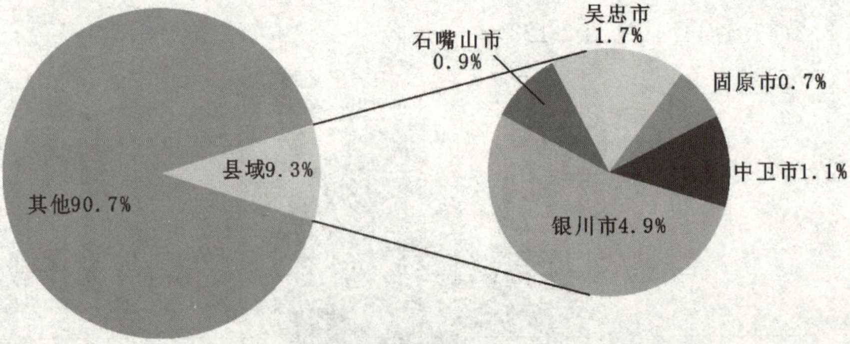

图2-125 2015年宁夏各地市县域占全区公共财政收入比重

(2)各地市县域公共财政收入比重

2015年,各地市县域公共财政收入的比重为:银川市占53.0%、石嘴山市占 9.4%、吴忠市占 18.3%、固原市占 7.1%、中卫市占 12.2%(见图2-126)。

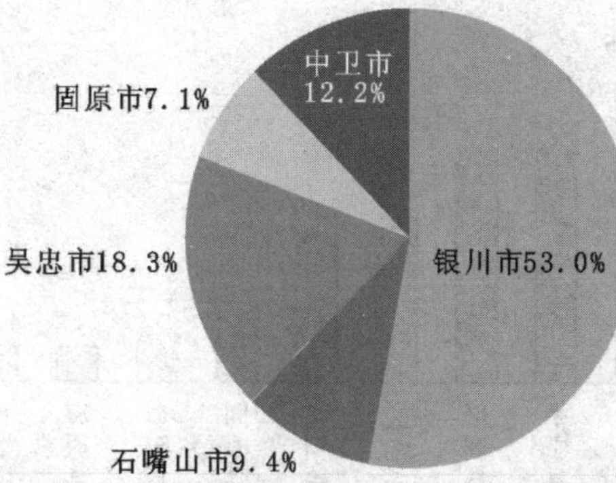

图 2-126　2015 年宁夏各地市县域公共财政收入比重

2.排名分析

(1)全区各地市县域公共财政收入排名

2015 年,各地市县域公共财政收入排名依次为:银川市、中卫市、固原市、吴忠市、石嘴山市。其中,银川市公共财政收入为石嘴山市的 7.5 倍(见图 2-127)。

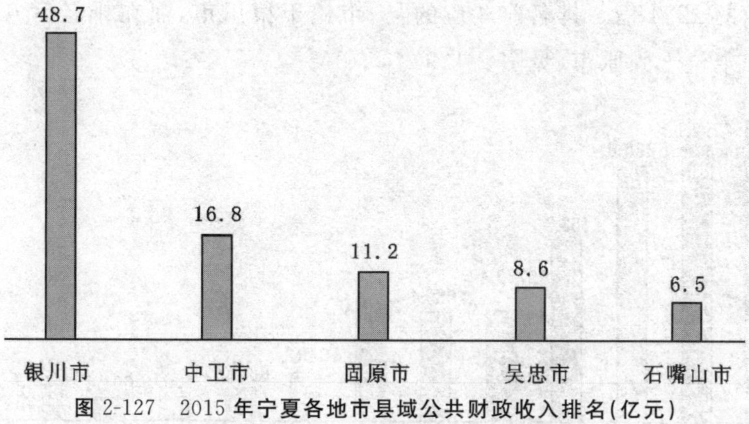

图 2-127　2015 年宁夏各地市县域公共财政收入排名(亿元)

2015 年,全区县域公共财政收入排名依次为:灵武市、贺兰县、永宁县、中宁县、平罗县、盐池县、青铜峡市、同心县、彭阳县、海原县、西吉县、隆德县、泾源县。其中,灵武市位居第一,其公共财政收入为末位泾源县的 14.4 倍。排名前 3 位的县、市均位于银川市,在排名后 6 位的县、市中有 4 个位于固原市,且后 6 位县、市的公共财政收入总和仅达到灵武市的 56.1%(见图 2-128)。

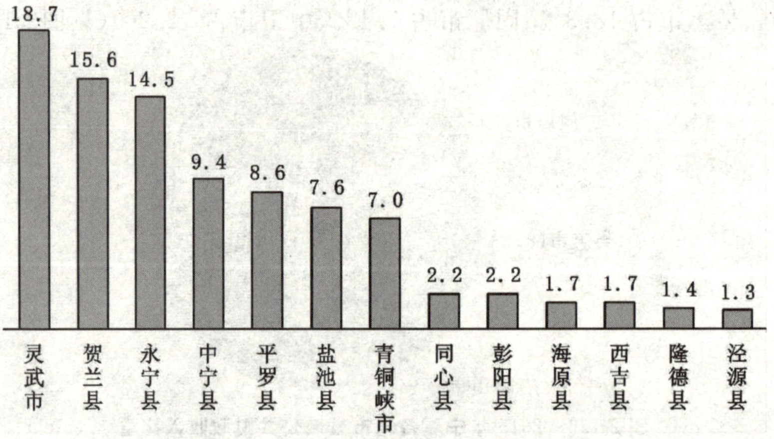

图 2-128　2015 年宁夏县域公共财政收入排名(亿元)

(2)县域人均公共财政收入排名

2015 年,县域人均公共财政收入为 2487.6 元,全区县域人均公共财政收入排名依次为:灵武市、贺兰县、永宁县、盐池县、平罗县、中宁县、青铜峡市、泾源县、彭阳县、隆德县、同心县、海原县、西吉县。排名第一位的人均公共财政收入为末位的 22.4 倍。排名前 3 位的县、市位于银川市,而在排名后 6 位的县、市中有 4 个位于固原市(见图 2-129)。

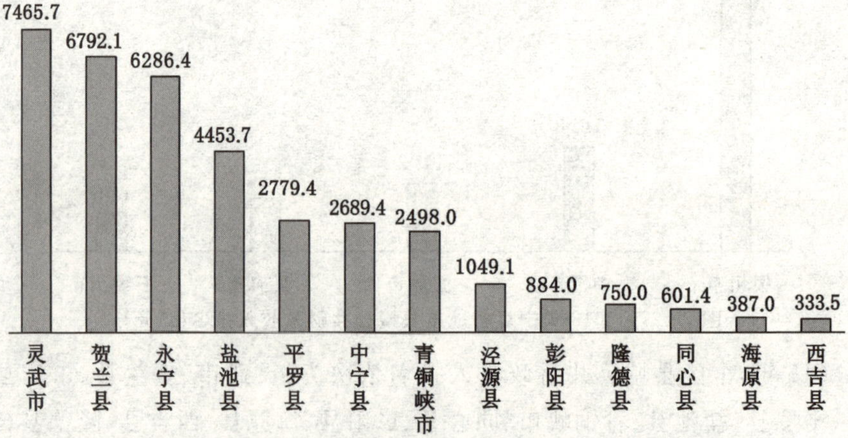

图 2-129　2015 年宁夏县域人均公共财政收入排名(元)

(3)县域生产总值公共财政贡献率排名

2015 年,全区生产总值公共财政贡献率为 20.4%,县域生产总值公共财政贡献率为 7.2%,各地市县域生产总值公共财政贡献率排名依次为:银川市、吴忠市、中卫市、石嘴山市、固原市(见图 2-130)。

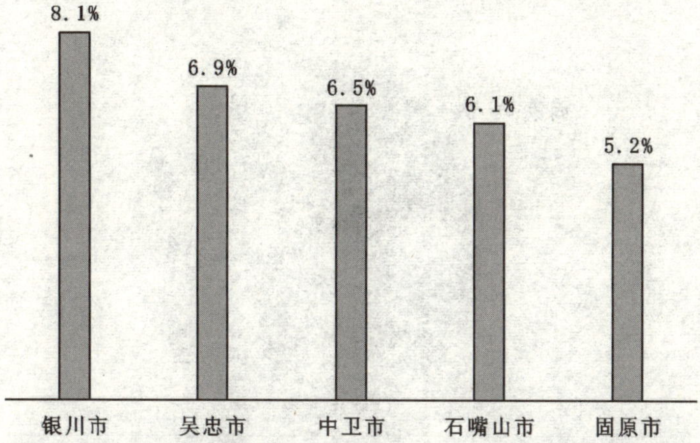

图 2-130 2015 年宁夏各地市县域生产总值公共财政贡献率排名

2015 年，全区县域生产总值公共财政贡献率排名依次为：贺兰县、永宁县、盐池县、泾源县、中宁县、隆德县、平罗县、青铜峡市、彭阳县、灵武市、同心县、海原县、西吉县。排名第一位的贺兰县生产总值公共财政贡献率是末位西吉县的 3.8 倍。排名前 3 位的县市中有 2 个位于银川市（见图 2-131）。

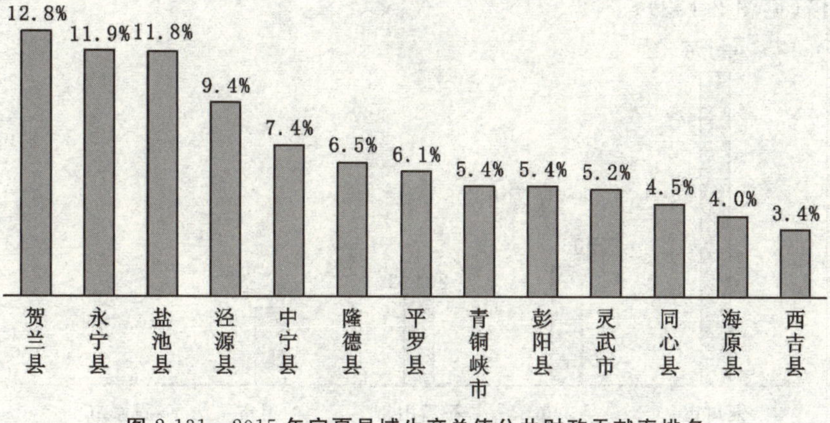

图 2-131 2015 年宁夏县域生产总值公共财政贡献率排名

（四）工业总产值

1. 占比分析

2015 年，县域规模以上工业总产值为 1839.1 亿元，各地市县域规模以上工业总产值比重为：银川市占 51.6％、石嘴山市占 14.2％、吴忠市占19.8％、固原市占 1.6％、中卫市占 12.8％（见图 2-132）。

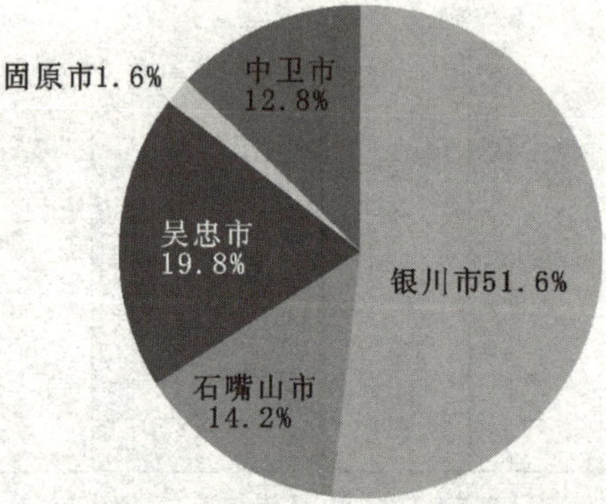

图 2-132　2015 年宁夏各地市县域规模以上工业总产值比重

2.排名分析

2015 年,各地市县域规模以上工业总产值排名依次为:银川市、吴忠市、石嘴山市、中卫市、固原市。排名第一位的银川市工业总产值是末位固原市的 33.1 倍(见图 2-133)。

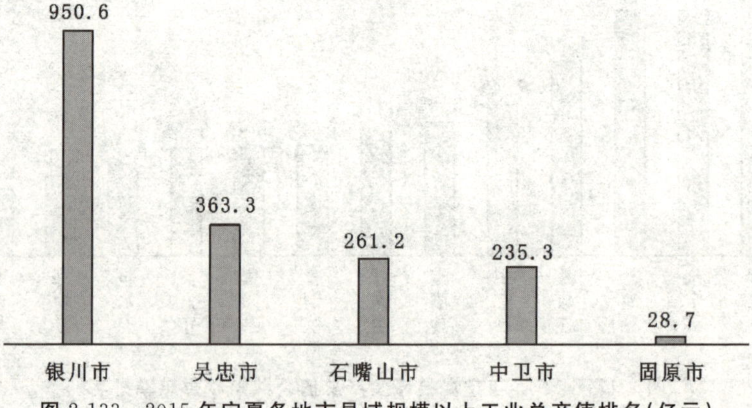

图 2-133　2015 年宁夏各地市县域规模以上工业总产值排名(亿元)

2015 年,全区县域规模以上工业总产值排名依次为:灵武市、平罗县、青铜峡市、中宁县、贺兰县、永宁县、盐池县、同心县、海原县、彭阳县、西吉县、泾源县、隆德县。排名前 6 位的县、市中有 1/2 位于银川市,排名后 3 位的县、市县域规模以上工业总产值均在 10 亿元以下,且均位于固原市。排名第一位的灵武市规模以上工业总产值是末位隆德县的 191.1 倍(见图 2-134)。

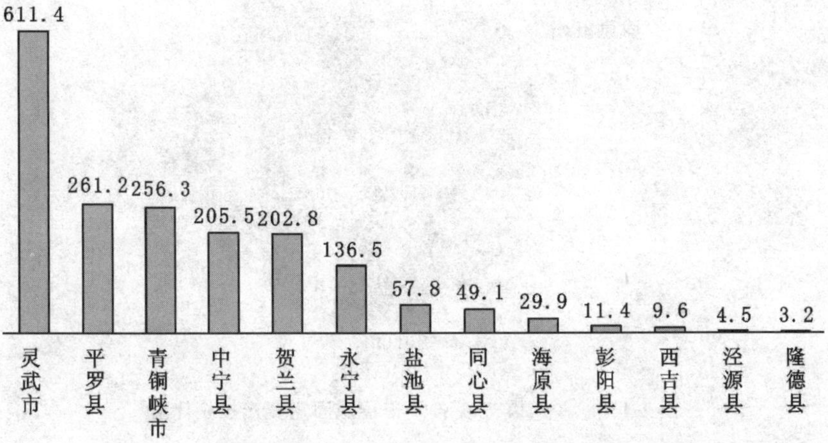

图 2-134 2015 年宁夏县域规模以上工业总产值排名(亿元)

(五)固定资产投资

1.占比分析

(1)县域占全区固定资产投资比重

2015 年,县域固定资产投资为 1742.4 亿元,占全区固定资产投资的49.3%,各地市县域占全区固定资产投资比重为:银川市占 24.7%、石嘴山市占4.5%、吴忠市占 10.1%、固原市占 4.3%、中卫市占 5.7%(见图 2-135)。

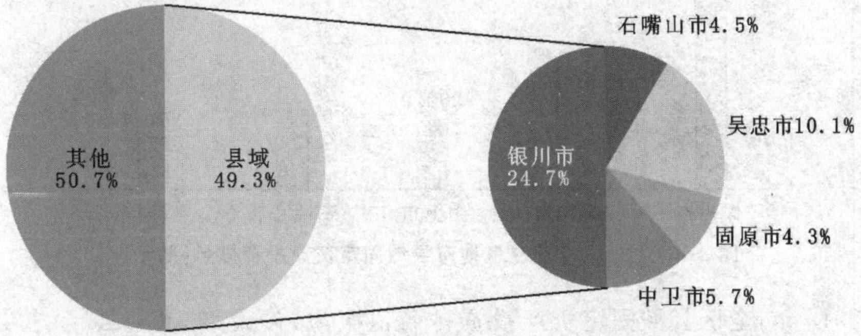

图 2-135 2015 年宁夏各地市县域占全区固定资产投资比重

(2)各地市县域固定资产投资比重

2015 年,各地市县域固定资产投资比重为:银川市占 49.9%、石嘴山市占 9.2%、吴忠市占 20.6%、固原市占 8.7%、中卫市占 11.6%(见图 2-136)。

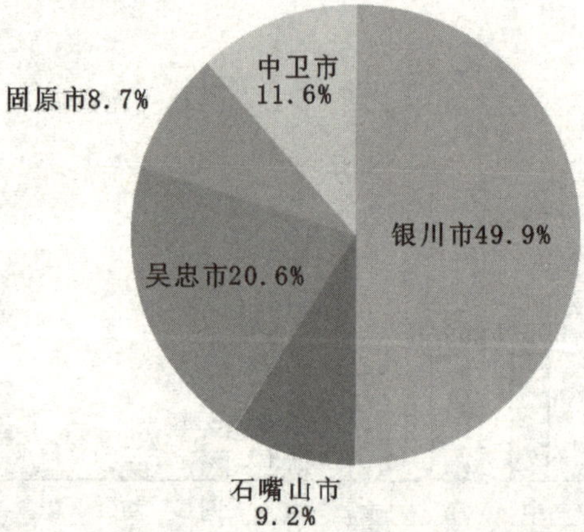

图 2-136　2015 年宁夏各地市县域固定资产投资比重

2. 排名分析

2015 年，各地市县域固定资产投资排名依次为：银川市、吴忠市、中卫市、石嘴山市、固原市。其中，银川市固定资产投资为吴忠市的 2.4 倍，为固原市的 5.8 倍，且排名后 3 位的地市固定资产投资总和仅为银川市的 58.9%(见图 2-137)。

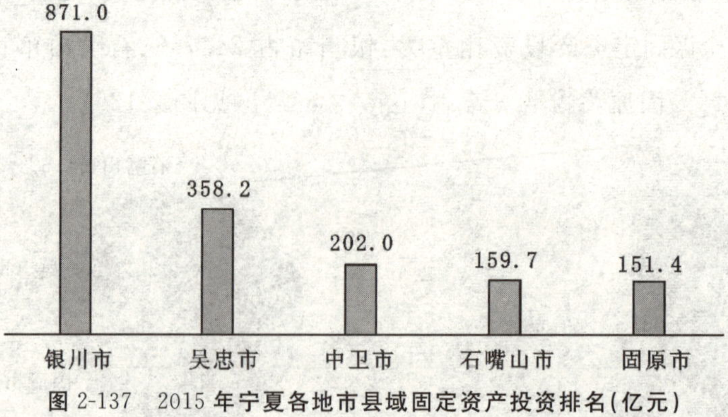

图 2-137　2015 年宁夏各地市县域固定资产投资排名(亿元)

2015 年，全区县域固定资产投资排名依次为：灵武市、永宁县、贺兰县、平罗县、盐池县、中宁县、青铜峡市、同心县、海原县、彭阳县、隆德县、泾源县、西吉县。固定资产投资达 100 亿元以上的县、市中有 3/7 位于银川市，排名后 4 位的县、市均位于固原市，且后 4 位县、市的固定资产投资总和仅占排名第一位灵武市的 31.0%(见图 2-138)。

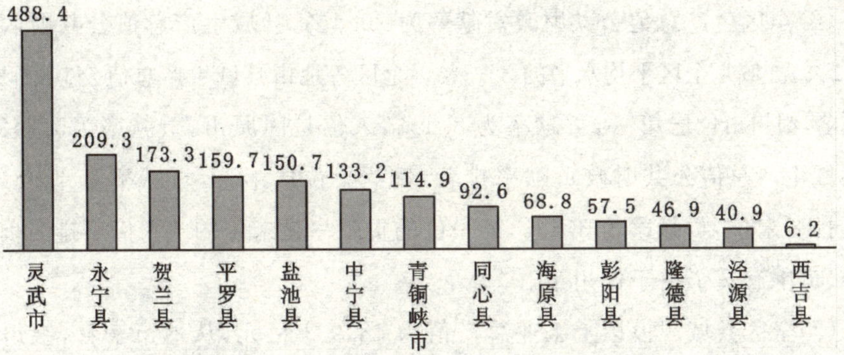

图 2-138　2015 年宁夏县域固定资产投资排名(亿元)

三、数据小结

(1)全区县域生产总值占全区生产总值的 43.9%,其中银川市生产总值占比最大,占全区生产总值的 20.6%,占县域生产总值的 46.9%,为固原市的 4.8 倍。全区三次产业结构比重为 8.2∶47.4∶44.4,县域三次产业结构比重为 12.2∶60.4∶27.4。

(2)全区县域生产总值排名,灵武市位居第一,且生产总值达 100 亿元以上的 6 个县、市中有 1/2 位于银川市,排名后 2 位的为隆德县和泾源县。排名第一位灵武市的生产总值是末位泾源县的 26.7 倍。

(3)全区人均生产总值约为 4.4 万元,县域人均生产总值约为 3.5 万元,为全区平均水平的 79.5%。全区县域人均生产总值排名,灵武市位居第一,为排名第二位贺兰县的 2.7 倍,为末位海原县的 14.3 倍。排名前 4 位的县、市中有 3 个位于银川市,排名后 6 位的县、市中有 4 个位于固原市。

(4)县域占全区公共财政收入的比重为 9.3%,其中,银川市占比最大,占全区的 4.9%,占县域的 53.0%。全区人均公共财政收入为 14736.5 元,县域人均公共财政收入为 2487.6 元,县域人均公共财政收入水平为全区的 16.9%。

(5)全区县域公共财政收入排名,灵武市位居第一,泾源县排名末位,第一位是末位的 14.4 倍。人均县域公共财政收入排名,灵武市位居第一,西吉县排名末位,第一位的人均公共财政收入是末位的 22.4 倍。无论是在总体还是人均水平的排名中,排名前 3 位的县、市均位于银川市,而在排名后 6 位的县、市中均有 4 个位于固原市,且后 6 位县、市的公共财政收入总和仅达到灵武市的 56.1%。

(6)全区生产总值公共财政贡献率为20.4%,县域生产总值公共财政贡献率7.2%,县域是全区平均水平的35.3%。全区各地市县域生产总值公共财政贡献率排名,银川市位居第一,贡献率为8.1%,末位是固原市,贡献率为5.2%。全区县域生产总值公共财政贡献率排名,贺兰县位居第一,贡献率为12.8%,西吉县排名末位,贡献率为3.4%,第一位的贡献率是末位的3.8倍。排名前3位的县、市中有2个位于银川市。

(7)全区县域规模以上工业总产值为1839.1亿元,从地市来看,银川市位居第一,占县域规模以上工业总产值的51.6%,是末位固原市的33.1倍;从县域来看,全区县域规模以上工业总产值排名,灵武市位居第一,隆德县排名末位,排名第一位的规模以上工业总产值是末位的191.1倍。同时,排名前6位的县、市中有1/2位于银川市,排名后3位的县、市均位于固原市。

(8)全区县域固定资产投资为1742.4亿元,占全区固定资产投资的49.3%,其中,银川市占比最大,占全区的24.7%,占县域的49.9%。全区县域固定资产投资排名,灵武市位居第一,排名前6位的县、市中有1/2位于银川市,排名后4位的县、市均位于固原市,且后4位县、市的固定资产投资总和仅为排名首位灵武市的31.0%。

附录：

宁夏回族自治区 22 个县级行政区划单位(9 个市辖区、2 个县级市、11 个县、0 个自治县)
宁夏回族自治区 13 个县域行政区划单位(0 个市辖区,2 个县级市,11 个县,0 个自治县)

地市	县域	行政区域面积(平方千米)	户籍人口(万人)	地区生产总值(万元)	人均生产总值(元)	第一产业增加值(万元)	第二产业增加值(万元)	第三产业增加值(万元)	公共财政收入(万元)	人均公共财政收入(元)	生产总值公共财政贡献率	规模以上工业总产值(万元)	固定资产投资(万元)
银川市【3区3县(市)】不包含在内的：兴庆区、西夏区、金凤区	永宁县	1179	23	1212835	52732.0	150695	667200	394940	144588	6286.4	11.9%	1364931	2093325
	贺兰县	1599	23	1218014	52957.1	160102	679600	378312	156219	6792.1	12.8%	2027593	1732638
	灵武市	3846	25	3574542	142981.7	99458	3042911	432173	186642	7465.7	5.2%	6113799	4884051
石嘴山市【2区1县(市)】不包含在内的：大武口区、惠农区	平罗县	2086	31	1408130	45423.5	193926	813727	400477	86162	2779.4	6.1%	2611847	1597031
吴忠市【2区3县(市)】不包含在内的：利通区、红寺堡区	盐池县	8861	17	639384	37610.8	57414	364448	217522	75713	4453.7	11.8%	578468	1507000
	同心县	4486	37	492169	13301.9	110484	195198	186487	22252	601.4	4.5%	491294	926080
	青铜峡市	2525	28	1293100	46182.1	169350	786542	337208	69944	2498.0	5.4%	2563352	1149200
固原市【1区4县(市)】不包含在内的：原州区	西吉县	3130	50	492633	9852.7	125968	110300	256365	16675	333.5	3.4%	96282	61841
	隆德县	992	18	207285	11515.8	48031	58488	100766	13500	750.0	6.5%	31683	468678
	泾源县	1431	12	133769	11147.4	25166	44178	64425	12589	1049.1	9.4%	44587	408533
	彭阳县	2529	25	405850	16234.0	119237	110280	176333	22100	884.0	5.4%	114064	575208

续表

地市	县域	行政区域面积（平方千米）	户籍人口（万人）	地区生产总值（万元）	人均生产总值（元）	第一产业增加值（万元）	第二产业增加值（万元）	第三产业增加值（万元）	公共财政收入（万元）	人均公共财政收入（元）	生产总值公共财政贡献率	规模以上工业总产值(万元)	固定资产投资（万元）
中卫市【1区2县(市)】不包含在内的：沙坡头区	中宁县	3280	35	1268358	36238.8	182772	714688	370898	94129	2689.4	7.4%	2054546	1332031
	海原县	4989	45	438469	9743.8	111983	136752	189734	17413	387.0	4.0%	298782	688232
合　　计	13个	40933	369	12784538	34646.4	1554586	7724312	3505640	917926	2487.6	7.2%	18391228	17423848

第三编

西南五省

第一章　四川篇

一、整体概况

（一）全省概况

四川省简称川或蜀，省会成都。四川与重庆，贵州，云南，西藏，青海，甘肃，陕西诸省、市交界。四川东部为川东平行岭谷和川中丘陵，中部为成都平原，西部为川西高原。四川省辖区面积48.6万平方千米。2015年末全省常住人口8204万人。全省拥有21个地级市，183个县级行政区划单位（其中50个市辖区、16个县级市、113个县、4个自治县）。全省行政地域分布主要分为川西、川南、川北、川东四个区域，其中川西区域包含6个地州市（成都市、德阳市、雅安市、资阳市、阿坝藏族羌族自治州（以下简称阿坝州）、甘孜藏族自治州（以下简称甘孜州）），川南区域包含8个地级州市（自贡市、攀枝花市、泸州市、内江市、乐山市、眉山市、宜宾市、凉山彝族自治州（以下简称凉山州）），川北区域包含3个地州市（绵阳市、广元市、广安市），川东区域包含4个地州市（遂宁市、南充市、达州市、巴中市）。

2015年，全省生产总值30103.1亿元，人均生产总值约为3.7万元。其中，第一产业增加值3677.3亿元，第二产业增加值14293.2亿元，第三产业增加值12132.6亿元，三次产业结构比重为12.2∶47.5∶40.3。全年全部工业增加值12084.9亿元，全年地方一般公共财政预算收入3329.1亿元，全社会固定资产投资25973.7亿元，社会消费品零售总额13877.7亿元，其中城镇消费品零售额11151.7亿元，乡村消费品零售额2726.1亿元。

(二)县域概况

全省183个县级行政区划单位,纳入县域体系的有140个县级行政区划单位(其中7个市辖区,16个县级市,113个县,4个自治县),行政区域面积45.8平方千米,户籍人口6737万人。县域生产总值为17612.8亿元,人均生产总值约为2.6万元。其中,第一产业增加值2969.5亿元,第二产业增加值9164.2亿元,第三产业增加值5479.1亿元,三次产业结构比重为16.9∶52.0∶31.1。县域公共财政收入为1033.6亿元,县域固定资产投资为15319.3亿元。

二、经济分析

(一)生产总值

1. 占比分析

(1)县域占全省生产总值比重

2015年,全省县域生产总值为17612.8亿元,占全省生产总值的58.5%。其中,川西区域占全省生产总值的23.1%,川南区域占全省生产总值的19.1%,川北区域占全省生产总值的6.3%,川东区域占全省生产总值的10.0%(见图3-1)。

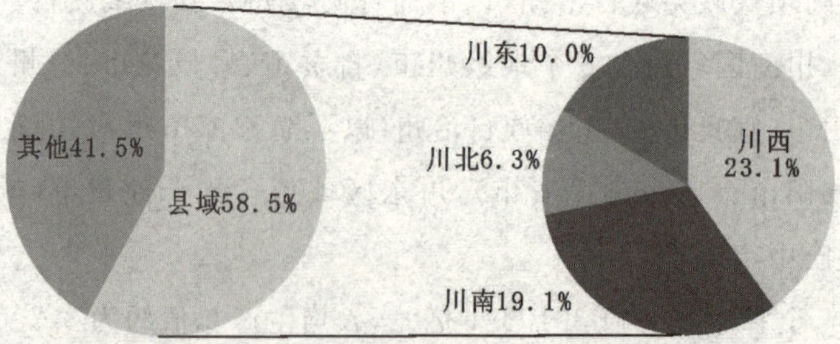

图3-1 2015年四川省各区域县域占全省生产总值比重

(2)各区域县域生产总值比重

2015年,各区域县域生产总值比重为:川西区域占县域生产总值的39.5%,川南区域占县域生产总值的32.6%,川北区域占县域生产总值的10.9%,川东区域占县域生产总值的17.0%(见图3-2)。

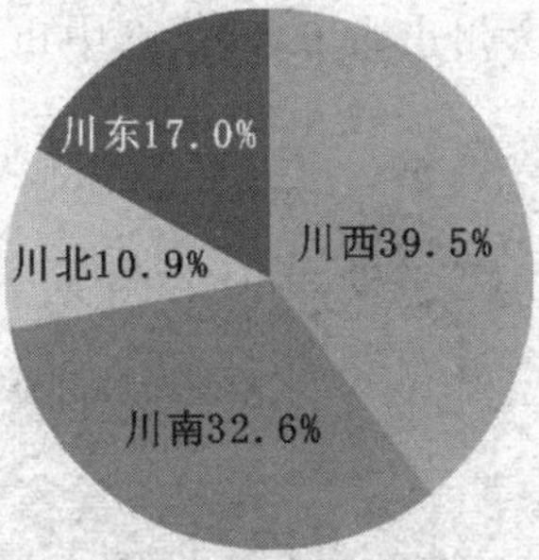

图 3-2 2015 年四川省各区域县域生产总值比重

(3)各地州市县域占全省生产总值比重

2015 年，各地州市县域占全省生产总值比重为：川西区域，成都市占 13.7%、德阳市占 3.8%、雅安市占 1.2%、资阳市占 2.9%、阿坝州占0.9%、甘孜州占 0.7%；川南区域，自贡市占 1.4%、攀枝花市占 0.8%、泸州市占 2.1%、内江市占 2.5%、乐山市占 2.2%、眉山市占 2.3%、宜宾市占3.4%、凉山州占 4.4%；川北区域，绵阳市占 2.9%、广元市占 1.1%、广安市占 2.3%；川东区域，遂宁市占 1.8%、南充市占 3.2%、达州市占 3.8%、巴中市占 1.1%（见图 3-3）。

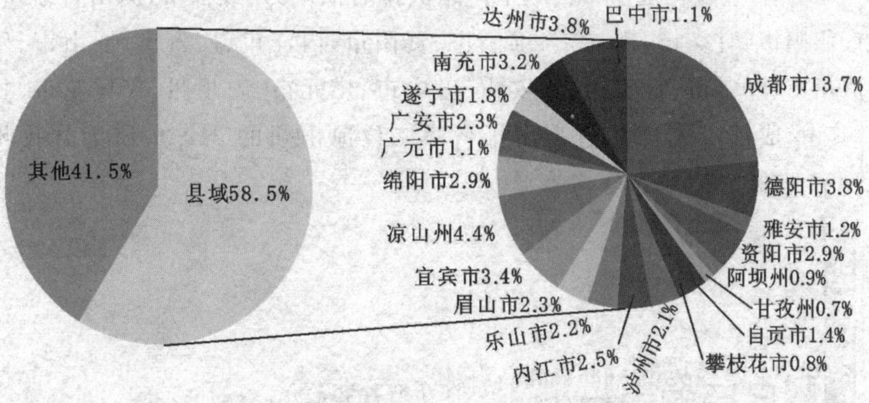

图 3-3 2015 年四川省各地州市县域占全省生产总值比重

(4)各地州市县域生产总值比重

2015 年，各地州市县域生产总值比重为：川西区域，成都市占 23.3%、德阳市占 6.5%、雅安市占 2.1%、资阳市占 5.0%、阿坝州占 1.5%、甘孜州占 1.2%；川南区域，自贡市占 2.3%、攀枝花市占 1.5%、泸州市占3.6%、内江市占 4.3%、乐山市占 3.8%、眉山市占 3.9%、宜宾市占 5.8%、凉山州占7.5%；川北区域，绵阳市占 5.0%、广元市占 1.8%、广安市占4.0%；川东区域，遂宁市占3.1%、南充市占5.5%、达州市占6.5%、巴中市占1.8%(见图3-4)。

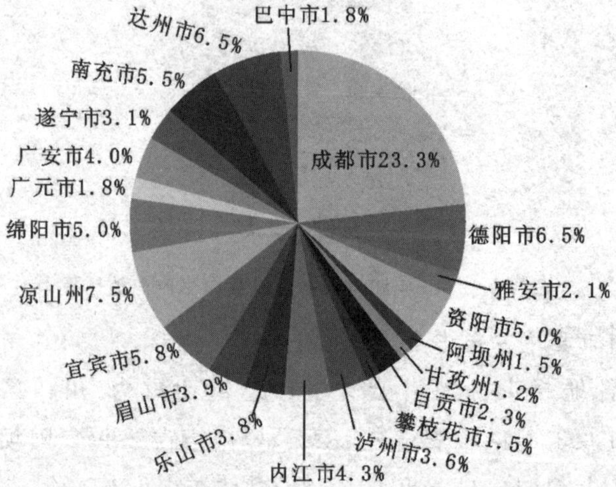

图3-4 2015年四川省各地州市县域生产总值比重

2.排名分析

(1)全省各地州市县域生产总值排名

2015年,全省各地州市县域生产总值排名依次为:成都市、凉山自治州、达州市、德阳市、宜宾市、南充市、绵阳市、资阳市、内江市、广安市、眉山市、乐山市、泸州市、遂宁市、自贡市、雅安市、巴中市、广元市、阿坝州、攀枝花市、甘孜州。其中,成都市生产总值高出排名第二位凉山州的212.6%,为甘孜州的19.3倍(见图3-5、图3-6)。

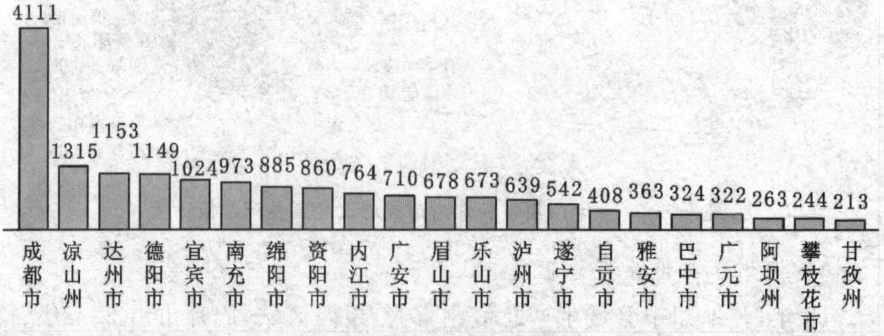

图3-5 2015年四川省各地州市县域生产总值排名

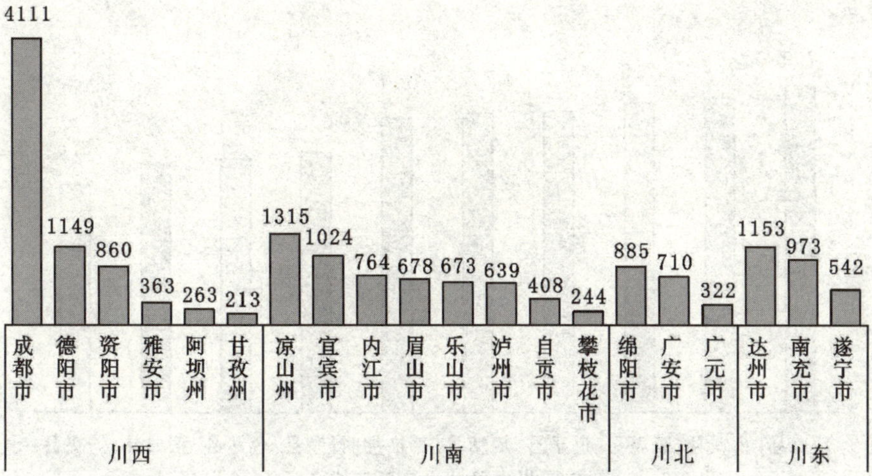

图 3-6 2015 年四川省各地州市县域生产总值在区域内排名

(2)全省县域生产总值排名

2015 年,全省县域生产总值排名前 10 位的依次为:双流区、新都区、西昌市、郫县、简阳市、温江区、仁寿县、彭州市、广汉市、江油市。其中,前 10 位次的 6 位分布在川西区域的成都市(见图 3-7)。

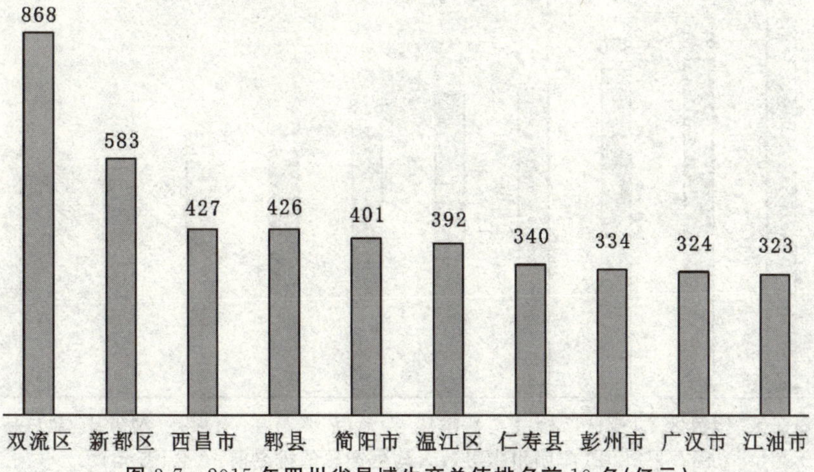

图 3-7 2015 年四川省县域生产总值排名前 10 名(亿元)

2015 年,全省县域生产总值排名后 10 位的依次为:新龙县、乡城县、石渠县、道孚县、壤塘县、德格县、得荣县、色达县、稻城县、炉霍县。其中,后 10 位次的 8 位分布在川西区域的甘孜自治州。排名第一位的生产总值是末位的 157.8 倍,后 10 位的生产总值总和仅占排名第一位双流区的 7.9%(见图 3-8)。

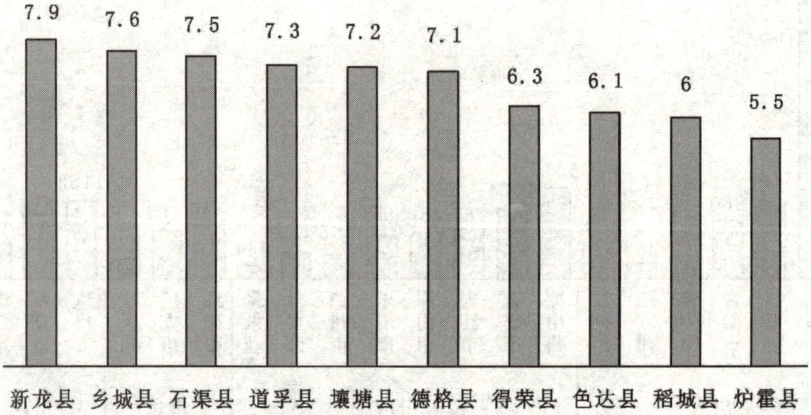

图 3-8　2015 年四川省县域生产总值排名后 10 名(亿元)

(3)全省县域人均生产总值排名

2015 年,全省县域人均生产总值排名前 10 位依次为:温江区、双流区、新都区、郫县、新津县、西昌市、米易县、石棉县、汶川县、盐边县。其中,前 10 位次的 5 位分布在川西区域的成都市(见图 3-9)。

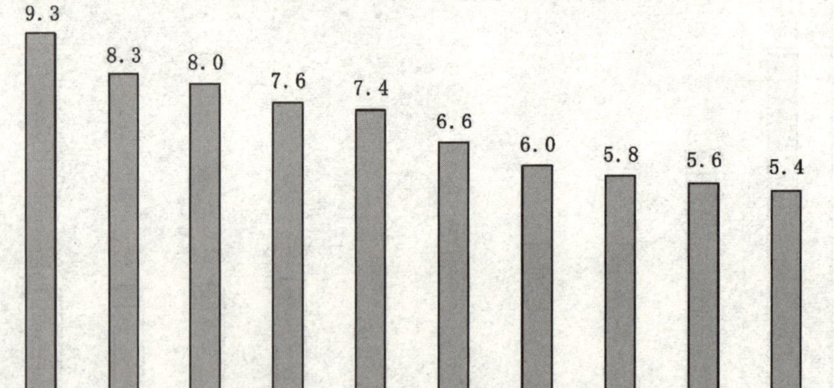

图 3-9　2015 年四川省县域人均生产总值排名前 10 名(万元)

2015 年,全省县域人均生产总值排名后 10 位的依次为:甘孜县、普格县、炉霍县、甘洛县、越西县、石渠县、喜德县、德格县、昭觉县、美姑县。其中,后 10 位次的 6 位分布在川南区域凉山自治州。排名第一位的人均生产总值是末位的 13.3 倍(见图 3-10)。

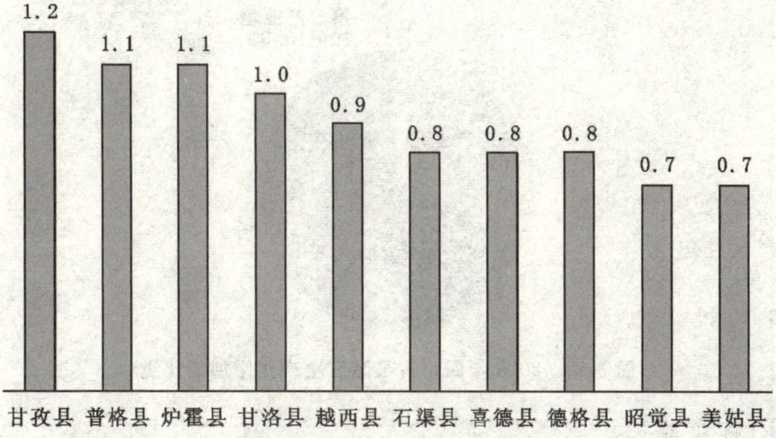

图 3-10 2015 年四川省县域人均生产总值排名后 10 名(万元)

(二)产业结构

1.全省三次产业增加值比重

2015 年,全省生产总值 30103.1 亿元。其中,第一产业增加值 3677.3 亿元,第二产业增加值 14293.2 亿元,第三产业增加值 12132.6 亿元,三次产业结构比重为 12.2∶47.5∶40.3(见图 3-11)。

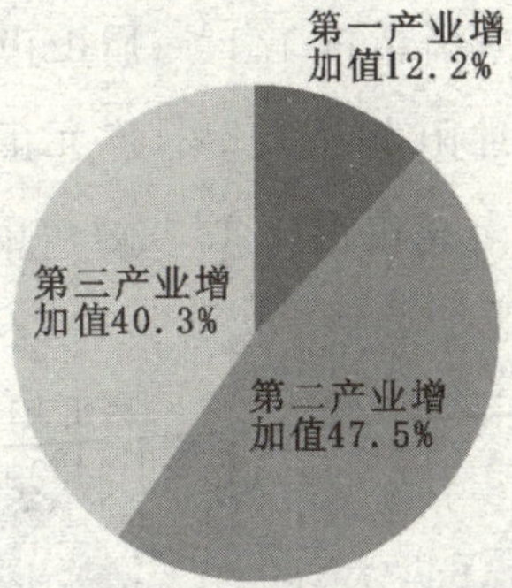

图 3-11 2015 年四川省三次产业增加值比重

2.县域三次产业增加值比重

2015 年,全省县域生产总值为 17612.8 亿元。其中,第一产业增加值 2969.5 万元,第二产业增加值 9164.2 万元,第三产业增加值 5479.1 万元,县域三次产业结构比重为 16.9∶52.0∶31.1(见图 3-12)。

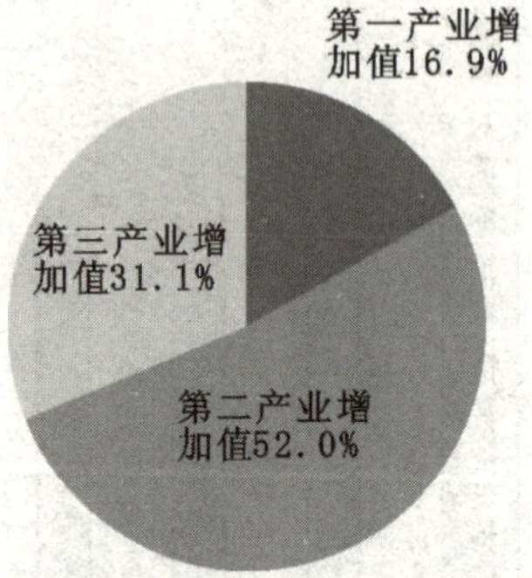

图 3-12　2015 年四川省县域三次产业增加值比重

(三)财政收入

1.占比分析

(1)县域占全省公共财政收入比重

2015 年,县域公共财政收入为 1033.6 亿元,占全省公共财政收入的比重为 31.0%。其中,各地州市县域占全省公共财政收入的比重为:川西区域,成都市占 10.3%、德阳市占 1.6%、资阳市占 0.5%、雅安市占 1.1%、阿坝州占 0.6%、甘孜州占 0.7%;川南区域,自贡市占 0.4%、攀枝花市占 0.5%、泸州市占 1.3%、内江市占 0.7%、乐山市占 1.1%、眉山市占 1.5%、宜宾市占1.7%、凉山州占 2.7%;川北区域,绵阳市占 1.2%、广元市占0.4%、广安市占 1.0%;川东区域,遂宁市占 0.5%、南充市占 1.1%、达州市占 1.6%、巴中市占 0.5%(见图 3-13)。

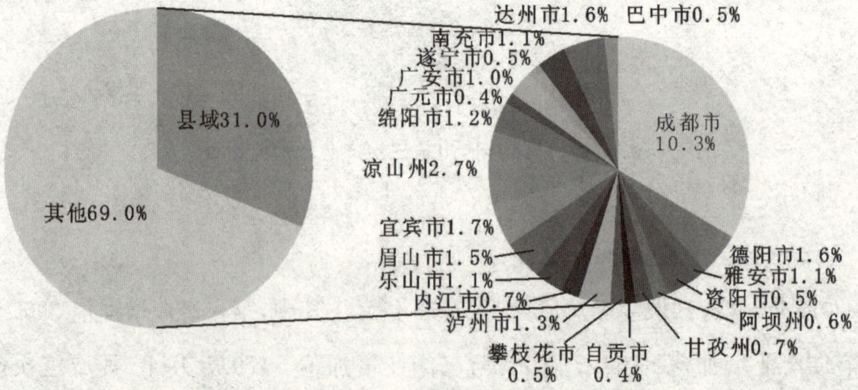

图 3-13　2015 年四川省各地州市县域占全省公共财政收入比重

(2)各地州市县域公共财政收入比重

2015年，各地州市县域公共财政收入的比重为：川西区域，成都市占33.1％、德阳市占5.0％、资阳市占1.5％、雅安市占3.6％、阿坝州占2.0％、甘孜州占2.2％；川南区域，自贡市占1.2％、攀枝花市占1.5％、泸州市占4.2％、内江市占2.3％、乐山市占3.5％、眉山市占4.8％、宜宾市占5.4％、凉山州占8.7％；川北区域，绵阳市占4.0％、广元市占1.3％、广安市占3.2％、川东区域，遂宁市占1.7％、南充市占3.7％、达州市占5.3％、巴中市占1.8％(见图3-14)。

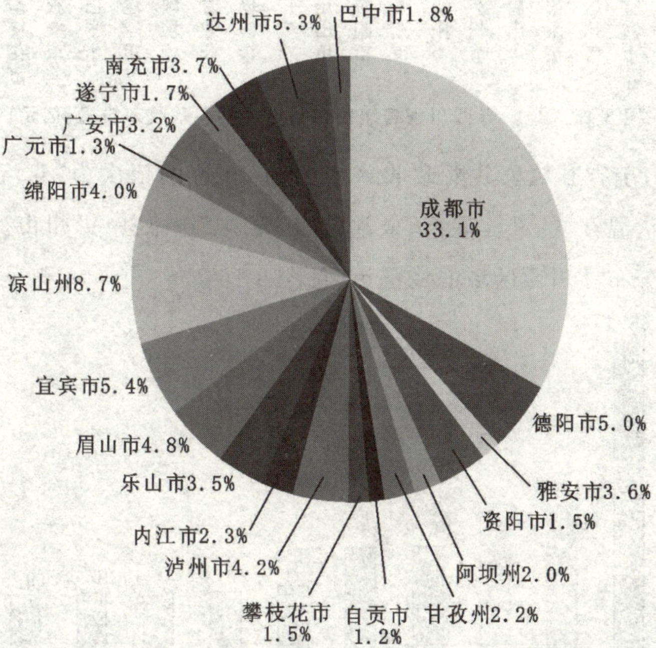

图3-14 2015年四川省各地州市县域公共财政收入比重

2.排名分析

(1)县域公共财政收入排名

2015年，各地州市县域公共财政收入排名依次为：成都市、凉山州、宜宾市、达州市、德阳市、眉山市、泸州市、绵阳市、南充市、资阳市、乐山市、广安市、内江市、甘孜州、阿坝州、遂宁市、巴中市、雅安市、攀枝花市、广元市、自贡市。其中，成都市县域公共财政收入为自贡市的28.5倍(见图3-15)。

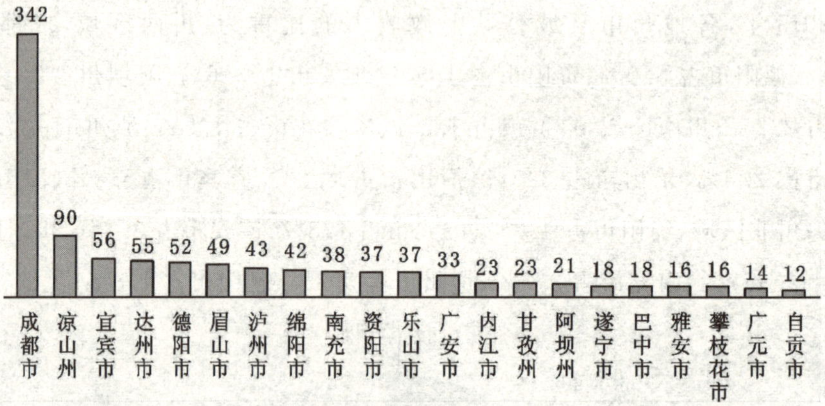

图 3-15　2015 年四川省各地州市县域公共财政收入排名(亿元)

2015 年,全省县域公共财政收入排名前 10 位的依次为:双流区、新都区、郫县、西昌市、温江区、都江堰市、金堂县、仁寿县、新津县、彭州市。其中,前 10 位次的 8 位分布在川西区域的成都市(见图 3-16)。

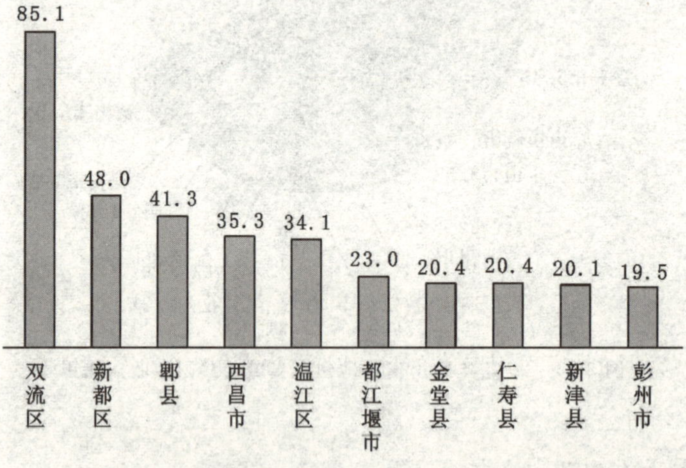

图 3-16　2015 年四川省县域公共财政收入排名前 10 名(亿元)

2015 年,全省县域公共财政收入排名后 10 位的依次为:阿坝县、小金县、石渠县、乡城县、炉霍县、得荣县、若尔盖县、德格县、红原县、壤塘县。其中,后 10 位次的 5 位分布在川西区域的甘孜自治州。排名第一位的公共财政收入是末位的 425.5 倍(见图 3-17)。

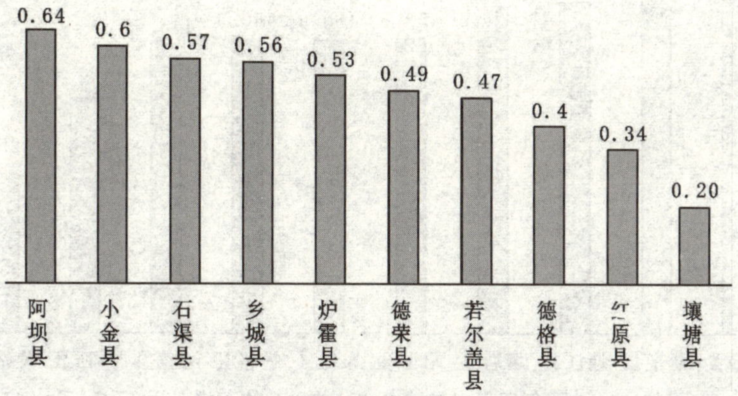

图 3-17　2015 年四川省县域公共财政收入排名后 10 名(亿元)

(2)县域人均公共财政收入排名

2015 年,县域人均公共财政收入为 1534.3 元,全省县域人均公共财政收入排名前 10 位的依次为:双流区、温江区、郫县、新都区、新津县、西昌市、松潘县、雅江县、康定市、彭山区。其中,前 10 位次的 5 位分布在川西区域的成都市(见图 3-18)。

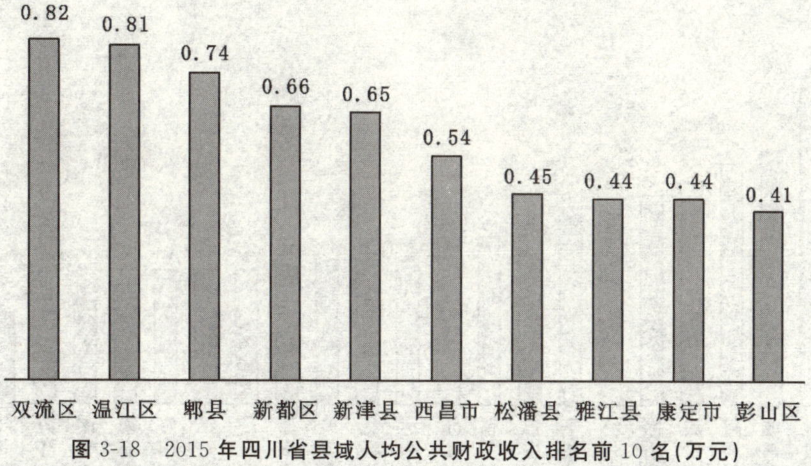

图 3-18　2015 年四川省县域人均公共财政收入排名前 10 名(万元)

2015 年,全省县域人均公共财政收入排名后 10 位的依次为:三台县、盐亭县、通江县、壤塘县、昭觉县、布拖县、德格县、喜德县、越西县、美姑县。其中,后 10 位次的 5 位分布在川南区域的凉山自治州(见图 3-19)。

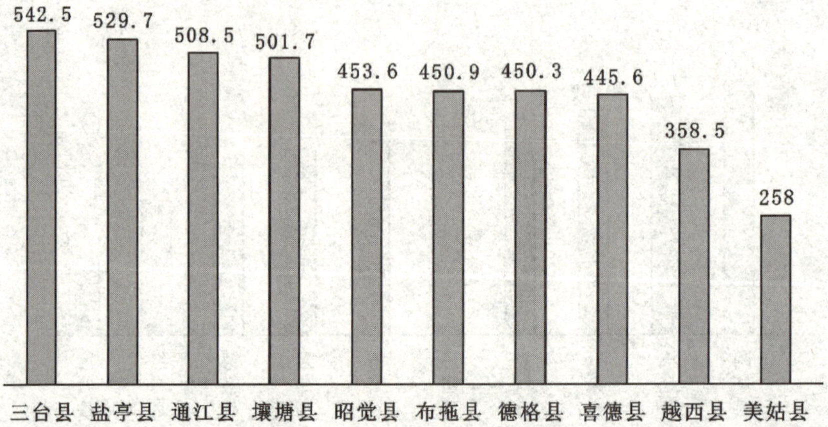

图 3-19 2015 年四川省县域人均公共财政收入排名后 10 名(元)

(3)县域生产总值公共财政贡献率排名

2015 年,全省生产总值公共财政贡献率 11.1%,县域生产总值公共财政贡献率5.9%,各地州市县域生产总值公共财政贡献率排名依次为:甘孜州、成都市、阿坝州、眉山市、凉山州、泸州市、攀枝花市、巴中市、宜宾市、乐山市、达州市、绵阳市、广安市、德阳市、广元市、雅安市、资阳市、南充市、遂宁市、内江市、自贡市(见图 3-20)。

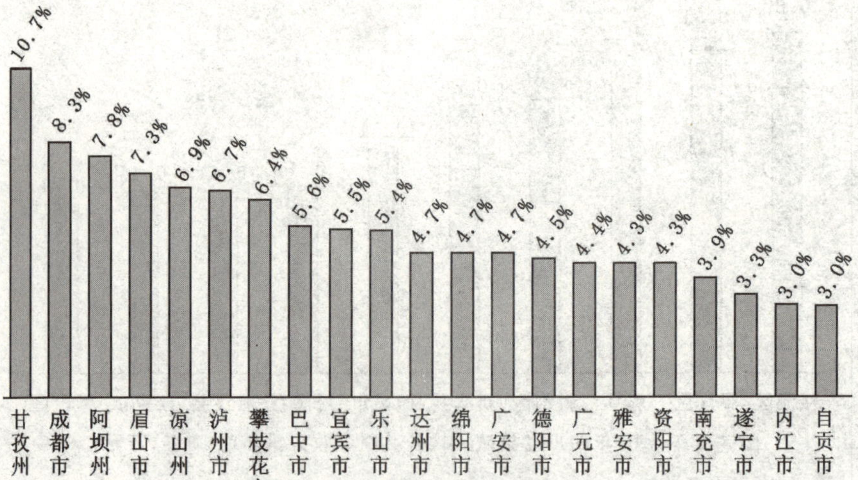

图 3-20 2015 年四川省各地州市县域生产总值公共财政贡献率排名

2015 年,全省县域生产总值公共财政贡献率排名前 10 位的依次为:金川县、雅江县、松潘县、木里藏族自治县、稻城县、色达县、屏山县、白玉县、巴塘县、甘孜县。其中,前10位次的6位分布在川西区域的甘孜自治州(见图3-21)。

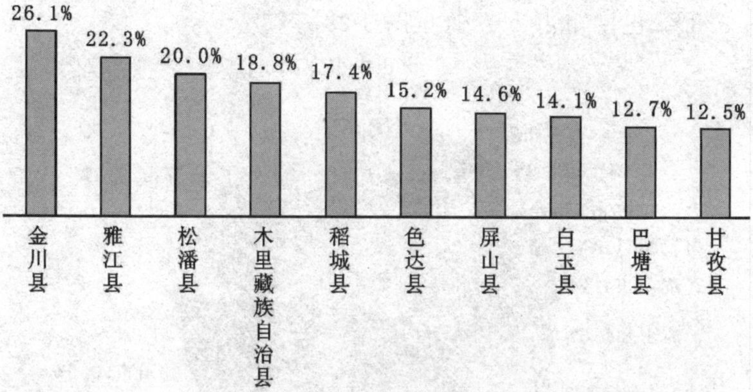

图3-21 2015年四川省县域生产总值公共财政贡献率排名前10名

2015年,全省县域生产总值公共财政贡献率排名后10位的依次为:荥经县、名山区、红原县、荣县、富顺县、梓潼县、南部县、壤塘县、中江县、威远县。其中,后10位次的2位分布在川西区域的雅安市(见图3-22)。

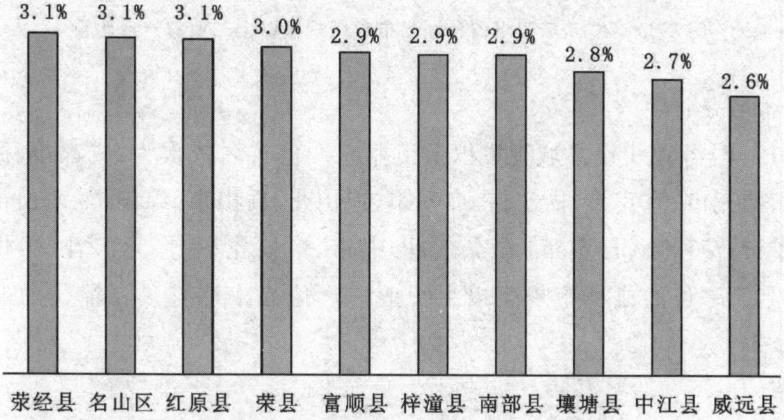

图3-22 2015年四川省县域生产总值公共财政贡献率排名后10名

(四)工业总产值

1.占比分析

2015年,县域规模以上工业总产值为21281.5亿元,各地州市县域规模以上工业总产值比重为:川西区域,成都市占23.8%、德阳市占10.9%、雅安市占1.9%、资阳市占6.8%、阿坝州占1.1%、甘孜州占0.3%;川南区域,自贡市占2.1%、攀枝花市占1.5%、泸州市占3.0%、内江市占5.3%、乐山市占3.9%、眉山市占4.3%、宜宾市占5.7%、凉山州占4.6%;川北区域,绵阳市占4.2%、广元市占 1.4%、广安市占 5.0%;川东区域,遂宁市占3.0%、南充市占 5.7%、达州市占 3.8%、巴中市占 1.7%(见图 3-23)。

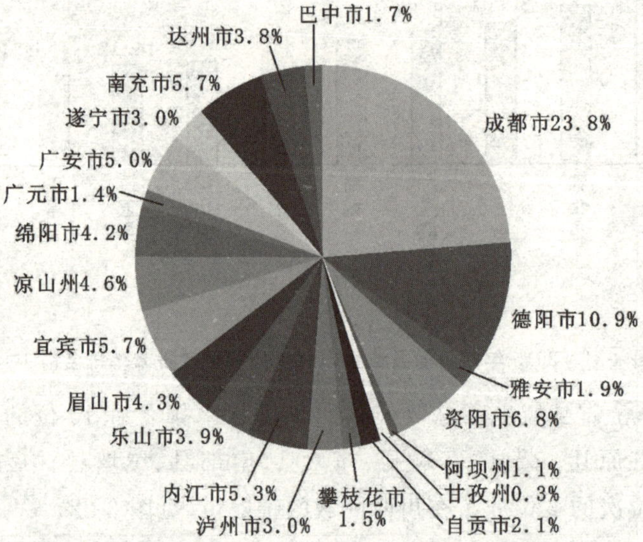

图 3-23 2015 年四川省各地州市县域规模以上工业总产值比重

2.排名分析

2015 年,各地州市县域规模以上工业总产值排名依次为:成都市、德阳市、资阳市、南充市、宜宾市、内江市、广安市、凉山州、眉山市、绵阳市、乐山市、达州市、遂宁市、泸州市、自贡市、雅安市、巴中市、攀枝花市、广元市、阿坝州、甘孜州。排名第一位的成都市规模以上工业总产值是末位甘孜自治州的 93.7 倍(见图 3-24)。

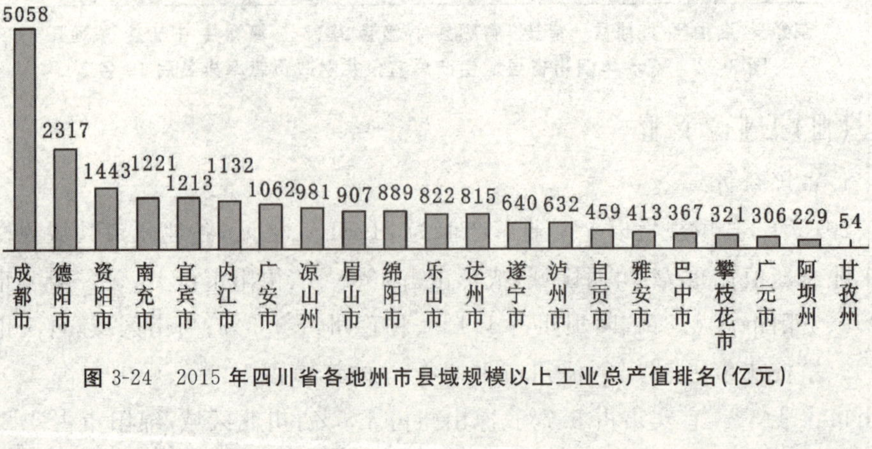

图 3-24 2015 年四川省各地州市县域规模以上工业总产值排名(亿元)

2015年，全省县域规模以上工业总产值排名前10位的依次为：双流区、广汉市、简阳市、新都区、郫县、彭州市、威远县、江油市、新津县、绵竹市。其中，前10位次的5位分布在川西区域的成都市(见图3-25)。

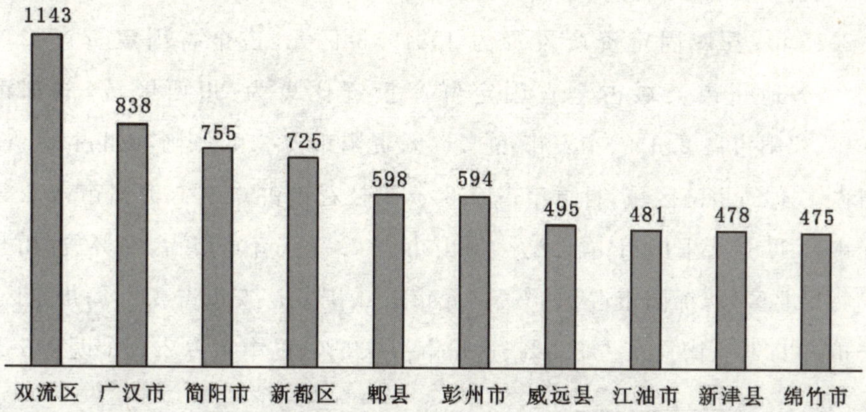

图3-25 2015年四川省县域规模以上工业总产值排名前10名(亿元)

2015年，全省县域规模以上工业总产值排名后10位的依次为：若尔盖县、美姑县、喜德县、马尔康市、巴塘县、乡城县、金川县、雅江县、得荣县、炉霍县。其中，后10位次的5位分布在川西区域的甘孜自治州。其中，壤塘县、阿坝县、道孚县、甘孜县、新龙县、德格县、石渠县、色达县、理塘县、稻城县未统计规模以上工业总产值。排名第一位的规模以上工业总产值是后10位总和的65.7倍(见图3-26)。

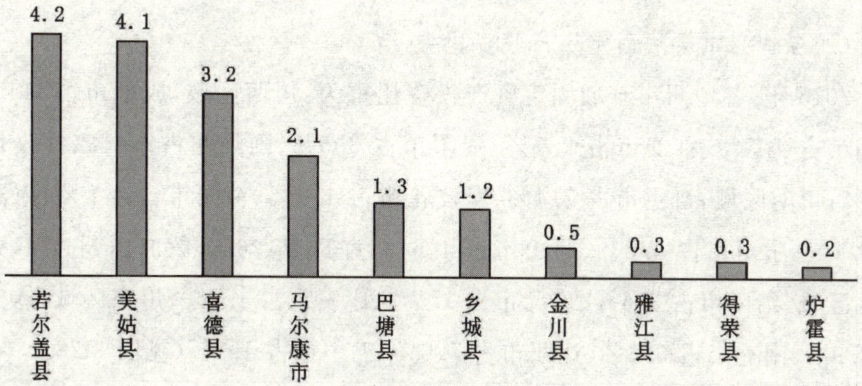

图3-26 2015年四川省县域规模以上工业总产值排名后10名(亿元)

(五)固定资产投资

1.占比分析

(1)县域占全省固定资产投资比重

2015年,县域固定资产投资为15319.3亿元,占全省固定资产投资的58.9%,各地州市县域占全省固定资产投资比重为:川西区域,成都市占13.6%、德阳市占2.6%、雅安市占1.6%、资阳市占2.1%、阿坝州占1.4%、甘孜州占1.4%;川南区域,自贡市占0.8%、攀枝花市占0.8%、泸州市占2.9%、内江市占1.8%、乐山市占1.8%、眉山市占2.7%、宜宾市占3.9%、凉山州占4.0%;川北区域,绵阳市占2.1%、广元市占0.9%、广安市占2.5%;川东区域,遂宁市占1.7%、南充市占3.3%、达州市占4.5%、巴中市占2.5%(见图3-27)。

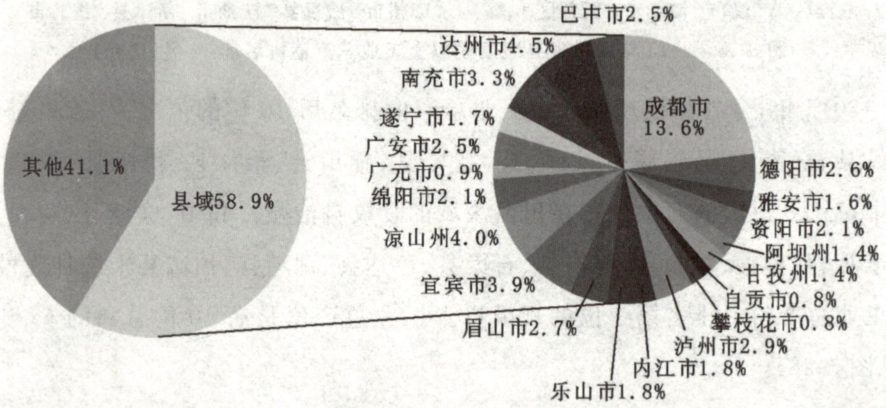

图3-27 2015年四川省各地州市县域占全省固定资产投资比重

(2)各地州市县域固定资产投资比重

2015年,各地州市县域固定资产投资比重为:川西区域,成都市占23.1%、德阳市占4.5%、雅安市占2.7%、资阳市占3.5%、阿坝州占2.4%、甘孜州占2.4%;川南区域,自贡市占1.4%、攀枝花市占1.4%、泸州市占4.9%、内江市占3.1%、乐山市占3.0%、眉山市占4.6%、宜宾市占6.6%、凉山州占6.8%;川北区域,绵阳市占3.6%、广元市占1.5%、广安市占4.3%;川东区域,遂宁市占2.9%、南充市占5.6%、达州市占7.6%、巴中市占4.1%(见图3-28)。

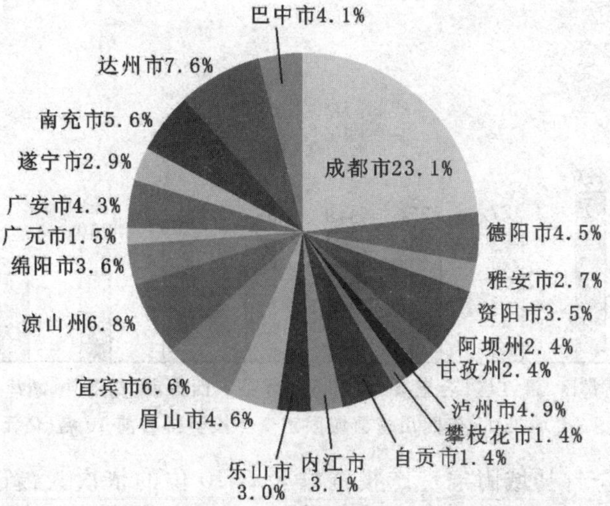

图 3-28 2015 年四川省各地州市县域固定资产投资比重

2.排名分析

2015 年,各地州市县域固定资产投资排名依次为:成都市、达州市、凉山州、宜宾市、南充市、泸州市、眉山市、德阳市、广安市、巴中市、绵阳市、资阳市、内江市、乐山市、遂宁市、雅安市、阿坝州、甘孜州、广元市、攀枝花市、自贡市。其中,成都市固定资产投资为自贡市的 17.1 倍(见图 3-29)。

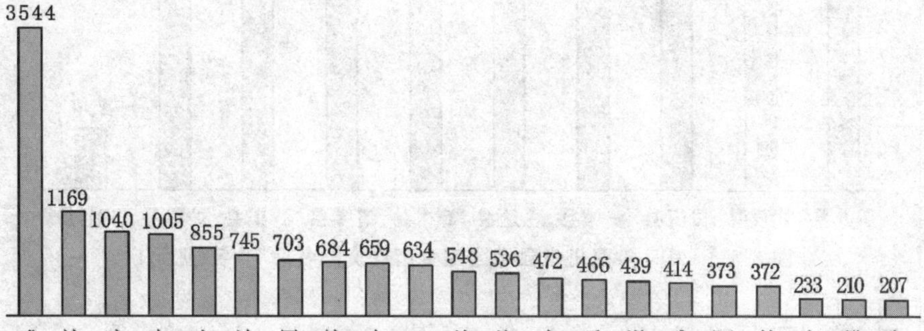

图 3-29 2015 年四川省各地州市县域固定资产投资排名(亿元)

2015 年,全省县域固定资产投资排名前 10 位的依次为:双流区、新都区、温江区、金堂县、简阳市、郫县、西昌市、仁寿县、新津县、泸县。其中,前 10 位次的 6 位分布在川西区域的成都市(见图 3-30)。

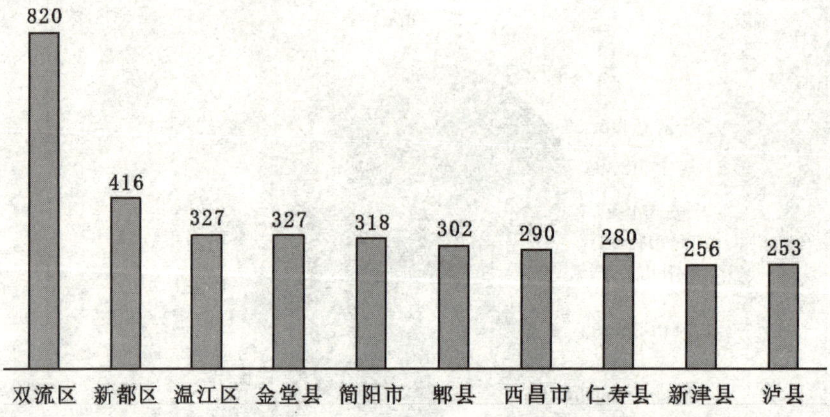

图 3-30　2015 年四川省县域固定资产投资排名前 10 名(亿元)

2015 年,全省县域固定资产投资排名后 10 位的依次为:新龙县、甘孜县、白玉县、乡城县、色达县、德格县、道孚县、石渠县、炉霍县、乐至县。其中,后 10 位次的 9 位分布在川西区域的甘孜自治州。排名第一位的双流区固定资产投资是末位乐至县的 431.6 倍(见图 3-31)。

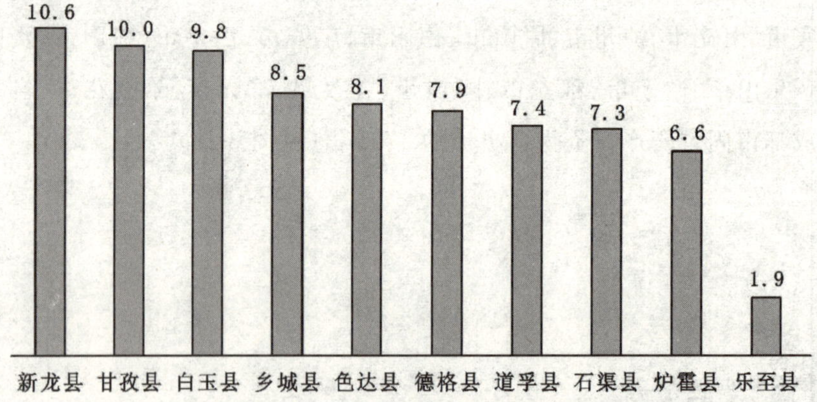

图 3-31　2015 年四川省县域固定资产投资排名后 10 名(亿元)

三、数据小结

(1)全省县域生产总值占全省生产总值的 58.5%,其中从区域来看,川西区域生产总值占比最大,占全省生产总值的 23.1%,占县域生产总值的 39.5%;从各地州市来看,成都市生产总值占比最大,占全省生产总值的 13.7%,占县域生产总值的 23.3%,为甘孜自治州的 19.3 倍。全省三次产业结构比重为 12.2∶47.5∶40.3,县域三次产业结构比重为 16.9∶52.0∶31.1。

(2)全省县域生产总值排名,双流区位居第一,川西区域的成都市囊括全省前10位次的6位;炉霍县排名末位,后10位次的8位分布在川西区域的甘孜州。排名第一位的生产总值是末位的157.8倍,后10位的生产总值总和仅占排名第一位双流区的7.9%。

(3)全省人均生产总值约为3.7万元,县域人均生产总值约为2.6万元,为全省平均水平的70.3%。全省县域人均生产总值排名,温江区位居第一,川西区域的成都市囊括全省前10位次的5位;美姑县排名末位,后10位次的6位分布在川南区域的凉山州。排名第一位的人均生产总值是末位的13.3倍。

(4)县域占全省公共财政收入的比重为31.0%,其中,成都市占比最大,占全省的10.3%,占县域的33.1%。全省人均公共财政收入为4057.9元,县域人均公共财政收入为1534.3元,县域为全省人均公共财政收入水平的37.8%。

(5)全省县域公共财政收入排名,双流区位居第一,壤塘县排名末位,第一位的公共财政收入是末位的425.5倍。县域人均公共财政收入排名,双流区位居第一,末位是美姑县,第一位的公共财政收入是末位的31.8倍。

(6)全省生产总值公共财政贡献率为11.1%,县域生产总值公共财政贡献率为5.9%,县域是全省平均水平的53.2%。全省各地州市县域生产总值公共财政贡献率排名,甘孜州位居第一,贡献率为10.7%,末位是自贡市,贡献率为3.0%。全省县域生产总值公共财政贡献率排名,金川县位居第一,贡献率为26.1%,末位是威远县,贡献率为2.6%,第一位的贡献率是末位的10.0倍。

(7)全省县域规模以上工业总产值为21281.5亿元,成都市占比最大,占县域工业总产值的23.8%,是末位甘孜州的93.7倍;从县域来看,全省县域规模以上工业总产值排名,双流区排名第一,炉霍县排名末位,排名第一位的规模以上工业总产值是后10位总和的65.7倍。其中,壤塘县、阿坝县、道孚县、甘孜县、新龙县、德格县、石渠县、色达县、理塘县、稻城县未统计规模以上工业总产值。

(8)全省县域固定资产投资为15319.3亿元,占全省固定资产投资的58.9%,其中成都市占比最大,占全省的13.6%,占县域的23.1%。全省县域固定资产投资排名,成都市囊括全省前10位次的6位,排名第一位的双流区固定资产投资总额是末位乐至县的431.6倍。

附录:

四川省183个县级行政区划单位(50个市辖区、16个县级市、113个县、4个自治县)

四川省140个县域行政区划单位(7个市辖区,16个县级市,113个县,4个自治县)

地州市	县域	行政区域面积(平方千米)	户籍人口(万人)	地区生产总值(万元)	人均生产总值(元)	第一产业增加值(万元)	第二产业增加值(万元)	第三产业增加值(万元)	公共财政收入(万元)	人均公共财政收入(元)	生产总值公共财政贡献率	规模以上工业总产值(万元)	固定资产投资(万元)
成都市【10区9县(市)】不包含在内的区:靖江区、青羊区、金牛区、武侯区、成华区、龙泉驿区、青白江区	新都区	496	73	5827700	79831.5	248018	3521837	2057845	479591	6569.7	8.2%	7248696	4160959
	温江区	276	42	3915784	93233.0	168272	1996892	1750620	341439	8129.5	8.7%	4008107	3270132
	双流区	1028	104	8676111	83424.1	341215	4228850	4106046	851035	8183.0	9.8%	11432340	8203790
	金堂县	1156	89	2850974	32033.4	405233	1327924	1117817	204245	2294.9	7.2%	1808274	3265963
	郫县	438	56	4259679	76065.7	210500	2477775	1571404	413022	7375.4	9.7%	5978433	3022048
	大邑县	1284	51	1830048	35883.3	310690	767655	751703	153594	3011.6	8.4%	2194740	1982488
	蒲江县	580	27	1059271	39232.3	171841	528874	358556	64035	2371.7	6.0%	923683	1165221
	新津县	330	31	2301816	74252.1	156850	1347905	797061	201243	6491.7	8.7%	4779073	2555733
	都江堰市	1208	62	2753768	44415.6	238325	1018388	1497055	229593	3703.1	8.3%	1654317	1801383
	彭州市	1421	81	3335497	41179.0	446075	1973643	915779	194725	2404.0	5.8%	5943559	1804640
	邛崃市	1377	66	2042066	30940.4	332821	941974	767271	135511	2053.2	6.6%	1988555	2050258
	崇州市	1090	67	2260951	33745.5	313787	1099917	847247	151448	2260.4	6.7%	2616755	2158349

续表

地州市	县域	行政区域面积（平方千米）	户籍人口（万人）	地区生产总值（万元）	人均生产总值（元）	第一产业增加值（万元）	第二产业增加值（万元）	第三产业增加值（万元）	公共财政收入（万元）	人均公共财政收入（元）	生产总值公共财政贡献率	规模以上工业总产值（万元）	固定资产投资（万元）
德阳市 【1区5县(市)】 不包含在内的区：旌阳区	中江县	2200	142	2879460	20277.9	791558	1213860	874042	77575	546.3	2.7%	3328264	1291527
	罗江县	448	25	879822	35192.9	186274	510081	183467	28525	1141.0	3.2%	2287536	874288
	广汉市	549	61	3239278	53102.9	306681	1963559	969038	146265	2397.8	4.5%	8375397	1559745
	什邡市	820	44	2338242	53141.9	255350	1397840	685052	157782	3586.0	6.7%	4432569	1513820
	绵竹市	1246	51	2153723	42229.9	268526	1308323	576874	106639	2091.0	5.0%	4749666	1601819
雅安市 【2区6县(市)】 不包含在内的：雨城区	名山区	614	28	611582	21842.2	171308	278884	161390	18826	672.4	3.1%	710452	611099
	荥经县	1777	15	613339	40889.3	63565	382359	167415	19019	1267.9	3.1%	658736	571263
	汉源县	2214	32	633304	19790.8	128812	334794	169698	37183	1162.0	5.9%	800295	569846
	石棉县	2679	12	700048	58337.3	54403	529216	116429	38531	3210.9	5.5%	838061	566040
	天全县	2390	15	484105	32273.7	67091	294864	122150	15949	1063.3	3.3%	354002	738467
	芦山县	1191	12	322726	26893.8	52869	197837	72020	12449	1037.4	3.9%	411639	554054
	宝兴县	3114	6	260177	43362.8	33082	178969	48126	15698	2616.3	6.0%	358047	527473
资阳市 【1区3县(市)】 不包含在内的：雁江区	安岳县	2690	161	2806021	17428.7	851695	1211796	742530	116566	724.0	4.2%	3570255	2157149
	乐至县	1424	84	1780506	21196.5	407831	902711	469964	74866	891.3	4.2%	3311469	19357
	简阳市	2214	149	4013714	26937.7	707585	2271011	1035118	178655	1199.0	4.5%	7551164	3181358

续表

地州市	县域	行政区域面积（平方千米）	户籍人口（万人）	地区生产总值（万元）	人均生产总值（元）	第一产业增加值（万元）	第二产业增加值（万元）	第三产业增加值（万元）	公共财政收入（万元）	人均公共财政收入（元）	生产总值公共财政贡献率	规模以上工业总产值（万元）	固定资产投资（万元）
阿坝藏族羌族自治州【13县(市)】	马尔康市	6639	6	220753	36792.2	21850	33947	164956	16691	2781.8	7.6%	20639	282971
	汶川县	4083	10	556689	55668.9	32544	378730	145415	40859	4085.9	7.3%	955015	420337
	理县	4318	5	219734	43946.8	17747	160805	41182	13000	2600.0	5.9%	262491	390755
	茂县	4075	11	319187	29017.0	48341	208116	62730	15415	1401.4	4.8%	545954	387207
	松潘县	8486	8	178234	22279.3	31006	58111	89117	35686	4460.8	20.0%	55441	420767
	九寨沟县	5286	7	243938	34848.3	18179	78210	147549	22668	3238.3	9.3%	72253	350644
	金川县	5524	8	114391	14298.9	26505	42132	45754	29850	3731.3	26.1%	4675	390086
	小金县	5571	8	129278	16159.8	27241	51710	50327	6007	750.9	4.6%	101277	191935
	黑水县	4154	6	213409	35568.2	20744	157476	35189	9156	1526.0	4.3%	176901	190294
	壤塘县	6836	4	72513	18128.3	23378	12831	36304	2007	501.8	2.8%		150241
	阿坝县	10435	8	96111	12013.9	33722	19879	42510	6410	801.3	6.7%		190960
	若尔盖县	10437	8	153687	19210.9	70024	29139	54524	4786	598.3	3.1%	42393	198082
	红原县	8398	5	112272	22454.4	37110	32108	43054	3442	688.4	3.1%	52332	170250

续表

地州市	县域	行政区域面积（平方千米）	户籍人口（万人）	地区生产总值（万元）	人均生产总值（元）	第一产业增加值（万元）	第二产业增加值（万元）	第三产业增加值（万元）	公共财政收入（万元）	人均公共财政收入（元）	生产总值公共财政贡献率	规模以上工业总产值（万元）	固定资产投资（万元）
甘孜藏族自治州【18县（市）】	康定市	11486	11	504611	45873.7	45259	217101	242251	48457	4405.2	9.6%	133946	1024247
	泸定县	2165	9	187278	20808.7	31620	88723	66935	16830	1870.0	9.0%	111298	460477
	丹巴县	4656	6	133211	22201.8	33968	52620	46623	8620	1436.7	6.5%	46903	159976
	九龙县	6766	7	214035	30576.4	27999	138983	47053	26428	3775.4	12.3%	160812	169240
	雅江县	7558	5	100030	20006.0	24623	40656	34751	22281	4456.2	22.3%	3486	503703
	道孚县	7053	6	72220	12036.7	21949	10860	39411	7316	1219.3	10.1%		73744
	炉霍县	4601	5	55069	11013.8	23057	8572	23440	5324	1064.8	9.7%	2460	66385
	甘孜县	7303	7	81734	11676.3	42499	7944	31291	10199	1457.0	12.5%		99830
	新龙县	8570	5	79125	15825.0	33100	12665	33360	6812	1362.4	8.6%		105877
	德格县	11025	9	71141	7904.6	32012	11542	27587	4053	450.3	5.7%		78639
	白玉县	10386	6	102115	17019.2	31780	47456	22879	14448	2408.0	14.1%	55123	98325
	石渠县	24944	9	74948	8327.6	41073	4986	28889	5782	642.4	7.7%		73286
	色达县	9332	5	61148	12229.6	30765	6834	23549	9310	1862.0	15.2%		81368
	理塘县	13677	7	96129	13732.7	36585	19255	40289	8886	1269.4	9.2%		170295
	巴塘县	7852	5	99199	19839.8	28841	38868	31490	12552	2510.4	12.7%	12545	123396
	乡城县	5016	3	75729	25243.0	21345	24581	29803	5608	1869.3	7.4%	12202	84995
	稻城县	7323	3	59752	19917.3	19024	14303	26425	10398	3466.0	17.4%		196491
	得荣县	2916	3	62965	20988.3	18591	21823	22551	4966	1655.3	7.9%	2848	152794

续表

地州市	县域	行政区域面积（平方千米）	户籍人口（万人）	地区生产总值（万元）	人均生产总值（元）	第一产业增加值（万元）	第二产业增加值（万元）	第三产业增加值（万元）	公共财政收入（万元）	人均公共财政收入（元）	生产总值公共财政贡献率	规模以上工业总产值（万元）	固定资产投资（万元）
自贡市【4区2县】不包含在内的：自流井区、贡井区、大安区、沿滩区	荣县	1605	69	1861262	26974.8	407228	951530	502504	55576	805.4	3.0%	2044768	933936
	富顺县	1342	108	2217857	20535.7	392434	1178059	647364	65139	603.1	2.9%	2549235	1140087
攀枝花市【3区2县】不包含在内的：东区、西区、仁和区	米易县	2110	22	1312103	59641.0	118327	866999	326777	82136	3733.5	6.3%	1649397	1131574
	盐边县	3275	21	1131233	53868.2	90482	850642	190109	74783	3561.1	6.6%	1564984	971406
泸州市【3区4县】不包含在内的：江阳区、纳溪区、龙马潭区	泸县	1530	108	2487867	23035.8	448447	1429226	610194	115191	1066.6	4.6%	2729082	2528503
	合江县	2414	90	1617427	17971.4	337089	700181	580157	88888	987.6	5.5%	1150646	2172577
	叙永县	2974	72	1002487	13923.4	202581	471253	328653	70120	973.9	7.0%	495779	1083995
	古蔺县	3185	86	1280767	14892.6	203607	752324	324836	156536	1820.2	12.2%	1946955	1661900
内江市【2区3县】不包含在内的：市中区、东兴区	威远县	1289	73	2944307	40333.0	391144	2011624	541539	75324	1031.8	2.6%	4949187	1697362
	资中县	1735	128	2361185	18446.8	633524	1105228	622433	83334	651.0	3.5%	2380006	1509899
	隆昌县	794	78	2330434	29877.4	290948	1476744	562742	73943	948.0	3.2%	3994000	1516576

续表

地州市	县域	行政区域面积（平方千米）	户籍人口（万人）	地区生产总值（万元）	人均生产总值（元）	第一产业增加值（万元）	第二产业增加值（万元）	第三产业增加值（万元）	公共财政收入（万元）	人均公共财政收入（元）	生产总值公共财政贡献率	规模以上工业总产值(万元)	固定资产投资（万元）
乐山市【4区7县(市)】不包含在内的：市中区、沙湾区、五通桥区、金口河区	犍为县	1371	57	1338279	23478.6	238338	733704	366237	50451	885.1	3.8%	1316025	817294
	井研县	840	41	808010	19707.6	203453	395505	209052	30286	738.7	3.7%	1479786	379052
	夹江县	745	35	1256477	35899.3	180263	707960	368254	60282	1722.3	4.8%	1814755	1066299
	沐川县	1405	26	544874	20956.7	119816	273860	151198	25210	969.6	4.6%	434846	418453
	峨边彝族自治县	2382	15	353600	23573.3	41897	206504	105199	21627	1441.8	6.1%	476780	201413
	马边彝族自治县	2293	22	320753	14579.7	72198	143768	104787	34953	1588.8	10.9%	228057	373516
	峨眉山市	1181	43	2110344	49077.8	164479	1185069	760796	142017	3302.7	6.7%	2473148	1408556
眉山市【2区4县】不包含在内的：东坡区	彭山区	467	33	1234233	37401.0	126345	753679	354209	136019	4121.8	11.0%	3229658	1991618
	仁寿县	2608	157	3396578	21634.3	697172	1803845	895561	204175	1300.5	6.0%	3843850	2798943
	洪雅县	1897	35	1000647	28589.9	150520	594847	255280	81932	2340.9	8.2%	553817	1025268
	丹棱县	450	16	500434	31277.1	100621	273732	126081	30410	1900.6	6.1%	470274	609012
	青神县	387	20	649427	32471.4	86025	359909	203493	40722	2036.1	6.3%	968351	608178
宜宾市【2区8县】不包含在内的：翠屏区	南溪区	704	43	1076990	25046.3	207402	593454	276134	78365	1822.4	7.3%	1591619	998598
	宜宾县	2940	103	2173111	21098.2	403001	1180198	589912	78365	760.8	3.6%	2622124	1867428
	江安县	894	56	1225777	21888.9	225887	721552	278338	67103	1198.3	5.5%	2304689	1298671

续表

地州市	县域	行政区域面积（平方千米）	户籍人口（万人）	地区生产总值（万元）	人均生产总值（元）	第一产业增加值（万元）	第二产业增加值（万元）	第三产业增加值（万元）	公共财政收入（万元）	人均公共财政收入（元）	生产总值公共财政贡献率	规模以上工业总产值（万元）	固定资产投资（万元）
宜宾市【2区8县】不包含在内的：翠屏区	长宁县	996	47	1092239	23239.1	225906	542097	324236	50855	1082.0	4.7%	1231945	1208884
	高县	1320	53	1129241	21306.4	198651	682724	247866	43343	817.8	3.8%	1697890	1219738
	珙县	1145	43	1228108	28560.7	165960	789943	272205	60040	1396.3	4.9%	1137938	1168867
	筠连县	1256	44	1108809	25200.2	186155	700035	222619	62179	1413.2	5.6%	608456	807209
	兴文县	1380	48	808080	16835.0	179511	355735	272834	62687	1306.0	7.8%	575594	868204
	屏山县	1504	31	400619	12923.2	147891	141406	111322	58291	1880.4	14.6%	360227	612644
凉山彝族自治州【17县(市)】	西昌市	2657	65	4264741	65611.4	412205	2147150	1705386	352584	5424.4	8.3%	2922800	2898735
	木里藏族自治县	13223	14	276435	19745.4	54360	145862	76213	51926	3709.0	18.8%	145800	903555
	盐源县	8412	39	761404	19523.2	172536	432375	156493	59810	1533.6	7.9%	470500	482049
	德昌县	2230	21	627474	29879.7	164276	274437	188761	44562	2122.0	7.1%	583300	673262
	会理县	4537	47	2053419	43689.8	382873	1179181	491365	69081	1469.8	3.4%	2448800	851031
	会东县	3225	42	1178281	28054.3	374424	537278	266579	78721	1874.3	6.7%	928500	980069
	宁南县	1672	19	495807	26095.1	142757	199089	153961	33179	1746.3	6.7%	565300	950084
	普格县	1905	20	230686	11534.3	77555	73722	79409	16038	801.9	7.0%	114824	180305
	布拖县	1685	19	226409	11916.3	68368	100092	57949	8567	450.9	3.8%	137900	201046

续表

地州市	县域	行政区域面积（平方千米）	户籍人口（万人）	地区生产总值（万元）	人均生产总值（元）	第一产业增加值（万元）	第二产业增加值（万元）	第三产业增加值（万元）	公共财政收入（万元）	人均公共财政收入（元）	生产总值公共财政贡献率	规模以上工业总产值(万元)	固定资产投资（万元）
凉山彝族自治州【17县(市)】	金阳县	1587	20	281457	14072.9	63324	152649	65484	14165	708.3	5.0%	47000	185370
	昭觉县	2702	32	251044	7845.1	97817	70546	82681	14516	453.6	5.8%	119600	243538
	喜德县	2202	23	191406	8322.0	65531	56190	69685	10248	445.6	5.4%	31600	145200
	冕宁县	4422	40	971443	24286.1	197520	524675	249248	56253	1406.3	5.8%	458900	604396
	越西县	2258	35	340207	9720.2	114083	111455	114669	12549	358.5	3.7%	209700	293875
	甘洛县	2153	23	247086	10742.9	60841	94130	92115	15848	689.0	6.4%	80700	167075
	美姑县	2515	27	193350	7161.1	82481	47749	63120	6967	258.0	3.6%	41000	196924
	雷波县	2840	26	557717	21450.7	104826	339889	113002	58050	2232.7	10.4%	500000	439024
绵阳市【2区7县】不包含在内的：涪城区、游仙区	三台县	2659	146	2051964	14054.5	698807	551763	801394	79202	542.5	3.9%	604988	863304
	盐亭县	1645	58	862037	14862.7	328854	244952	288231	30724	529.7	3.6%	93535	574352
	安县	1181	45	1097424	24387.2	265857	567645	263922	52021	1156.0	4.7%	1948466	989282
	梓潼县	1444	38	852991	22447.1	252737	378081	222173	24990	657.6	2.9%	977683	682061
	北川羌族自治县	3083	24	401898	16745.8	96336	161036	144526	36879	1536.6	9.2%	235097	365369
	平武县	5946	18	352793	19599.6	76001	187690	89102	29902	1661.2	8.5%	217950	409151
	江油市	2720	89	3227387	36262.8	408241	1623422	1195724	163116	1832.8	5.1%	4814930	1595889

续表

地州市	县域	行政区域面积(平方千米)	户籍人口(万人)	地区生产总值(万元)	人均生产总值(元)	第一产业增加值(万元)	第二产业增加值(万元)	第三产业增加值(万元)	公共财政收入(万元)	人均公共财政收入(元)	生产总值公共财政贡献率	规模以上工业总产值(万元)	固定资产投资(万元)
广元市【3区4县】不包含在内的:利州区、昭华区、朝天区	旺苍县	2986	45	889463	19765.8	149871	489883	249709	39863	885.8	4.5%	1121966	587778
	青川县	3216	24	291615	12150.6	69455	120099	102061	15023	626.0	5.2%	317929	317906
	剑阁县	3202	66	900188	13639.2	237263	342730	320195	42776	648.1	4.8%	838205	592678
	苍溪县	2330	77	1135499	14746.7	273797	494741	366961	42673	554.2	3.8%	782875	826736
广安市【2区4县】不包含在内的:广安区、前锋区	岳池县	1479	118	1890606	16022.1	388446	864059	638101	94589	801.6	5.0%	2075097	1636628
	武胜县	956	84	1892086	22524.8	371343	958186	562557	95855	1141.1	5.1%	3081673	1522119
	邻水县	1909	103	1975059	19175.3	373911	963133	638015	85801	833.0	4.3%	2413189	1829370
	华蓥市	464	36	1344099	37336.1	114947	877771	351381	57177	1588.3	4.3%	3045152	1601111
遂宁市【2区3县】不包含在内的:船山区、安居区	蓬溪县	1251	71	1197995	16873.2	309716	542681	345598	40529	570.8	3.4%	901920	1317274
	射洪县	1496	100	2926481	29264.8	339581	1908751	678149	90849	908.5	3.1%	3596584	1439453
	大英县	701	55	1299250	23622.7	215172	798396	285682	49669	903.1	3.8%	1899963	1636670
南充市【3区6县(市)】不包含在内的:顺庆区、高坪区、嘉陵区	南部县	2230	127	2661892	20959.8	537533	1503653	620706	77471	610.0	2.9%	3371571	2492885
	营山县	1635	94	1423042	15138.7	376943	686739	359360	55441	589.8	3.9%	1843858	883213
	蓬安县	1331	70	1304299	18632.8	359184	614664	330451	46720	667.4	3.6%	2676000	1127257
	仪陇县	1773	109	1546067	14184.1	541191	609356	395520	62936	577.4	4.1%	1597353	1304256
	西充县	1109	62	1009966	16289.8	299750	411326	298890	47634	768.3	4.7%	1336659	849314
	阆中市	1875	86	1788278	20793.9	434261	841673	512344	87487	1017.3	4.9%	1381116	1897830

续表

地州市	县域	行政区域面积（平方千米）	户籍人口（万人）	地区生产总值（万元）	人均生产总值（元）	第一产业增加值（万元）	第二产业增加值（万元）	第三产业增加值（万元）	公共财政收入（万元）	人均公共财政收入（元）	生产总值公共财政贡献率	规模以上工业总产值（万元）	固定资产投资（万元）
达州市【2区5县(市)】不包含在内的：通川区	达川区	2255	121	2252628	18616.8	471286	1163864	617478	111849	924.4	5.0%	2059854	2495192
	宣汉县	4271	132	2239580	16966.5	553074	1034513	651993	145688	1103.7	6.5%	1331590	2260337
	开江县	1032	60	1040611	17343.5	295532	447761	297318	42467	707.8	4.1%	552652	1030130
	大竹县	2079	111	2628931	23684.1	535845	1366288	726798	116416	1048.8	4.4%	2109687	2396312
	渠县	2018	140	2176372	15545.5	571862	955152	649358	91333	652.4	4.2%	1575151	2345506
	万源市	4053	59	1187788	20132.0	275720	605976	306092	37241	631.2	3.1%	520538	1162350
巴中市【2区3县(市)】不包含在内的：巴州区、恩阳区	通江县	4120	75	973835	12984.5	186677	411821	375337	38139	508.5	3.9%	668213	1764569
	南江县	3388	66	1050576	15917.8	164617	597201	288758	71056	1076.6	6.8%	1072636	2315760
	平昌县	2225	102	1212887	11891.0	205698	658132	349057	71323	699.2	5.9%	1925313	2354476
合　计	140个	457830	6737	176127859	26143.4	29695325	91641647	54790887	10336441	1534.3	5.9%	212814563	153193582

第二章 云南篇

一、整体概况

(一)全省概况

云南省简称滇,省会昆明市。位于中国西南边陲,分别与3个国家接壤,西面是缅甸,南面是老挝,东南方是越南。境内云南的东面是广西壮族自治区和贵州省,北面是四川省,西北面和西藏自治区相邻。全省面积为39.4万平方千米,2015年末全省常住人口4742.0万人。全省拥有8个市、8个少数民族自治州,129个县级行政区划单位(其中14个市辖区、13个县级市、73个县、29个自治县)。全省行政区域主要分为滇西北、滇中、滇东南三个区域,其中滇西北包含2个地级市(丽江市、保山市)和3个少数民族自治州(大理白族自治州(以下简称大理州)、怒江傈僳族自治州(以下简称怒江州)、迪庆藏族自治州(以下简称迪庆州)),滇中包含3个地级市(昆明市、曲靖市、玉溪市)和2个少数民族自治州楚雄彝族自治州(以下简称楚雄州)、红河哈尼族彝族自治州(以下简称红河州)),滇东南包含3个地级市(昭通市、普洱市、临沧市)和3个少数民族自治州(文山壮族苗族自治州(以下简称文山州)、西双版纳傣族自治州(以下简称西双版纳州)、德宏傣族景颇族自治州(以下简称德宏州))。

2015年,全省生产总值13717.9亿元,人均生产总值约为2.9万元。其中,第一产业增加值2055.7亿元,第二产业增加值5492.8亿元,第三产业完成增加值6169.4亿元,三次产业结构比重为15.0:40.0:45.0。全年全部工业增加值3925.18亿元,其中规模以上工业增加值3623.1亿元,全部财政收入3250.0亿元,其中公共财政预算收入1808.1亿元,全社会固定资产投资13069.4亿元；社会消费品零售总额 5103.2 亿元，其中城镇消费品零售额 4405.81 亿元，乡村消费品零售额 697.3 亿元。

（二）县域概况

全省 129 个县级行政区划单位，纳入县域体系的有 120 个县级行政区划单位（其中 5 个市辖区、14 个县级市、72 个县、29 个自治县），行政区域面积 37.5 万平方千米，户籍人口 4162 万人。县域生产总值为 9492.3 亿元，人均生产总值约为 2.3 万元。其中，第一产业增加值 2018.5 亿元，第二产业增加值 3622.5 亿元，第三产业增加值为 3851.3 亿元，三次产业结构比重为 21.3∶38.1∶40.6。县域公共财政收入为 736.5 亿元，县域规模以上工业总产值为 6991.9 亿元，县域固定资产投资为 9506.0 亿元。

二、经济分析

（一）生产总值

1. 占比分析

（1）县域占全省生产总值比重

2015 年，全省县域生产总值为 9492.3 亿元，占全省生产总值的 69.2%。其中，滇中区域占全省生产总值的 34.9%，滇西北区域占全省生产总值的 12.4%，滇东南区域占全省生产总值的 21.9%（见图 3-32）。

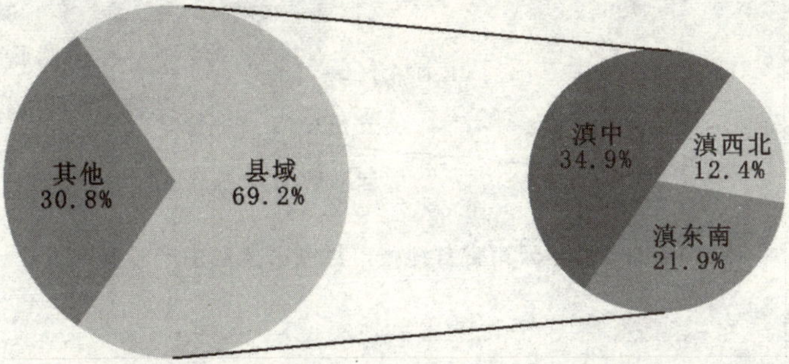

图 3-32 2015 年云南省县域占全省生产总值比重

（2）各区域县域生产总值比重

2015 年，各区域县域生产总值比重为：滇中区域占县域生产总值的50.5%，滇西北区域占县域生产总值的 17.9%，滇东南区域占县域生产总值的 31.6%（见图 3-33）。

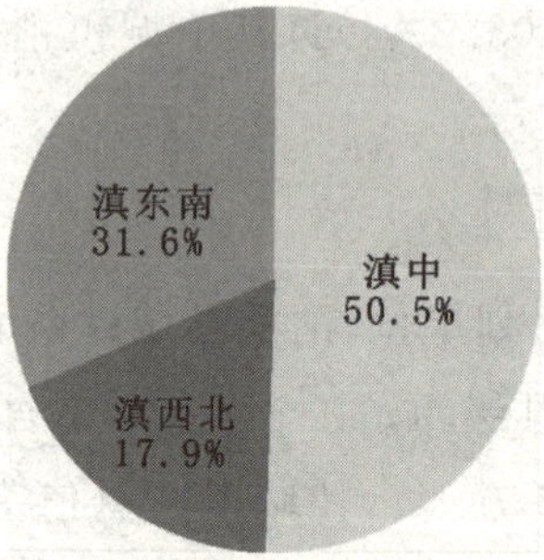

图 3-33　2015 年云南省各区域县域生产总值比重

(3)各地州市县域占全省生产总值比重

2015 年，各地州市县域占全省生产总值比重为：滇西北区域，大理州占 6.6%、丽江市占 1.3%、怒江州占 0.8%、迪庆州占 1.2%、保山市占 2.5%；滇中区域，昆明市占 7.9%、曲靖市占 7.9%、玉溪市占 4.5%、楚雄州占 5.5%、红河州占 9.1%；滇东南区域，昭通市占 5.0%、普洱市占 3.8%、临沧市占3.7%、文山州占 4.9%、西双版纳州占 2.4%、德宏州占 2.1%(见图 3-34)。

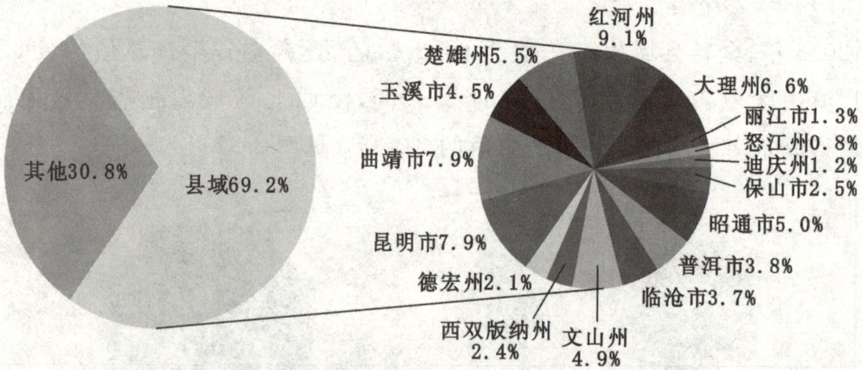

图 3-34　2015 年云南省各地州市县域占全省生产总值比重

(4)各地州市县域生产总值比重

2015 年，各地州市县域生产总值比重为：滇西北区域，大理州占9.6%、丽江市占 1.9%、怒江州占 1.1%、迪庆州占 1.7%、保山市占 3.6%；滇中区域，昆明市占 11.4%、曲靖市占 11.5%、玉溪市占 6.5%、楚雄市占 8.0%、红河州占 13.1%；滇东南区域，昭通市占 7.3%、普洱市占5.4%、临沧市占 5.3%、文山州占 7.0%、西双版纳州占 3.5%、德宏州占 3.1%(见图 3-35)。

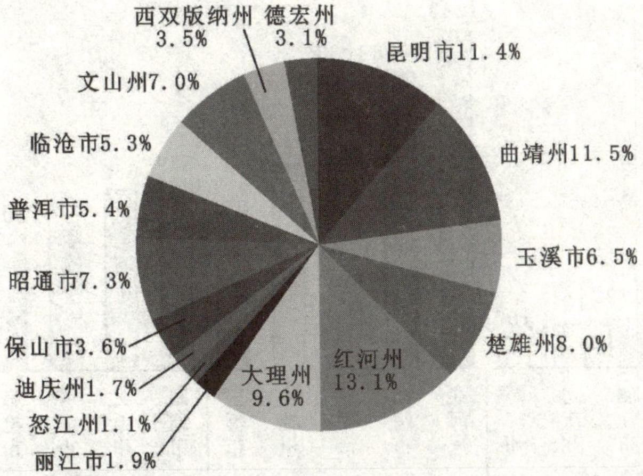

图 3-35 2015 年云南省各地州市县域生产总值比重

2. 排名分析

(1)全省各地州市县域生产总值排名

2015 年,各地州市县域生产总值排名依次为:红河州、曲靖市、昆明市、大理州、楚雄市、昭通市、文山州、玉溪市、普洱市、临沧市、保山市、西双版纳州、德宏州、丽江市、迪庆州、怒江州。其中,红河州的生产总值是怒江州的 11.4 倍(见图 3-36、图 3-37)。

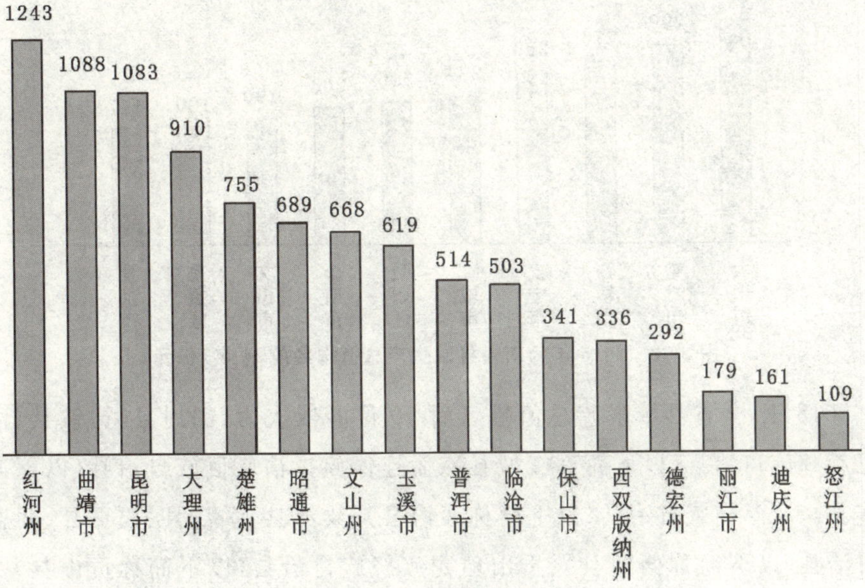

图 3-36 2015 年云南省各地州市县域生产总值排名(亿元)

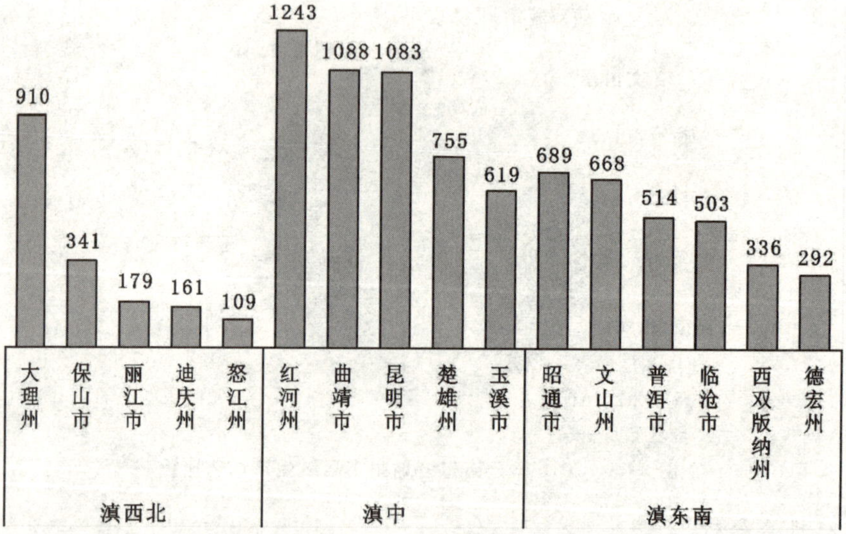

图 3-37　2015 年云南省各地州市在区域内县域生产总值排名(亿元)

(2)全省县域生产总值排名

2015 年,全省县域生产总值排名前 10 位的依次为:大理市、楚雄市、弥勒市、安宁市、宣威市、昭阳区、个旧市、文山市、呈贡区、景洪市。其中,前 10 位次的 6 位分布在滇中区域(见图 3-38)。

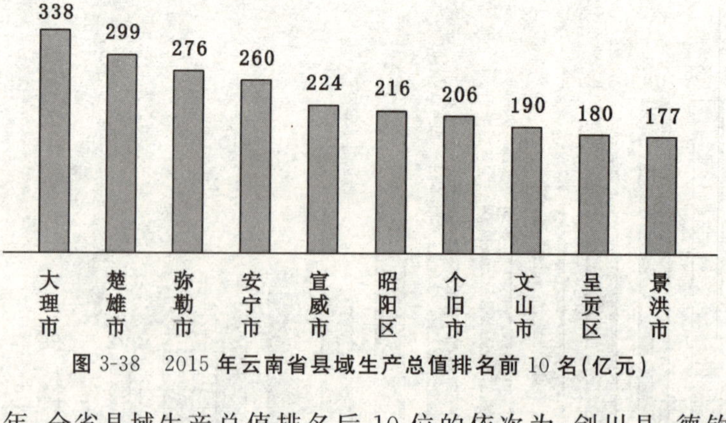

图 3-38　2015 年云南省县域生产总值排名前 10 名(亿元)

2015 年,全省县域生产总值排名后 10 位的依次为:剑川县、德钦县、江城哈尼族彝族自治县(以下简称江城县)、孟连傣族拉祜族佤族自治县(以下简称孟连县)、漾濞彝族自治县(以下简称漾濞县)、梁河县、绥江县、福贡县、西盟佤族自治县(以下简称西盟县)、贡山独龙族怒族自治县(以下简称贡山县)。其中,后 10 位次中有 5 位分布在滇西北区域,5 位分布在滇东南区域。排名第一位的生产总值是末位的 33.8 倍，后 10 位的生产总值总和仅占排名第一位的大理市的 55.6%（见图 3-39）。

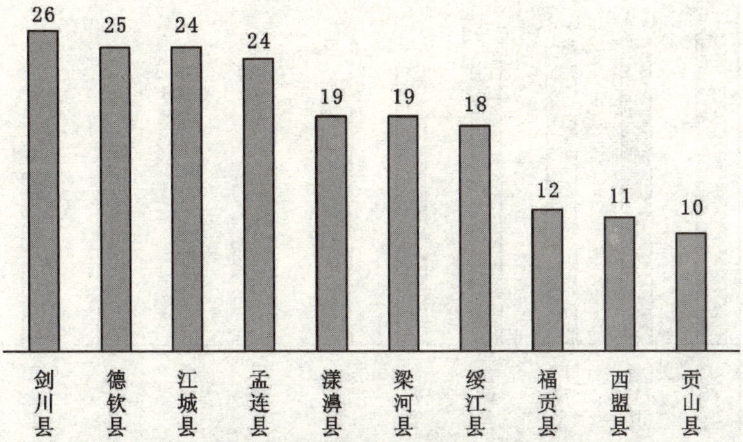

图 3-39　2015 年云南省县域生产总值排名后 10 名（亿元）

（3）全省县域人均生产总值排名

2015 年，全省县域人均生产总值排名前 10 位的依次为：安宁市、呈贡区、香格里拉市、瑞丽市、楚雄市、开远市、大理市、个旧市、思茅区、弥勒市。其中，前 10 位次的 3 位分布在滇中区域的红河州（见图 3-40）。

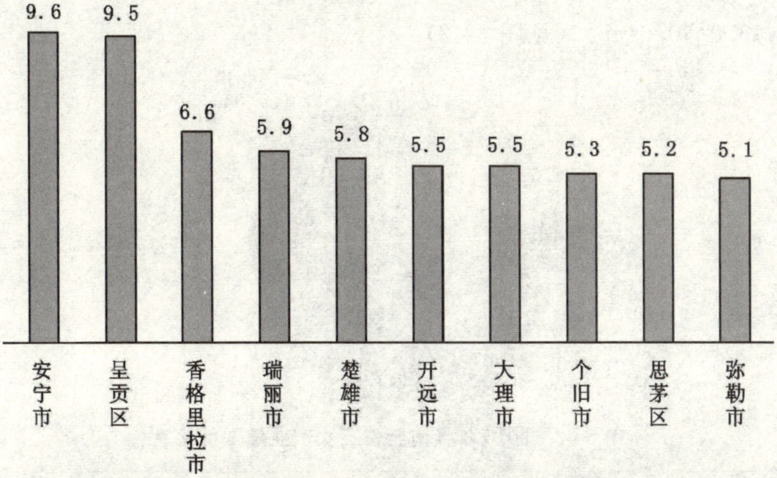

图 3-40　2015 年云南省县域人均生产总值排名前 10 名（万元）

2015 年，全省县域人均生产总值排名后 10 位的依次为：大关县、鲁甸县、广南县、盐津县、红河县、元阳县、巧家县、彝良县、威信县、镇雄县。其中，后 10

位次的7位分布在滇东南区域的昭通市。排名第一位的人均生产总值是末位的16.6倍(见图3-41)。

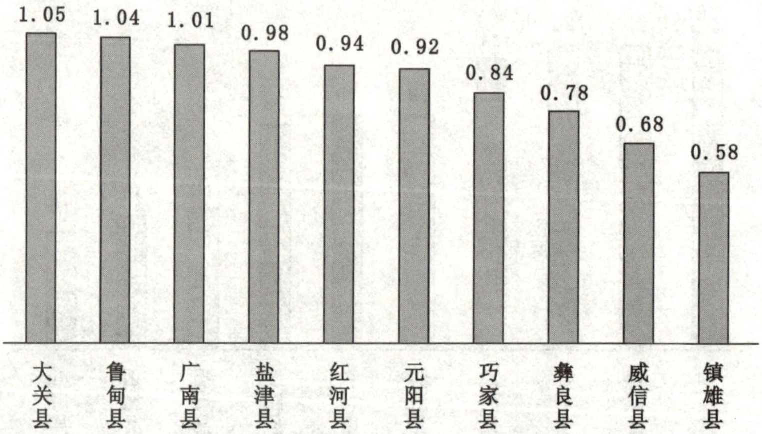

图3-41 2015年云南省县域人均生产总值排名后10名(万元)

(二)产业结构

1.全省三次产业增加值比重

2015年,全省生产总值13717.9亿元。其中,第一产业增加值2055.7亿元,第二产业增加值5492.8亿元,第三产业增加值6169.4亿元,三次产业结构比重为:15.0∶40.0∶45.0(见图3-42)。

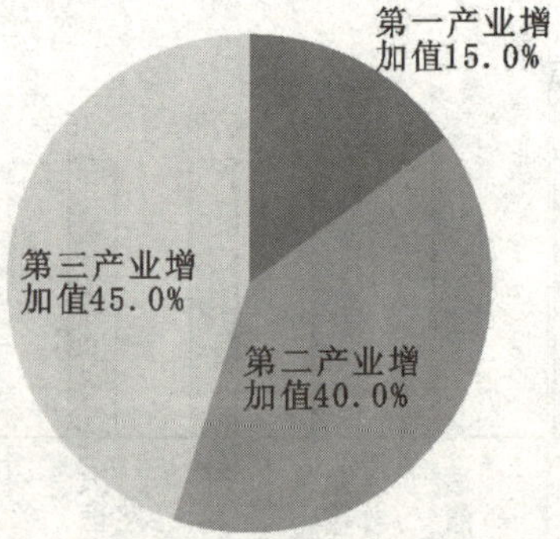

图3-42 2015年云南全省三次产业增加值比重

2.县域三次产业增加值比重

2015年,全省县域生产总值为9492.3亿元。其中,第一产业增加值为2018.5亿元,第二产业增加值为3622.5亿元,第三产业增加值为3851.3亿元,三次产业结构比重为:21.3∶38.1∶40.6(见图3-43)。

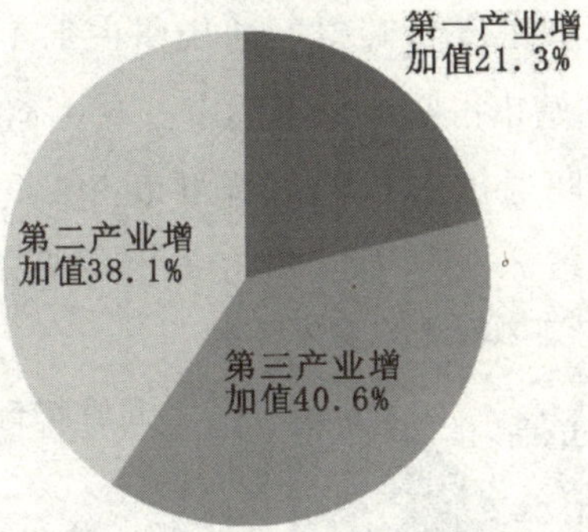

图 3-43 2015 年云南省县域三次产业增加值比重

(三)财政收入

1. 占比分析

(1)县域占全省公共财政收入比重

2015 年,县域公共财政收入为 736.48 亿元,占全省公共财政收入的比重为 22.7%。其中,各地州市县域占全省公共财政收入的比重为:滇西北区域,大理州占 2.1%、丽江市占 0.5%、怒江州占 0.2%、迪庆州占 0.3%、保山市占 1.0%;滇中区域,昆明市占 3.5%、曲靖市占 2.1%、玉溪市占 1.4%、楚雄州占 1.7%、红河州占 3.2%;滇东南区域,昭通市占 1.4%、普洱市占 1.1%、临沧市占 1.0%、文山州占 1.9%、西双版纳州占 0.7%、德宏州占 0.6%(见图 3-44)。

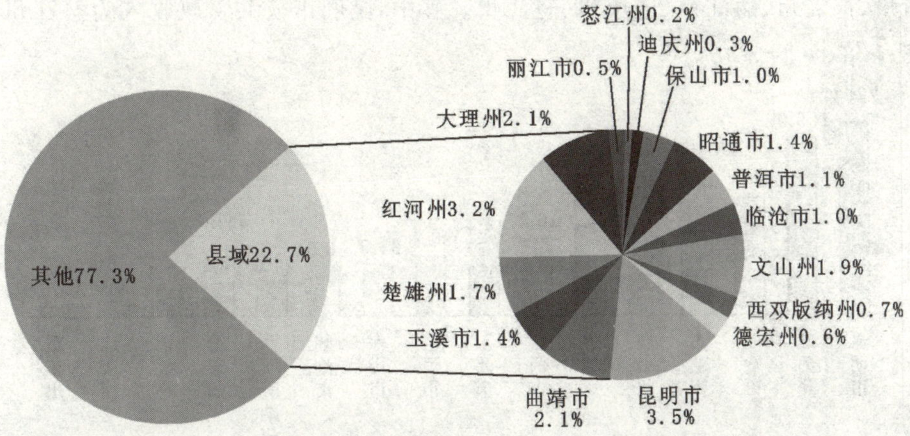

图 3-44 2015 年云南省各地州市县域占全省公共财政收入比重

(2)各地州市县域公共财政收入比重

2015 年,各地州市县域公共财政收入比重为:滇西北区域,大理州占

9.4%、丽江市占 2.2%、怒江州占 1.0%、迪庆州占 1.4%、保山州占 4.3%;滇中区域,昆明市占 15.5%、曲靖市占 9.4%、玉溪市占 6.0%、楚雄州占 7.4%、红河州占 14.2%;滇东南区域,昭通市占 6.3%、普洱市占 4.9%、临沧市占4.2%、文山州占 8.1%、西双版纳州占 2.9%、德宏州占 2.8%(见图 3-45)。

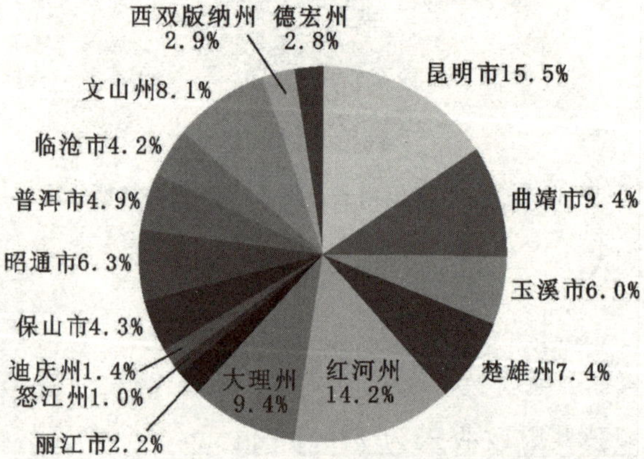

图 3-45　2015 年云南省各地州市县域公共财政收入比重

2. 排名分析

(1)全省各地州市县域公共财政收入排名

2015 年,全省各地州市县域公共财政收入排名依次为:昆明市、红河州、曲靖市、大理州、文山州、楚雄州、昭通市、玉溪市、普洱市、保山市、临沧市、西双版纳州、德宏州、丽江市、迪庆州、怒江州。其中,昆明市公共财政收入为怒江州的16.1 倍(见图 3-46)。

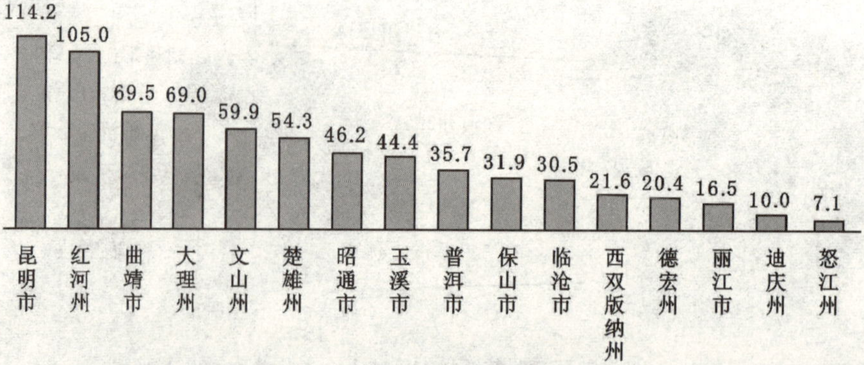

图 3-46　2015 年云南省各地州市县域公共财政收入排名(亿元)

2015 年,全省县域公共财政收入排名前 10 位的依次为:文山市、呈贡区、大理市、安宁市、蒙自市、楚雄市、开远市、腾冲市、晋宁县、弥勒市。其中，前 10 位次的 3 位分布在滇中区域的昆明市，3 位分布在滇中区域的红河州（见图 3-47）。

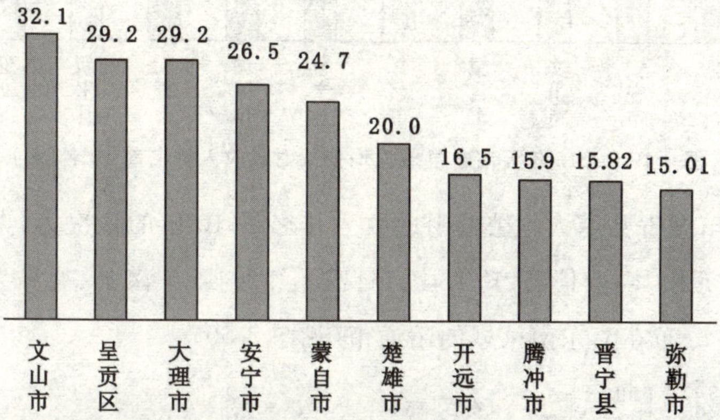

图 3-47 2015 年云南省县域公共财政收入排名前 10 名（亿元）

2015 年，全省县域公共财政收入排名后 10 名的依次为：德钦县、盐津县、红河县、孟连县、屏边苗族自治县（以下简称屏边县）、梁河县、漾濞县、福贡县、贡山县、西盟县。其中，后 10 位次的 4 位分布在滇西北区域，4 位分布在滇东南区域，排名第一位的文山市公共财政收入是末位西盟县的 47.9 倍（见图 3-48）。

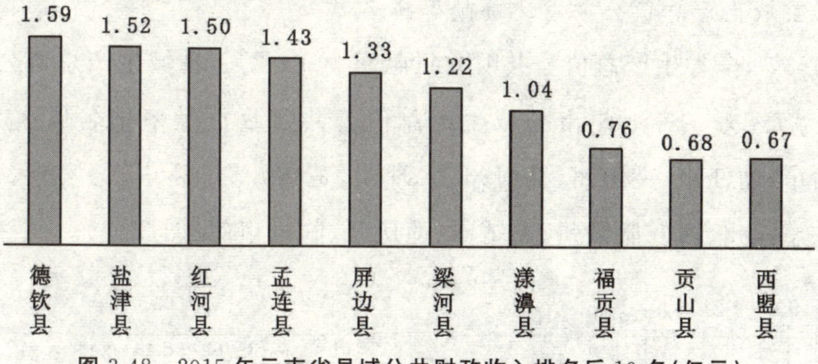

图 3-48 2015 年云南省县域公共财政收入排名后 10 名（亿元）

(2)县域人均公共财政收入排名

2015 年，县域人均公共财政收入为 1732.3 元，全省县域人均公共财政收入排名前 10 位的依次为：呈贡区、安宁市、文山市、蒙自市、开远市、晋宁县、瑞丽市、大理市、新平彝族傣族自治县（以下简称新平县）、楚雄市。其中，前 10 位次的 3 位分布在滇中区域的昆明市（见图 3-49）。

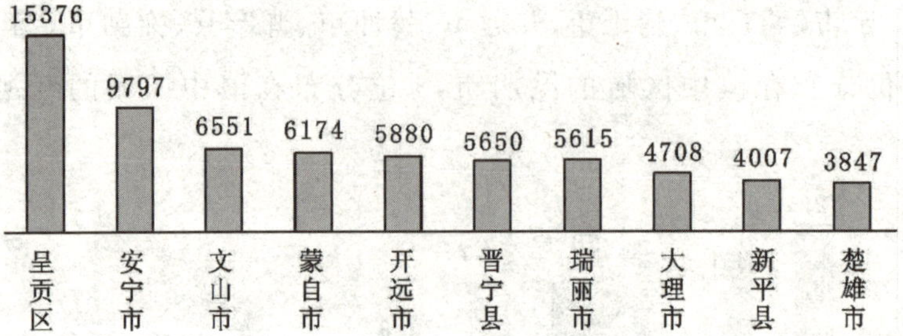

图 3-49　2015 年云南省县域人均公共财政收入排名前 10 名(元)

2015 年,全省县域人均公共财政收入排名后 10 位的依次为:大关县、西畴县、镇雄县、元阳县、威信县、巧家县、彝良县、红河县、广南县、盐津县。其中,后 10 位的 6 位分布在滇东南区域的昭通市(见图 3-50)。

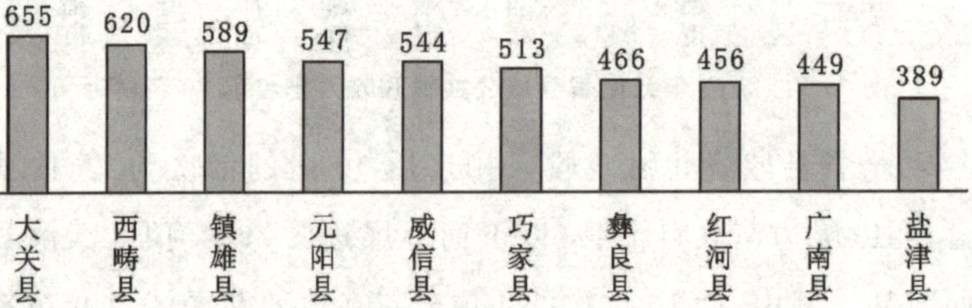

图 3-50　2015 年云南省县域人均公共财政收入排名后 10 名(元)

(3)县域生产总值公共财政贡献率排名

2015 年,全省生产总值公共财政贡献率为 13.2%,县域生产总值公共财政贡献率为 7.8%。各地州市县域生产总值公共财政贡献率排名依次为:昆明市、保山市、丽江市、文山州、红河州、大理州、楚雄州、玉溪市、德宏州、普洱市、昭通市、怒江州、西双版纳州、曲靖市、迪庆州、临沧市(见图 3-51)。

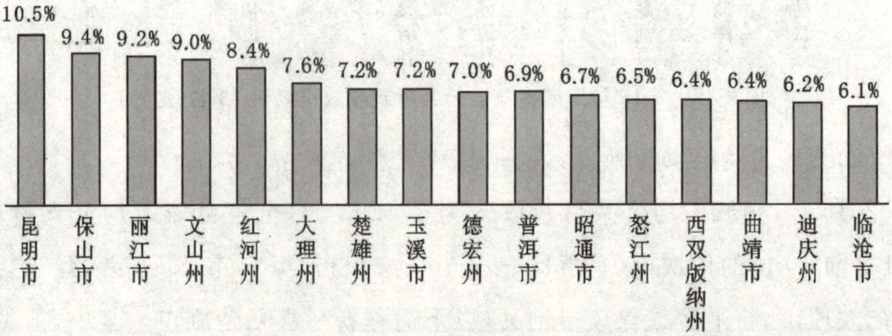

图 3-51　2015 年云南省各地州市县域生产总值公共财政贡献率排名

2015 年，全省县域生产总值公共财政贡献率排名前 10 名的依次为：蒙自市、文山市、马龙县、呈贡区、玉龙纳西族自治县（以下简称玉龙县）、晋宁县、剑川县、绥江县、禄劝彝族苗族自治县（以下简称禄劝县）、华坪县。其中，前 10 位次的 3 位分布在滇中区域的昆明市（见图 3-52）。

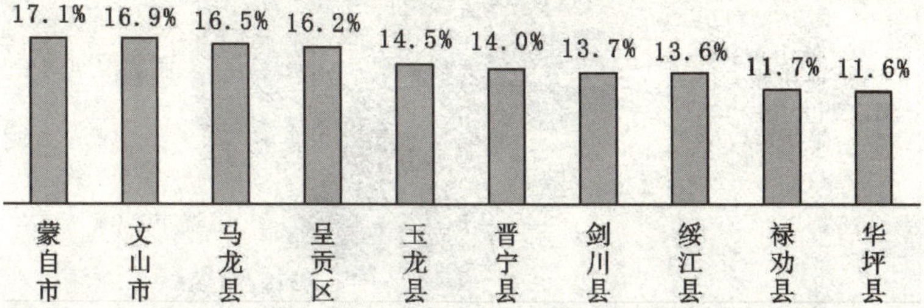

图 3-52　2015 年云南省县域生产总值公共财政贡献率排名前 10 名

2015 年，全省县域生产总值公共财政贡献率排名后 10 位的依次为：凤庆县、耿马傣族佤族自治县（以下简称耿马县）、红河县、陇川县、云县、宜良县、广南县、宾川县、沾益县、盐津县。其中，后 10 位次的 3 位分布在滇东南区域的临沧市（见图 3-53）。

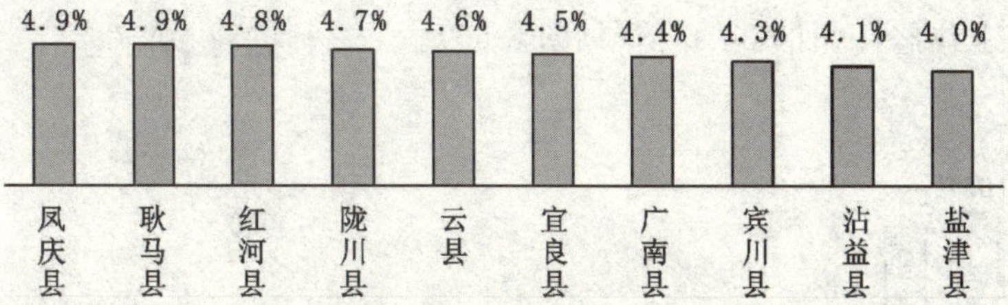

图 3-52　2015 年云南省县域生产总值公共财政贡献率排名后 10 名

（四）工业总产值

1. 占比分析

2015 年，县域规模以上工业总产值为 6991.9 亿元，各地州市县域规模以上工业总产值比重为：滇西北区域，大理州占 9.5％、丽江市占 1.6％、怒江州占 0.5％、迪庆州占 0.6％、保山市占 3.3％；滇中区域，昆明市占 18.8％、曲靖市占 14.1％、玉溪市占 6.9％、楚雄州占 8.3％、红河州占 14.8％；滇东南区域，昭通市占 5.2％、普洱市占 3.1％、临沧市占 3.7％、文山州占 5.8％、西双版纳州占 1.9％、德宏州占 1.9％（见图 3-54）。

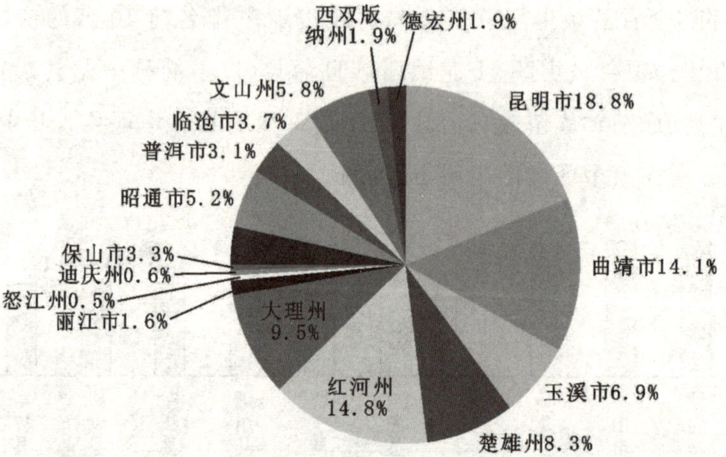

图 3-54　2015 年云南省各地州市县域规模以上工业总产值比重

2. 排名分析

2015 年,各地州市县域规模以上工业总产值排名依次为:昆明市、红河州、曲靖市、大理州、楚雄州、玉溪市、文山州、昭通市、临沧市、保山市、普洱市、西双版纳州、德宏州、丽江市、迪庆州、怒江州。排名第一位的昆明市规模以上工业总产值是末位怒江州的 36.6 倍(见图 3-55)。

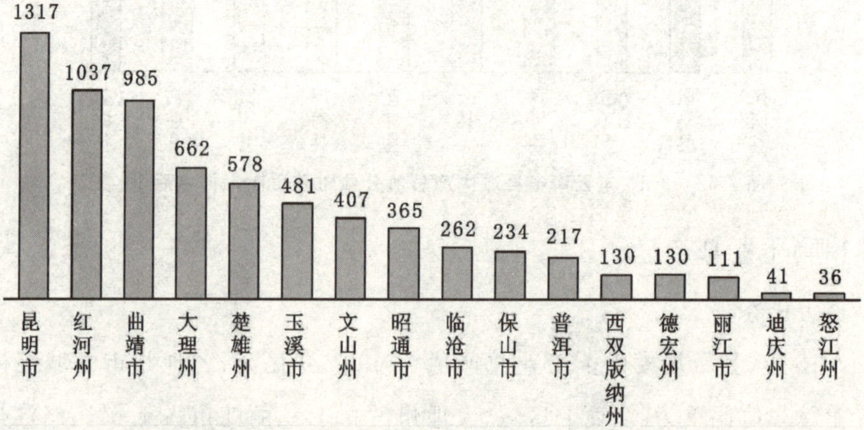

图 3-55　2015 年云南省各地州市县域规模以上工业总产值排名(亿元)

2015 年,全省县域规模以上工业总产值排名前 10 位的依次为:安宁市、大理市、呈贡区、沾益县、楚雄市、个旧市、弥勒市、蒙自市、新平县、文山市。其中,前 10 位次的 3 位分布在滇中区域的红河州(见图 3-56)。

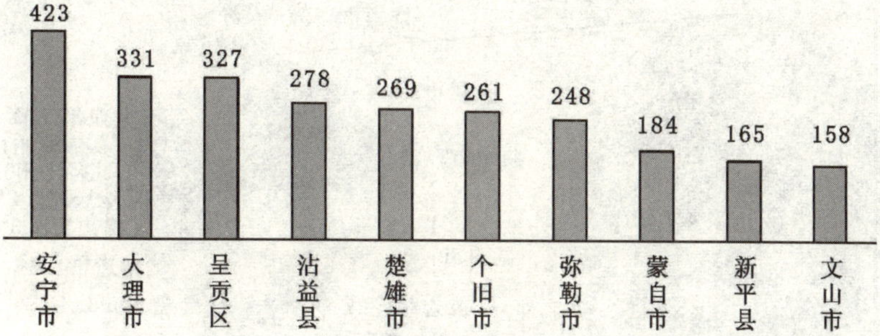

图 3-56 2015 年云南省县域规模以上工业总产值排名前 10 名(亿元)

2015 年,全省县域规模以上工业总产值排名后 10 位的依次为:梁河县、红河县、维西傈僳族自治县(以下简称维西县)、元阳县、西畴县、河口瑶族自治县(以下简称河口县)、绥江县、西盟县、贡山县、福贡县。其中,后 10 位次的 4 位分布在滇东南区域。排名第一位的规模以上工业总产值是后 10 位总和的 11.5 倍(见图 3-57)。

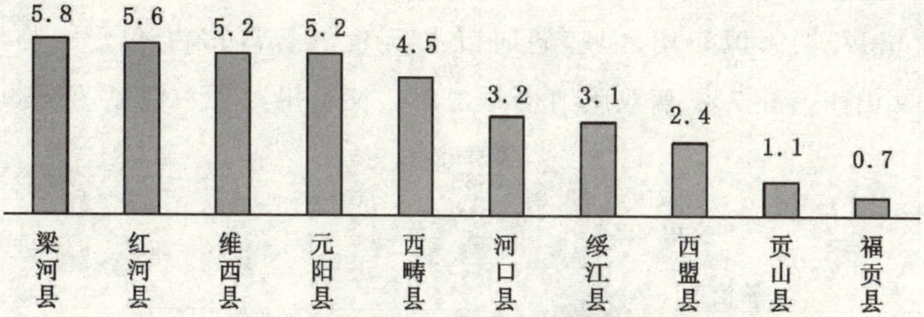

图 3-57 2015 年云南省县域规模以上工业总产值排名后 10 名(亿)

(五)固定资产投资

1. 占比分析

(1)县域占全省固定资产投资比重

2015 年,县域固定资产投资为 9506.0 亿元,占全省固定资产投资的 72.7%,各地州市县域占全省固定资产投资比重为:滇西北区域,大理州占 5.0%、丽江市占 1.4%、怒江州占 0.7%、迪庆州占 2.2、保山市占 2.5%;滇中区域,昆明市占 9.6%、曲靖市占 7.3%、玉溪市占 3.4%、楚雄州占 5.9%、红河州占 12.6%;滇东南区域,昭通市占 4.3%、普洱市占 3.4%、临沧市占5.6%、文山州占 4.1%、西双版纳州占 2.8%、德宏州占 1.9%(见图 3-58)。

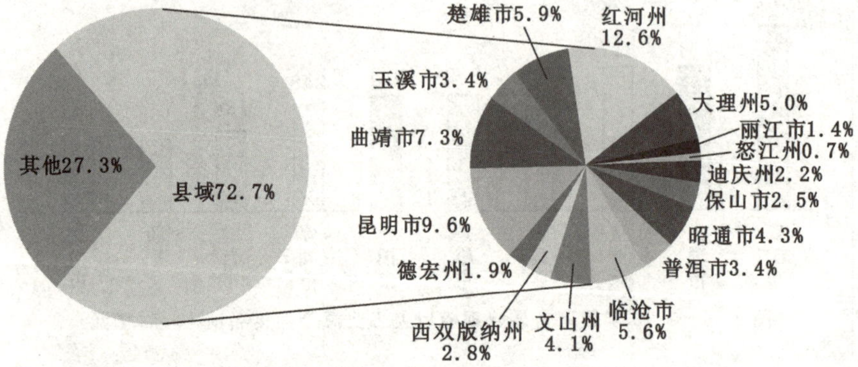

图 3-58　2015 年云南省各地州市县域占全省固定资产投资比重

(2)各地州市县域固定资产投资比重

2015 年,各地州市县域固定资产投资比重为:滇西北区域,大理州占 6.8%、丽江市占 1.9%、怒江州占 1.0%、迪庆州占 3.0%、保山市占 3.5%;滇中区域,昆明市占 13.3%、曲靖市占 10.1%、玉溪市占 4.6%、楚雄州占 8.1%、红河州占 17.3%;滇东南区域,昭通市占 5.9%、普洱市占 4.7%、临沧市占 7.7%、文山州占 5.7%、西双版纳州占 3.8%、德宏州占 2.6%(见图 3-59)。

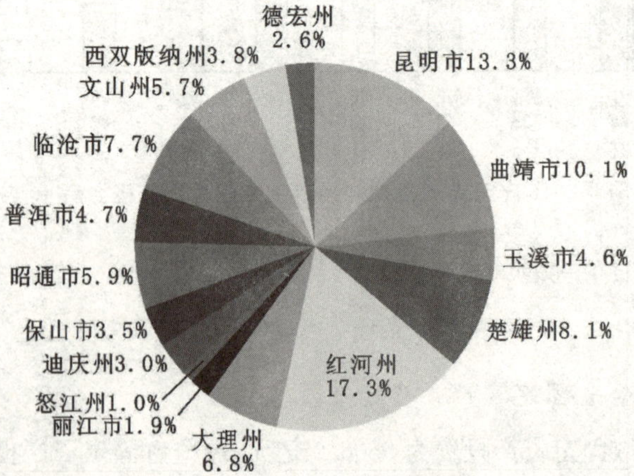

图 3-59　2015 年云南省各地州市县域固定资产投资比重

2. 排名分析

2015 年,全省各地州市固定资产投资排名依次为:红河州、昆明市、曲靖市、楚雄州、临沧市、大理州、昭通市、文山州、普洱市、玉溪市、西双版纳州、保山市、迪庆州、德宏州、丽江市、怒江州。其中,红河州固定资产投资为怒江州的

16.8 倍(见图 3-60)。

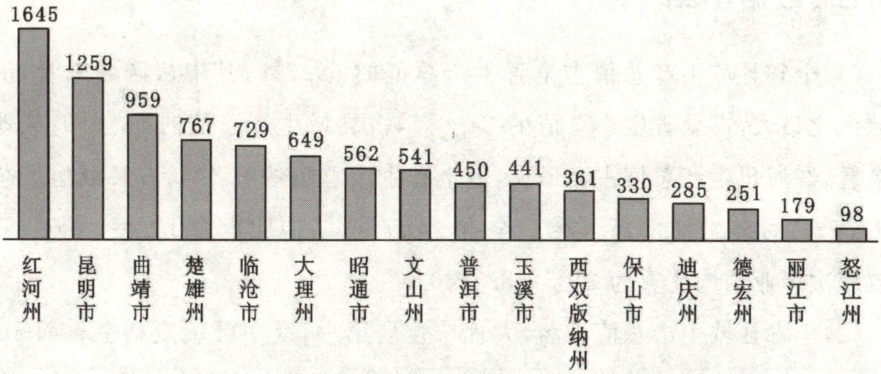

图 3-60　2015 年云南省各地州市县域固定资产投资排名

2015 年,全省县域固定资产投资排名前 10 位的依次为:大理市、安宁市、楚雄市、宣威市、景洪市、蒙自市、弥勒市、个旧市、开远市、呈贡区。其中,前 10 位次的 4 位分布在滇中区域的红河州(见图 3-61)。

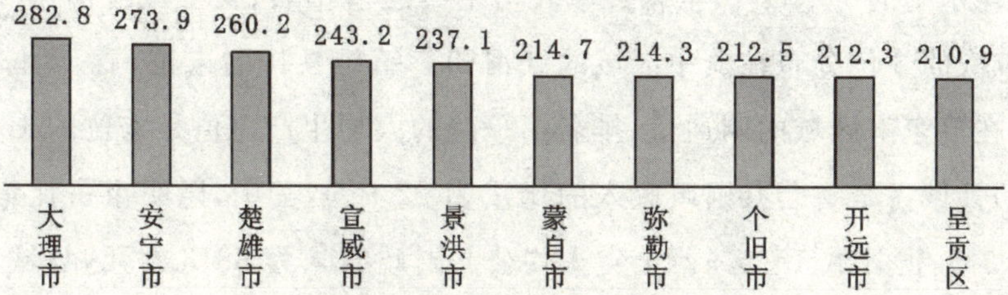

图 3-61　2015 年云南省县域固定资产投资排名前 10 名(亿元)

2015 年,全省县域固定资产投资排名后 10 位的依次为:孟连县、威信县、永平县、漾濞县、西盟县、绥江县、福贡县、水富县、贡山县、梁河县。其中,后 10 位次的 3 位分布在滇东南区域的昭通市。排名第一位的大理市固定资产投资是末位梁河县的 41.6 倍(见图 3-62)。

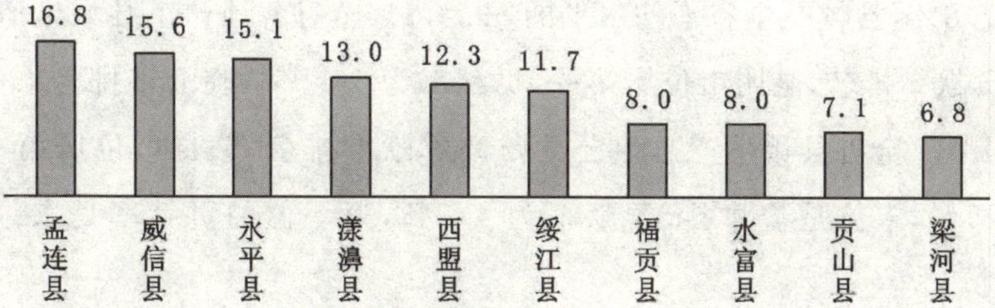

图 3-62　2015 年云南省县域固定资产投资排名后 10 名(亿元)

三、数据小结

(1)全省县域生产总值占全省生产总值的69.2%,其中从区域来看,滇中区域占比最大,占全省生产总值的34.9%,占县域生产总值的50.5%;从地州市来看,红河州生产总值占比最大,占全省生产总值的9.1%,占县域生产总值的13.1%,为怒江州的11.4倍。全省三次产业结构比重为15.0∶40.0∶45.0,县域三次产业结构比重为21.3∶38.1∶40.6。

(2)全省县域生产总值排名,大理市位居第一,滇中区域囊括全省前10位次的6位;贡山县排名末位,后10位次中有5位分布在滇西北区域,5位分布在滇东南区域。排名第一位的生产总值是末位的33.8倍,后10位的生产总值总和仅占排名第一位大理市的55.6%。

(3)全省人均生产总值约为2.9万元,县域人均生产总值约为2.3万元,为全省平均水平的79.3%。全省县域人均生产总值排名,安宁市位居第一,全省前10位次的3位分布在滇中区域的红河州。镇雄县排名末位,后10位次的7位分布在滇东南区域的昭通市,排名第一位的人均生产总值是末位的16.6倍。

(4)县域占全省公共财政收入的比重为22.7%,其中,昆明市占比最大,占全省3.5%,占县域15.5%。全省人均公共财政收入为3813.0元,县域人均公共财政收入为1732.3元,县域为全省人均公共财政收入水平的45.4%。

(5)全省县域公共财政收入排名,文山市位居第一,西盟县排名末位,第一位的公共财政收入是末位的47.9倍。县域人均公共财政收入排名,呈贡区位居第一,盐津县排名末位,第一位的人均公共财政收入是末位的39.5倍。

(6)全省生产总值公共财政共贡献率为13.2%,县域生产总值公共财政贡献率为7.8%,县域是全省平均水平的59.1%。全省各地州市县域生产总值公共财政贡献率排名,昆明市位居第一,贡献率为10.5%,临沧市排名末位,贡献率为6.1%。全省县域生产总值公共财政贡献率排名,蒙自市位居第一,贡献率为17.1%,末位是盐津县,贡献率为4.0%,第一位的贡献率是末位的4.3倍。

(7)全省县域规模以上工业总产值为6991.9亿元,昆明市占比最大,占县域规模以上工业总产值的18.8%，是末位怒江州的36.6倍；从县域来看，全省县域规模以上工业总产值排名，安宁市位居第一，福贡市排名末位，排名第一位的规模以上工业总产值是后10位总和的11.5倍。

(8)全省县域固定资产投资为9506.0亿元，占全省固定资产投资的72.7%。其中，红河州占比最大，占全省12.6%，占县域17.3%。全省县域固定资产投资排名，红河州囊括全省前10位次的4位，排名第一位的大理市固定资产投资是末位梁河县的41.6倍。

附录:

云南省120个县域行政区划单位(5个市辖区、14个县级市、72个县、29个自治县)

地州市	县域	行政区域面积(平方千米)	户籍人口(万人)	地区生产总值(万元)	人均生产总值(元)	第一产业增加值(万元)	第二产业增加值(万元)	第三产业增加值(万元)	公共财政收入(万元)	人均公共财政收入(元)	生产总值公共财政贡献率	规模以上工业总产值(万元)	固定资产投资(万元)
昆明市 【5区8县(市)】 不包含在内的区:五华区、盘龙区、官渡区、西山区、东川区	晋宁县	1337	28	1129151	40326.8	199064	439931	490156	158189	5649.6	14.0%	1304883	1452523
	呈贡区	462	19	1804191	94957.4	48686	989134	766371	292150	15376.3	16.2%	3274802	2109400
	富民县	994	15	587224	39148.3	95372	292748	199104	48018	3201.2	8.2%	465949	577302
	宜良县	1914	43	1505435	35010.1	429869	435979	639587	68293	1588.2	4.5%	1274349	1056864
	石林彝族自治县	1680	25	706781	28271.2	179638	184020	343123	55968	2238.7	7.9%	340792	1280830
	嵩明县	831	30	986579	32886.0	139911	485807	360861	104760	3492.0	10.6%	1346671	1286162
	禄劝彝族苗族自治县	4240	49	750036	15306.9	207813	212492	329731	87940	1794.7	11.7%	243934	1236089
	寻甸回族彝族自治县	3588	56	760779	13585.3	209114	243012	308653	61790	1103.4	8.1%	695724	856557
	安宁市	1301	27	2601520	96352.6	125576	1196042	1279902	264509	9796.6	10.2%	4227807	2738917
曲靖市 【1区8县(市)】 不包含在内的:麒麟区	马龙县	1614	21	439740	20940.0	86468	201220	152052	72436	3449.3	16.5%	891281	643830
	陆良县	1990	68	1357667	19965.7	512047	338889	506731	123862	1821.5	9.1%	707185	842000
	师宗县	2783	42	1031190	24552.1	368645	363437	299108	53853	1282.2	5.2%	1103362	954236
	罗平县	3018	63	1312988	20841.1	386004	420984	506000	70200	1114.3	5.3%	785573	669462

续表

地州市	县域	行政区域面积（平方千米）	户籍人口（万人）	地区生产总值（万元）	人均生产总值（元）	第一产业增加值（万元）	第二产业增加值（万元）	第三产业增加值（万元）	公共财政收入（万元）	人均公共财政收入（元）	生产总值公共财政贡献率	规模以上工业总产值（万元）	固定资产投资（万元）
曲靖市【1区8县(市)】不包含在内的：麒麟区	富源县	3292	82	1221142	14892.0	330151	373404	517587	85751	1045.7	7.0%	1275363	1416020
	会泽县	5884	103	1627930	15805.1	369136	745296	513498	107815	1046.7	6.6%	1072718	1128082
	沾益县	2730	44	1647414	37441.2	362767	706548	578099	68320	1552.7	4.1%	2783036	1501359
	宣威市	6053	153	2238424	14630.2	529715	594449	1114260	112828	737.4	5.0%	1233000	2432234
玉溪市【2区7县(市)】不包含在内的：红塔区	江川区	850	28	724863	25888.0	150998	235068	338797	53977	1927.8	7.4%	454007	400694
	澄江县	773	17	713212	41953.6	100755	235011	377446	58686	3452.1	8.2%	315582	790327
	通海县	721	29	916481	31602.8	150517	337958	428006	47889	1651.3	5.2%	787761	390949
	华宁县	1313	21	702009	33429.0	171414	205983	324612	37290	1775.7	5.3%	269403	387202
	易门县	1571	17	745133	43831.4	105245	379351	260537	53028	3119.3	7.1%	654056	607787
	峨山彝族自治县	1972	16	622805	38925.3	99139	243212	280454	44230	2764.4	7.1%	440055	544017
	新平彝族傣族自治县	4223	28	1130529	40376.0	168982	456313	505234	112188	4006.7	9.9%	1645752	805857
	元江哈尼族彝族傣族自治县	2858	21	638324	30396.4	177251	121496	339577	36800	1752.4	5.8%	240978	485264
楚雄彝族自治州【10县(市)】	楚雄市	4433	52	2990945	57518.2	235721	1604055	1151169	200026	3846.7	6.7%	2692531	2602204
	双柏县	4045	15	293389	19559.3	96559	68709	128121	25109	1673.9	8.6%	213379	390890

续表

地州市	县域	行政区域面积（平方千米）	户籍人口（万人）	地区生产总值（万元）	人均生产总值（元）	第一产业增加值（万元）	第二产业增加值（万元）	第三产业增加值（万元）	公共财政收入（万元）	人均公共财政收入（元）	生产总值公共财政贡献率	规模以上工业总产值（万元）	固定资产投资（万元）
楚雄彝族自治州【10县（市）】	牟定县	1464	20	380980	19049.0	109171	126358	145451	28819	1441.0	7.6%	210890	543291
	南华县	2343	24	481845	20076.9	130570	150657	200618	40961	1706.7	8.5%	427810	554557
	姚安县	1803	21	362399	17257.1	132953	65823	163623	24057	1145.6	6.6%	129084	440008
	大姚县	4146	28	575895	20567.7	172635	191307	211953	42200	1507.1	7.3%	492252	664079
	永仁县	2189	11	287048	26095.3	79822	77860	129366	26164	2378.5	9.1%	114077	342839
	元谋县	2026	22	467503	21250.1	143424	115391	208688	25186	1144.8	5.4%	272169	410891
	武定县	3322	28	555703	19846.5	155154	159819	240730	49979	1785.0	9.0%	270464	672750
	禄丰县	3536	42	1157341	27555.7	272225	362869	522247	80460	1915.7	7.0%	955191	1045839
红河哈尼族彝族自治州【13县（市）】	个旧市	1587	39	2061934	52870.1	127031	1115318	819585	111131	2849.5	5.4%	2611692	2125066
	开远市	1957	28	1545497	55196.3	172607	558848	814042	164640	5880.0	10.7%	967571	2122982
	蒙自市	2228	40	1440257	36006.4	219900	659939	560418	246970	6174.3	17.1%	1840615	2147441
	弥勒市	4004	54	2757743	51069.3	270483	1846462	640798	150115	2779.9	5.4%	2475675	2143201
	屏边苗族自治县	1844	16	257438	16089.9	59653	94349	103436	13324	832.8	5.2%	132345	514471
	建水县	3782	54	1252126	23187.5	281079	471292	499755	111992	2073.9	8.9%	1041982	1797708
	石屏县	3037	32	570648	17832.8	218291	156296	196061	44113	1378.5	7.7%	242596	936422

续表

地州市	县域	行政区域面积（平方千米）	户籍人口（万人）	地区生产总值（万元）	人均生产总值（元）	第一产业增加值（万元）	第二产业增加值（万元）	第三产业增加值（万元）	公共财政收入（万元）	人均公共财政收入（元）	生产总值公共财政贡献率	规模以上工业总产值（万元）	固定资产投资（万元）
红河哈尼族彝族自治州【13县（市）】	泸西县	1674	44	762319	17325.4	177512	275948	308859	81803	1859.2	10.7%	572909	1342279
	元阳县	2212	44	405216	9209.5	122906	118253	164057	24081	547.3	5.9%	51974	695378
	红河县	2029	33	310510	9409.4	107211	85024	118275	15047	456.0	4.8%	55769	711321
	金平苗族瑶族傣族自治县	3677	38	428512	11276.6	103933	197994	126585	37564	988.5	8.8%	241650	671390
	绿春县	3097	24	267079	11128.3	73896	102723	90460	18612	775.5	7.0%	107934	693761
	河口瑶族自治县	1332	9	373059	41451.0	88745	80856	203458	30422	3380.2	8.2%	31903	547377
大理白族自治州【12县（市）】	大理市	1815	62	3379780	54512.6	225633	1561576	1592571	291900	4708.1	8.6%	3307725	2827737
	漾濞彝族自治县	1957	11	188429	17129.9	55063	70851	62515	10398	945.3	5.5%	69385	129516
	祥云县	2425	48	1145661	23867.9	309734	431350	404577	76290	1589.4	6.7%	848124	629632
	宾川县	2627	36	870216	24172.7	389469	164464	316283	37739	1048.3	4.3%	272858	360327
	弥渡县	1523	33	444832	13479.8	130345	121131	193356	33815	1024.7	7.6%	203946	327297
	南涧彝族自治县	1732	23	447363	19450.6	119360	141034	186969	26494	1151.9	5.9%	237153	188288
	巍山彝族回族自治县	2200	32	480258	15008.1	162282	146239	171737	30707	959.6	6.4%	281788	246400

续表

地州市	县域	行政区域面积（平方千米）	户籍人口（万人）	地区生产总值（万元）	人均生产总值（元）	第一产业增加值（万元）	第二产业增加值（万元）	第三产业增加值（万元）	公共财政收入（万元）	人均公共财政收入（元）	生产总值公共财政贡献率	规模以上工业总产值（万元）	固定资产投资（万元）
大理白族自治州【12县(市)】	永平县	2884	18	347976	19332.0	127745	99322	120909	21356	1186.4	6.1%	61131	151045
	云龙县	4401	21	447226	21296.5	73788	212480	160958	44349	2111.9	9.9%	134487	549387
	洱源县	2614	30	540819	18027.3	175044	182855	182920	30938	1031.3	5.7%	612013	428099
	剑川县	2250	18	256063	14225.7	56126	114588	85349	35032	1946.2	13.7%	146804	285143
	鹤庆县	2395	28	554216	19793.4	109314	321403	123499	50896	1817.7	9.2%	444069	370839
丽江市【1区4县(市)】不包含在内的：古城区	玉龙纳西族自治县	6396	22	499502	22704.6	102312	216240	180950	72659	3302.7	14.5%	250149	507289
	永胜县	5099	40	674228	16855.7	157792	331634	184802	38066	951.7	5.6%	455571	517328
	华坪县	2266	16	312898	19556.1	58550	139045	115303	36279	2267.4	11.6%	263553	445540
	宁蒗彝族自治县	6206	27	308109	11411.4	75312	118047	114750	17916	663.6	5.8%	137308	321341
怒江傈僳族自治州【4县(市)】	泸水县	2938	18	418690	23260.6	66289	146080	206321	24554	1364.1	5.9%	171163	425379
	福贡县	2745	10	115283	11528.3	27938	17534	69811	7625	762.5	6.6%	6841	80105
	贡山独龙族怒族自治县	4506	4	96818	24204.5	22727	17076	57015	6766	1691.5	7.0%	11227	70963
	兰坪白族普米族自治县	4372	21	463529	22072.8	71300	173974	218255	32380	1541.9	7.0%	165844	400317

续表

地州市	县域	行政区域面积（平方千米）	户籍人口（万人）	地区生产总值（万元）	人均生产总值（元）	第一产业增加值（万元）	第二产业增加值（万元）	第三产业增加值（万元）	公共财政收入（万元）	人均公共财政收入（元）	生产总值公共财政贡献率	规模以上工业总产值（万元）	固定资产投资（万元）
迪庆藏族自治州【3县(市)】	香格里拉县	11419	15	992758	66183.9	40475	342836	609447	55049	3669.9	5.5%	273785	1479108
	德钦县	7291	6	245652	40942.0	15253	93245	137154	15888	2648.0	6.5%	85511	565508
	维西傈僳族自治县	4477	15	371295	24753.0	51607	123702	195986	29283	1952.2	7.9%	52169	806852
保山市【1区4县(市)】 不包含在内的：隆阳区	施甸县	2009	34	501756	14757.5	151241	142906	207609	44452	1307.4	8.9%	239030	640888
	龙陵县	2884	30	608232	20274.4	185796	253425	169011	48570	1619.0	8.0%	570858	630074
	昌宁县	3888	35	837345	23924.1	301810	292751	242784	66651	1904.3	8.0%	601945	500477
	腾冲市	5845	67	1458963	21775.6	321669	522472	614822	159364	2378.6	10.9%	928283	1523666
昭通市【1区10县(市)】 不包含在内的：昭阳区	昭阳区	2169	89	2161418	24285.6	257175	1099333	804910	114621	1287.9	5.3%	1105513	1504163
	鲁甸县	1484	46	476496	10358.6	108331	186981	181184	42862	931.8	9.0%	270224	745139
	巧家县	3245	60	502054	8367.6	201089	116443	184522	30803	513.4	6.1%	69926	625734
	盐津县	2092	39	382859	9816.9	88655	147545	146659	15179	389.2	4.0%	79921	352391
	大关县	1721	28	293693	10489.0	65993	106110	121590	18334	654.8	6.2%	75737	458463
	永善县	2779	47	712167	15152.5	129489	399639	183039	44362	943.9	6.2%	819798	313066
	绥江县	746	17	182903	10759.0	37844	39135	105924	24942	1467.2	13.6%	31100	117159
	镇雄县	3696	158	914314	5786.8	234401	305383	374530	92998	588.6	10.2%	183435	1017784
	彝良县	2799	61	475907	7801.8	197373	133039	145495	28431	466.1	6.0%	204030	250491

续表

地州市	县域	行政区域面积（平方千米）	户籍人口（万人）	地区生产总值（万元）	人均生产总值（元）	第一产业增加值（万元）	第二产业增加值（万元）	第三产业增加值（万元）	公共财政收入（万元）	人均公共财政收入（元）	生产总值公共财政贡献率	规模以上工业总产值（万元）	固定资产投资（万元）
昭通市【1区10县(市)】	威信县	1400	44	298810	6791.1	65982	98376	134452	23915	543.5	8.0%	96732	156316
	水富县	440	11	490422	44583.8	20193	345538	124691	26004	2364.0	5.3%	709476	79783
普洱市【1区9县(市)】	思茅区	4093	23	1200250	52184.8	129038	468085	603127	75316	3274.6	6.3%	471923	1430209
	宁洱哈尼族彝族自治县	3670	19	426663	22455.9	103256	162210	161197	31990	1683.7	7.5%	180817	454315
	墨江哈尼族自治县	5459	37	501383	13550.9	142745	162148	196490	38548	1041.8	7.7%	180345	440093
	景东彝族自治县	4532	36	578896	16080.4	224128	173037	181731	42105	1169.6	7.3%	183011	384188
	景谷傣族彝族自治县	7777	32	870974	27217.9	286744	338704	245526	50066	1564.6	5.7%	414652	569299
	镇沅彝族哈尼族拉祜族自治县	4223	21	412910	19662.4	177267	118072	117571	33629	1601.4	8.1%	160364	326191
	江城哈尼族彝族自治县	3487	12	244513	20376.1	84546	88654	71313	15999	1333.3	6.5%	117161	233256
	孟连傣族拉祜族佤族自治县	1893	13	235575	18121.2	93865	47791	93919	14333	1102.5	6.1%	70286	168422
	澜沧拉祜族自治县	8807	48	564783	11766.3	163424	210743	190616	48666	1013.9	8.6%	366675	369109
	西盟佤族自治县	1391	9	108380	12042.2	26240	23342	58798	6747	749.7	6.2%	23536	122504

续表

地州市	县域	行政区域面积（平方千米）	户籍人口（万人）	地区生产总值（万元）	人均生产总值（元）	第一产业增加值（万元）	第二产业增加值（万元）	第三产业增加值（万元）	公共财政收入（万元）	人均公共财政收入（元）	生产总值公共财政贡献率	规模以上工业总产值（万元）	固定资产投资（万元）
临沧市【1区7县(市)】	临翔区	2557	32	921084	28783.9	147041	317705	456338	66263	2070.7	7.2%	511093	1438695
	凤庆县	3324	44	908661	20651.4	334975	279490	294196	44516	1011.7	4.9%	348502	1037140
	云县	3659	44	906708	20607.0	275335	367163	264210	41778	949.5	4.6%	660473	1100571
	永德县	3220	29	511916	17652.3	150383	165039	196494	33867	1167.8	6.6%	208127	964800
	镇康县	2529	18	351391	19521.7	84280	111003	156108	30052	1669.6	8.6%	181848	731130
	双江拉祜族佤族布朗族傣族自治县	2157	17	354156	20832.7	99300	120121	134735	31312	1841.9	8.8%	206648	501081
	耿马傣族佤族自治县	3728	29	737685	25437.4	273613	220843	243229	36126	1245.7	4.9%	273526	847559
	沧源佤族自治县	2447	17	340526	20030.9	88478	116567	135481	22326	1313.3	6.6%	232591	673850
文山壮族苗族自治州【8县(市)】	文山市	2977	49	1900958	38795.1	169077	929236	802645	321005	6551.1	16.9%	1576000	1661863
	砚山县	3822	51	1000288	19613.5	227206	312508	460574	66060	1295.3	6.6%	523884	893692
	西畴县	1506	26	302524	11635.5	90725	69426	142373	16120	620.0	5.3%	45087	179266
	麻栗坡县	2334	29	494163	17040.1	108935	197495	187733	27999	965.5	5.7%	319036	401791
	马关县	2676	38	712973	18762.4	164713	281443	266817	50009	1316.0	7.0%	545177	369060
	丘北县	4997	55	643676	11703.2	210281	168169	265226	40001	727.3	6.2%	254949	610018

续表

地州市	县域	行政区域面积（平方千米）	户籍人口（万人）	地区生产总值（万元）	人均生产总值（元）	第一产业增加值（万元）	第二产业增加值（万元）	第三产业增加值（万元）	公共财政收入（万元）	人均公共财政收入（元）	生产总值公共财政贡献率	规模以上工业总产值（万元）	固定资产投资（万元）
文山壮族苗族自治州【8县(市)】	广南县	7810	89	900062	10113.1	297604	262894	339564	39990	449.3	4.4%	432128	593749
	富宁县	5352	44	724801	16472.8	195985	249361	279455	38006	863.8	5.2%	372104	700697
西双版纳傣族自治州【3县(市)】	景洪市	6959	42	1768196	42099.9	319760	545311	903125	120953	2879.8	6.8%	711280	2370643
	勐海县	5368	33	865814	26236.8	237900	299559	328355	46434	1407.1	5.4%	466445	426092
	勐腊县	6861	25	725119	29004.8	297695	101450	325974	48737	1949.5	6.7%	121252	811342
德宏傣族景颇族自治州【5县(市)】	瑞丽市	1020	13	771411	59339.3	92215	141172	538024	73001	5615.5	9.5%	164299	741829
	芒市	2987	39	842693	21607.5	211013	173301	458379	58046	1488.4	6.9%	436298	843127
	梁河县	1159	17	186659	10979.9	61364	36090	89205	12200	717.6	6.5%	57536	67890
	盈江县	4429	30	753334	25111.1	225207	288130	239997	43871	1462.4	5.8%	427162	657335
	陇川县	1931	19	367938	19365.2	144364	78641	144933	17297	910.4	4.7%	209978	200017
合　计	120个	374635	4162	94922936	22807.0	20184959	36224619	38513358	7364780	1769.5	7.8%	69919290	95059966

第三章　贵州篇

一、整体概况

(一)全省概况

贵州省,简称"黔"或"贵",省会贵阳市。贵州地处西南腹地,境内地势西高东低,自中部向北、东、南三面倾斜,平均海拔在1100米,全省地貌可概括分为:高原、山地、丘陵和盆地4种基本类型,高原山地居多,素有"八山一水一分田"之说,是全国唯一没有平原支撑的省份,面积为17.6万平方千米。2015年末全省常住人口3529.5万人。全省拥有9个地级市(其中6个地级市,3个自治州),88个县级行政区划单位(其中14个市辖区、7个县级市、55个县、11个自治县、1个特区)。全省行政区域划分为6个地级市,3个自治州。主要分为贵阳市、六盘水市、遵义市、安顺市、铜仁市、毕节市、黔西南布依族苗族自治州(以下简称黔西南州)、黔东南苗族侗族自治州(以下简称黔东南州)、黔南布依族苗族自治州(以下简称黔南州)。

2015年,全省生产总值实现10502.5亿元,人均生产总值约为3.0万。其中,第一产业增加值1640.6亿元,第二产业增加值4146.9亿元,第三产业增加值4715.0亿元,三次产业结构比重为15.6∶39.5∶44.9。全年全部工业增加值3550.1亿元,全年财政收入2294.3亿元,其中一般公共财政预算收入1503.4亿元,全社会固定资产投资10676.7亿元,社会消费品零售总额3283.0亿元,其中城镇消费品零售额2691.7亿元,乡村消费品零售额591.4亿元。

(二)县域概况

全省88个县级行政区划单位,纳入县域体系的有78个县级行政区划单位(其中4个市辖区,7个县级市,55个县,11个自治县,1个特区),行政区域面积17.0平方千米,户籍人口3935万人。县域生产总值为8351.7亿元,人均生产总值约为2.1万元。其中,第一产业增加值1596.3亿元,第二产业增加值3328.2亿元,第三产业增加值3427.2亿元,三次产业结构比重为19.1∶39.9∶41.0。县域公共财政收入为795.9亿元,县域固定资产为11633.7亿元。

二、经济分析

(一)生产总值

1.占比分析

(1)县域占全省生产总值比重

2015年,县域生产总值为8351.7亿元,占全省生产总值的79.5%。各地州市县域占全省生产总值比重为:贵阳市占6.7%、六盘水市占7.9%、遵义市占15.4%、安顺市占3.7%、毕节市占14.3%、铜仁市占7.4%、黔西南州占7.7%、黔东南州占7.7%、黔南州占8.7%(见图3-63)。

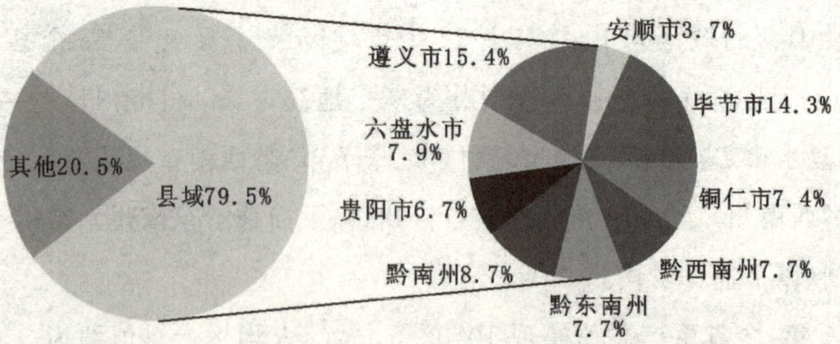

图3-63　2015年贵州省各地州市县域占全省生产总值比重

(2)各地州市县域生产总值比重

2015年,各地州市县域生产总值比重为:贵阳市占8.4%、六盘水市占9.9%、遵义市占19.3%、安顺市占4.6%、毕节市占18.0%、铜仁市占9.3%、黔西南州占9.7%、黔东南州占9.9%、黔南州占10.9%(见图3-64)。

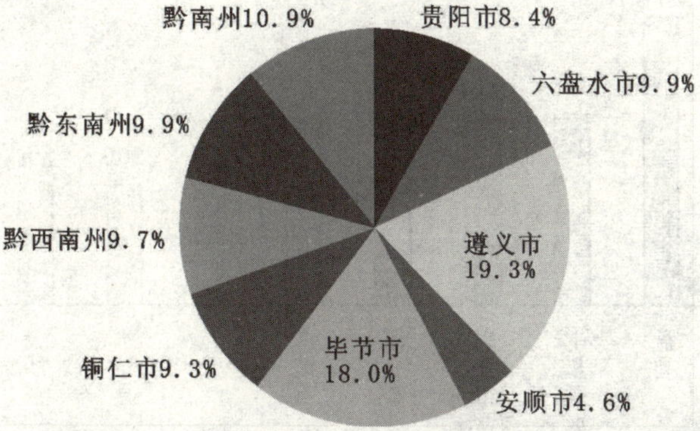

图 3-64　2015 年贵州省各地州市县域生产总值比重

2. 排名分析

(1)全省各地州市县域生产总值排名

2015 年,全省各地州市县域生产总值排名依次为:遵义市、毕节市、黔南州、六盘水市、黔东南州、黔西南州、铜仁市、贵阳市、安顺市。其中,遵义市生产总值高出排名第二位毕节市的 6.7%,为安顺市的 4.2 倍(见图 3-65)。

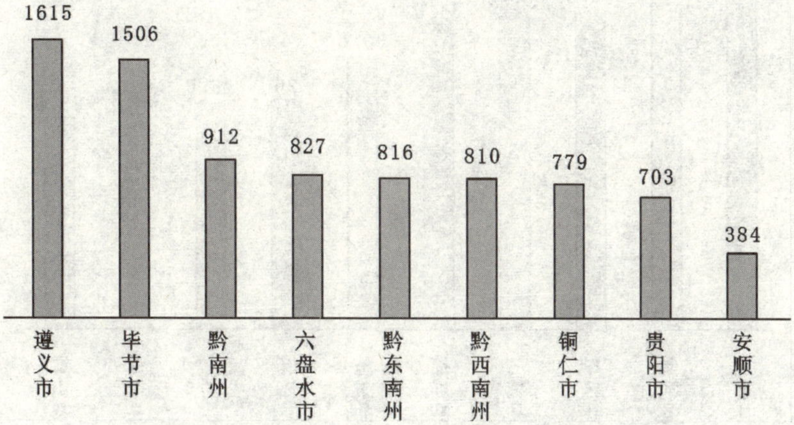

图 3-65　2015 年贵州省各地州市县域生产总值排名(亿元)

(2)全省县域生产总值排名

2015 年,全省县域生产总值排名前 10 位的依次为:仁怀市、盘县、七星关区、兴义市、遵义县、清镇市、凯里市、水城县、金沙县、威宁县。其中,前 10 位次的 3 位分布在毕节市(见图 3-66)。

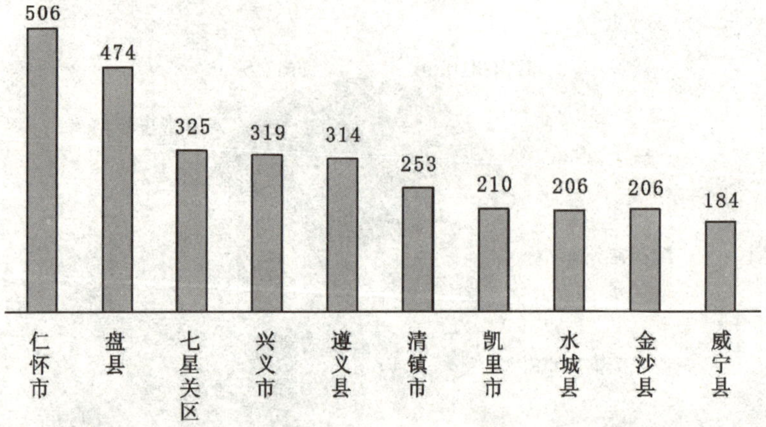

图 3-66　2015 年贵州省县域生产总值排名前 10 名(亿元)

2015 年,全省县域生产总值排名后 10 位的依次为:册亨县、剑河县、岑巩县、三穗县、锦屏县、施秉县、麻江县、台江县、丹寨县、雷山县。其中,后 10 位次的 9 位分布在黔东南州。排名第一位的生产总值是末位的 21.3 倍,后 10 位生产总值总和仅占排名第一位仁怀市的 61.0%(见图 3-67)。

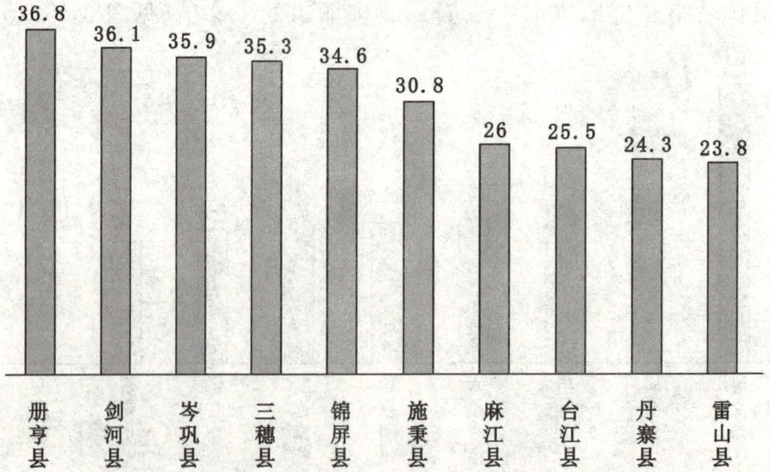

图 3-67　2015 年贵州省县域生产总值排名后 10 名(亿元)

(3)全省县域人均生产总值排名

2015 年,全省县域人均生产总值排名前 10 位的依次为:仁怀市、息烽县、清镇市、修文县、碧江县、盘县、玉屏县、福泉市、兴义市、凯里市。其中,前 10 位次的 3 位分布在贵阳市(见图 3-68)。

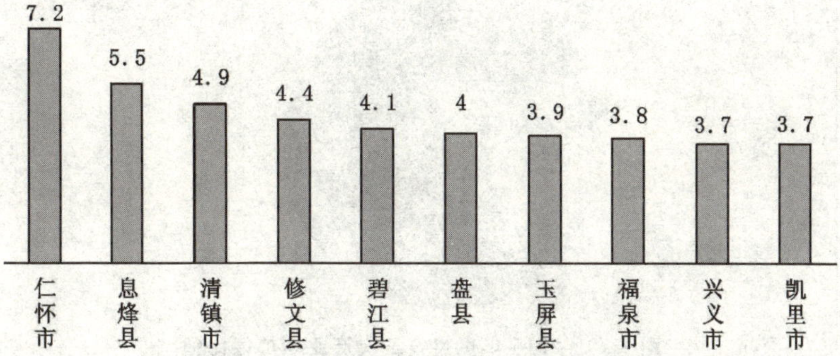

图 3-68 2015 年贵州省县域人均生产总值排名前 10 名(万元)

2015 年,全省县域人均生产总值排名后 10 位的依次为:赫章县、紫云县、榕江县、织金县、威宁县、沿河县、黎平县、黄平县、正安县、务川县。其中,后 10 位次的 3 位分布在黔东南州。排名第一位的人均生产总值是末位的 6.5 倍(见图 3-69)。

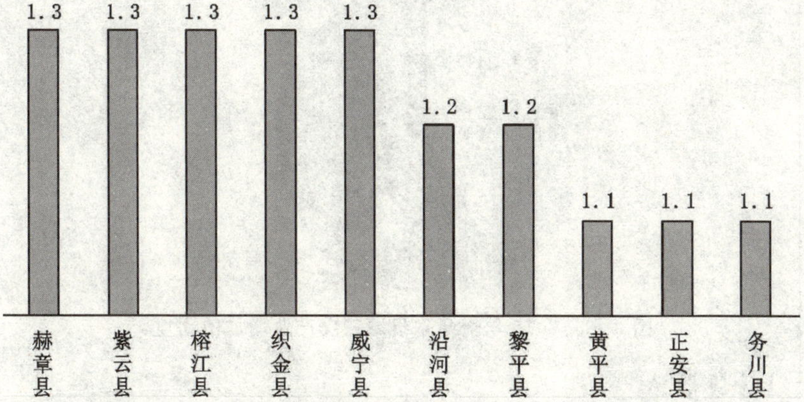

图 3-69 2015 年贵州省县域人均生产总值排名后 10 名(万元)

(二)产业结构

1.全省三次产业增加值比重

2015 年,全省生产总值 10502.5 亿元,其中,第一产业增加值 1640.6 亿元,第二产业增加值 4146.9 亿元,第三产业增加值 4715.0 亿元,三次产业结构比重为 15.6∶39.5∶44.9(见图 3-70)。

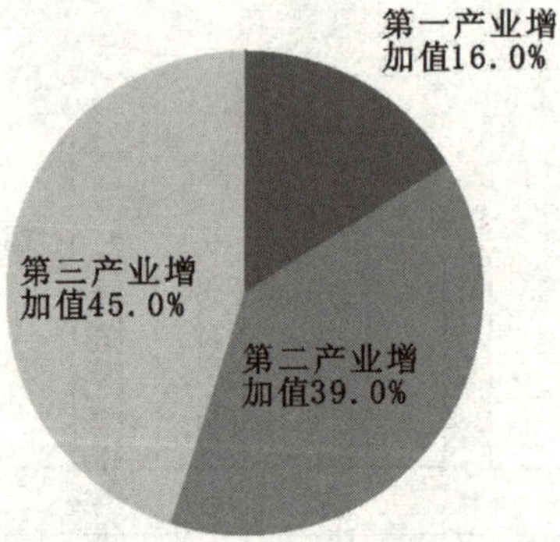

图 3-70　2015 年贵州省三次产业增加值比值

2.县域三次产业增加值比重

2015 年,全省县域生产总值为 8351.7 亿元。其中,第一产业增加值 1596.34万元,第二产业增加值 3328.2 万元,第三产业增加值 3427.2 万元,三次产业结构比重为 19.1∶39.9∶41.0(见图 3-71)。

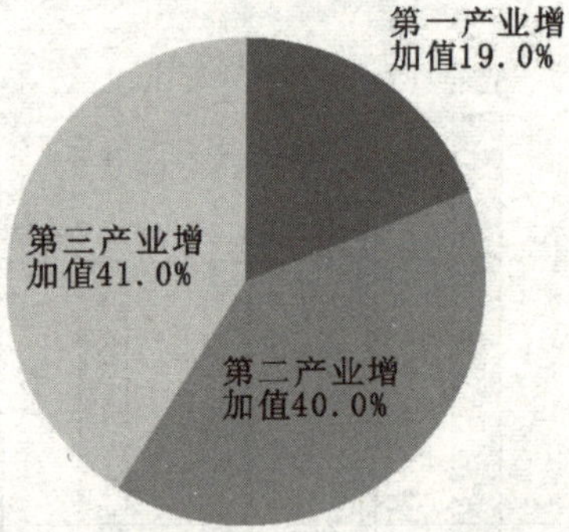

图 3-71　2015 年贵州省县域三次产业增加值比重

(三)财政收入

1.占比分析

(1)县域占全省公共财政收入比重

2015 年,县域公共财政收入为 795.9 亿元,占全省公共财政收入的比重为 34.7%。其中,各地州市县域占全省公共财政收入的比重为:贵阳市占1.8%、六盘水市占 3.5%、遵义市占 4.5%、安顺市占 1.4%;毕节市占 5.6%、铜仁市占 2.3%、黔西南州占 6.9%;黔东南州占 5.2%、黔南州市占 3.5%(见图3-72)。

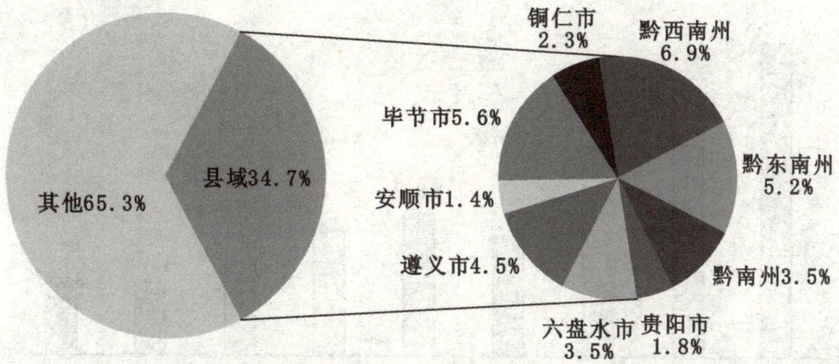

图 3-72　2015 年贵州省各地州市县域占公共财政收入比重

(2)各地州市县域公共财政收入比重

2015 年，各地州市县域公共财政收入的比重为：贵阳市占 5.1%、六盘水市占 10.2%、遵义市占 12.9%、安顺市占 4.0%、毕节市占 16.1%、铜仁市占 6.6%、黔西南州占 19.8%、黔东南占 15.0%、黔南州占 10.3%(见图 3-73)。

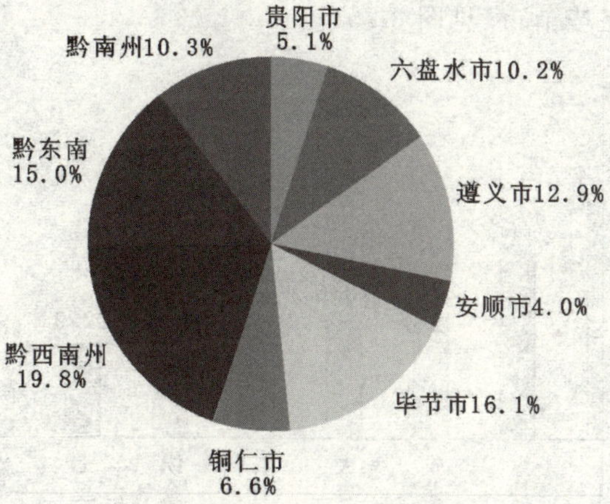

-73　2015 年贵州省各地州市县域公共财政收入比重

2.排名分析

(1)县域公共财政收入排名

2015 年，各地州市县域公共财政收入排名依次为：黔西南州、毕节市、黔东南州、遵义市、六盘水市、黔南州、铜仁市、贵阳市、安顺市。其中，黔西南州公共财政收入为安顺市的 5.0 倍(见图 3-74)。

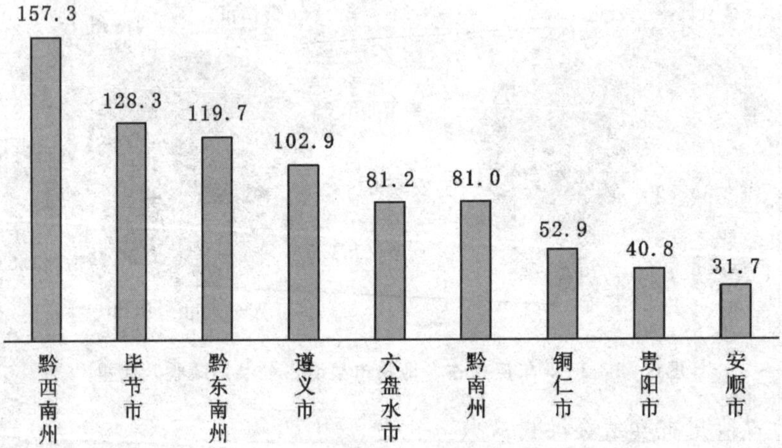

图 3-74　2015 年贵州省各地州市县域公共财政收入排名(亿元)

2015 年,全省县域公共财政收入排名前 10 位的依次为:兴义市、凯里市、盘县、安龙县、大方县、仁怀市、织金县、七星关区、水城县、遵义县。其中前 10 位次的 4 位分布在毕节市(见图 3-75)。

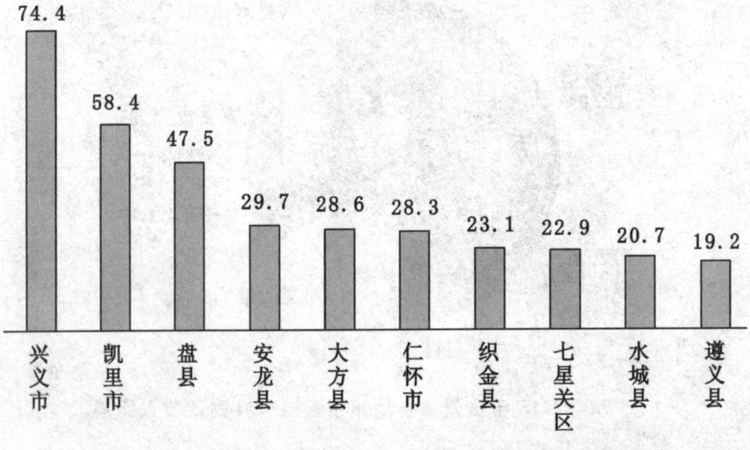

图 3-75　2015 年贵州省县域公共财政收入排名前 10 名(亿元)

2015 年,全省县域公共财政收入排名后 10 位的依次为:望谟县、施秉县、印江县、雷山县、台江县、万山区、麻江县、锦屏县、江口县、丹寨县。其中,后 10 位次的 6 位分布在黔东南州。排名第一位的公共财政收入是末位的 53.1 倍(见图 3-76)。

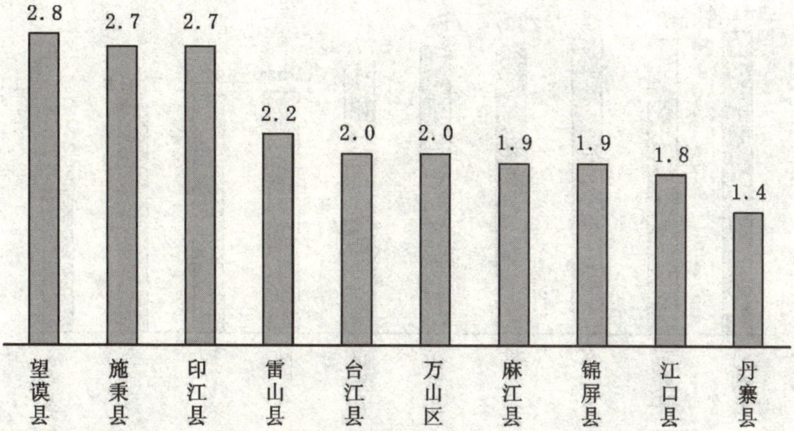

图 3-76 2015 年贵州省县域公共财政收入排名后 10 名(亿元)

(2)县域人均公共财政收入排名

2015 年,全省县域人均公共财政收入为 2022.7 元,县域人均公共财政收入排名前 10 位的依次为:凯里市、兴义市、安龙县、玉屏县、贞丰县、福泉市、仁怀市、盘县、碧江县、龙里县。其中,前 10 位次的 3 位分布在黔西南州(见图 3-77)。

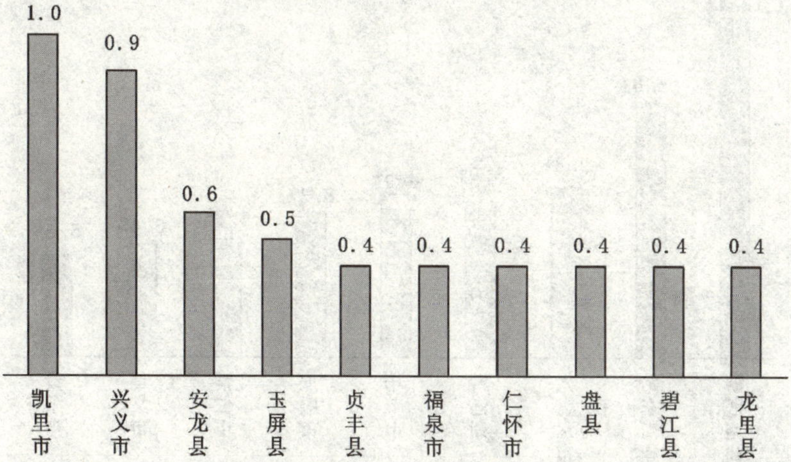

图 3-77 2015 年贵州省县域人均公共财政收入排名前 10 名(万元)

2015 年,全省县域人均公共财政收入排名后 10 位的依次为:丹寨县、石阡县、凤冈县、思南县、江口县、正安县、威宁县、印江县、沿河县、赫章县。其中,后 10 位次的 4 位分布在铜仁市(见图 3-78)。

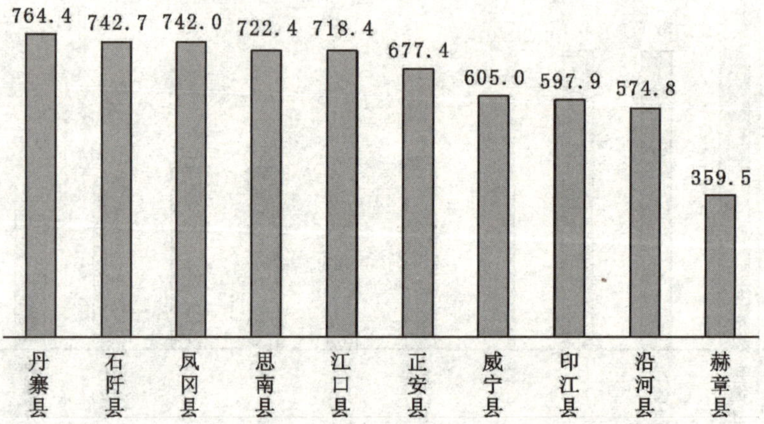

图 3-78　2015 年贵州省县域人均公共财政收入排名后 10 名(元)

(3)县域生产总值公共财政贡献率排名

2015 年,全省生产总值财政贡献率 21.8%,县域生产总值财政贡献率 9.5%,各地州市县域生产总值公共财政贡献率排名依次为:黔西南州、黔东南州、六盘水市、黔南州、毕节市、安顺市、铜仁市、遵义市、贵阳市(见图 3-79)。

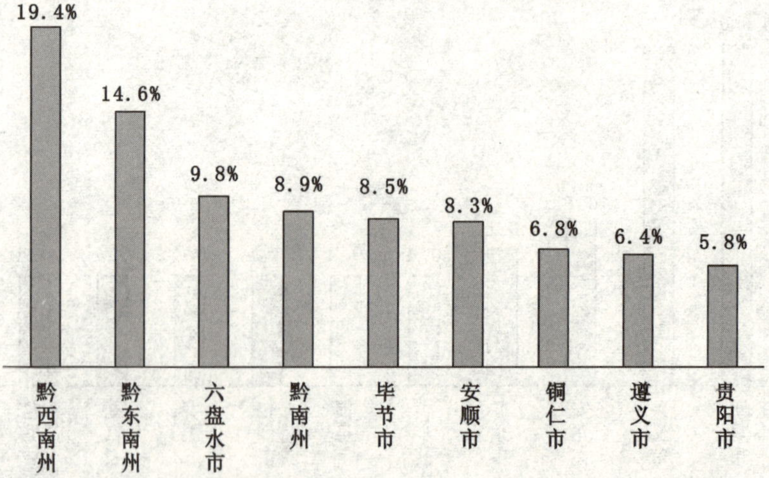

图 3-79　2015 年贵州省各地州市县域生产总值公共财政贡献率排名

2015 年,全省县域生产总值公共财政贡献率排名前 10 位的依次为:安龙县、凯里市、兴义市、贞丰县、榕江县、镇远县、大方县、织金县、册亨县、普安县。其中,前 10 位次的 4 位分布在黔西南州(见图 3-80)。

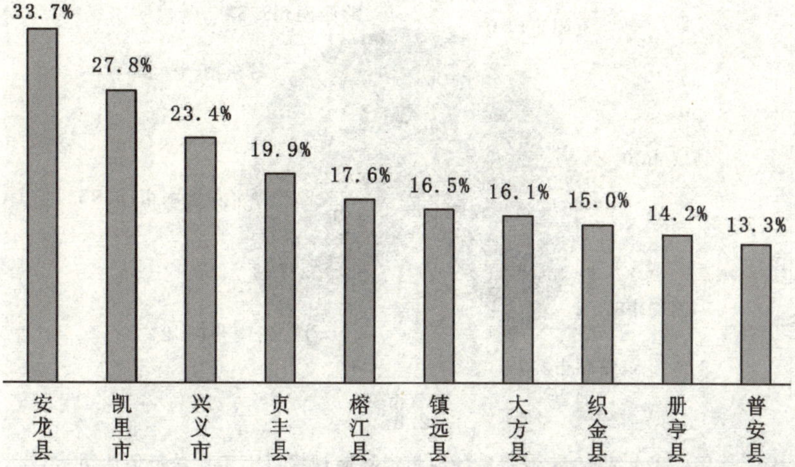

图 3-80 2015 年贵州省县域生产总值公共财政贡献率排名前 10 名

2015 年,全省县域生产总值公共财政贡献率排名后 10 位的依次为:石阡县、罗甸县、息烽县、思南县、威宁县、关岭县、沿河县、江口县、印江县、赫章县。其中,后 10 位次的 4 位分布在铜仁市(见图 3-81)。

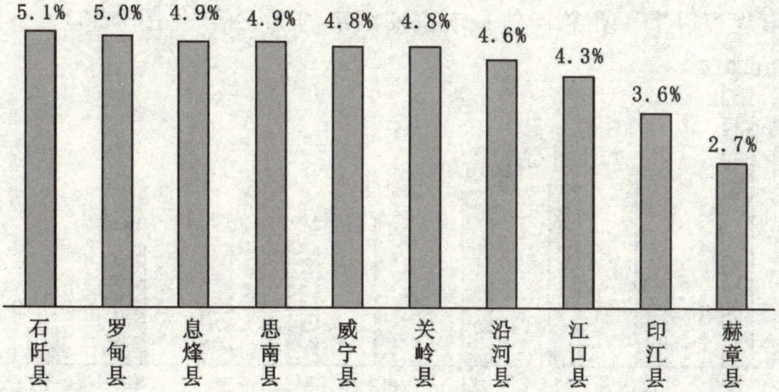

图 3-81 2015 年贵州省县域生产总值公共财政贡献率后 10 名

(四)工业总产值

1. 占比分析

2015 年,县域规模以上工业总产值为 8078.0 亿元,各地州市县域规模以上工业总产值比重为:贵阳市占 11.0%、六盘水市占 13.9%、遵义市占20.2%、安顺市占 2.7%,毕节市占 12.6%、铜仁市占 8.7%、黔西南州占8.8%,黔东南州占 8.9%、黔南州占 13.2%(见图 3-82)。

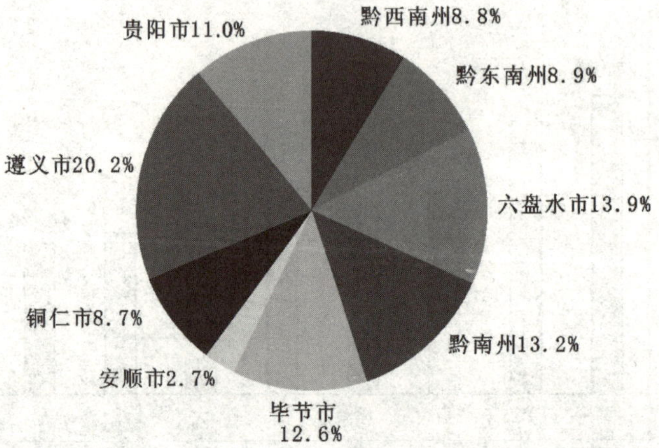

图 3-82　2015 年贵州省各地州市县域规模以上工业总产值比重

2. 排名分析

2015 年,各地州市县域规模以上工业总产值排名依次为:遵义市、六盘水市、黔南州、毕节市、贵阳市、黔东南州、黔西南州、铜仁市、安顺市。排名第一位的遵义市规模以上工业总产值是末位安顺市的 7.5 倍(见图 3-83)。

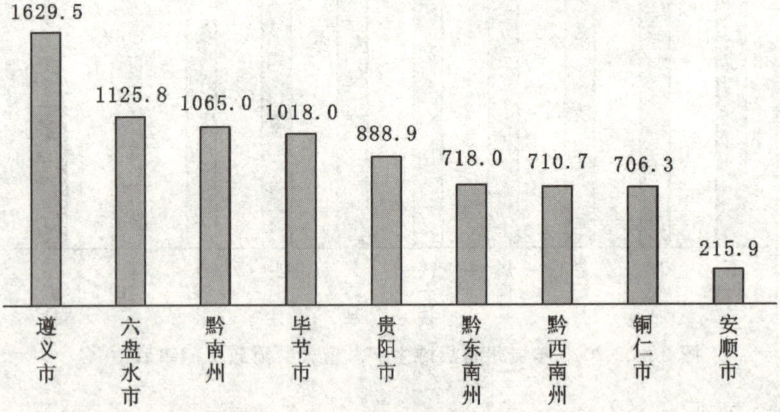

图 3-83　2015 年贵州省各地州市县域规模以上工业总产值排名(亿元)

2015 年,全省县域规模以上工业总产值排名前 10 位的依次为:盘县、遵义县、仁怀市、水城县、兴义市、开阳县、七星关区、息烽县、修文县、玉屏县。其中,前 10 位次的 3 位分布在贵阳市(见图 3-84)。

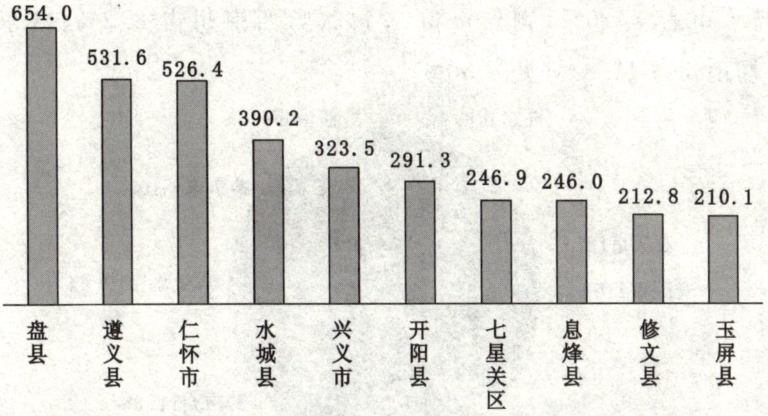

图 3-84　2015 年贵州省县域以上工业总产值排名前 10 名(亿元)

2015 年,全省县域规模以上工业总产值排名后 10 位的依次为:册亨县、关岭县、望谟县、施秉县、三都县、独山县、紫云县、麻江县、务川县、雷山县。其中,后 10 位次的 4 位分布在黔东南州。排名第一位的规模以上工业总产值是末位的 467.1 倍(见图 3-85)。

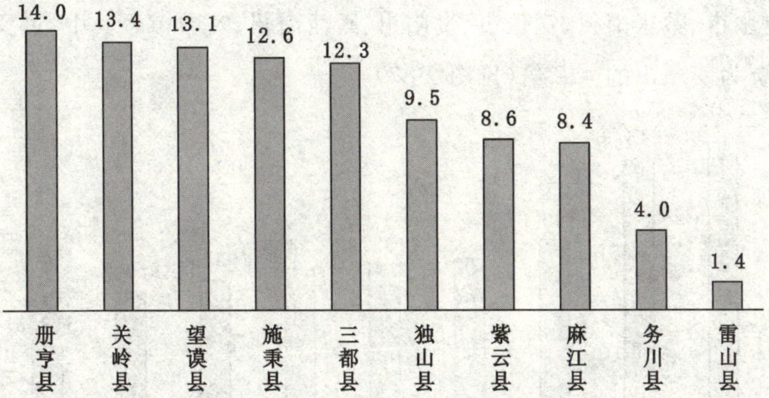

图 3-85　2015 年贵州省县域以上工业总产值排名后 10 名(亿元)

(五)固定资产投资

1. 占比分析

(1)各地州市县域固定资产投资比重

2015 年,县域固定资产投资为 11633.7 亿元。各地州市县域固定资产投资比重为:贵阳市占 8.9%、六盘水市占 10.4%、遵义市占 18.7%、安顺市占

4.5%、毕节市占 17.6%、铜仁市占 9.7%、黔西南州占 8.2%、黔东南州占 10.2%、黔南州占 11.8%(见图 3-86)。

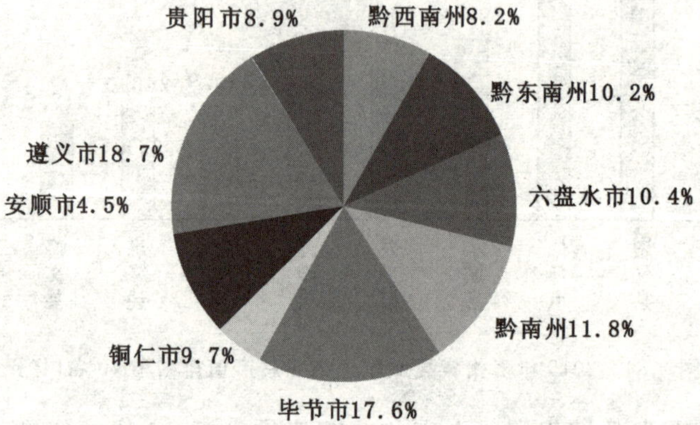

图 3-86 2015 年贵州省各地州市县域固定资产投资比重

2.排名分析

2015 年,各地州市县域固定资产投资排名依次为:遵义市、毕节市、黔南州、六盘水市、黔东南州、铜仁市、贵阳市、黔西南州、安顺市。其中,遵义市固定资产投资为安顺市的 4.2 倍(见图 3-87)。

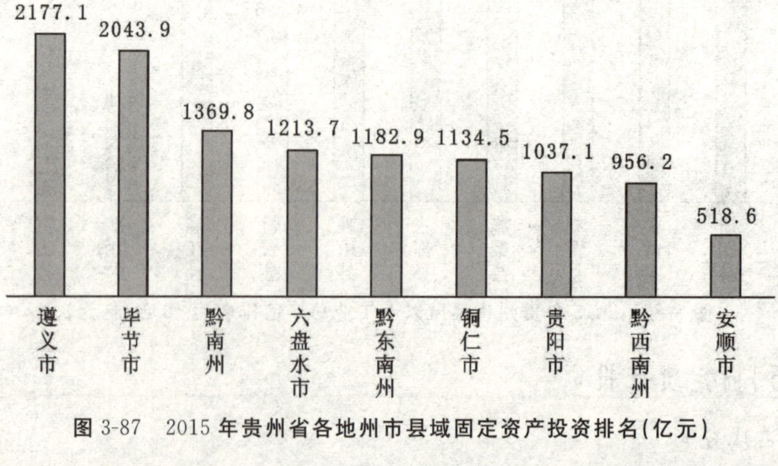

图 3-87 2015 年贵州省各地州市县域固定资产投资排名(亿元)

2015 年,全省县域固定资产投资排名前 10 位的依次为:盘县、凯里市、遵义县、兴义市、纳雍县、金沙县、仁怀市、六枝特区、息烽县、织金县。其中,前 10 位次的 3 位分布在毕节市(见图 3-88)。

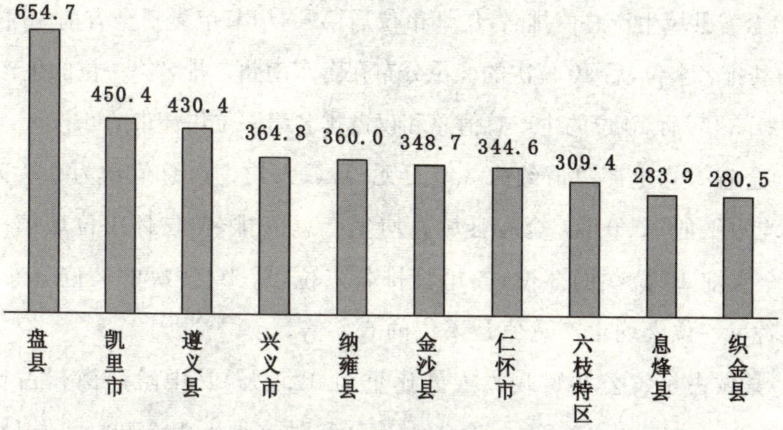

图 3-88　2016 年贵州省县域固定资产投资排名前 10 名(亿元)

2015 年,全省县域固定资产投资排名后 10 位的依次为:石阡县、从江县、镇远县、剑河县、册亨县、施秉县、锦屏县、台江县、雷山县、麻江县。其中,后 10 位次的 8 位分布在黔东南州。排名第一位的盘县固定资产投资是末位麻江县的 27.9 倍(见图 3-89)。

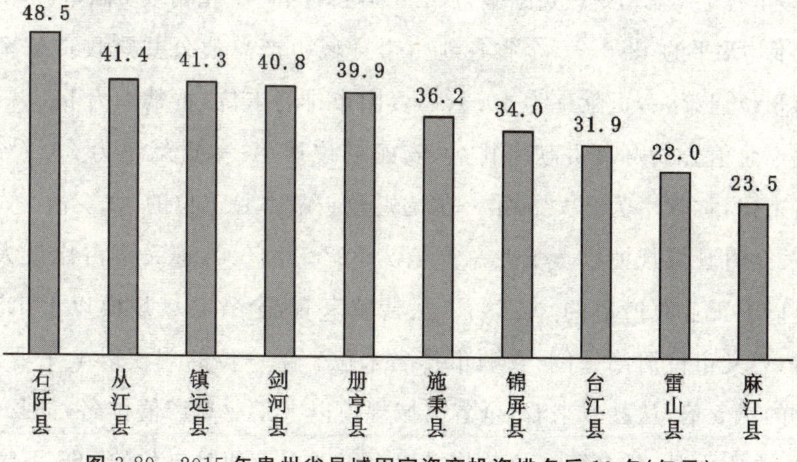

图 3-89　2015 年贵州省县域固定资产投资排名后 10 名(亿元)

三、数据小结

(1)全省县域生产总值占全省生产总值的 79.5%,其中从地州市来看,遵义市总产值占比最大,占全省的 15.4%,占县域的 19.3%,为安顺市的 4.2 倍。全省三次产业结构比重为 15.6∶39.5∶44.9,县域三次产业结构比重为 19.1∶39.9∶41.0。

(2)全省县域生产总值排名,仁怀市位居第一,毕节市囊括全省前10位次的3位;雷山县排名末位,后10位次的9位分布在黔东南州。排名第一位的生产总值是末位的21.3倍,后10位的生产总值总和仅占排名第一位仁怀市的61.0%。

(3)全省人均生产总值约为3.0万元,县域人均生产总值约为2.1万元,为全省平均水平的70.0%。全省县域人均生产总值排名,仁怀市位居第一,贵阳市囊括全省前10位次的3位;务川县排名末位,后10位次的2位分布在遵义市。排名第一位人均生产总值是末位的6.5倍。

(4)县域占全省公共财政收入的比重为34.7%,其中黔西南州占比最大,占全省6.9%,占县域19.8%。全省人均公共财政收入为6500元,县域人均公共财政收入为2022.7元,县域为全省人均公共财政收入水平的31.1%。

(5)全省县域公共财政收入排名,兴义市位居第一,丹寨县排名末位,第一位的公共财政收入是末位的53.1倍。人均县域公共财政收入排名,凯里市位居第一,赫章县排名末位,第一位的公共财政收入是末位的28.0倍。

(6)全省生产总值财政贡献率为21.8%,县域生产总值财政贡献率9.5%,县域是全省平均水平的43.6%。全省各地州市县域生产总值公共财政贡献率排名,黔西南州位居第一,贡献率为19.4%,贵阳市排名末位,贡献率为5.8%。全省县域生产总值公共财政贡献率排名,安龙县位居第一,贡献率为33.7%,赫章县排名末位,贡献率为2.7%,第一位的财政贡献率是末位的12.5倍。

(7)全省县域规模以上工业总产值为8078.0亿元,遵义市占比最大,占县域规模以上工业总产值的20.2%。从县域来看,全省县域规模以上工业总产值排名,遵义市位居第一位,安顺市排名末位。第一位的规模以上工业总产值是末位的7.5倍;从县域来看,全省县域规模以上工业总产值排名,盘县位居第一,末位为雷山县,排名第一位的规模以上工业总产值是末位的467.1倍。

(8)全省县域固定资产为11633.7亿元,其中遵义市占比最大,占县域的18.7%。全省县域固定资产投资排名,毕节市囊括全省前10位次的3位,黔东南州占全省后10位次的8位,排名第一位盘县的固定资产投资总额是末位麻江县的27.9倍。

附录：

贵州全省88个县级行政区划单位（14个市辖区、7个县级市、55个县、11个自治县、1个特区）

贵州省78个县域行政区划单位（4个市辖区，7个县级市，55个县，11个自治县、1个特区）

地州市	县域	行政区域面积（平方千米）	户籍人口（万人）	地区生产总值（万元）	人均生产总值（元）	第一产业增加值（万元）	第二产业增加值（万元）	第三产业增加值（万元）	公共财政收入（万元）	生产总值公共财政贡献率	人均公共财政收入（元）	规模以上工业总产值（万元）	固定资产投资（万元）
贵阳市【6区4县(市)】不包含在内的区：南明区、云岩区、花溪区、乌当区、白云区、观山湖区	开阳县	2070	45	1608888	35753.1	255769	1020905	332214.0	116858	7.26%	2596.8	2912556	2556392
	息烽县	1037	27	1490911	55218.9	147461	712455	630995	73660	4.94%	2728.1	2460126	2838714
	修文县	1076	32	1400368	43761.5	183105	613619	603644	81071	5.79%	2533.5	2128370	2545181
	清镇市	1387	52	2533349	48718.3	209712	1160129	1163508	136465	5.39%	2624.3	1387505	2430606
六盘水市【2区2县(市)】不包含在内的：钟山区	六枝特区	1800	73	1462284	20031.3	283672	530489	648123.0	130391	8.92%	1786.2	815200	3093681
	水城县	3609	91	2062909	22669.3	324686	1068915	669308	206961	10.03%	2274.3	3901881	2496940
	盘　县	4056	120	4742399	39520.0	438340	2890481	1413578	475119	10.02%	3959.3	6540422	6546516
遵义市【2区12县(市)】不包含在内的：红花岗区、汇川区	遵义县	4094	125	3138529	25108.2	677929	1451600	1009000	192140	6.12%	1537.1	5315861	4304400
	桐梓县	3208	75	1251725	16689.7	292865	477300	481560	111086	8.87%	1481.1	873800	2247011
	绥阳县	2566	56	857250	15308.0	299550	238300	319400	58251	6.80%	1040.2	1069992	1776326
	正安县	2595	65	710899	10936.9	239636	159003	312260	44032	6.19%	677.4	286003	890816
	道真仡佬族苗族自治县	2161	35	483367	13810.5	181381	94200	207786	38003	7.86%	1085.8	193147	802140

续表

地州市	县域	行政区域面积（平方千米）	户籍人口（万人）	地区生产总值（万元）	人均生产总值（元）	第一产业增加值（万元）	第二产业增加值（万元）	第三产业增加值（万元）	公共财政收入（万元）	生产总值公共财政贡献率	人均公共财政收入（元）	规模以上工业总产值（万元）	固定资产投资（万元）
遵义市【2区12县(市)】不包含在内的：红花岗区、汇川区	务川仡佬族苗族自治县	2777	47	509571	10841.9	190371	107600	211600	41858	8.21%	890.6	39640	1058600
	凤冈县	1885	44	601476	13669.9	215076	144600	241800	32650	5.43%	742.0	370986	853427
	湄潭县	1845	51	770922	15116.1	235008	204342	331572	56657	7.35%	1110.9	641000	1315953
	余庆县	1622	31	644646	20795.0	166950	206729	270967	38711	6.01%	1248.7	482527	1023001
	习水县	3128	75	1279511	17060.1	271531	557435	450545	76066	5.94%	1014.2	1018191	2226046
	赤水市	1852	31	841091	27132.0	150835	366545	323711	56540	6.72%	1823.9	740166	1826500
	仁怀市	1788	70	5057200	72245.7	263000	3521800	1272400	283130	5.60%	4044.7	5263900	3446230
安顺市【1区5县(市)】不包含在内：西秀区	平坝县	999	39	1027682	26350.8	164694	510116	352872	96989	9.44%	2486.9	894971	2063441
	普定县	1092	50	843534	16870.7	160462	341119	341953	72472	8.59%	1449.4	830211	934350
	镇宁布依族苗族自治县	1717	40	749075	18726.9	154764	191171	403140	58291	7.78%	1457.3	214418	569003
	关岭布依族苗族自治县	1468	39	706421	18113.4	166508	161162	378751	33729	4.77%	864.8	134174	838819
	紫云苗族布依族自治县	2284	39	512855	13150.1	182295	86938	243622	55695	10.86%	1428.1	85581	780407

续表

地州市	县域	行政区域面积（平方千米）	户籍人口（万人）	地区生产总值（万元）	人均生产总值（元）	第一产业增加值（万元）	第二产业增加值（万元）	第三产业增加值（万元）	公共财政收入（万元）	生产总值公共财政贡献率	人均公共财政收入（元）	规模以上工业总产值（万元）	固定资产投资（万元）
毕节市【1区7县(市)】	七星关区	3411	162	3252122	20074.8	949958	996396	1305768	228699	7.03%	1411.7	2469101	2439800
	大方县	3500	119	1773000	14899.2	355137	718000	699863	285759	16.12%	2401.3	1119726	2505900
	黔西县	2554	98	1752457	17882.2	290093	743937	718427	91193	5.20%	930.5	935019	2266200
	金沙县	2528	70	2055530	29364.7	269591	1103479	682460	151083	7.35%	2158.3	1312423	3487000
	织金县	2868	119	1544123	12975.8	345335	580328	618460	231400	14.99%	1944.5	749814	2805000
	纳雍县	2452	104	1721054	16548.6	270479	870449	580126	175889	10.22%	1691.2	1496198	3600000
	威宁彝族回族苗族自治县	6299	147	1838567	12507.3	618867	496600	723100	88929	4.84%	605.0	1485312	2493000
	赫章县	3243	85	1120647	13184.1	395548	231382	493717	30559	2.73%	359.5	612597	842000
铜仁市【2区8县(市)】	碧江县	1012	31	1286267	41492.5	112076	490526	683665	113351	8.81%	3656.5	1042307	2223598
	万山区	840	16	381585	23849.1	89987	158617	132981	20042	5.25%	1252.6	568717	547710
	江口县	1869	25	414346	16573.8	125706	112128	176512	17961	4.33%	718.4	213180	609069
	玉屏侗族自治县	517	16	626243	39140.2	63323	346200	216720	79481	12.69%	4967.6	2100660	1150172
	石阡县	2173	41	595983	14536.2	212555	83680	299748	30449	5.11%	742.7	207184	485383
	思南县	2231	68	1013674	14907.0	265497	243152	505025	49122	4.85%	722.4	771402	1790903

续表

地州市	县域	行政区域面积（平方千米）	户籍人口（万人）	地区生产总值（万元）	人均生产总值（元）	第一产业增加值（万元）	第二产业增加值（万元）	第三产业增加值（万元）	公共财政收入（万元）	生产总值公共财政贡献率	人均公共财政收入（元）	规模以上工业总产值（万元）	固定资产投资（万元）
铜仁市【2区8县（市）】	印江土家族苗族自治县	1961	45	742216	16493.7	233767	148071	360378	26907	3.63%	597.9	311994	664022
	德江县	2172	55	845703	15376.4	226923	171604	447176	50165	5.93%	912.1	493916	959872
	沿河土家族自治县	2469	68	845508	12433.9	255480	154746	435282	39089	4.62%	574.8	324334	1451805
	松桃苗族自治县	2859	73	1034456	14170.6	266073	338298	430085	102421	9.90%	1403.0	1029188	1462491
黔西南布依族苗族自治州【8县（市）】	兴义市	2908	85	3186005	37482.4	324501	1153763	1707741	743806	23.35%	8750.7	3234813	3647625
	兴仁市	1778	55	1128322	20514.9	233064	382602	512656	140013	12.41%	2545.7	866596	1518310
	普安县	1429	34	600968	17675.5	139127	252980	208861	80124	13.33%	2356.6	591884	737954
	晴隆县	1310	34	551300	16214.7	132674	181000	237626	50106	9.09%	1473.7	448261	792837
	贞丰县	1509	41	913500	22280.5	216100	433300	264100	181483	19.87%	4426.4	1067149	1021020
	望谟县	3005	32	465531	14547.8	192209	54307	219015	28259	6.07%	883.1	130642	520411
	册亨县	2598	24	368125	15338.5	132146	40782	195197	52300	14.21%	2179.2	139850	398936
	安龙县	2232	48	881911	18373.1	229462	275103	377346	297277	33.71%	6193.3	627701	925048

续表

地州市	县域	行政区域面积（平方千米）	户籍人口（万人）	地区生产总值（万元）	人均生产总值（元）	第一产业增加值（万元）	第二产业增加值（万元）	第三产业增加值（万元）	公共财政收入（万元）	生产总值公共财政贡献率	人均公共财政收入（元）	规模以上工业总产值（万元）	固定资产投资（万元）
黔东南苗族侗族自治州【16县（市）】	凯里市	1571	57	2102102	36879.0	127141	679073	1295888	584400	27.80%	10252.6	2056736	4504206
	黄平县	1668	39	432772	11096.7	142345	49866	240561	33880	7.83%	868.7	223169	511351
	施秉县	1532	17	308422	18142.5	73513	77470	157439	26987	8.75%	1587.5	125671	361480
	三穗县	1036	23	353296	15360.7	70343	97182	185771	32369	9.16%	1407.3	266068	507805
	镇远县	1878	28	608133	21719.0	107375	263107	237651	100088	16.46%	3574.6	756617	412530
	岑巩县	1487	23	358960	15607.0	74772	113689	170499	37739	10.51%	1640.8	661431	494866
	天柱县	2201	41	673712	16432.0	142738	246084	284890	53893	8.00%	1314.5	606052	913741
	锦屏县	1597	24	346061	14419.2	70029	114714	161318	18893	5.46%	787.2	465218	340081
	剑河县	2176	27	360557	13354.0	97585	61191	201781	40429	11.21%	1497.4	166400	407604
	台江县	1108	17	254652	14979.5	59279	47215	148158	20281	7.96%	1193.0	198695	318977
	黎平县	4441	55	672698	12230.9	158225	176644	337829	47660	7.08%	866.5	498170	845673
	榕江县	3296	37	482582	13042.8	140853	128194	213535	85151	17.64%	2301.4	388296	682609
	从江县	3244	35	480691	13734.0	142414	129726	208551	60319	12.55%	1723.4	218264	413755
	雷山县	1204	16	237587	14849.2	62437	40350	134800	21772	9.16%	1360.8	13556	280441
	麻江县	957	17	260379	15316.4	71654	68566	120159	19031	7.31%	1119.5	83600	234681
	丹寨县	938	18	242673	13481.8	61136	65585	115952	13759	5.67%	764.4	452030	598921

续表

地州市	县域	行政区域面积(平方千米)	户籍人口(万人)	地区生产总值(万元)	人均生产总值(元)	第一产业增加值(万元)	第二产业增加值(万元)	第三产业增加值(万元)	公共财政收入(万元)	生产总值公共财政贡献率	人均公共财政收入(元)	规模以上工业总产值(万元)	固定资产投资(万元)
黔南布依族苗族自治州【12县(市)】	都匀市	2286	49	1716712	35034.9	148644	607223	960845	156472	9.11%	3193.3	1059791	2260323
	福泉市	1692	33	1244342	37707.3	129543	557775	557024	135500	10.89%	4106.1	2081700	1389767
	荔波县	2432	18	453019	25167.7	82715	129214	241090	31007	6.84%	1722.6	393891	683746
	贵定县	1631	30	695472	23182.4	96481	313288	285703	61175	8.80%	2039.2	1043824	856704
	瓮安县	1974	48	971924	20248.4	181273	363527	427124	116192	11.95%	2420.7	1393267	1846348
	独山县	2445	36	620556	17237.7	142550	197733	280273	40001	6.45%	1111.1	94550	1039474
	平塘县	2825	33	475501	14409.1	144196	90321	240984	34110	7.17%	1033.6	143000	767988
	罗甸县	3013	35	567339	16209.7	129167	201576	236596	28314	4.99%	809.0	368993	814027
	长顺县	1543	26	460076	17695.2	105430	118642	236004	31731	6.90%	1220.4	945000	696777
	龙里县	1521	23	714947	31084.7	87281	448758	178908	82539	11.54%	3588.7	1700000	1361400
	惠水县	2470	46	706942	15368.3	177384	241885	287673	61550	8.71%	1338.0	1303700	1214521
	三都水族自治县	2400	37	489382	13226.5	135603	74831	278948	31517	6.44%	851.8	122612	766521
合计	78个	170409	3935	83517494	21224.3	15963384	33281812	34272298	7959451	9.53%	2022.7	80780897	116336883

第四章 西藏篇

一、整体概况

(一)全区概况

西藏自治区简称藏,通称西藏。西藏位于中国西南边陲,首府拉萨,是中国5个少数民族自治区之一。北邻新疆,东接四川,东北紧靠青海,东南连接云南;周边与缅甸、印度、不丹、尼泊尔、克什米尔等国家及地区接壤。陆地国界线4000多千米,是中国西南边陲的重要门户。面积为122.84万平方千米。2015年末全区常住人口323.97万人。全区拥有6个地区市,74个县级行政区划单位(其中4个市辖区、70个县)。全区行政地域分布主要分为藏南、藏东、藏北、藏西4个区域,其中藏南包含3个地区市(拉萨市、日喀则市、林芝市南(林芝县、工布江达县、米林县、郎县))和山南地区,藏东包含2个地区市(昌都市、林芝市东(察隅县、墨脱县、波密县)),藏北为那曲地区,藏西为阿里地区。

2015年末,全区生产总值实现1026.39亿元,人均生产总值约为3.17万。其中,第一产业增加值96.89亿元,第二产业增加值376.19亿元,第三产业增加值553.31亿元,三次产业结构比重为9.44:36.65:53.91。全年全部工业增加值69.88亿元,其中规模以上工业增加值56.19亿元;全部财政收入175.83亿元,其中公共财政预算收入137.13亿元;全社会固定资产投资完成1342.16亿元,社会消费品零售总额实现408.08亿元,其中城镇消费品零售额完成336.35亿元,乡村消费品零售额完成71.73亿元。

(二)县域概况

全省74个县级行政区划单位,纳入县域体系的有73个县级行政区划单位(其中3个市辖区,70个县),户籍人口302万人。县域生产总值为709.51亿元,人均生产总值约为2.35万元。其中,第一产业增加值97.08亿元,第二产业增加值284.77亿元,第三产业增加值327.66亿元,三次产业结构比重为13.68∶40.14∶46.18。县域公共财政收入为45.25亿元,县域固定资产为958.31亿元。

二、经济分析

(一)生产总值

1.占比分析

(1)县域占全区生产总值比重

2015年,县域生产总值为709.51亿元,占全区生产总值的69.13%。其中,藏南区域占全区生产总值的45.04%,藏东区域占全区生产总值的15.40%,藏北区域占全区生产总值的6.73%,藏西区域占全区生产总值的1.96%(见图3-90)。

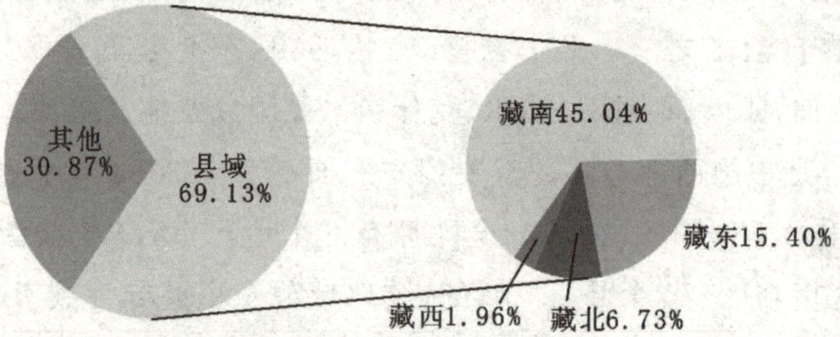

图3-90 2015年西藏县域占全区生产总值比重

(2)各区域县域生产总值比重

2015年,各区域县域生产总值比重为:藏南区域占县域生产总值的65.16%,藏东区域占县域生产总值的22.27%,藏北区域占县域生产总值的9.73%,藏西区域占县域生产总值的2.84%(见图3-91)。

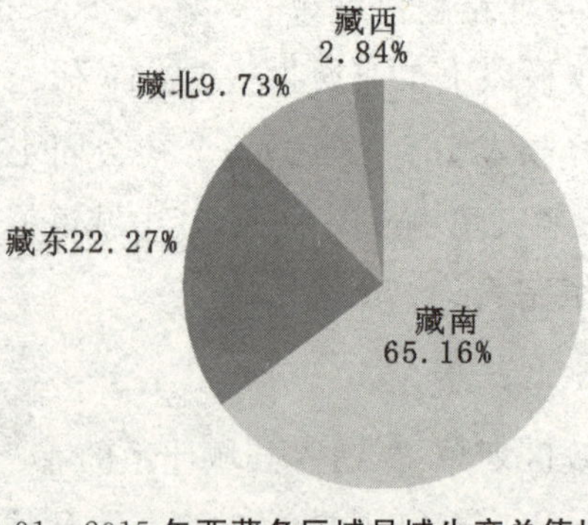

图3-91 2015年西藏各区域县域生产总值比重

(3)各地市县域占全区生产总值比重

2015年，各地市县域占全区生产总值比重为：藏南区域，拉萨市占10.10%、日喀则市占16.24%、林芝市(南)占7.63%、山南地区占11.08%；藏东区域，昌都市占12.86%、林芝市(东)占2.53%；藏北区域，那曲地区占6.73%；藏西区域，阿里地区占1.96%(见图3-92)。

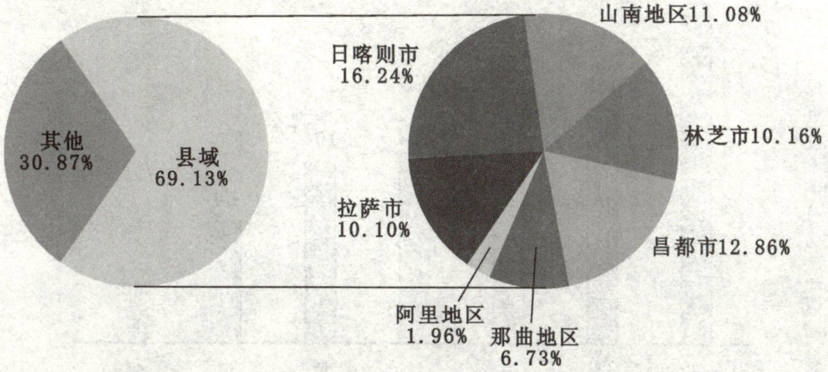

图3-92 2015年西藏各地市县域占全区生产总值比重

(4)各地市县域生产总值比重

2015年，各地市县域生产总值比重为：藏南区域，拉萨市占14.61%、日喀则市占23.49%、林芝市(南)占11.04%、山南地区占16.02%；藏东区域，昌都市占18.61%、林芝市(东)占3.66%：藏北区域，那曲地区占9.73%；藏西区域，阿里地区占2.84%(见图3-93)。

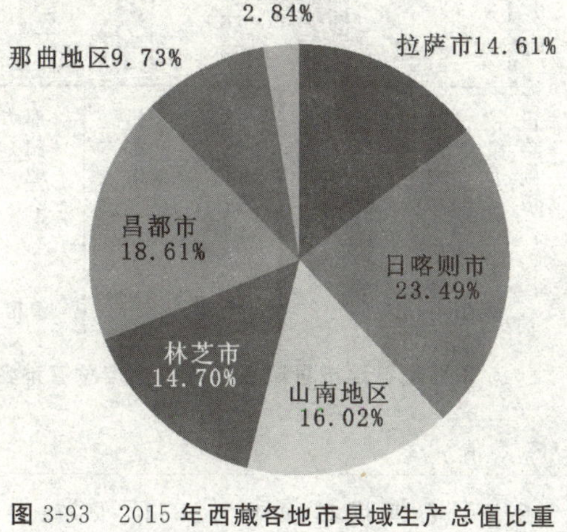

图3-93 2015年西藏各地市县域生产总值比重

2.排名分析

(1)全区各地市县域生产总值排名

2015年,各地市县域生产总值排名依次为:日喀则市、昌都市、山南地区、林芝市、拉萨市、那曲地区、阿里地区。其中,日喀则市生产总值高出排名第二的昌都市的26.52%,为阿里地区生产总值的8.35倍(见图3-94、见图3-95)。

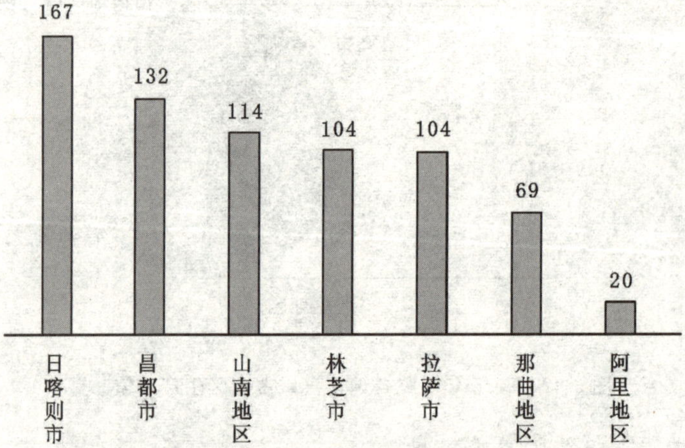

图3-94 2015年西藏各地市县域生产总值排名(亿元)

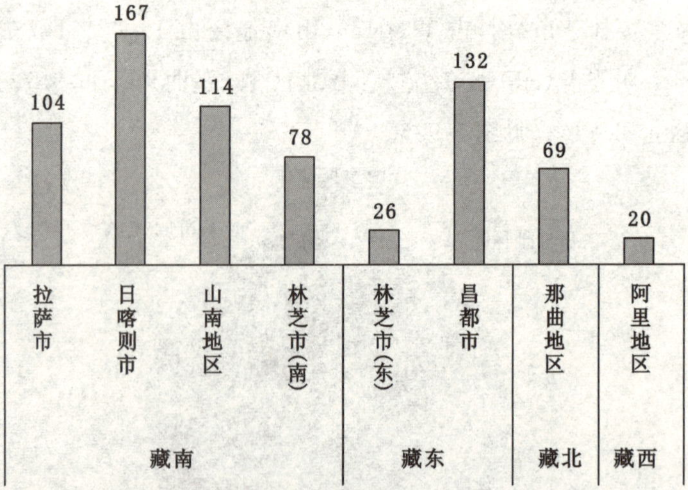

图3-95 2015年西藏各地市县域在区域内生产总值排名(亿元)

(2)全区县域生产总值排名

2015年,全区县域生产总值排名前10位的依次为:桑珠孜区、巴宜区、卡若区、乃东县、堆龙德庆县、墨竹工卡县、江孜县、芒康县、波密县、林周县。其中,前10位次的7位分布在藏南区域,其中拉萨市分布3位(见图3-96)。

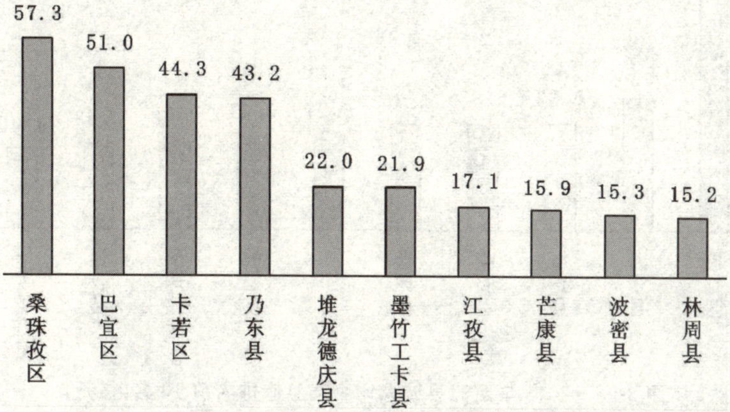

图3-96 2015年西藏县域生产总值排名前10名(亿元)

2015年,全区县域生产总值排名后10位的依次为:岗巴县、革吉县、定结县、双湖县、措美县、日土县、噶尔县、措勤县、普兰县、札达县。其中,后10位次的6位分布在藏西区域阿里地区。排名第一位的生产总值是末位的26.53倍,后10位生产总值总和仅占排名第一位桑珠孜区的48.67%(见图3-97)。

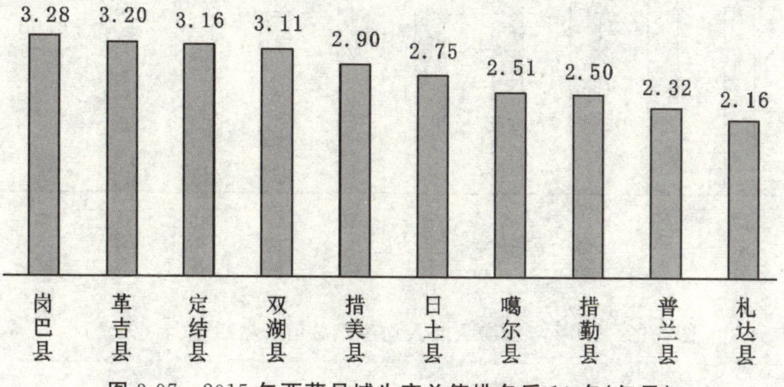

图3-97 2015年西藏县域生产总值排名后10名(亿元)

(3)全区县域人均生产总值排名

2015年,全区县域人均生产总值排名前10位的依次为:巴宜区、乃东县、加查县、桑日县、米林县、亚东县、波密县、桑珠孜区、达孜县、堆龙德庆县。其中,前10位的9位分布在藏南区域,其中山南地区分布3位(见图3-98)。

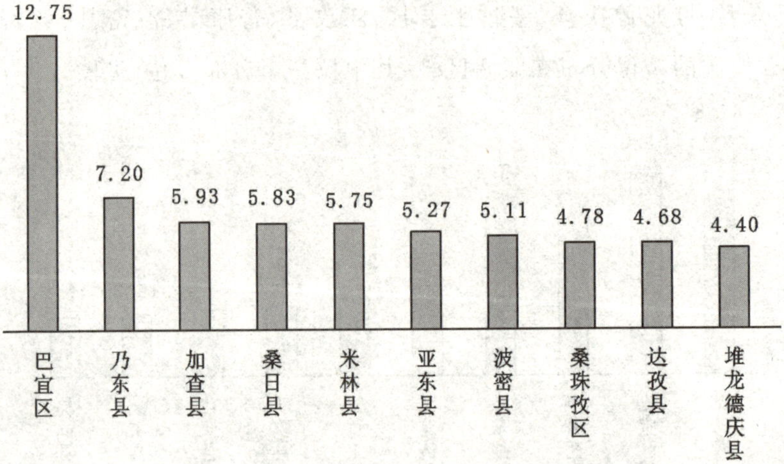

图 3-98 2015 年西藏县域人均生产总值排名前 10 名(亿元)

2015 年,全区县域人均生产总值排名后 10 位的依次为:聂荣县、嘉黎县、八宿县、索县、浪卡子县、定日县、贡觉县、比如县、丁青县、南木临县。其中,后 10 位次的 4 位分布在藏北区域的那曲地区,排名第一位的人均生产总值是末位的 14.17 倍(见图 3-99)。

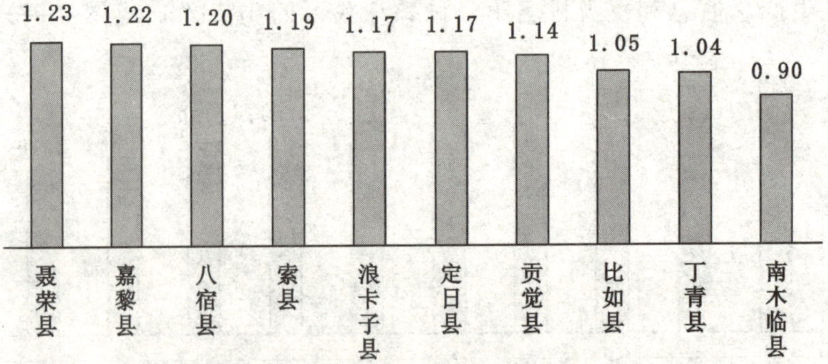

图 3-99 2015 年西藏县域人均生产总值排名后 10 名(亿元)

(二)产业结构

1.全区三次产业增加值比重

2015 年,全区生产总值 1026.39 亿元。其中,第一产业增加值 96.89 亿元,第二产业增加值 376.19 亿元,第三产业增加值 553.31 亿元,全区三次产业结构比重为 9.44∶36.65∶53.91(见图 3-100)。

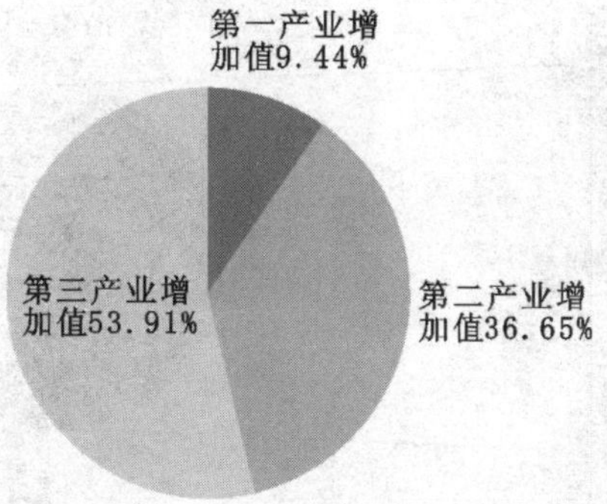

图 3-100 2015 年西藏全区三次产业增加值比重

2. 县域三次产业增加值比重

2015 年，全区县域生产总值为 709.51 亿元。其中，第一产业增加值 97.08 亿元，第二产业增加值 284.77 亿元，第三产业增加值 327.66 亿元，三次产业结构比重为 13.68:40.14:46.18(见图 3-101)。

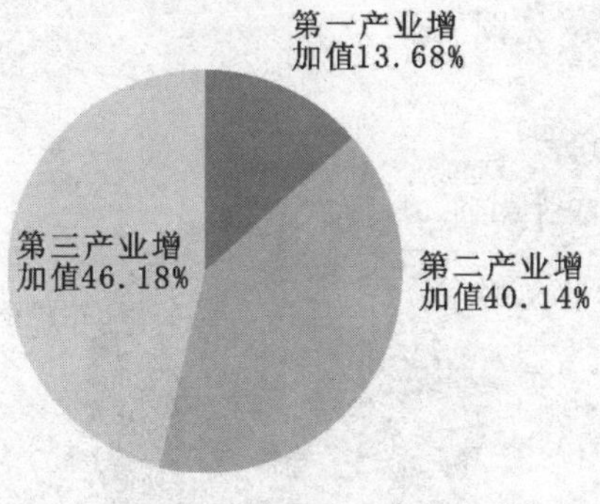

图 3-101 2015 年西藏县域三次产业增加值比重

(三)财政收入

1. 占比分析

(1)各地市县域占全区公共财政收入比重

2015 年，县域公共财政收入为 45.25 亿元，占全区公共财政收入的比重为 33.0%。其中，各地市县域占全区公共财政收入的比重为：藏南区域，拉萨市占 12.3%、日喀则市占 5.1%、山南地区占 4.3%、林芝市(南)占 2.6%；藏东区域，昌都市占 4.5%、林芝市(东)占 1.0%；藏北区域，那曲地区占 1.8%；藏西区域，阿里地区占 1.4%(见图 3-102)。

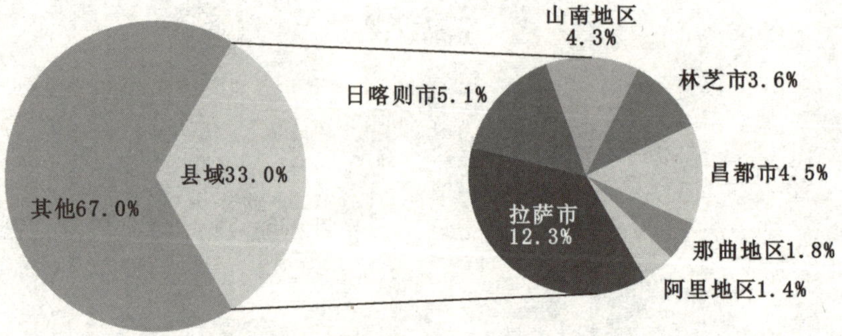

图 3-102 2015 年西藏县域占全区公共财政收入比重

(2)各地市县域公共财政收入比重

2015 年，各地市占县域公共财政收入的比重为：藏南区域，拉萨市占 37.4%、日喀则市占 15.4%、山南地区占 13.0%、林芝市(南)占 7.7%；藏东区域，昌都市占 13.5%、林芝市(东)占 3.1%；藏北区域，那曲地区占 5.5%；藏西区域，阿里地区占 4.4%(见图 3-103)。

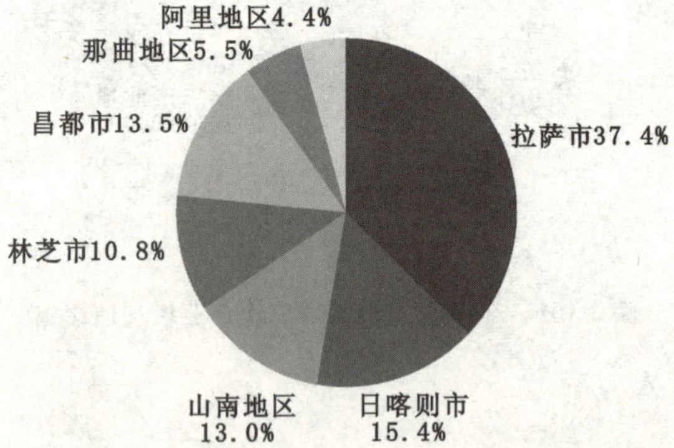

图 3-103 2015 年西藏各地市县域公共财政收入比重

2. 排名分析

(1)全区各地市县域公共财政收入排名

2015 年，各地市县域公共财政收入排名依次为：拉萨市、日喀则市、昌都市、山南地区、林芝市、那曲地区、阿里地区。其中，拉萨市公共财政收入为阿里地区的 8.45 倍(见图 3-104)。

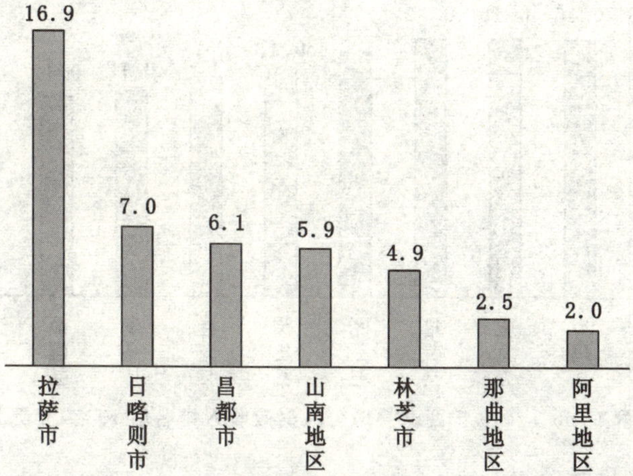

3-104 2015 年西藏各地市县域公共财政收入排名(亿元)

2015 年,全区县域公共财政收入排名前 10 位的依次为:堆龙德庆县、达孜县、墨竹工卡县、巴宜区、当雄县、曲水县、卡若区、桑珠孜区、林周县、谢通门县。其中,前 10 位次的 9 位分布在藏南区域,拉萨市分布 6 位(见图 3-105)。

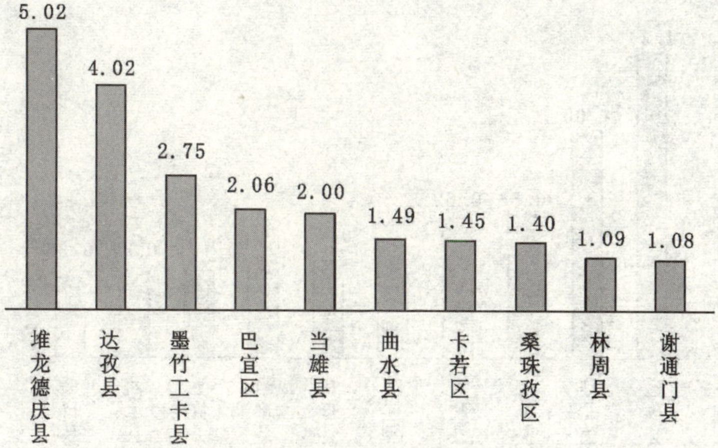

图 3-105 2015 年西藏县域公共财政收入排名前 10 名(亿元)

2015 年,全区县域公共财政收入排名后 10 位的依次为:白朗县、尼玛县、班戈县、措美县、措勤县、岗巴县、聂荣县、康马县、萨嘎县、定结县。其中,后 10 位次的 6 位分布在藏南地区,日喀则市分布 5 位。排名第一位的公共财政收入是末位的 50.2 倍(见图 3-106)。

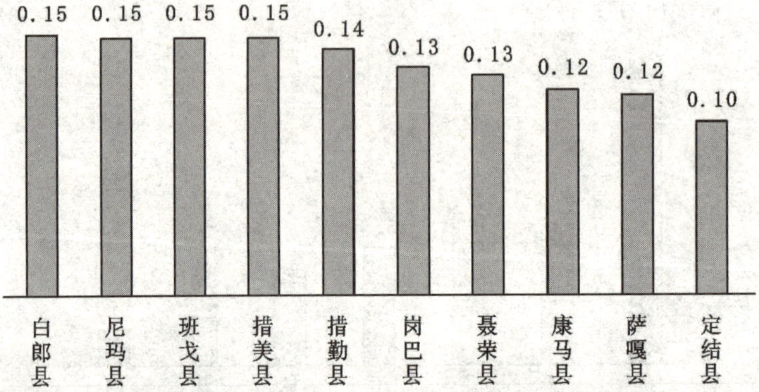

图 3-106　2015 年西藏县域公共财政收入排名后 10 名(亿元)

(2)县域人均公共财政收入排名

2015 年,县域人均公共财政收入为 1498.4 元,全区县域人均公共财政收入排名前 10 位依次为:达孜县、堆龙德庆县、亚东县、墨脱县、巴宜区、加查县、当雄县、墨竹工卡县、曲水县、桑日县。其中,前 10 位次的 5 位分布在藏南区域的拉萨市(见图 3-107)。

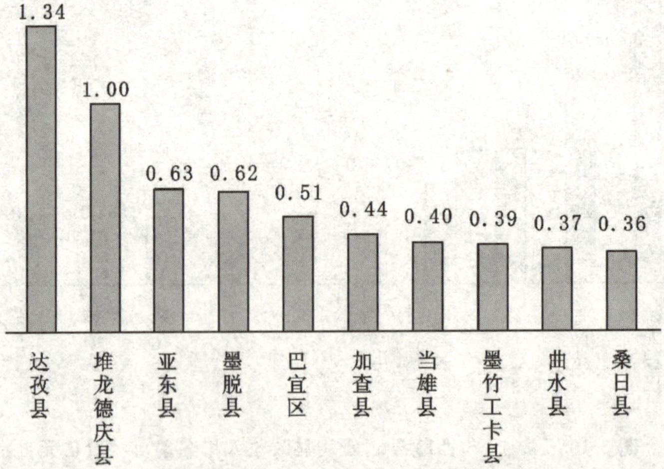

3-107　2015 年西藏县域人均公共财政收入排名前 10 名(万元)

2015 年,全区县域人均公共财政收入排名后 10 位的依次为:察雅县、江孜县、比如县、索县、拉孜县、巴青县、班戈县、聂荣县、白朗县、南木临县。其中,后 10 位次的 5 位分布在藏北区域的那曲地区(见图 3-108)。

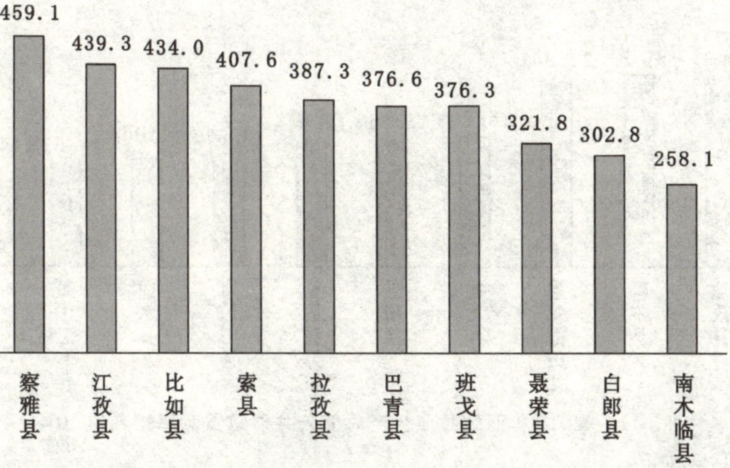

图 3-108 2015 年西藏县域人均公共财政收入排名后 10 名(元)

(3)县域生产总值公共财政贡献率排名

2015 年,全区生产总值财政贡献率 13.36%,县域生产总值公共财政贡献率6.38%,各地市生产总值公共财政贡献率排名依次为:拉萨市、阿里地区、山南地区、林芝市、昌都市、日喀则市、那曲地区(见图 3-109)。

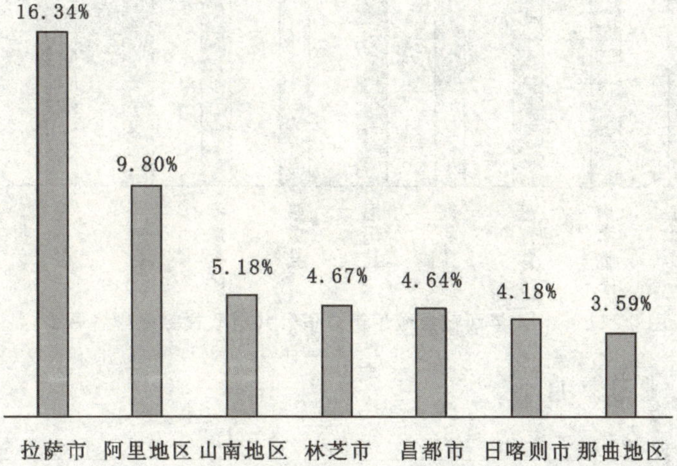

图 3-109 2015 年西藏各地市县域生产总值公共财政贡献率排名

2015 年,全区县域生产总值公共财政贡献率排名前 10 位的依次为:达孜县、噶尔县、堆龙德庆县、札达县、当雄县、墨脱县、谢通门县、曲水县、墨竹工卡县、普兰县。其中,前 10 位次的 5 位分布在藏南区域的拉萨市(见图 3-110)。

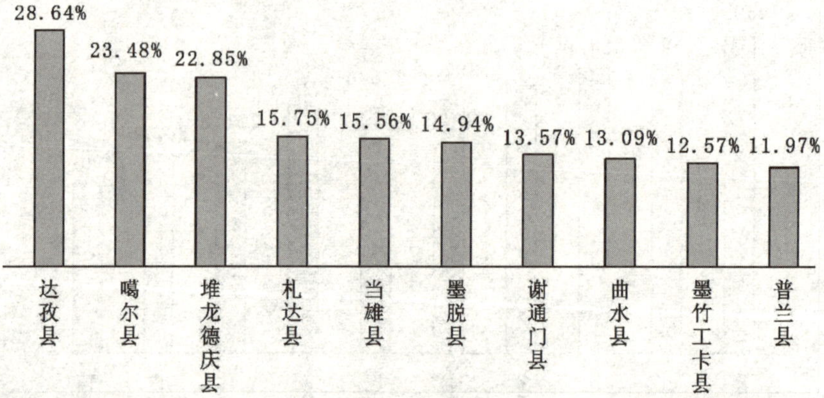

图 3-110　2015 年西藏县域生产总值公共财政贡献率排名前 10 名

2015 年,全区县域生产总值公共财政贡献率排名后 10 位的依次为:那曲县、南木临县、巴青县、班戈县、尼玛县、聂荣县、桑珠孜区、乃东县、白朗县、江孜县。其中,后 10 位次的 5 位分布在藏北区域的那曲地区(见图 3-111)。

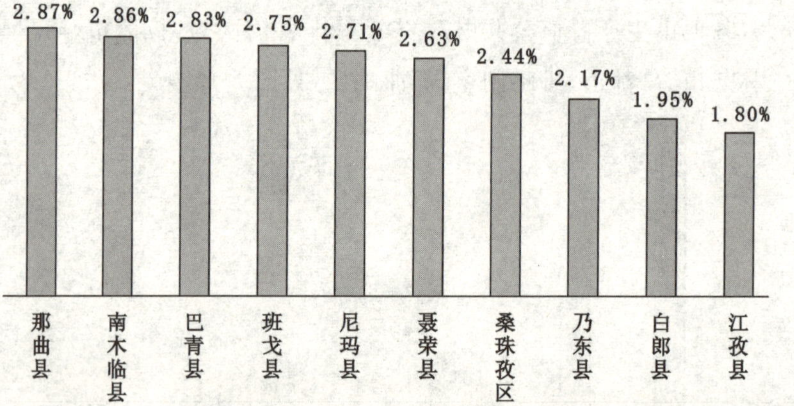

图 3-111　2015 年西藏县域生产总值公共财政贡献率排名后 10 名

(四)工业总产值

1. 占比分析

2015 年,县域规模以上工业总产值为 75.18 亿元,各地市县域规模以上工业总产值比重为:藏南区域,拉萨市占 56.62%、日喀则市占 7.88%、山南地区占 23.25%、林芝市(南)占 10.49%;藏东区域,昌都市占 0.41%;藏北区域,那曲地区占 0.77%;藏西区域,阿里地区占 0.58%(见图 3-112)。

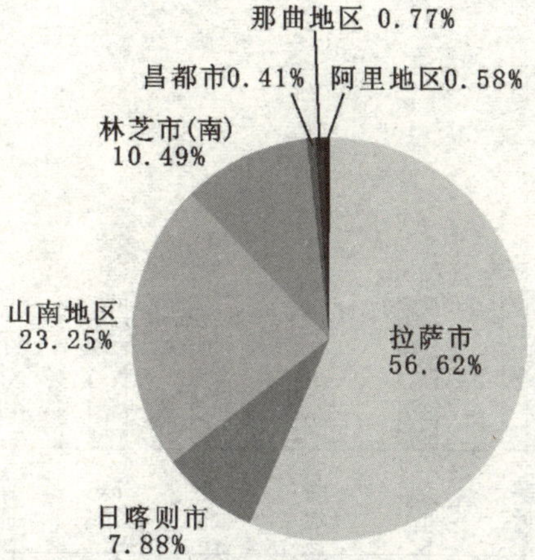

图 3-112　2015 年西藏各地市县域规模以上工业总产值比重

2. 排名分析

2015 年，各地市县域规模以上工业总产值排名依次为：拉萨市、山南地区、林芝市、日喀则市、那曲地区、阿里地区、昌都市(见图 3-113)。

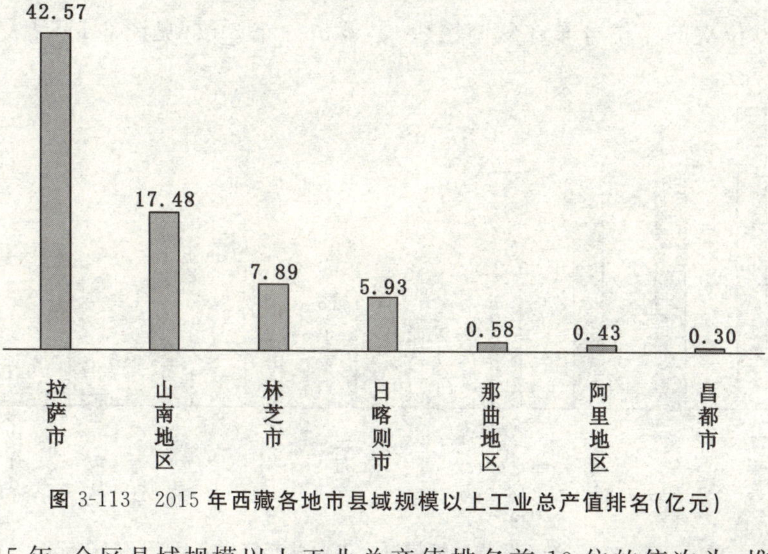

图 3-113　2015 年西藏各地市县域规模以上工业总产值排名(亿元)

2015 年，全区县域规模以上工业总产值排名前 10 位的依次为：堆龙德庆县、桑日县、墨竹工卡县、巴宜区、曲水县、当雄县、隆子县、谢通门县、达孜县、曲松县。其中，前 10 位次的 5 位分布在藏南区域的拉萨市(见图 3-114)。

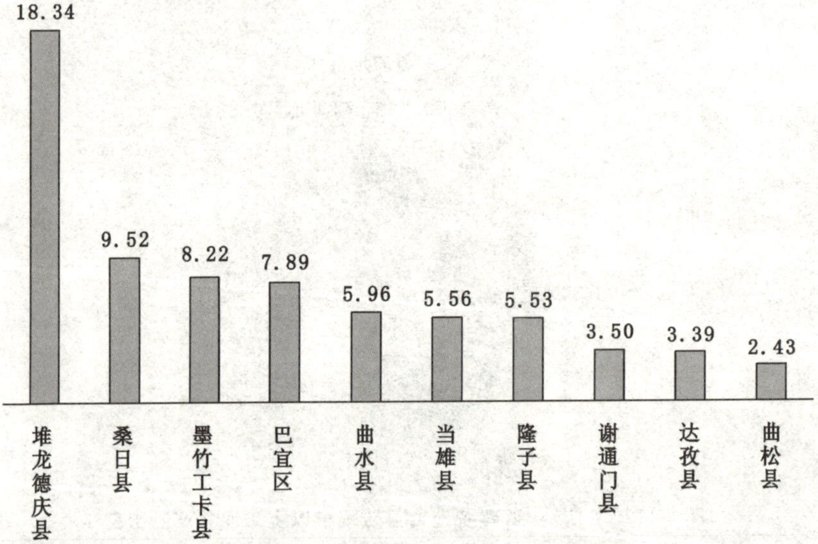

图 3-114　2015 年西藏县域规模以上工业总产值排名前 10 名(亿元)

2015 年,全区县域规模以上工业总产值排名后 10 位的依次为:嘉黎县、噶尔县、白朗县、聂拉木县、卡若区、仁布县、尼木县、江达县、八宿县、比如县。其中,后 10 位次的 4 位分布在藏南区域,昌都市分布 3 位(见图 3-115)。

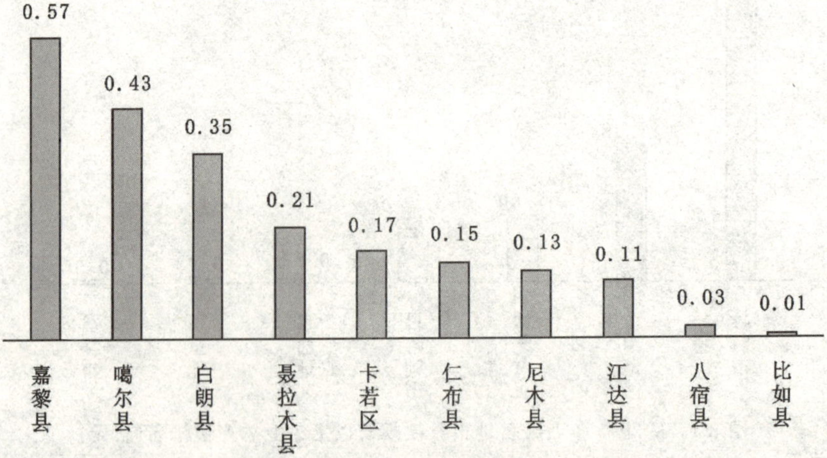

图 3-115　2015 年西藏县域规模以上工业总产值排名后 10 名(亿元)

由于部分地区规模以上工业总产值在 2015 年经济指标中数据为零,如下:藏西区域阿里地区(日土县、革吉县、改则县、措勤县、普兰县、札达县);藏北区域那曲地区(双湖县、尼玛县、巴青县、班戈县、索县、申扎县、安多县、聂荣县、那曲县)；藏东区域昌都市(边坝县、洛隆县、芒康县、左贡县、察雅县、丁青县、类乌齐县、贡觉县)和林芝市东(察隅县、波密县、墨脱县)；藏南区域林芝市南(朗县、米林县、工布江达县)；山南地区(浪卡子县、错那县、加查县、洛扎县、措美县、琼结县、贡嘎县、扎囊县、乃东县)；日喀则市(岗巴县、萨嘎县、吉隆县、亚东县、仲巴县、定结县、康马县、昂仁县、拉孜县、萨迦县、定日县 、江孜县、南木临县)。这些地区暂不参与本次数据分析。

(五)固定资产投资

1.占比分析

(1)县域占全区固定资产投资比重

2015年，全区县域固定资产为958.31亿元，占全区固定资产投资的71.4%，各地市县域占全区固定资产投资比重为：藏南区域，拉萨市占17.93%、日喀则市占9.17%、山南地区占10.70%、林芝市(南)占8.63%；藏东区域，昌都市占12.86%、林芝市(东)占3.57%；藏北区域，那曲地区占4.70%；藏西区域，阿里地区占3.84%(见图3-116)。

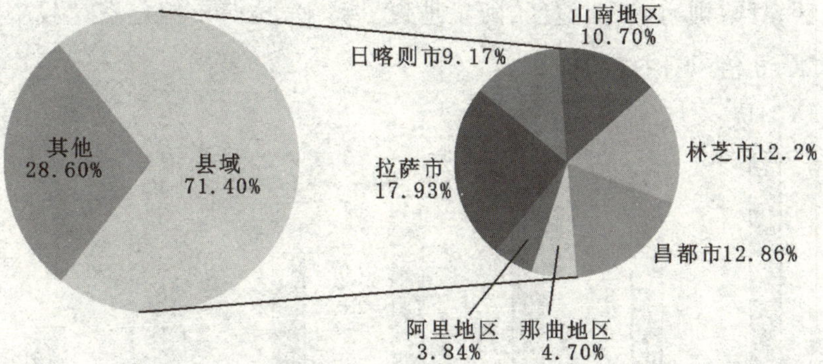

图3-116　2015年西藏县域占全区固定资产投资比重

(2)各地市县域固定资产投资比重

2015年，各地市县域固定资产投资比重为：藏南区域，拉萨市占25.11%、日喀则市占12.84%、山南地区占14.99%、林芝市(南)占12.09%；藏东区域，昌都市占18.01%、林芝市(东)占5.00%；藏北区域，那曲地区占6.58%；藏西区域，阿里地区占5.38%(见图3-117)。

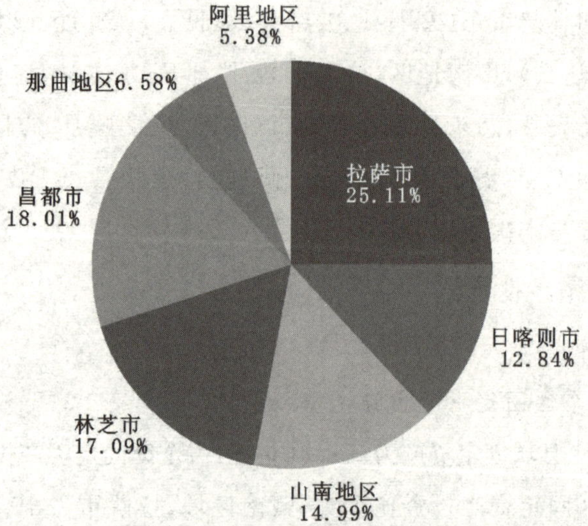

图 3-117　2015 年西藏各地市县域固定资产投资比重

2.排名分析

2015 年,各地市县域固定资产投资排名依次为:拉萨市、昌都市、林芝市、山南地区、日喀则市、那曲地区、阿里地区。其中,拉萨市固定资产投资是阿里地区的 4.63 倍(见图 3-118)。

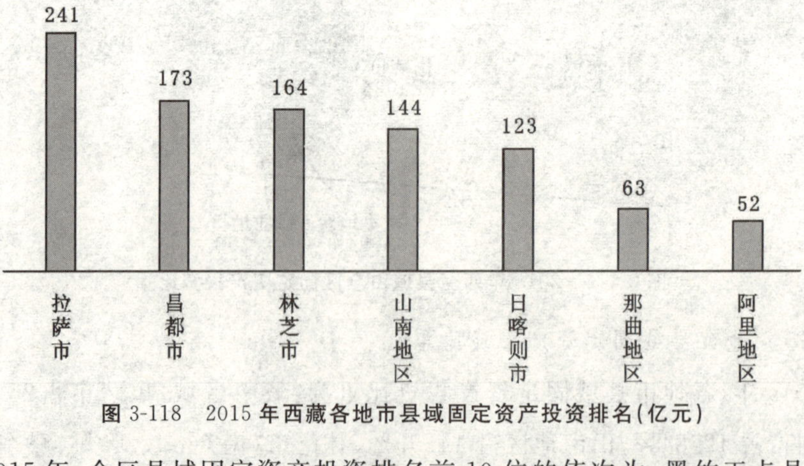

图 3-118　2015 年西藏各地市县域固定资产投资排名(亿元)

2015 年,全区县域固定资产投资排名前 10 位的依次为:墨竹工卡县、巴宜区、卡若区、堆龙德庆县、噶尔县、桑珠孜区、乃东县、芒康县、曲水县、加查县。其中,前 10 位次的 7 位分布在藏南区域,拉萨市分布 3 位(见图 3-119)。

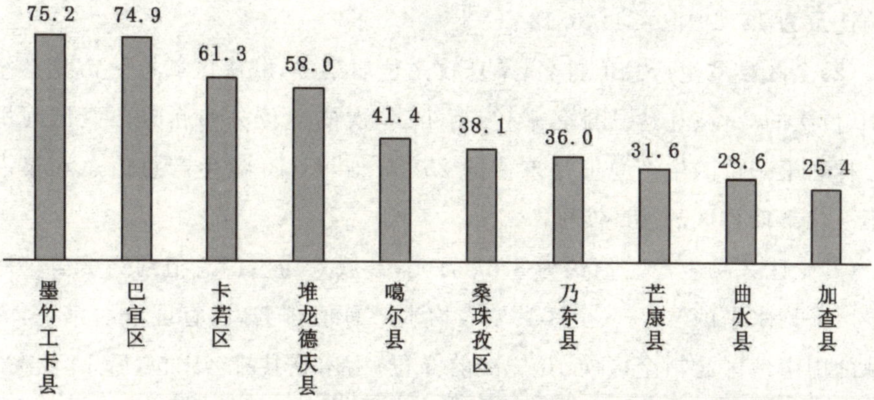

图 3-119 2015 年西藏县域固定资产投资排名前 10 名(亿元)

2015 年末,全区县域固定资产投资排名后 10 位的依次为:萨嘎县、萨迦县、双湖县、普兰县、聂拉木县、措勤县、改则县、日土县、札达县、革吉县。其中,后 10 位的 6 位分布在藏西区域的阿里地区。排名第一位的墨竹工卡县固定资产投资是末位革吉县的 67.75 倍(见图 3-120)。

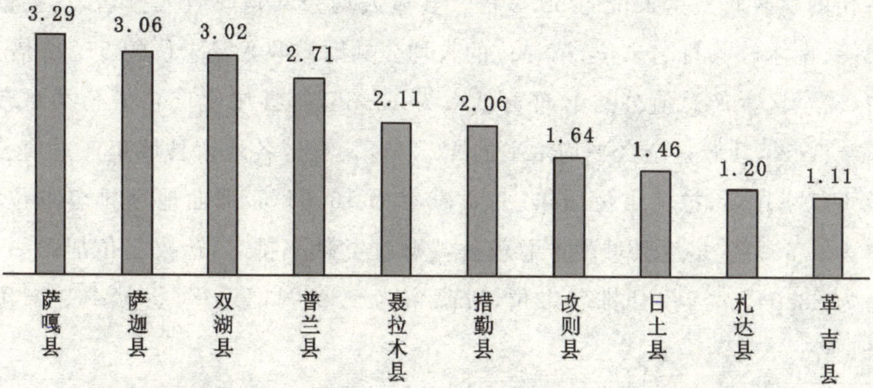

图 3-120 2015 年西藏县域固定资产投资排名后 10 名(亿元)

三、数据小结

(1)全区县域生产总值占全区生产总值的 69.13%,其中从区域来看,藏南区域生产总值占比最大,占全区生产总值的 45.04%,占县域生产总值的 65.16%;从地市来看,日喀则市生产总值占比最大,占全区生产总值的 16.24%,占县域生产总值的23.49%,高出排名第二的昌都市 26.52%,为阿里地区的 8.35 倍。全区三次产业结构比重为 9.44:36.65:53.91,县域三次产业结构比重为 13.68:40.14:46.18。

(2)全区县域生产总值排名,桑珠孜区位居第一,藏南区域拉萨市囊括全区前 10 位次的 3 位;札达县排名末位,后 10 位次的 6 位分布在藏西区域阿里地区。排名第一位的生产总值是末位的 26.53 倍,后 10 位生产总值总和仅占排名第一位桑珠孜区的 48.67%。

(3)全区人均生产总值约为 3.17 万元,县域人均生产总值约为 2.35 万元,为全区平均水平的 74%。全区县域人均生产总值排名,巴宜区位居第一,藏南区域的山南地区囊括全区前 10 位次的 3 位;南木临县排名末位,后 10 位次的 4 位分布在藏北区域的那曲地区。排名第一位的人均生产总值是末位的 14.17 倍。

(4)县域占全区公共财政收入的比重为 33.0%,其中,拉萨市占比最大,占全区 12.3%,占县域 37.4%。全区人均公共财政收入为 4232.8 元,县域人均公共财政收入为 1498.4 元,县域为全区人均公共财政收入水平的 35.4%。

(5)全区县域公共财政收入排名,堆龙德庆县位居第一,定结县排名末位,第一位的财政收入是末位的 50.2 倍。县域人均公共财政收入排名,达孜县位居第一,南木临县排名末位,第一位的人均公共财政收入是末位的 51.92 倍。

(6)全区生产总值公共财政贡献率为 13.36%,县域生产总值公共财政贡献率 6.38%,县域是全区平均水平的 47.75%。全区各地市县域生产总值公共财政贡献率排名,拉萨市位居第一,贡献率为 16.34%,那曲地区排名末位,贡献率为 3.59%。全区县域生产总值公共财政贡献率排名,达孜县位居第一,贡献率为 28.64%,江孜县排名末位,贡献率为 1.80%,第一位贡献率是末位的 15.91 倍。

(7)全区县域规模以上工业总产值为 75.18 亿元,拉萨市占比最大,占县域规模以上工业总产值的 56.62%,是末位昌都市的 141.9 倍;从县域来看,全区县域规模以上工业总产值排名,堆龙德庆县位居第一,比如县排名末位,排名第一位规模以上工业总产值是末位的 1834.0 倍。

(8)全区县域固定资产为 958.31 亿元,占全区固定资产投资的 71.4%,其中拉萨市占比最大,占全区的 17.93%,占县域的 25.11%。全区县域固定资产投资排名,拉萨市囊括全区前 10 位次的 3 位,排名第一位的墨竹工卡县固定资产投资是末位革吉县的 67.75 倍。

附录：

西藏自治区73个县域行政区划单位(3个市辖区,70个县)

地市	县域	行政区域面积(平方千米)	户籍人口(万人)	地区生产总值(万元)	人均生产总值(元)	第一产业增加值(万元)	第二产业增加值(万元)	第三产业增加值(万元)	公共财政收入(万元)	人均公共财政收入(元)	生产总值公共财政贡献率	规模以上工业总产值(万元)	固定资产投资(万元)
拉萨市【1区7县】不包含在内的区:城关区	堆龙德庆县	2704	5	219800	43960.0	14358	183250	22192	50226	10045.2	22.85%	183378	580100
	林周县	4464	6	151800	25300.0	23808	44600	83392	10937	1822.8	7.20%	9678	197200
	当雄县	10244	5	128601	25720.2	24017	64700	39884	20015	4003.0	15.56%	55646	248100
	尼木县	3276	3	63200	21066.7	9684	28100	25416	5560	1853.3	8.80%	1312	108900
	曲水县	1624	4	113600	28400.0	14863	87300	11437	14865	3716.3	13.09%	59587	285500
	达孜县	1373	3	140500	46833.3	14504	71387	54609	40244	13414.7	28.64%	33928	234400
	墨竹工卡县	5492	7	218900	31271.4	25650	171100	22150	27514	3930.6	12.57%	82200	751800
日喀则市【1区17县】	桑珠孜区	3665	12	573100	47758.3	44207	207620	321273	13977	1164.8	2.44%	17224	381145
	南木林县	8848	9	81168	9018.7	31382	18563	31223	2323	258.1	2.86%	0	59000
	江孜县	3800	7	170799	24399.9	29378	23826	117595	3075	439.3	1.80%	0	63011
	定日县	13961	6	69987	11664.5	17855	26339	25793	5448	908.0	7.78%	0	69800
	萨迦县	8126	5	86561	17312.2	17425	45521	23615	5566	1113.2	6.43%	0	30610
	拉孜县	4405	6	77620	12936.7	23082	18887	35651	2324	387.3	2.99%	0	56328
	昂仁县	27600	5	67062	13412.4	16643	19310	31109	2501	500.2	3.73%	0	69200

续表

地市	县域	行政区域面积（平方千米）	户籍人口（万人）	地区生产总值（万元）	人均生产总值（元）	第一产业增加值（万元）	第二产业增加值（万元）	第三产业增加值（万元）	公共财政收入（万元）	人均公共财政收入（元）	生产总值公共财政贡献率	规模以上工业总产值（万元）	固定资产投资（万元）
日喀则市【1区17县】	谢通门县	14043	5	79807	15961.4	17403	35438	26966	10832	2166.4	13.57%	34985	53075
	白朗县	2759	5	77685	15537.0	21474	21948	34263	1514	302.8	1.95%	3500	55477
	仁布县	2124	3	44868	14956.0	8840	20896	15132	2060	686.7	4.59%	1450	60521
	康马县	7450	2	38799	19399.5	8339	586	29874	1198	599.0	3.09%	0	38799
	定结县	7566	2	31581	15790.5	6318	9742	15521	1012	506.0	3.20%	0	33504
	仲巴县	45900	3	54852	18284.0	17171	12903	24778	2342	780.7	4.27%	0	38689
	亚东县	4240	1	52681	52681.0	6005	19376	27300	6274	6274.0	11.91%	0	65527
	吉隆县	9300	2	44075	22037.5	6425	18992	18658	4788	2394.0	10.86%	0	54894
	聂拉木县	7903	2	49749	24874.5	8313	8297	33139	1986	993.0	3.99%	2105	21059
	萨嘎县	12500	2	33119	16559.5	6124	11145	15850	1170	585.0	3.53%	0	32874
	岗巴县	4198	1	32757	32757.0	3432	10453	18872	1331	1331.0	4.06%	0	46787
山南地区【12县】	乃东县	2211	6	432147	72024.5	8862	124674	298611	9365	1560.8	2.17%	0	359984
	扎囊县	1960	4	56707	14176.8	6155	24312	26240	2824	706.0	4.98%	0	68198
	贡嘎县	2284	5	111021	22204.2	6429	55196	49396	9366	1873.2	8.44%	0	180171
	桑日县	2635	2	116642	58321.0	4064	100039	12539	7133	3566.5	6.12%	95213	181890

续表

地市	县域	行政区域面积（平方千米）	户籍人口（万人）	地区生产总值（万元）	人均生产总值（元）	第一产业增加值（万元）	第二产业增加值（万元）	第三产业增加值（万元）	公共财政收入（万元）	人均公共财政收入（元）	生产总值公共财政贡献率	规模以上工业总产值（万元）	固定资产投资（万元）
山南地区【12县】	琼结县	1030	2	34048	17024.0	2481	16844	14723	1956	978.0	5.74%	0	53559
	曲松县	1967	2	45995	22997.5	3113	28138	14744	4271	2135.5	9.29%	24317	55856
	措美县	4177	2	28989	14494.5	2496	14553	11940	1500	750.0	5.17%	0	50223
	洛扎县	5570	2	33741	16870.5	4242	14795	14704	2150	1075.0	6.37%	0	46462
	加查县	4430	2	118654	59327.0	6171	89072	23411	8728	4364.0	7.36%	0	253561
	隆子县	10566	4	73252	18313.0	5264	50959	17029	6800	1700.0	9.28%	55274	80600
	错那县	34979	2	38931	19465.5	2207	17115	19609	2271	1135.5	5.83%	0	54566
	浪卡子县	8500	4	46764	11691.0	4381	17438	24945	2535	633.8	5.42%	0	51631
林芝市【7县】	巴宜区	10238	4	509900	127475.0	13205	185600	311095	20577	5144.3	4.04%	78871	749113
	工布江达县	12960	3	108200	36066.7	16156	36400	55644	4361	1453.7	4.03%	0	180691
	米林县	9504	2	114900	57450.0	11688	43200	60012	6603	3301.5	5.75%	0	162384
	朗县	4106	2	50200	25100.0	8100	14200	27900	3308	1654.0	6.59%	0	65862
	墨脱县	31395	1	41600	41600.0	3002	21000	17598	6217	6217.0	14.94%	0	133100
	波密县	16768	3	153400	51133.3	19306	49300	84794	4464	1488.0	2.91%	0	163575
	察隅县	31659	3	65100	21700.0	11441	28600	25059	3228	1076.0	4.96%	0	182677

续表

地市	县域	行政区域面积（平方千米）	户籍人口（万人）	地区生产总值（万元）	人均生产总值（元）	第一产业增加值（万元）	第二产业增加值（万元）	第三产业增加值（万元）	公共财政收入（万元）	人均公共财政收入（元）	生产总值公共财政贡献率	规模以上工业总产值（万元）	固定资产投资（万元）
昌都市【11县】	卡若区	10794	12	442847	36903.9	26191	185864	230792	14471	1205.9	3.27%	1665	613222
	江达县	13164	10	131214	13121.4	24413	63633	43168	7609	760.9	5.80%	1120	116173
	贡觉县	6323	5	57179	11435.8	12016	16868	28295	3673	734.6	6.42%	0	63931
	类乌齐县	6147	6	73998	12333.0	18733	26123	29142	4533	755.5	6.13%	0	73702
	丁青县	12955	9	93947	10438.6	30354	24869	38724	6344	704.9	6.75%	0	138412
	察雅县	8413	7	89063	12723.3	16110	48479	24474	3214	459.1	3.61%	0	96528
	八宿县	12564	5	60232	12046.4	11875	17353	31004	4410	882.0	7.32%	260	114329
	左贡县	11837	6	79108	13184.7	16106	21960	41042	2804	467.3	3.54%	0	68238
	芒康县	11636	9	158669	17629.9	24123	72454	62092	7662	851.3	4.83%	0	316392
	洛隆县	8048	5	78788	15757.6	19112	36779	22897	4000	800.0	5.08%	0	91627
	边坝县	8979	4	55184	13796.0	16888	20118	18178	2560	640.0	4.64%	0	33903
那曲地区【11县】	那曲县	16195	8	142992	17874.0	23222	35038	84732	4106	513.3	2.87%	0	35206
	嘉黎县	13056	4	48690	12172.5	14445	11829	22416	3067	766.8	6.30%	5660	50871
	比如县	11440	7	73768	10538.3	25860	16343	31565	3038	434.0	4.12%	118	125938
	聂荣县	9017	4	49023	12255.8	8517	16550	23956	1287	321.8	2.63%	0	59103

续表

地市	县域	行政区域面积（平方千米）	户籍人口（万人）	地区生产总值（万元）	人均生产总值（元）	第一产业增加值（万元）	第二产业增加值（万元）	第三产业增加值（万元）	公共财政收入（万元）	人均公共财政收入（元）	生产总值公共财政贡献率	规模以上工业总产值（万元）	固定资产投资（万元）
那曲地区【11县】	安多县	100000	4	67926	16981.5	8917	14911	44098	2647	661.8	3.90%	0	49618
	申扎县	25546	2	40950	20475.0	6160	8096	26694	1686	843.0	4.12%	0	58474
	索县	5970	5	59301	11860.2	11879	14049	33373	2038	407.6	3.44%	0	56070
	班戈县	2838	4	54684	13671.0	14305	13951	26428	1505	376.3	2.75%	0	49334
	巴青县	25000	5	66548	13309.6	18275	12044	36229	1883	376.6	2.83%	0	51000
	尼玛县	72499	3	55700	18566.7	11685	8867	35148	1508	502.7	2.71%	0	65110
	双湖县	116637	1	31106	31106.0	2919	5178	23009	2000	2000.0	6.43%	0	30173
阿里地区【7县】	普兰县	13194	1	23189	23189.0	3829	5856	13504	2776	2776.0	11.97%	0	27141
	札达县	24602	1	21644	21644.0	2700	6487	12457	3409	3409.0	15.75%	0	11982
	噶尔县	17670	2	25126	12563.0	4613	8112	12401	5900	2950.0	23.48%	4347	413533
	日土县	76994	1	27489	27489.0	6986	5078	15425	2352	2352.0	8.56%	0	14588
	革吉县	46104	2	31986	15993.0	9458	7966	14562	1521	760.5	4.76%	0	11089
	改则县	135616	2	46930	23465.0	18505	6617	21808	2344	1172.0	4.99%	0	16385
	措勤县	22894	2	24973	12486.5	7177	4502	13294	1439	719.5	5.76%	0	20581
合计	73个	1260636	302	7095116	23493.8	970836	2847688	3276592	452525	1498.4	6.38%	751838	9583056

第五章 重庆篇

一、整体概况

(一)全市概况

重庆市简称“渝”,1997 年成为我国第 4 个直辖市。重庆位于中国西南部、长江上游地区,辖区面积 8.2 万平方千米。2015 年末全市常住人口 3016.6 万人。重庆市辖 38 个县级行政区划单位(其中 23 个市辖区、11 个县、4 个自治县)。重庆市综合考虑人口、资源、环境、经济、社会、文化等因素,划分为都市功能核心区、都市功能拓展区、城市发展新区、渝东北生态涵养发展区、渝东南生态保护发展区 5 个功能区域。

2015 年,全市实现生产总值 15719.7 亿元,人均生产总值约为 5.2 万元。其中,第一产业增加值 1150.2 亿元,第二产业增加值 7071.8 亿元,第三产业增加值 7497.8 亿元。全市三次产业结构比重为 7.3∶45.0∶47.7。全部工业增加值 5557.5 元,公共财政预算收入 2155.1 亿元,全社会固定资产投资 15480.3 亿元,社会消费品零售总额 6424.0 亿元,其中城镇实现社会消费品零售额 6105.6 亿元,乡村实现社会消费品零售额 318.4 亿元。

(二)县域概况

全市 38 个县级行政区划单位,纳入县域体系的有 26 个县级行政区划单位(其中 11 个市辖区、11 个县、4 个自治县),行政区域面积 6.8 万平方千米,户籍人口 2380 万人。纳入县域体系的县级行政区划单位分别囊括在三大功能区:城市发展新区(綦江区、大足区、长寿区、江津区、合川区、永川区、南川区、璧山区、铜梁区、潼南区、荣昌区),渝东北生态涵养发展区(梁平县、城口县、丰都县、垫江县、忠县、开县、云阳县、奉节县、巫山县、巫溪县),渝东南生态保护发展区(武隆县、石柱土家族自治县(以下简称石柱县)、秀山土家族苗族自治县(以下简称秀山县)、酉阳土家族苗族自治县(以下简称酉阳县)、彭水苗族土家族自治县(以下简称彭水县))。

县域生产总值为6701.1亿元,人均生产总值约为2.8万元。其中,第一产业增加值912.1亿元,第二产业增加值3547.3亿元,第三产业增加值2241.7亿元,三次产业结构比重为13.6∶52.9∶33.5。县域公共财政收入为659.6亿元,县域固定资产为8633.0亿元。

二、经济分析

(一)生产总值

1.占比分析

(1)各功能区县域占全市生产总值比重

2015年,县域生产总值为6701.1亿元,占全市生产总值的比重为42.6%。其中,城市发展新区占全市生产总值的27.3%,渝东北生态涵养发展区占全市生产总值的11.3%,渝东南生态保护发展区占全市生产总值的4.0%(见图3-121)。

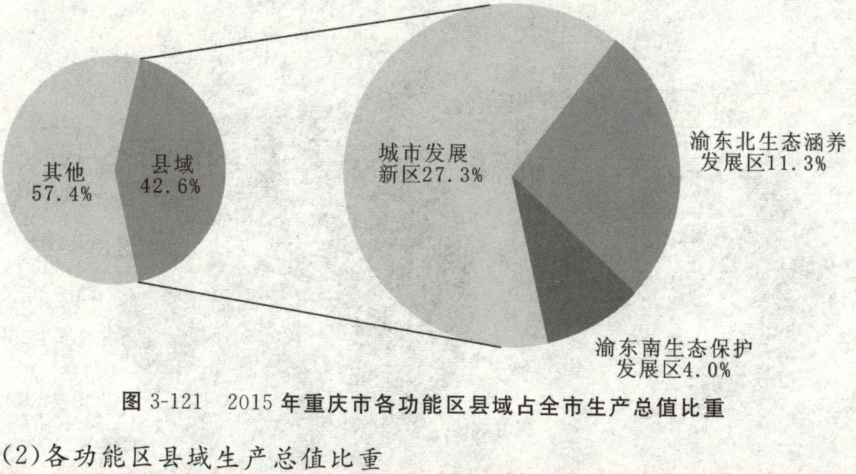

图3-121 2015年重庆市各功能区县域占全市生产总值比重

(2)各功能区县域生产总值比重

2015年,各功能区县域生产总值比重为:城市发展新区占县域生产总值的64.1%,渝东北生态涵养发展区占县域生产总值的26.4%,渝东南生态保护发展区占县域生产总值的9.5%(见图3-122)。

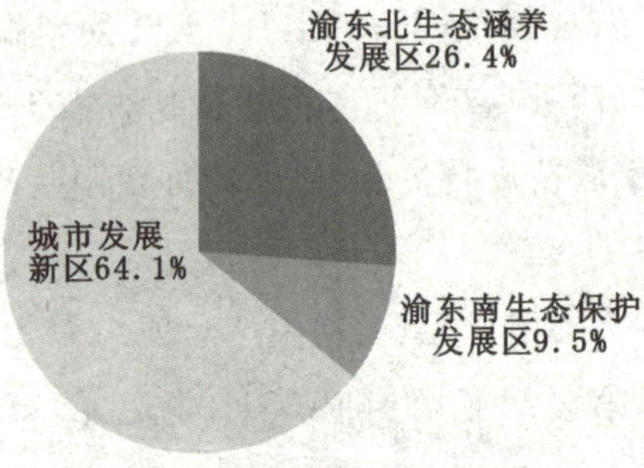

图 3-122 2015 年重庆市各功能区县域生产总值比重

(3)县域占全市生产总值比重

2015 年，各区县县域占全市生产总值比重为：城市发展新区，綦江区占 2.5%、大足区占 2.2%、长寿区占 2.7%、江津区占 3.9%、合川区占 3.0%、永川区占 3.6%、南川区占 1.2%、璧山区占 2.4%、铜梁区占 2.0%、潼南区占 1.7%、荣昌区 2.1%；渝东北生态涵养发展区，梁平县占 1.5%、城口县占 0.3%、丰都县占 1.0%、垫江县占 1.5%、忠县占 1.4%、开县占 2.1%、云阳县占 1.2%、奉节县占 1.3%、巫山县占 0.6%、巫溪县占 0.5%；渝东南生态保护发展区，武隆县占 0.8%、石柱县占 0.8%、秀山县占 0.9%、酉阳县占 0.7%、彭水县占 0.7%(见图 3-123)。

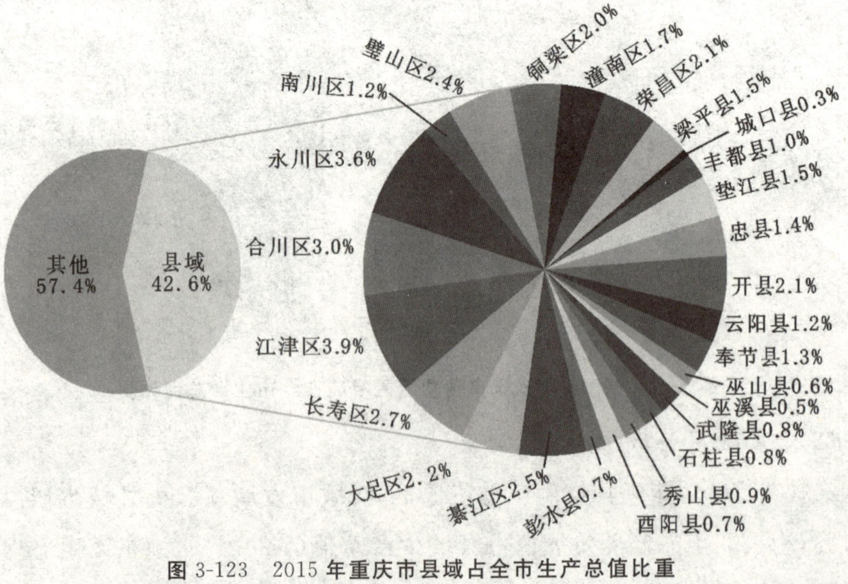

图 3-123 2015 年重庆市县域占全市生产总值比重

(4)各区县县域生产总值比重

2015年，各区县占县域生产总值比重为：城市发展新区，綦江区占5.9%、大足区占5.2%、长寿区占6.4%、江津区占9.0%、合川区占7.1%、永川区占8.5%、南川区占2.8%、璧山区占5.7%、铜梁区占4.6%、潼南区占4.0%、荣昌区4.9%；渝东北生态涵养发展区，梁平县占3.6%、城口县占0.6%、丰都县占2.2%、垫江县占3.6%、忠县占3.3%、开县占4.9%、云阳县占2.8%、奉节县占2.9%、巫山县占1.4%、巫溪县占1.2%；渝东南生态保护发展区，武隆县占2.0%、石柱县占1.9%、秀山县占2.1%、酉阳县占1.7%、彭水县占1.7%（见图3-124）。

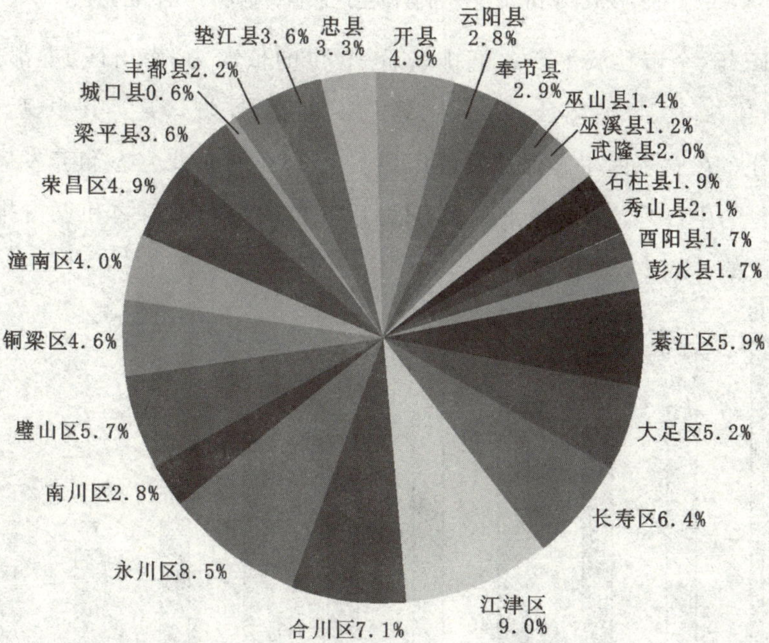

图3-124　2015年重庆市各区县县域生产总值比重

2.排名分析

(1)全市县域生产总值排名

2015年，全市县域生产总值排名前10位的依次为：江津区、永川区、合川区、长寿区、綦江区、璧山区、大足区、荣昌区、开县、铜梁区。其中，前10位次的9位分布在城市发展新区（见图3-125）。

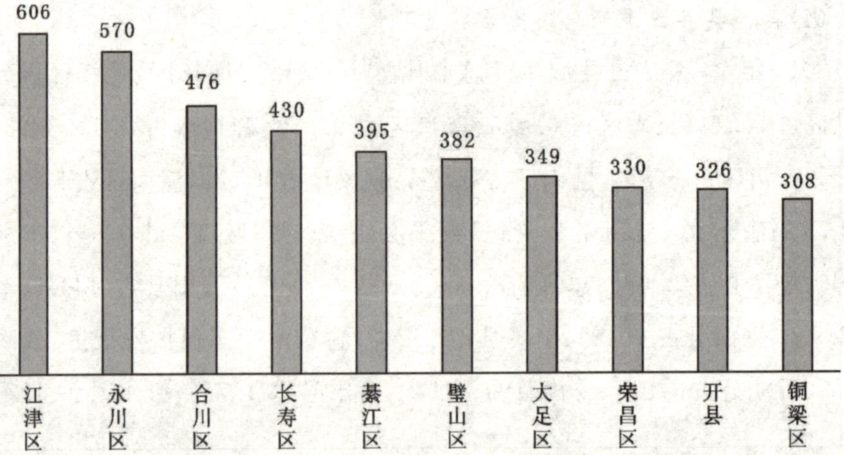

图 3-125　2015 年重庆市县域生产总值排名前 10 名(亿元)

2015 年,全市县域生产总值排名后 10 位的依次为:南川区、丰都县、秀山县、武隆县、石柱县、酉阳县、彭水县、巫山县、巫溪县、城口县。其中,后 10 位次的 5 位分布在渝东南生态保护发展区,4 位分布在渝东北生态涵养发展区。排名第一位的生产总值是末位的 14.1 倍,后 3 位的生产总值之和仅占排名第一位江津区的 34.0%(见图 3-126)。

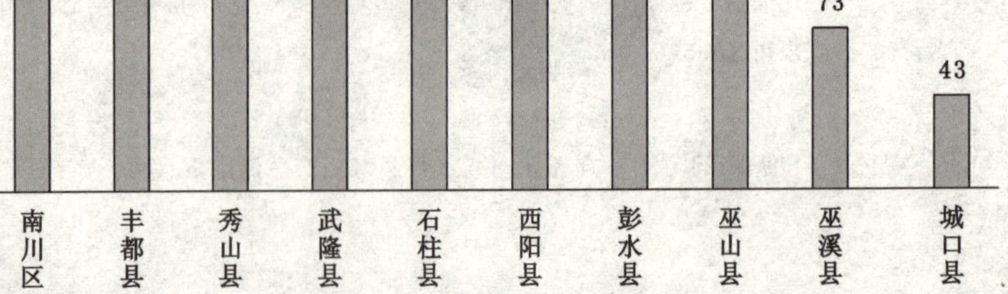

图 3-126　2015 年重庆市县域生产总值排名后 10 名(亿元)

(2)全市县域人均生产总值排名

2015 年,全市县域人均生产总值排名前 10 位的依次为:璧山区、永川区、长寿区、江津区、荣昌区、铜梁区、大足区、綦江区、武隆县、合川区。其中，前10位次的9位分布在城市发展新区(见图3-127)。

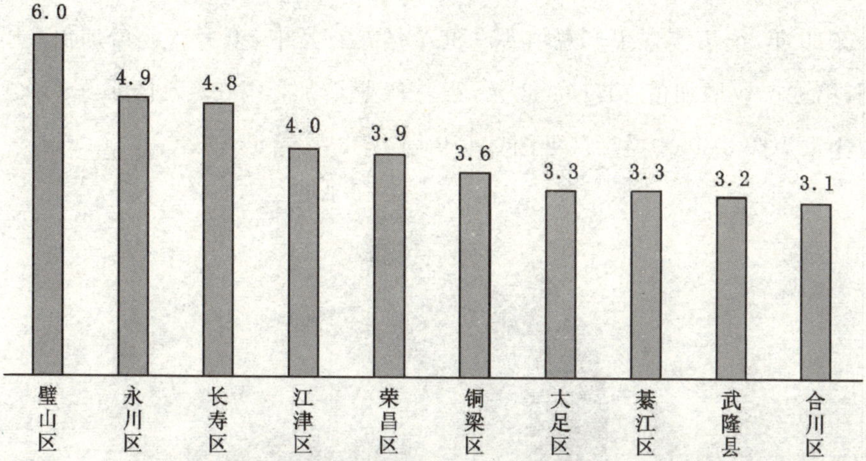

图3-127　2015年重庆市县域人均生产总值排名前10名(万元)

2015年，全市县域人均生产总值排名后10位的依次为：秀山县、开县、奉节县、丰都县、城口县、彭水县、巫山县、云阳县、酉阳县、巫溪县。其中，后10位次的7位分布在渝东北生态涵养发展区，其余3位分布在渝东南生态保护发展区。排名第一位的人均生产总值是末位的4.3倍(见图3-128)。

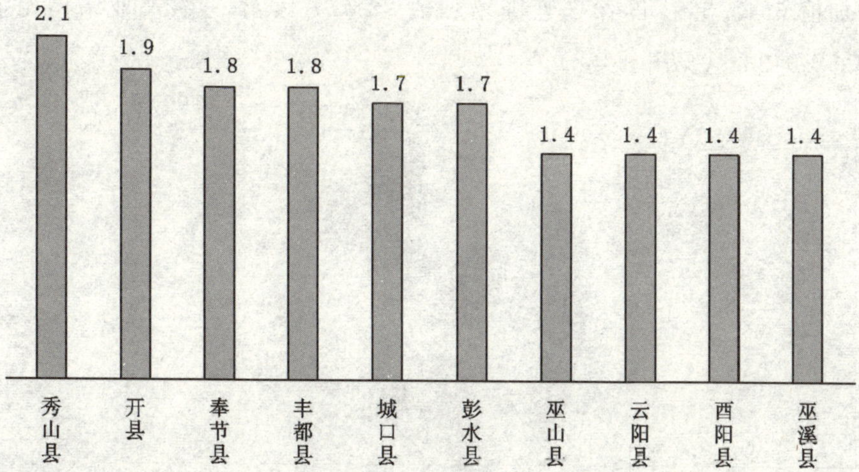

图3-128　2015年重庆市县域人均生产总值排名后10名(万元)

(二)产业结构

1.全市三次产业增加值比重

2015年,全市实现生产总值15719.7亿元。其中,第一产业增加值1150.2亿元,第二产业增加值7071.8亿元,第三产业增加值7497.8亿元。三次产业结构比重为7.3∶45.0∶47.7(见图3-129)。

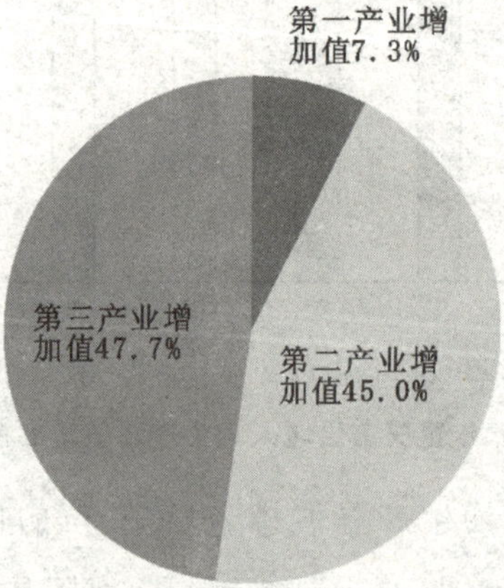

图3-129　2015年重庆市三次产业结构比重

2.县域三次产业增加值比重

县域生产总值为6701.1亿元,其中,第一产业增加值912.1亿元,第二产业增加值3547.3亿元,第三产业增加值2241.7亿元,三次产业结构比重为13.6∶52.9∶33.5(见图3-130)。

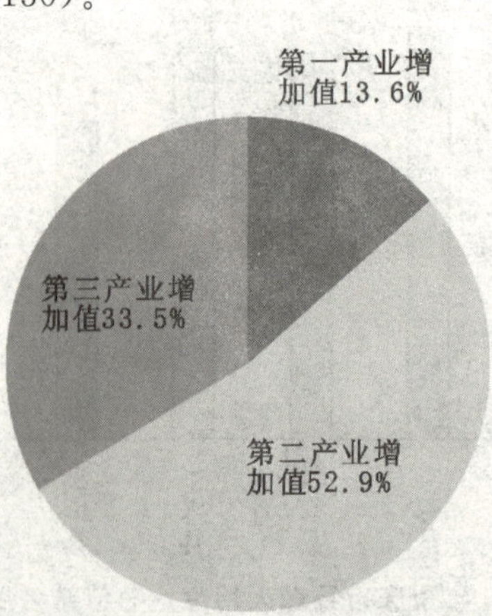

图3-130　2015年重庆市县域三次产业结构比重

(三)财政收入

1. 占比分析

(1)县域占全市公共财政收入比重

2015年,县域公共财政收入为659.6亿元,占全市公共财政收入的比重为30.6%。其中,三大功能区县域占全市公共财政收入的比重为:城市发展新区占21.9%,渝东北生态涵养发展区占5.9%,渝东南生态保护发展区占2.8%(见图3-131)。

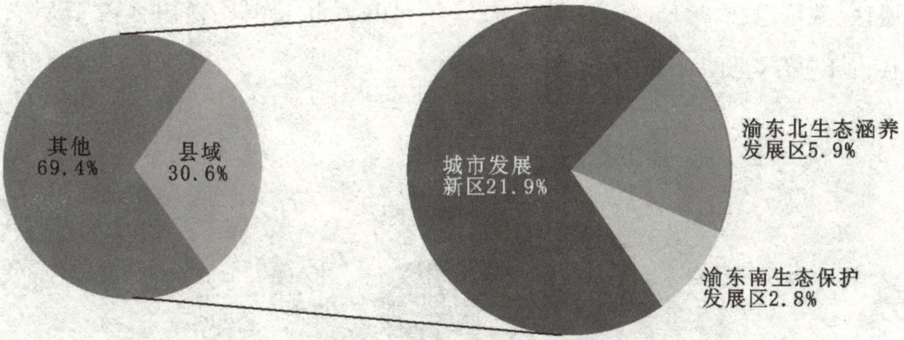

图3-131　2015年重庆市县域占全市公共财政收入比重

(2)各功能区县域公共财政收入比重

2015年,各区县县域公共财政收入比重为:城市发展新区占71.4%,渝东北生态涵养发展区占19.3%,渝东南生态保护发展区占9.3%(见图3-132)。

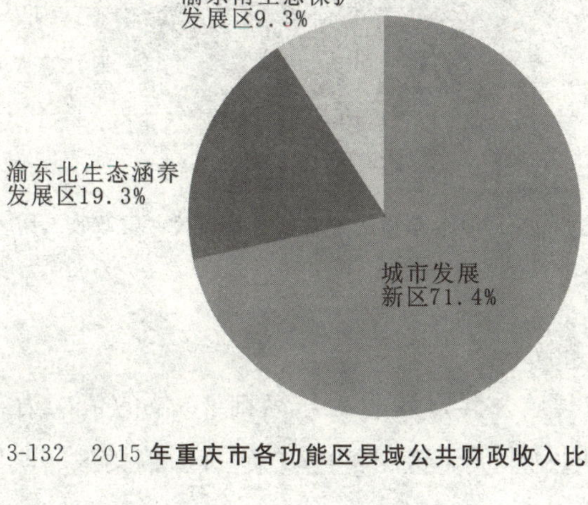

图3-132　2015年重庆市各功能区县域公共财政收入比重

(3)各区县县域公共财政收入比重

2015年,各区县县域公共财政收入比重为:城市发展新区,綦江区占5.6%、大足区占5.4%、长寿区占5.3%、江津区占8.7%、合川区占6.2%、永川区占7.0%、南川区占3.1%、璧山区占19.7%、铜梁区占3.6%、潼南区占2.9%、荣昌区3.8%;渝东北生态涵养发展区,梁平县占2.6%、城口县占0.5%、丰都县占2.2%、垫江县占2.3%、忠县占2.0%、开县占3.3%、云阳县占1.9%、奉节县占2.1%、巫山县占1.4%、巫溪县占1.1%;渝东南生态保护发展区,武隆县占2.1%、石柱县占1.9%、秀山县占1.6%、酉阳县占1.8%、彭水县占1.9%(见图3-133)。

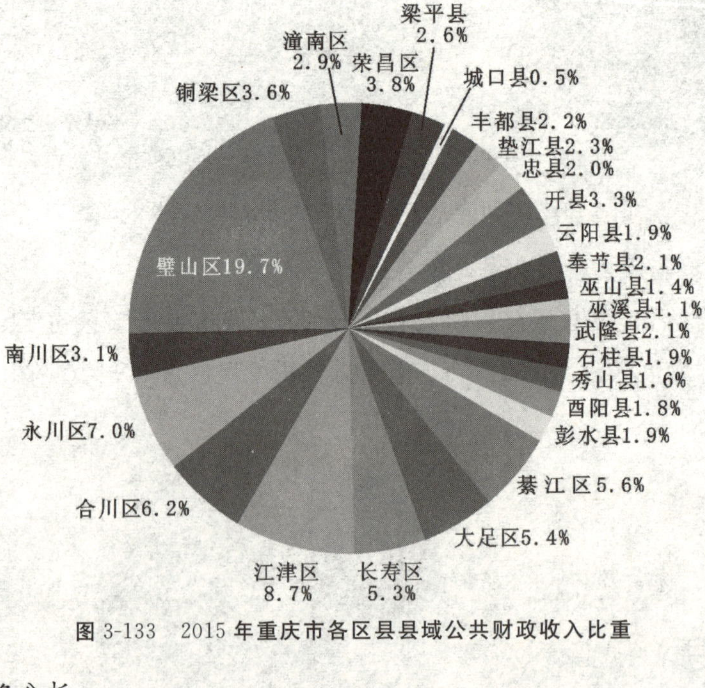

图3-133 2015年重庆市各区县县域公共财政收入比重

2.排名分析

(1)县域公共财政收入排名

2015年,全市县域公共财政收入排名前10位的依次为:璧山区、江津区、永川区、合川区、綦江区、大足区、长寿区、荣昌区、铜梁区、开县。其中,前10位次的9位分布在城市发展新区(见图3-134)。

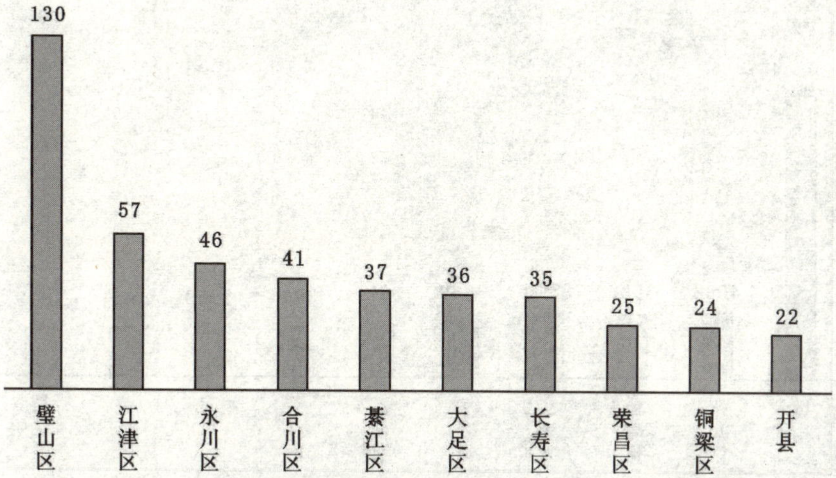

图 3-134　2015 年重庆市县域公共财政收入排名前 10 名(亿元)

2015 年,全市县域公共财政收入排名后 10 位的依次为:武隆县、忠县、云阳县、石柱县、彭水县、酉阳县、秀山县、巫山县、巫溪县、城口县。其中,后 10 位次的 5 位分布在渝东北生态涵养发展区,其余 5 位分布在渝东南生态保护发展区。排名第一位的公共财政收入是末位的 43.3 倍,排名后 3 位的公共财政收入总和仅为排名第一位的 14.6%(见图 3-135)。

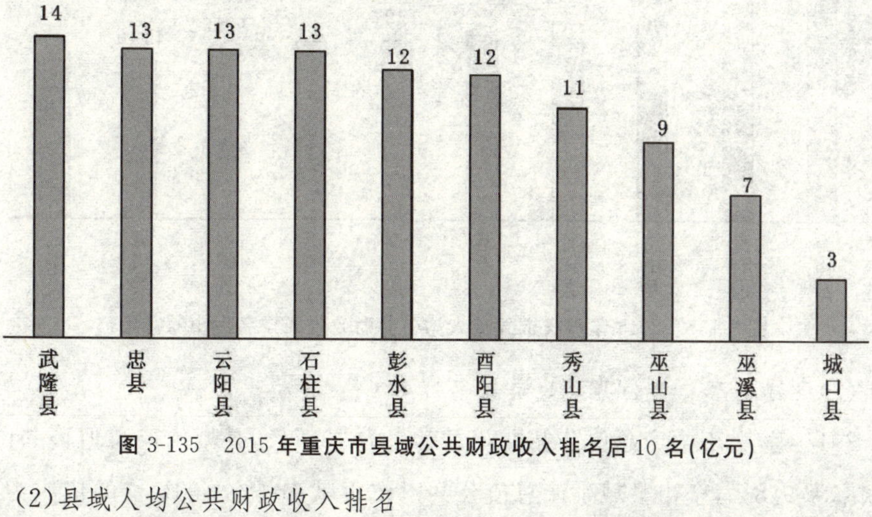

图 3-135　2015 年重庆市县域公共财政收入排名后 10 名(亿元)

(2)县域人均公共财政收入排名

2015 年,县域人均公共财政收入为 2771.5 元,全市县域人均公共财政收入排名前 10 位依次为:璧山区、永川区、长寿区、江津区、大足区、武隆县、綦江区、南川区、荣昌区、铜梁区。其中,前 10 位次的 9 位分布在城市发展新区(见

图 3-136）。

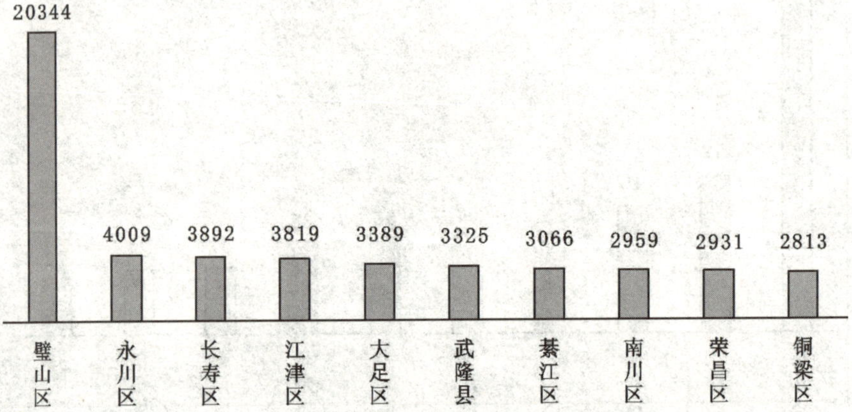

图 3-136　2016 年重庆市县域人均公共财政收入排名前 10 名（元）

2015 年，全市县域人均公共财政收入排名后 10 位依次为：秀山县、垫江县、巫山县、酉阳县、忠县、奉节县、开县、巫溪县、城口县、云阳县。其中，后 10 位次的 8 位分布在渝东北生态涵养发展区，其余 2 位分布在渝东南生态保护发展区（见图 3-137）。

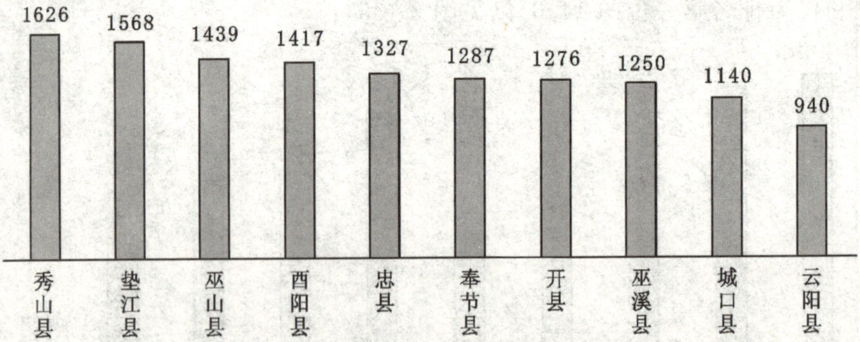

图 3-137　2015 年重庆市县域人均公共财政收入排名后 10 名（元）

（3）县域生产总值公共财政贡献率排名

2015 年，全市生产总值公共财政贡献率为 13.7%，县域生产总值公共财政贡献率为 9.8%，全市县域生产总值公共财政贡献率排名前 10 位的依次为：璧山区、南川区、彭水县、武隆县、酉阳县、巫山县、大足区、石柱县、丰都县、江津区。其中，前 10 位次的 4 位分别分布在渝东北生态涵养发展区和渝东南生态保护发展区（见图 3-138）。

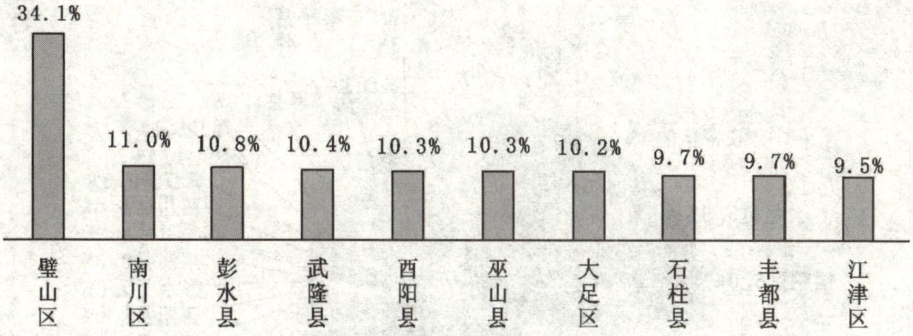

图 3-138 2015 年重庆市县域生产总值公共财政贡献率排名前 10 名

2015 年,全市县域生产总值公共财政贡献率排名后 10 位依次为:铜梁区、荣昌区、潼南区、梁平县、奉节县、云阳县、城口县、开县、垫江县、忠县。其中,后 10 位次的 7 位分布在渝东北生态涵养发展区(见图 3-139)。

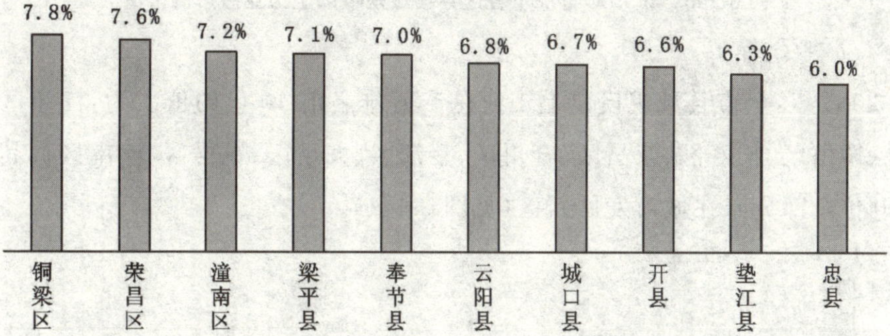

图 3-139 2015 年重庆市县域生产总值公共财政贡献率排名后 10 名

(四)工业总产值占比分析

1. 占比分析

2015 年,县域规模以上工业总产值为 8897.2 亿元,各区县县域规模以上工业总产值比重为:城市发展新区,綦江区占 6.4%,大足区占 5.9%,长寿区占 9.1%、江津区占 15.3%、合川区占 6.6%、永川区占 11.4%、南川区占 1.8%、璧山区占 10.3%、铜梁区占 5.0%、潼南区占 4.3%、荣昌区 7.9%;渝东北生态涵养发展区,梁平县占 2.2%、城口县占 0.1%、丰都县占 1.1%、垫江县占 2.1%、忠县占 1.0%、开县占 3.0%、云阳县占 1.4%、奉节县占 0.3%、巫山县占 0.2%、巫溪县占 0.3%;渝东南生态保护发展区,武隆县占 0.7%、石柱县占 1.2%、秀山县占 0.8%、酉阳县占 1.0%、彭水县占 0.6%(见图 3-140)。

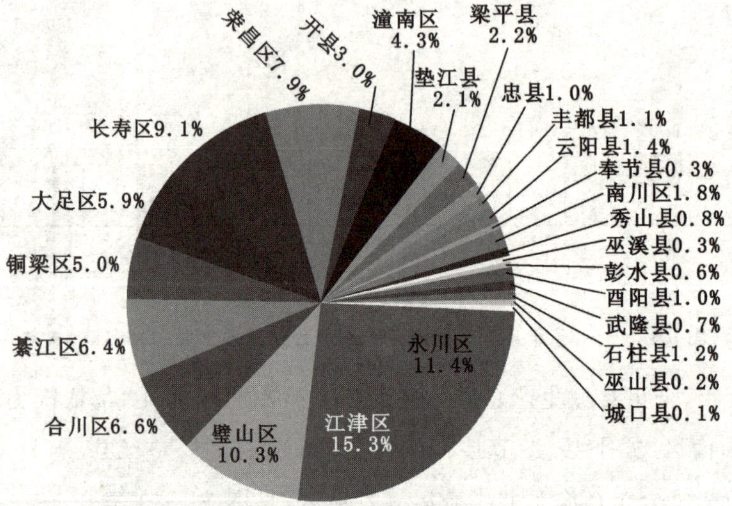

图 3-140　2015 年重庆市各区县县域规模以上工业总产值比重

2.排名分析

2015 年，全市县域规模以上工业总产值排名前 10 位的依次为：江津区、永川区、璧山区、长寿区、荣昌区、合川区、綦江区、大足区、铜梁区、潼南区。其中，前 10 位全部分布在城市发展新区(见图 3-141)。

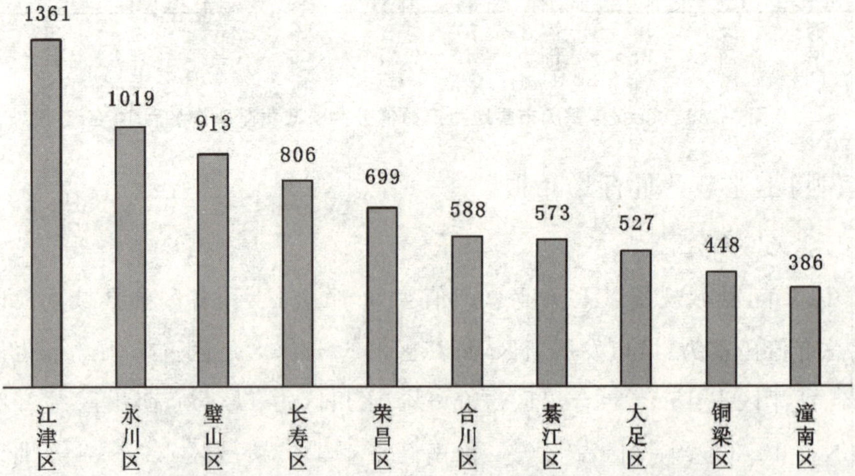

图 3-141　2015 年重庆市县域规模以上工业总产值排名前 10 名(亿元)

2015 年，全市县域规模以上工业总产值排名后 10 位的依次为：丰都县、酉阳县、忠县、秀山县、武隆县、彭水县、奉节县、巫溪县、巫山县、城口县。其中，后 10 位次的 6 位分布在渝东北生态涵养发展区，其余 4 位分布在渝东南生态保护发展区。排名第一位江津区的规模以上工业总产值是排名末位城口县的226.8倍,排名后10位的规模以上工业总产值之和仅为第一位的39.7%(见图3-142)。

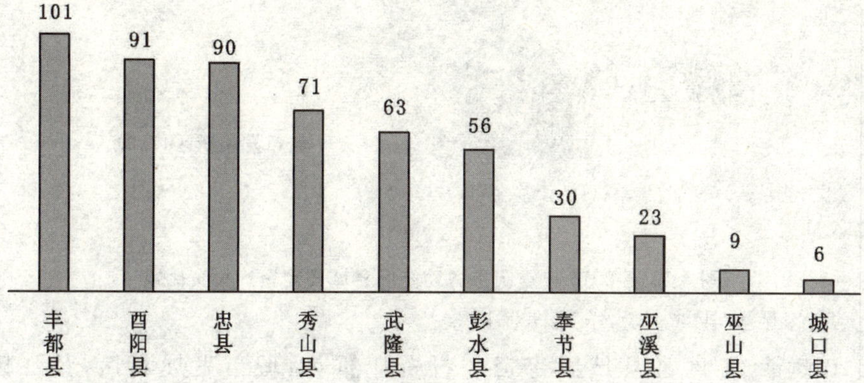

图 3-142 2015 年重庆市县域规模以上工业总产值排名后10名(亿元)

(五)固定资产投资

1. 占比分析

(1)县域占全市固定资产投资比重

2015年,县域固定资产投资为8633.0亿元,占全市固定资产投资的55.8%,三大功能区县域占全市固定资产投资比重为:城市发展新区占37.5%,渝东北生态涵养发展区占14.2%;渝东南生态保护发展区占4.1%(见图3-143)。

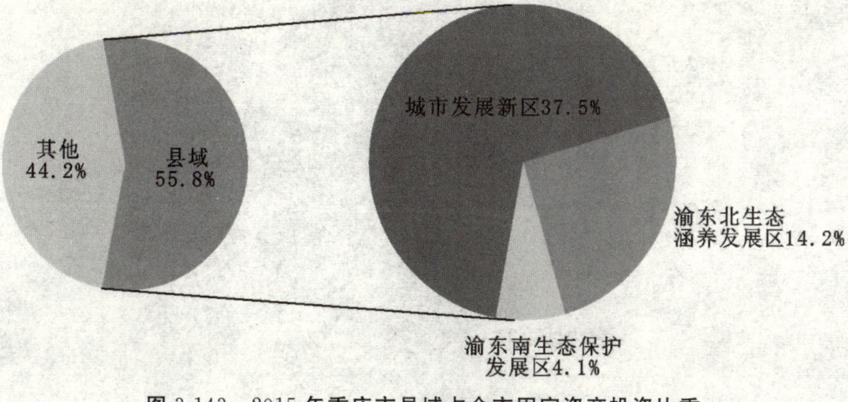

图 3-143 2015 年重庆市县域占全市固定资产投资比重

(2)各功能区县域固定资产投资比重

2015年,各功能区县域固定资产投资比重为:城市发展新区占67.3%,渝东北生态涵养发展区占25.4%，渝东南生态保护发展区占7.3%(见图3-144)。

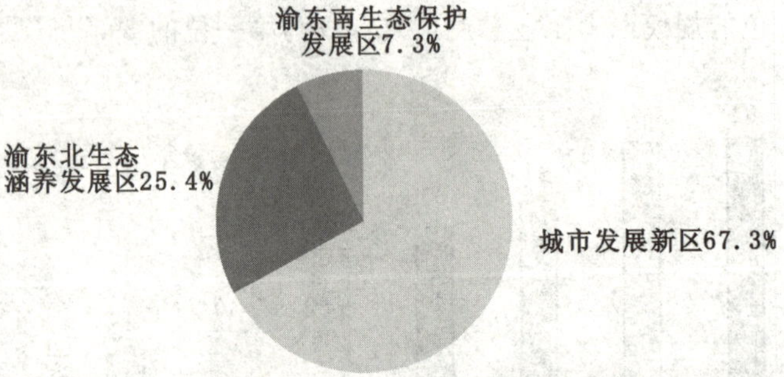

图3-144 2015年重庆市各功能区县域固定资产投资比重

(3)各区县县域固定资产投资比重

2015年，各区县县域固定资产投资比重为：城市发展新区，綦江区占6.1%、大足区占6.0%、长寿区占5.9%、江津区占8.2%、合川区占6.2%、永川区占8.3%、南川区占2.0%、璧山区占7.3%、铜梁区占6.1%、潼南区占3.8%、荣昌区5.2%；渝东北生态涵养发展区，梁平县占3.1%、城口县占0.8%、丰都县占2.9%、垫江县占3.4%、忠县占3.0%、开县占4.2%、云阳县占2.8%、奉节县占2.7%、巫山县占1.4%、巫溪县占1.8%；渝东南生态保护发展区，武隆县占1.7%、石柱县占1.5%、秀山县占2.0%、酉阳县占1.8%、彭水县占1.8%(见图3-145)。

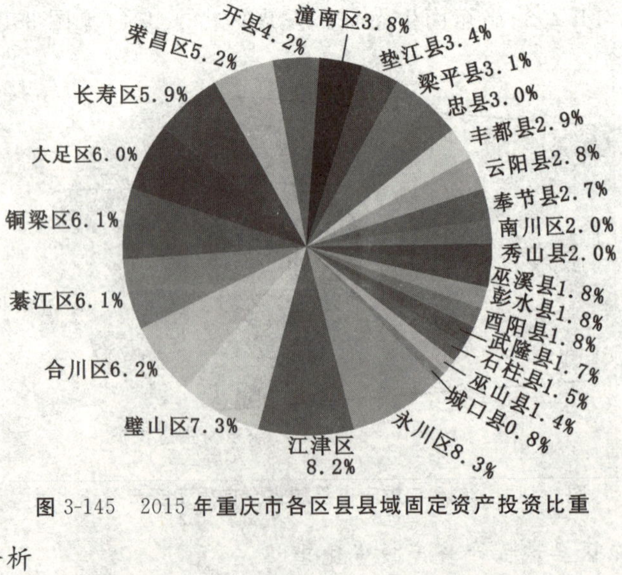

图3-145 2015年重庆市各区县县域固定资产投资比重

2.排名分析

2015年，全市县域固定资产投资排名前10位的依次为：永川区、江津区、璧山区、合川区、綦江区、铜梁区、大足区、长寿区、荣昌区、开县。其中，前10位次的9位分布在城市发展新区(见图3-146)。

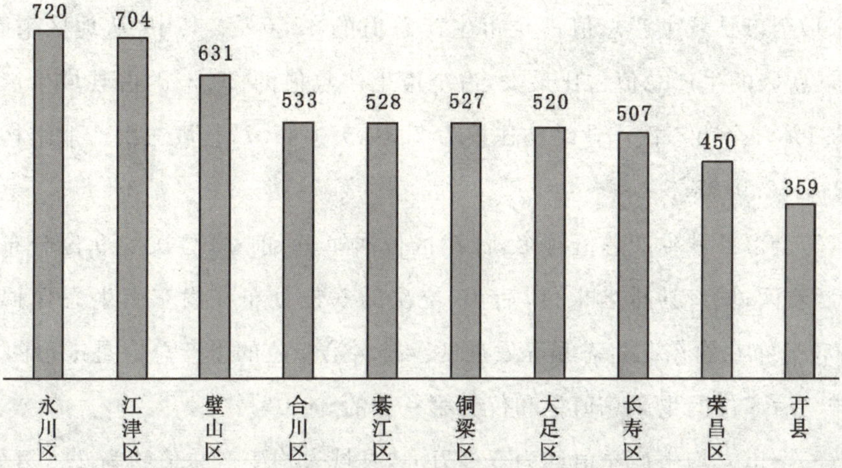

图3-146　2015年重庆市县域固定资产投资排名前10名(亿元)

2015年，全市县域固定资产投资排名后10位的依次为：奉节县、南川区、秀山县、巫溪县、彭水县、酉阳县、武隆县、石柱县、巫山县、城口县。其中，后10位次的5位分布在渝东南生态保护发展区，4位分布在渝东北生态涵养发展区。排名第一位永川区的固定资产投资是末位城口县的9.7倍(见图3-147)。

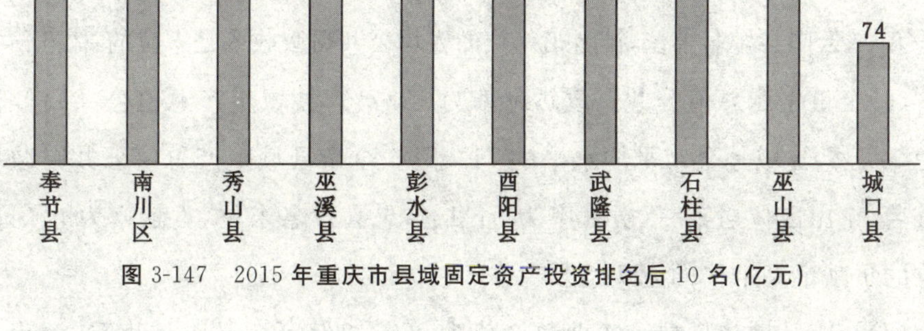

图3-147　2015年重庆市县域固定资产投资排名后10名(亿元)

三、数据小结

(1)全市县域生产总值占全市生产总值的42.6%。其中,从地区来看,城市发展新区的生产总值占比最大,占全市生产总值的27.3%,占县域生产总值的64.1%。全市三次产业结构比重为7.3:45.0:47.7,县域三次产业结构比重为13.6:52.9:33.5。

(2)全市县域生产总值排名,江津区位居第一,前10位次的9位分布在城市发展新区;城口县排名末位,后10位次的5位分布在渝东南生态保护发展区,4位分布在渝东北生态涵养发展区。排名第一位的生产总值是末位的14.1倍,排名后3位的生产总值之和仅为第一位的34.0%。

(3)全市人均生产总值约为5.2万元,县域人均生产总值约为2.8万元,为全市平均水平的53.8%。全市县域人均生产总值排名,璧山区位居第一,前10位次的9位分布在城市发展新区;巫溪县排名末位,后10位次的7位分布在渝东北生态涵养发展区,其余3位分布在渝东南生态保护发展区。排名第一位的人均生产总值是末位的4.3倍。

(4)县域占全市公共财政收入的比重为30.6%,其中,璧山区占比最大,占全市6.0%,占县域19.7%。全市人均公共财政收入为7144.1元,县域人均公共财政收入为2771.5元,县域为全市人均公共财政收入水平的38.8%。

(5)全市县域公共财政收入排名,璧山区位居第一,城口县排名末位,排名第一位的公共财政收入是末位的43.3倍。人均县域公共财政收入排名,璧山区位居第一,云阳县排名末位,排名第一位的人均公共财政收入是末位的21.6倍。

(6)全市生产总值公共财政贡献率为13.7%,县域生产总值公共财政贡献率为9.8%,县域是全市平均水平的71.5%。全市县域生产总值公共财政贡献率排名,璧山区位居第一,贡献率为34.1%,忠县排名末位,贡献率为6.0%,第一位的贡献率是末位的5.7倍。

(7)全市县域规模以上工业总产值为8897.2亿元。从县域来看,全市县域规模以上工业总产值排名,江津区位居第一,城口县排名末位。排名第一位江津区的规模以上工业总产值是排名末位城口县的226.8倍，排名后10位的规模以上工业总产值之和仅为第一位的39.7%。

(8)全市县域固定资产投资为8633.0亿元，占全市固定资产投资的55.8%。全市县域固定资产投资排名，永川区位居第一，城口县排名末位，排名第一位的永川区固定资产投资是排名末位城口县的9.7倍。

附录：

重庆市 38 个县级行政区划单位(23 个市辖区、11 个县、4 个自治县)
重庆市 26 个县域行政区划单位(11 个市辖区,11 个县,4 个自治县)

功能区	县域	行政区域面积（平方千米）	户籍人口（万人）	地区生产总值（万元）	人均生产总值（元）	第一产业增加值（万元）	第二产业增加值（万元）	第三产业增加值（万元）	公共财政收入（万元）	人均公共财政收入（元）	生产总值公共财政贡献率	规模以上工业总产值(万元)	固定资产投资（万元）
城市发展新区	綦江区	2748	121	3945843	32610.3	504762	2014008	1427073	370967	3065.8	9.4%	5726048	5279138
	大足区	1436	105	3491735	33254.6	395301	2041767	1054667	355828	3388.8	10.2%	5265000	5200014
	长寿区	1424	90	4301168	47790.8	382489	2300969	1617710	350247	3891.6	8.1%	8063418	5068734
	江津区	3219	150	6055860	40372.4	754673	3574135	1727052	572908	3819.4	9.5%	13605487	7042247
	合川区	2343	154	4761869	30921.2	648961	2337510	1775398	409800	2661.0	8.6%	5877494	5334900
	永川区	1576	116	5703351	49166.8	487298	3263797	1952256	464994	4008.6	8.2%	10186857	7201300
	南川区	2602	69	1862532	26993.2	384930	638640	838962	204142	2958.6	11.0%	1571965	1717178
	璧山区	917	64	3818000	59656.3	204033	2736000	877967	1302000	20343.8	34.1%	9130000	6308000
	铜梁区	1341	85	3081997	36258.8	360022	1853400	868575	239100	2812.9	7.8%	4477927	5273236
	潼南区	1583	95	2655248	27950.0	468218	1429982	757048	190129	2001.4	7.2%	3863515	3308384
	荣昌区	1077	85	3298733	38808.6	437122	2077734	783877	249166	2931.4	7.6%	6987437	4495910

续表

功能区	县域	行政区域面积（平方千米）	户籍人口（万人）	地区生产总值（万元）	人均生产总值（元）	第一产业增加值（万元）	第二产业增加值（万元）	第三产业增加值（万元）	公共财政收入（万元）	人均公共财政收入（元）	生产总值公共财政贡献率	规模以上工业总产值（万元）	固定资产投资（万元）
渝东北生态涵养发展区	梁平县	1890	93	2423308	26057.1	360275	1317383	745650	171357	1842.5	7.1%	1921005	2675263
	城口县	3289	25	425418	17016.7	73114	211211	141093	28500	1140.0	6.7%	60471	736629
	丰都县	2904	83	1501886	18095.0	284690	712976	504220	145486	1752.8	9.7%	1006911	2504149
	垫江县	1518	97	2398394	24725.7	352883	1196810	848701	152090	1567.9	6.3%	1895822	2921534
	忠县	2187	101	2223968	22019.5	339703	1127389	756876	133981	1326.5	6.0%	903364	2621013
	开县	3963	169	3259784	19288.7	525284	1651438	1083062	215563	1275.5	6.6%	2681510	3585870
	云阳县	3649	135	1879115	13919.4	400843	815159	663113	126850	939.6	6.8%	1267994	2406277
	奉节县	4087	108	1974324	18280.8	359572	770759	843993	138949	1286.6	7.0%	296385	2324736
	巫山县	2957	64	896604	14009.4	193504	286500	416600	92089	1438.9	10.3%	90065	1222165
	巫溪县	4030	54	733991	13592.4	150047	280753	303191	67511	1250.2	9.2%	233220	1534065
渝东南生态保护发展区	武隆县	2889	41	1313995	32048.7	186611	526798	600586	136330	3325.1	10.4%	629233	1508757
	石柱土家族自治县	3014	55	1292437	23498.9	219023	645281	428133	125737	2286.1	9.7%	1048100	1330747
	秀山土家族苗族自治县	2453	66	1381933	20938.4	186549	660120	535264	107330	1626.2	7.8%	708643	1697773
	酉阳土家族苗族自治县	5173	85	1169671	13760.8	239688	513631	416352	120422	1416.7	10.3%	912586	1513108
	彭水苗族土家族自治县	3903	70	1159666	16566.7	220966	488742	449958	124696	1781.4	10.8%	561348	1519242
合计	26个	68172	2380	67010830	28155.811	9120561	35472892	22417377	6596172	2771.5	9.8%	88971805	86330369

第四编

其他省份

第一章 内蒙古篇

一、整体概况

(一)全区概况

内蒙古自治区简称“蒙”,首府呼和浩特,位于中华人民共和国北部边疆,横跨东北、华北、西北,接邻8个省区,是中国邻省最多的省级行政区之一,面积118.3万平方千米。2015年末,全区常住人口为2511.0万人,全区拥有9个地级市(呼和浩特市、包头市、呼伦贝尔市、通辽市、赤峰市、乌兰察布市、鄂尔多斯市、巴彦淖尔市、乌海市),3个盟(兴安盟、锡林郭勒盟、阿拉善盟),合计12个地级行政区划单位,102个县级行政区划单位(其中22个市辖区、11个县级市、17个县、49个旗、3个自治旗)。全区行政地域分布主要分为蒙西、蒙东2个区域,其中蒙西区域包括7个盟市(呼和浩特市、乌兰察布市、鄂尔多斯市、巴彦淖尔市、乌海市、包头市、阿拉善盟),蒙东区域包括5个盟市(呼伦贝尔市、兴安盟、通辽市、赤峰市、锡林郭勒盟)。

2015年,全区实现生产总值18032.8亿元,人均生产总值约为7.2万元。其中,第一产业增加值1618.7亿元,第二产业增加值9200.6亿元,第三产业增加值7213.5亿元。全区三次产业结构比重为9.0∶51.0∶40.0。全年全部工业增加值7939.2亿元,一般公共财政预算收入1964.4亿元,全社会固定资产投资13824.8亿元,社会消费品零售总额6107.7亿元,其中城镇实现社会消费品零售额5538.0亿元,乡村实现社会消费品零售额569.7亿元。

(二)县域概况

自治区102个县级行政区划单位,纳入县域体系的有84个县级行政区划单位(其中4个市辖区、11个县级市、17个县、49个旗、3个自治旗),户籍人口

1915.0万人。县域生产总值为13348.4亿元,人均生产总值约为7.0万元。其中,第一产业增加值1502.4亿元,第二产业增加值7015.7亿元,第三产业增加值4830.3亿元,三次产业结构比重为11.2:52.6:36.2。县域公共财政收入为884.1亿元,县域固定资产投资为8735.0亿元。

二、经济分析

(一)生产总值

1.占比分析

(1)县域占全区生产总值比重

2015年,县域生产总值为13348.4亿元,占全区生产总值的74.0%。其中,蒙东占全区生产总值的30.5%,蒙西占全区生产总值的43.5%(见图4-1)。

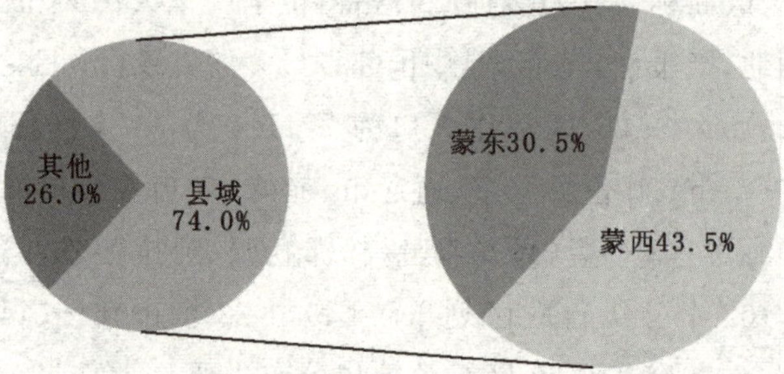

图4-1 2015年内蒙古县域占全区生产总值比重

(2)各区域县域生产总值比重

2015年,各区域县域生产总值比重为:蒙东占县域生产总值的41.2%,蒙西占县域生产总值的58.8%(见图4-2)。

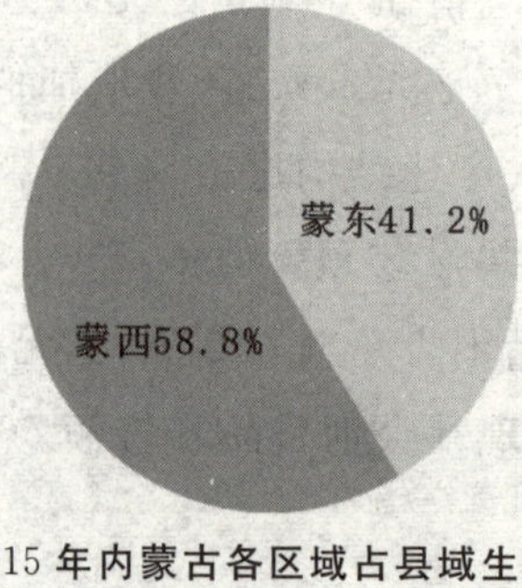

图4-2 2015年内蒙古各区域占县域生产总值比重

(3)各盟市县域占全区生产总值比重

2015年,各盟市县域占全区生产总值比重为:蒙东区域,呼伦贝尔市占

9.2%、兴安盟占 2.8%、通辽市占 6.8%、赤峰市占 6.0%、锡林郭勒盟占5.7%；蒙西区域，呼和浩特市占 4.4%、乌兰察布市占 5.1%、鄂尔多斯市占23.6%、巴彦淖尔市占 4.9%、包头市占 3.7%、阿拉善盟占 1.8%（见图 4-3）。

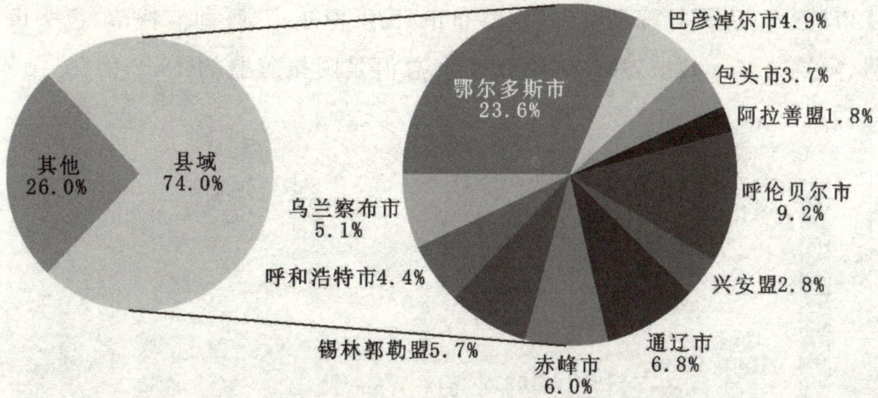

图 4-3　2015 年内蒙古各盟市县域占全区生产总值比重

(4)各盟市县域生产总值比重

2015 年，各盟市县域生产总值比重为：蒙东区域，呼伦贝尔市占12.4%、兴安盟占 3.8%、通辽市占 9.2%、赤峰市占 8.1%、锡林郭勒盟占7.7%；蒙西区域，呼和浩特市占 6.0%、乌兰察布市占 6.8%、鄂尔多斯市占31.9%、巴彦淖尔市占 6.6%、包头市占 5.1%、阿拉善盟占 2.4%（见图 4-4）。

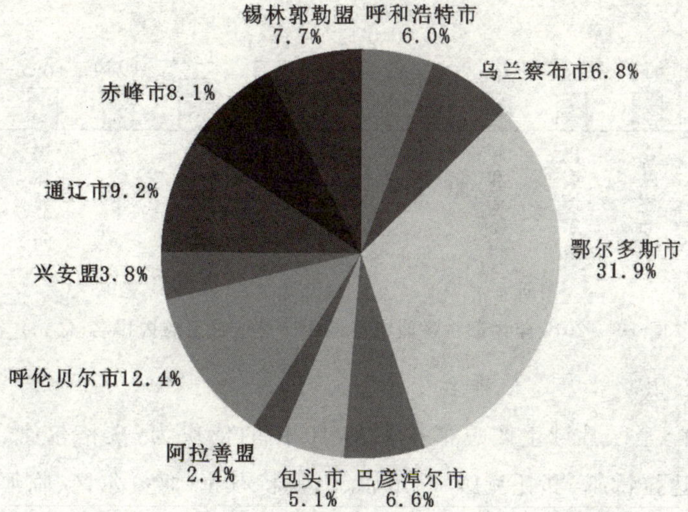

图 4-4　2015 年内蒙古各盟市县域生产总值比重

2.排名分析

(1)全区各盟市县域生产总值排名

2015年,全区各盟市县域生产总值排名依次为:鄂尔多斯市、呼伦贝尔市、通辽市、赤峰市、锡林郭勒盟、乌兰察布市、巴彦淖尔市、呼和浩特市、包头市、兴安盟、阿拉善盟。其中,鄂尔多斯市生产总值是阿拉善盟的13.2倍(见图4-5、图4-6)。

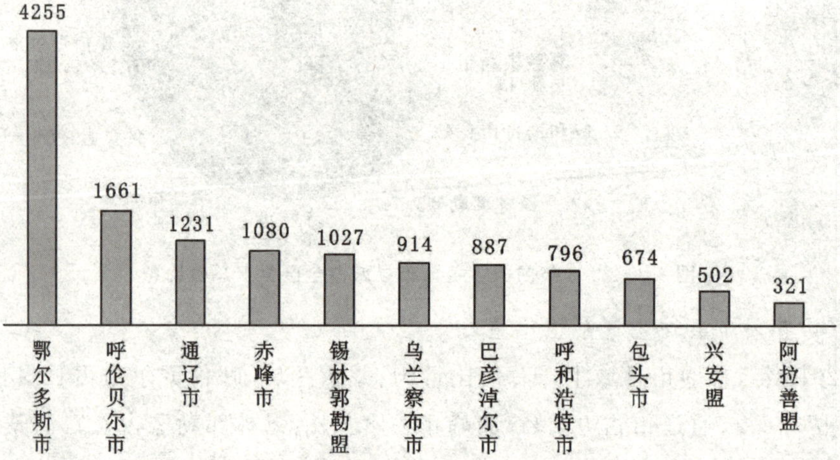

图4-5 2015年内蒙古各盟市县域生产总值排名(亿元)

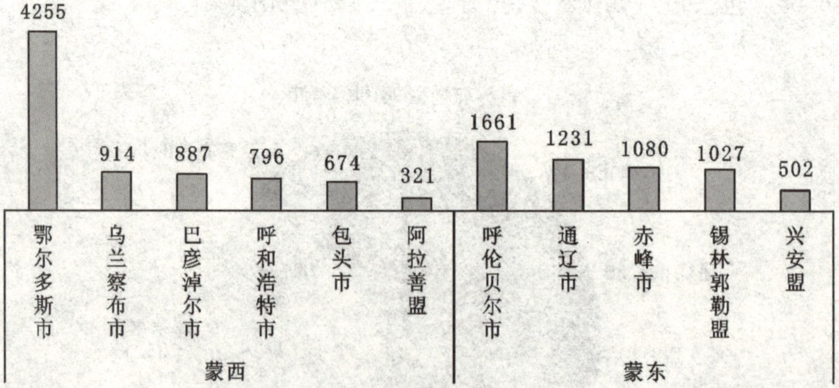

图4-6 2015年内蒙古各盟市县域生产总值在区域内排名(亿元)

(2)全区县域生产总值排名

2015年,全区县域生产总值排名前10位的依次为:准格尔旗、东胜区、伊金霍洛旗、达拉特旗、鄂托克旗、乌审旗、土默特右旗、海拉尔区、临河区、霍林郭勒市。其中,前10位次的8位分布在蒙西区域(见图4-7)。

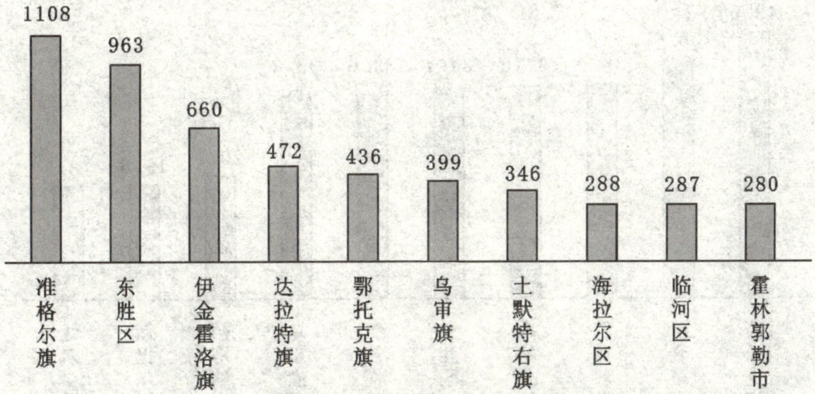

图 4-7 2015 年内蒙古县域生产总值排名前 10 名(亿元)

2015 年,全区县域生产总值排名后 10 位的依次为:磴口县、太仆寺旗、苏尼特左旗、额尔古纳市、根河市、额济纳旗、新巴尔虎左旗、正镶白旗、阿拉善右旗、阿尔山市。其中,后 10 位次的 7 位分布在蒙东区域,排名第一位的生产总值是末位的 65.2 倍,后 10 位的生产总值总和仅占排名第一位准格尔旗的 35.3%(见图 4-8)。

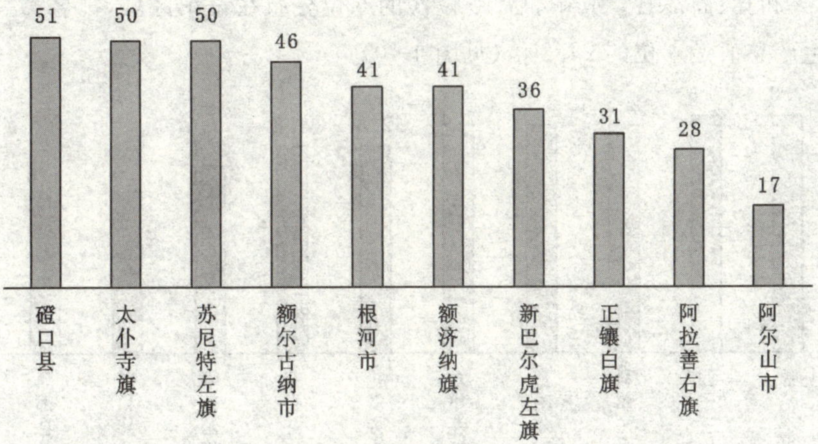

图 4-8 2015 年内蒙古县域生产总值排名后 10 名(亿元)

(3)全区县域人均生产总值排名

2015 年,全区县域人均生产总值排名前 10 位的依次为:鄂托克旗、伊金霍洛旗、霍林郭勒市、准格尔旗、东胜区、二连浩特市、乌审旗、额济纳旗、新巴尔虎右旗,达尔罕茂明安联合旗。其中,前 10 位次的 7 位分布在蒙西区域,7 位中的 5 位分布在鄂尔多斯市(见图 4-9)。

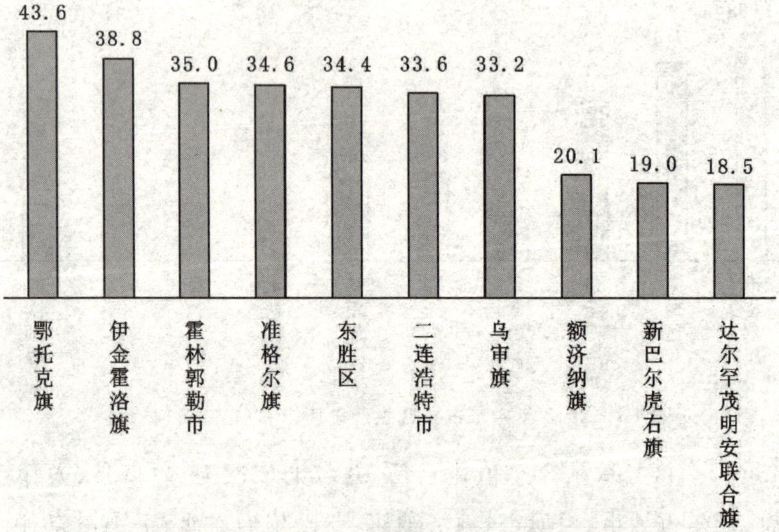

图 4-9　2015 年内蒙古县域人均生产总值排名前 10 名(万元)

2015 年,全区县域人均生产总值排名后 10 位的依次为:鄂伦春自治旗、四子王旗、科尔沁右翼中旗、察哈尔右翼中旗、太仆寺旗、扎赉特旗、突泉县、喀喇沁旗、兴和县、商都县。其中,后 10 位次的 6 位分布在蒙东区域,排名第一位的人均生产总值是末位的 24.2 倍(见图 4-10)。

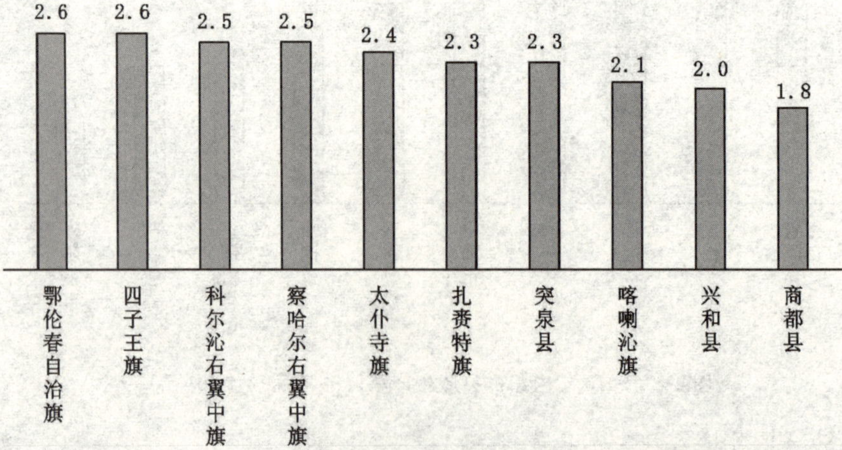

图 4-10　2015 年内蒙古县域人均生产总值排名后 10 名(万元)

(二)产业结构

1.全区三次产业增加值比重

2015 年,全区生产总值 18032.8 亿元,其中,第一产业增加值 1618.7 亿元,第二产业增加值 9200.6 亿元，第三产业增加值 7213.5 亿元，全区三次产业结构比重为 9.0∶51.0∶40.0（见图 4-11）。

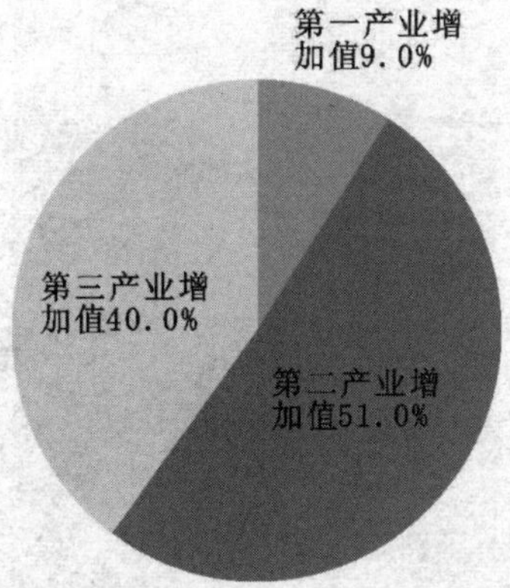

图 4-11　2015 年内蒙古全区三次产业增加值比重

2. 县域三次产业增加值比重

2015 年，全区县域生产总值为 13348.4 亿元。其中，第一产业增加值 1502.4亿元，第二产业增加值 7015.7 亿元，第三产业增加值 4830.3 亿元，三次产业结构比重为 11.2∶52.6∶36.2（见图 4-12）。

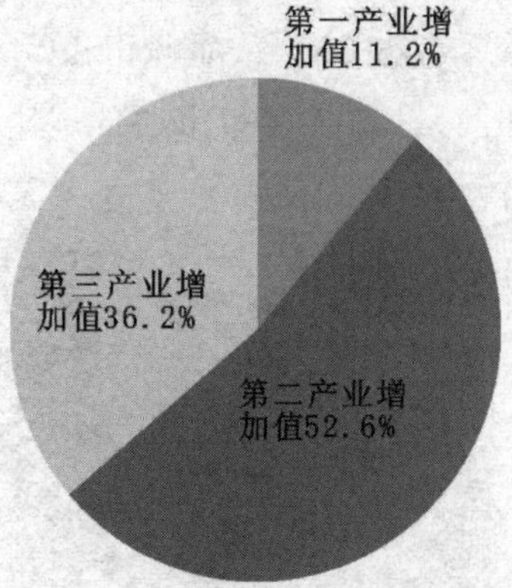

图 4-12　2015 年内蒙古县域三次产业增加值比重

（三）财政收入

1. 占比分析

（1）县域占全区公共财政收入比重

2015 年，县域公共财政收入为 884.1 亿元，占全区公共财政收入的比重为 45.0％。其中，各盟市县域占全区公共财政收入的比重为：蒙东区域，呼伦贝尔市占 3.9％、兴安盟占 0.9％、通辽市占 3.4％、赤峰市占 2.4％、锡林郭勒盟占

4.4%;蒙西区域,呼和浩特市占 2.9%、乌兰察布市占 2.9%、鄂尔多斯市占 18.3%、巴彦淖尔市占 2.8%、包头市占 2.0%、阿拉善盟占 1.1%(见图 4-13)。

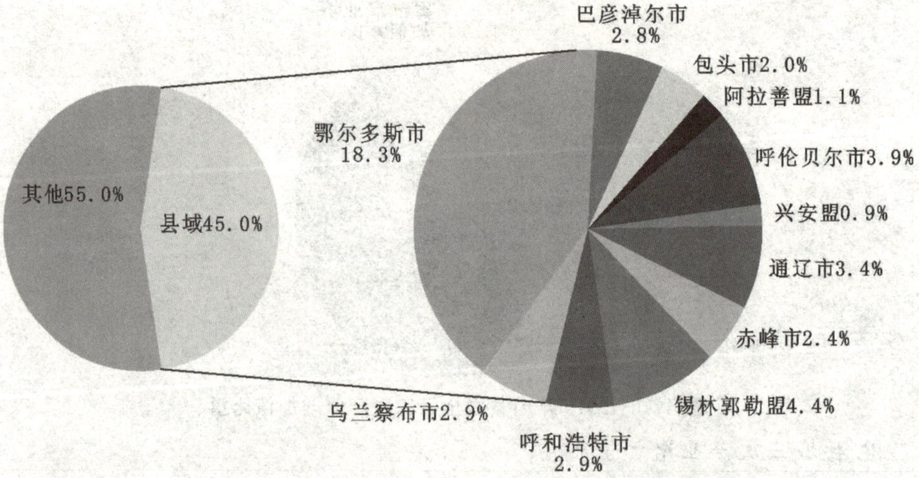

图 4-13　2015 年内蒙古县域占全区公共财政收入比重

(2)各盟市县域公共财政收入比重

2015 年,各盟市县域公共财政收入的比重为:蒙东区域,呼伦贝尔市占 8.7%、兴安盟占 2.0%、通辽市占 7.4%、赤峰市占 5.4%、锡林郭勒盟占9.9%;蒙西区域,呼和浩特市占 6.4%、乌兰察布市占 6.4%、鄂尔多斯市占40.7%、巴彦淖尔市占 6.2%、包头市占 4.4%、阿拉善盟占 2.5%(见图 4-14)。

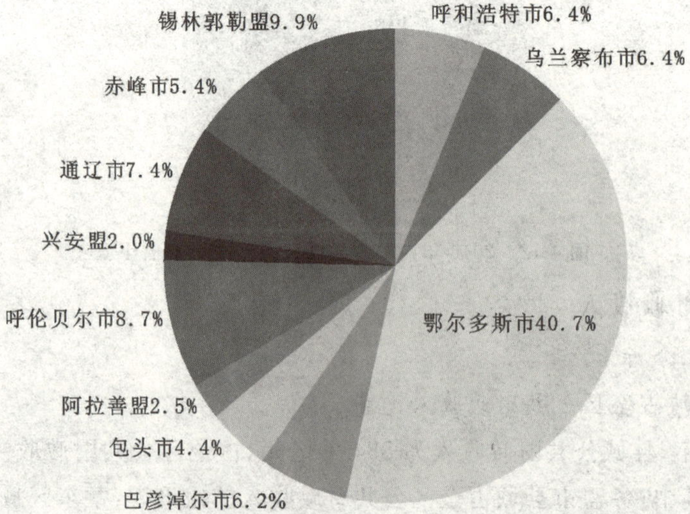

图 4-14　2015 年内蒙古各盟市县域公共财政收入比重

2. 排名分析

(1)县域公共财政收入排名

2015 年,全区各盟市县域公共财政收入排名依次为:鄂尔多斯市、锡林郭勒盟、呼伦贝尔市、通辽市、乌兰察布市、呼和浩特市、巴彦淖尔市、赤峰市、包头市、阿拉善盟、兴安盟。其中,鄂尔多斯市公共财政收入是兴安盟的 21.2 倍(见图 4-15)。

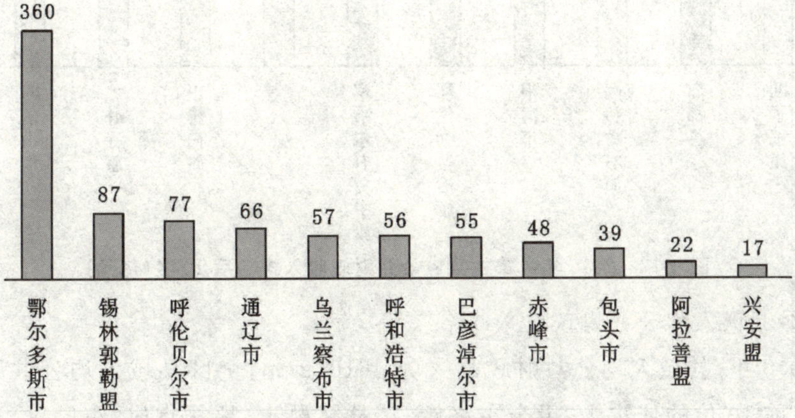

图 4-15　2015 年内蒙古各盟市县域公共财政收入排名(亿元)

2015 年,全区县域公共财政收入排名前 10 位的依次为:东胜区、准格尔旗、伊金霍洛旗、鄂托克旗、霍林郭勒市、乌审旗、集宁区、托克托县、锡林浩特市、达拉特旗。其中,前 10 位次的 8 位分布在蒙西区域(见图 4-16)。

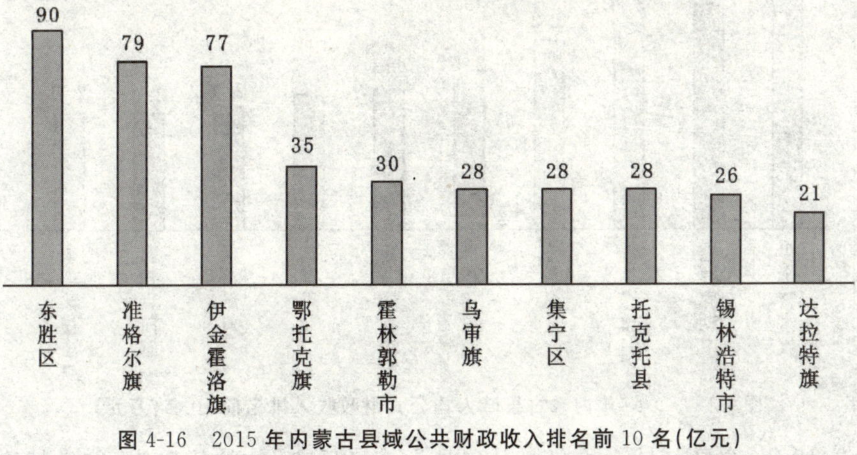

图 4-16　2015 年内蒙古县域公共财政收入排名前 10 名(亿元)

2015 年,全区县域公共财政收入排名后 10 位的依次为:四子王旗、商都县、阿拉善右旗、根河市、鄂伦春自治旗、察哈尔右翼中旗、突泉县、正镶白旗、太仆寺旗、阿尔山市。其中,后10位次的6位分布在蒙东区域,排名第一位的公共财政收入是末位的90.0倍(见图4-17)。

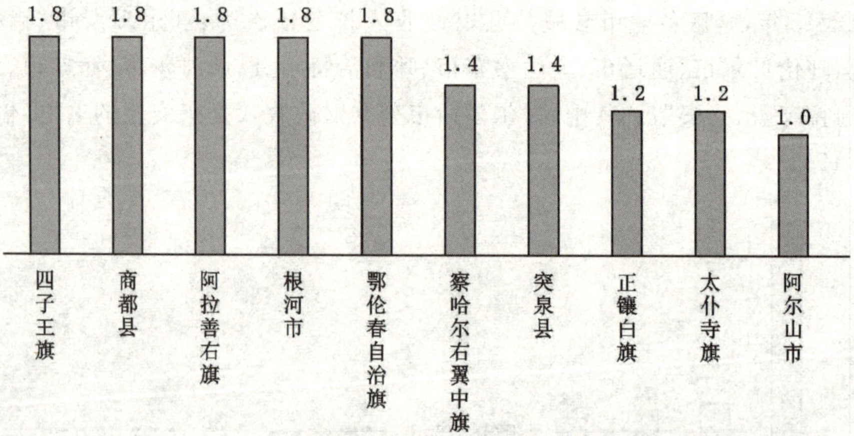

图4-17 2015年内蒙古县域公共财政收入排名后10名(亿元)

(2)县域人均公共财政收入排名

2015年,县域人均公共财政收入为4616.9元,全区县域人均公共财政收入排名前10位的依次为:伊金霍洛旗、霍林郭勒市、鄂托克旗、东胜区、准格尔旗、西乌珠穆沁旗、乌审旗、额济纳旗、鄂托克前旗、东乌珠穆沁旗。其中,前10位次的7位分布在蒙西区域(见图4-18)。

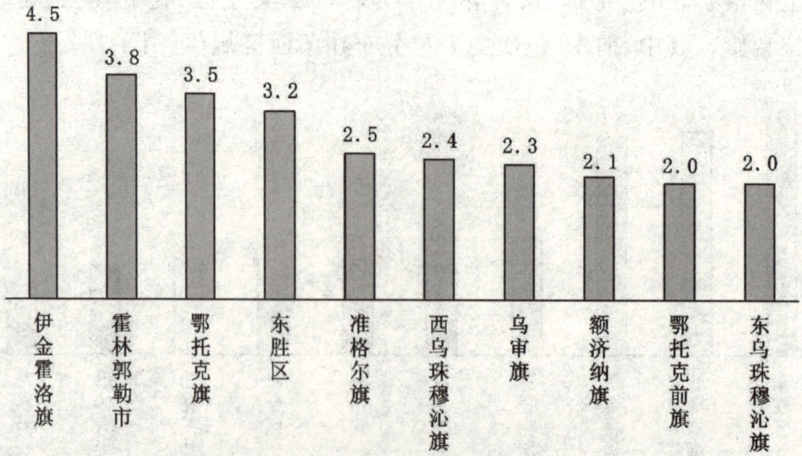

图4-18 2015年内蒙古县域人均公共财政收入排名前10名(万元)

2015年,全区县域人均公共财政收入排名后10位的依次为:翁牛特旗、四子王旗、科尔沁右翼中旗、科尔沁左翼中旗、鄂伦春自治旗、察哈尔右翼中旗、扎赉特旗、太仆寺旗、商都县、突泉县。其中，后 10 位次的 7 位分布在蒙东区域（见图 4-19）。

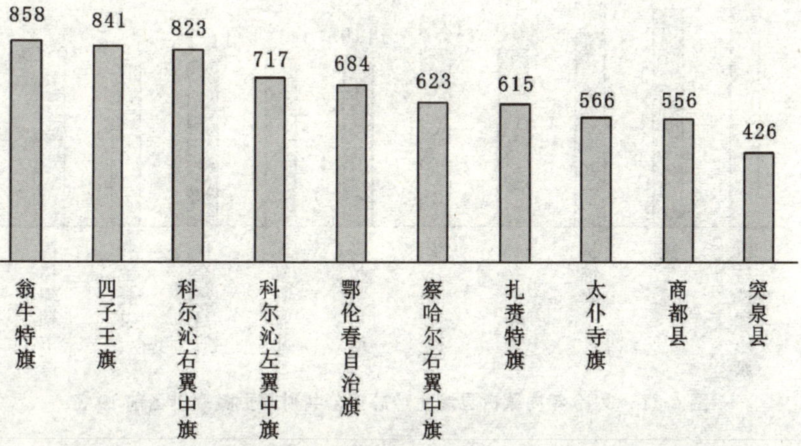

图 4-19　2015 年内蒙古县域人均公共财政收入排名后 10 名（元）

（3）县域生产总值公共财政贡献率排名

2015 年，全区生产总值公共财政贡献率为 10.9%，县域生产总值公共财政贡献率为 6.6%，各盟市县域生产总值公共财政贡献率排名依次为：锡林郭勒盟、鄂尔多斯市、呼和浩特市、阿拉善盟、乌兰察布市、包头市、通辽市、巴彦淖尔市、呼伦贝尔市、赤峰市、兴安盟（见图 4-20）。

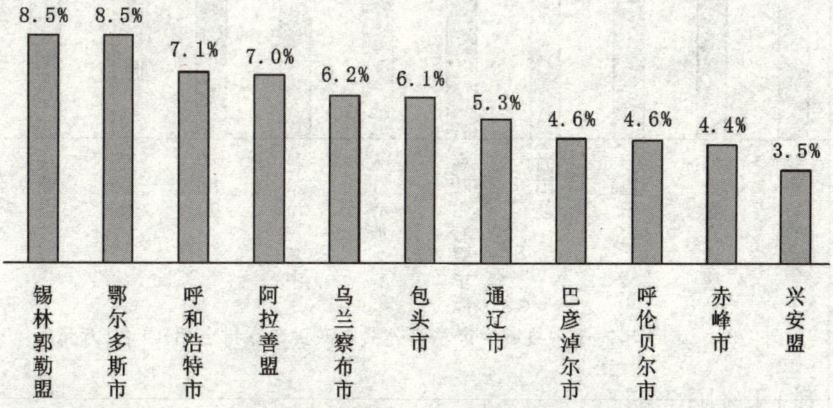

图 4-20　2015 年内蒙古各盟市县域生产总值公共财政贡献率排名

2015 年，全区县域生产总值公共财政贡献率排名前 10 位的依次为：西乌珠穆沁旗、集宁区、杭锦旗、锡林浩特市、鄂托克前旗、乌拉特后旗、东乌珠穆沁旗、伊金霍洛旗、托克托县、霍林郭勒市。其中，前 10 位次的 6 位分布在蒙西区域(见图 4-21)。

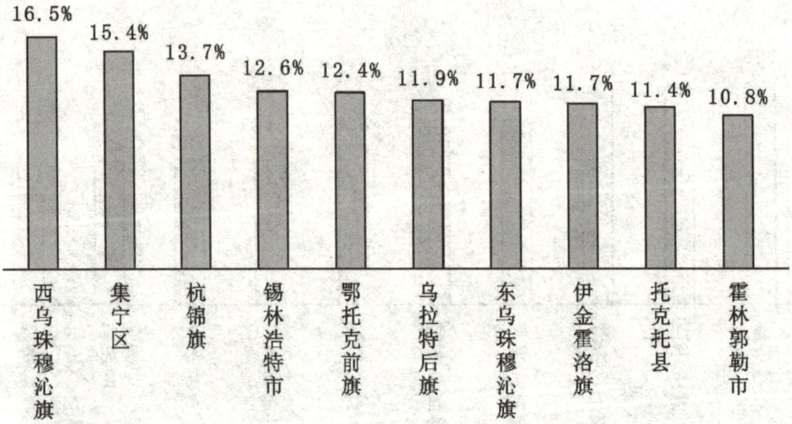

图 4-21　2015 年内蒙古县域生产总值公共财政贡献率排名前 10 名

2015 年,全区县域生产总值公共财政贡献率排名后 10 位的依次为:扎赉特旗、鄂伦春自治旗、牙克石市、固阳县、察哈尔右翼中旗、太仆寺旗、科尔沁左翼中旗、武川县、开鲁县、突泉县。其中,后 10 位次的 7 位分布于蒙东区域(见图 4-22)。

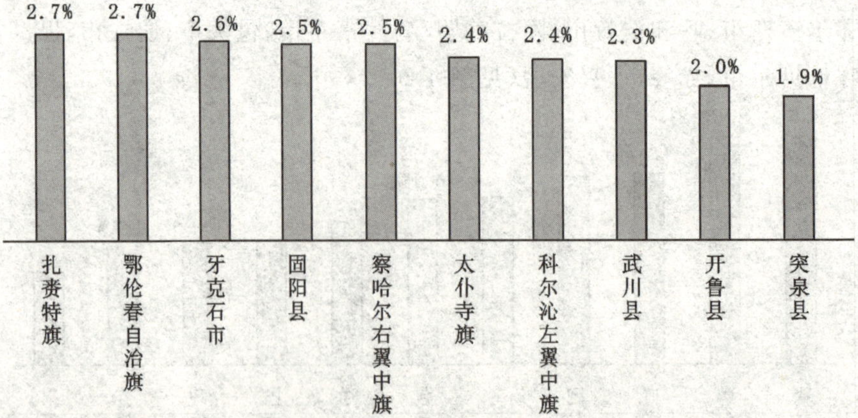

图 4-22　2015 年内蒙古县域生产总值公共财政贡献率排名后 10 名(万元)

(四)工业总产值

1. 占比分析

2015 年,县域规模以上工业总产值为 14810.8 亿元,各盟市县域规模以上工业总产值比重为:蒙东区域,呼伦贝尔市占 8.7%、兴安盟占 2.7%、通辽市占 11.2%、赤峰市占 8.6%、锡林郭勒盟占 6.7%;蒙西区域,呼和浩特市占 7.4%、乌兰察布市占 9.7%、鄂尔多斯市占 30.9%、巴彦淖尔市占 5.9%、包头市占 4.8%、阿拉善盟占 3.4%(见图 4-23)。

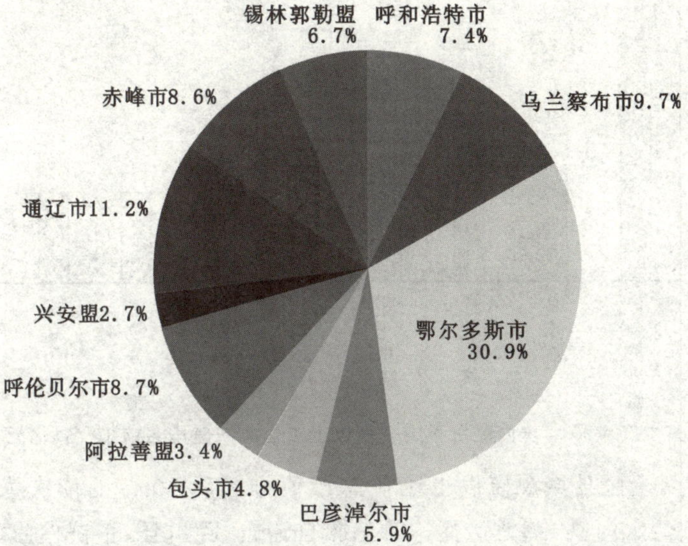

图 4-23　2015 年内蒙古各盟市县域规模以上工业总产值比重

2. 排名分析

2015 年，各盟市县域规模以上工业总产值排名依次为：鄂尔多斯市、通辽市、乌兰察布市、呼伦贝尔市、赤峰市、呼和浩特市、锡林郭勒盟、巴彦淖尔市、包头市、阿拉善盟、兴安盟。其中，排名第一位的鄂尔多斯市规模以上工业总产值是末位兴安盟的 11.5 倍(见图 4-24)。

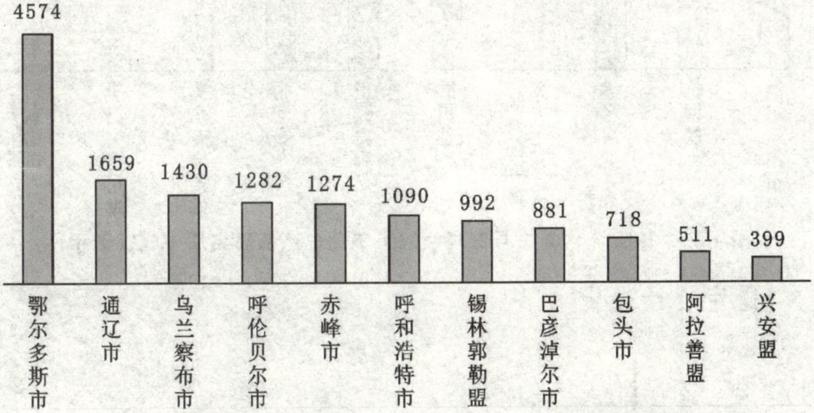

图 4-24　2015 年内蒙古各盟市县域规模以上工业总产值排名(亿元)

2015 年，全区县域规模以上工业总产值排名前 10 位的依次为：准格尔旗、伊金霍洛旗、乌审旗、达拉特旗、鄂托克旗、东胜区、兴和县、阿拉善左旗、托克托县、霍林郭勒市。其中,前10位次的8位分布在蒙西区域,鄂尔多斯市占6位(见图4-25)。

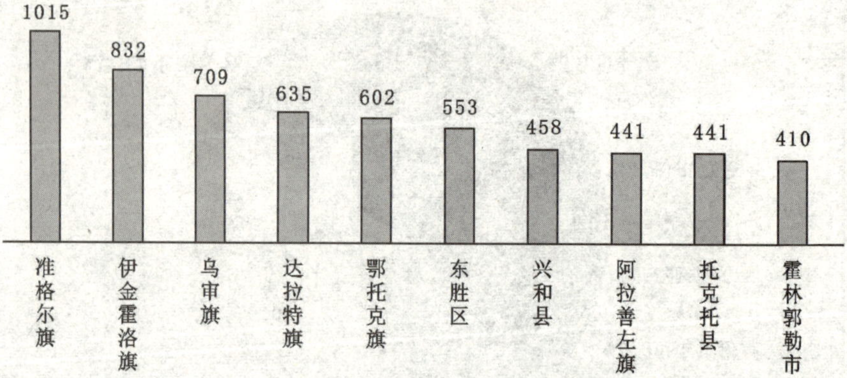

图4-25 2015年内蒙古县域规模以上工业总产值排名前10名(亿元)

2015年,全区县域规模以上工业总产值排名后10位的依次为:额尔古纳市、杭锦旗、清水河县、莫力达瓦达斡尔族自治旗、武川县、正镶白旗、根河市、鄂伦春自治旗、新巴尔虎左旗、阿尔山市。其中,后10位次的7位分布在蒙东区域,呼伦贝尔市占5位,排名第一位的规模以上工业总产值是后10位总和的5.7倍(见图4-26)。

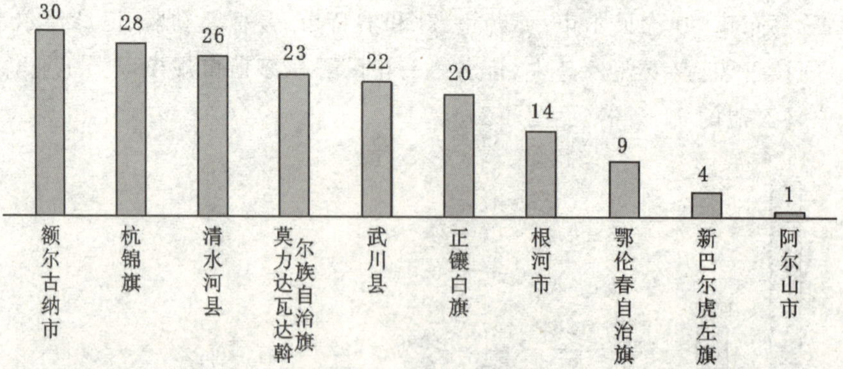

图4-26 2015年内蒙古县域规模以上工业总产值排名后10名(亿元)

(五)固定资产投资

1.占比分析

(1)县域占全区固定资产投资比重

2015年,全区县域固定资产投资为8735.0亿元,占全区固定资产投资的63.2%,各盟市县域占全区固定资产投资比重为:蒙东区域,呼伦贝尔市占

6.8%、兴安盟占 3.0%、通辽市占 5.5%、赤峰市占 5.3%、锡林郭勒盟占4.5%;蒙西区域,呼和浩特市占 3.1%、乌兰察布市占 4.2%、鄂尔多斯市占 19.4%、巴彦淖尔市占 4.8%、包头市占 4.1%、阿拉善盟占 2.5%(见图 4-27)。

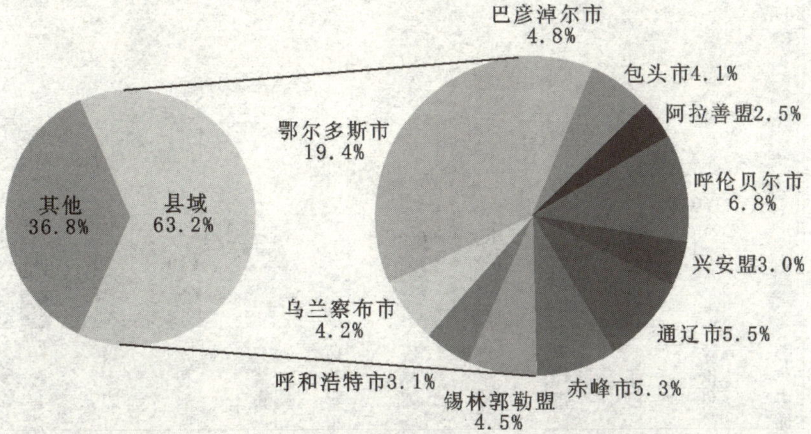

图 4-27 2015 年内蒙古县域占全区固定资产投资比重

(2)各盟市县域固定资产投资比重

2015 年,各盟市县域固定资产投资比重为:蒙东区域,呼伦贝尔市占 10.8%、兴安盟占 4.8%、通辽市占8.7%、赤峰市占 8.3%、锡林郭勒盟占 7.2%;蒙西区域,呼和浩特市占 4.9%、乌兰察布市占 6.6%、鄂尔多斯市占 30.6%、巴彦淖尔市占 7.6%、包头市占6.5%、阿拉善盟占 4.0%(见图 4-28)。

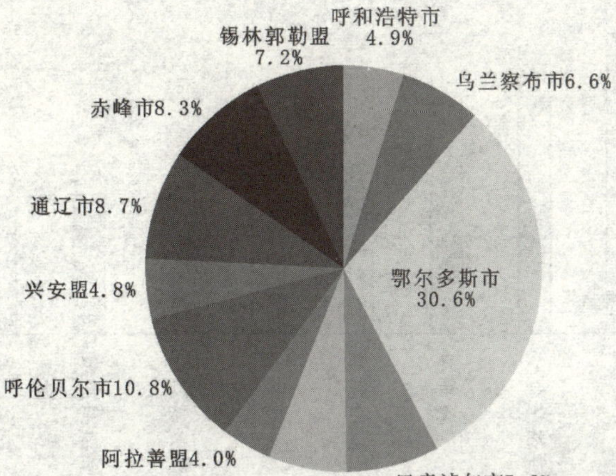

图 4-28 2015 年内蒙古各盟市县域固定资产投资比重

2.排名分析

2015 年,全区各盟市县域固定资产投资排名依次为:鄂尔多斯市、呼伦贝尔市、通辽市、赤峰市、巴彦淖尔市、锡林郭勒盟、乌兰察布市、包头市、呼和浩特市、兴安盟、阿拉善盟。其中,鄂尔多斯市固定资产投资为末位阿拉善盟的7.7倍(见图4-29)。

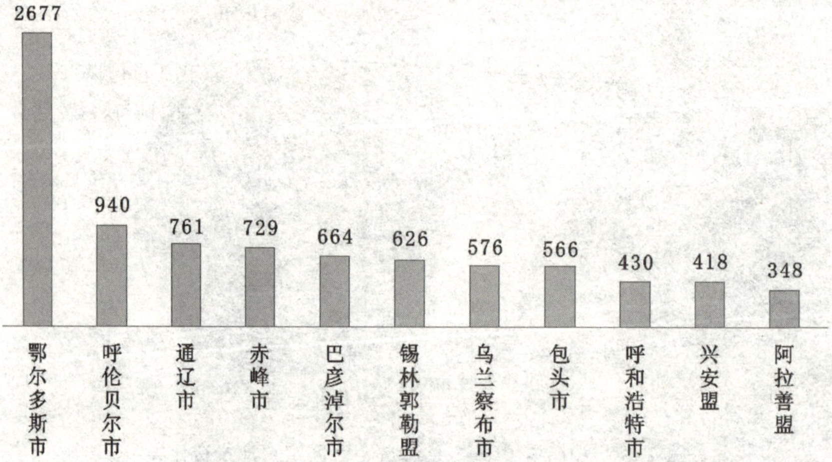

图4-29　2015年内蒙古各盟市县域固定资产投资排名(亿元)

2015年,全区县域固定资产投资排名前10位的依次为:准格尔旗、东胜区、伊金霍洛旗、乌审旗、鄂托克旗、阿拉善左旗、土默特右旗、鄂托克前旗、海拉尔区、达拉特旗。其中,前10位次的8位分布在蒙西区域,鄂尔多斯市占7位(见图4-30)。

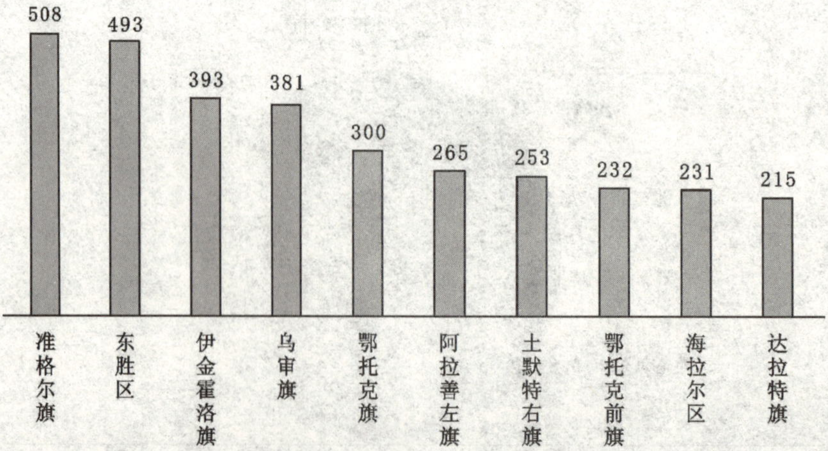

图4-30　2015年内蒙古县域固定资产投资排名前10名(亿元)

2015年,全区县域固定资产投资排名后10位的依次为:根河市、苏尼特右旗、化德县、额尔古纳市、凉城县、新巴尔虎左旗、陈巴尔虎旗、鄂伦春自治旗、正镶白旗、镶黄旗。其中,后10位次的8位分布在蒙东区域,排名第一位准格尔旗固定资产投资是末位镶黄旗的39.1倍(见图4-31)。

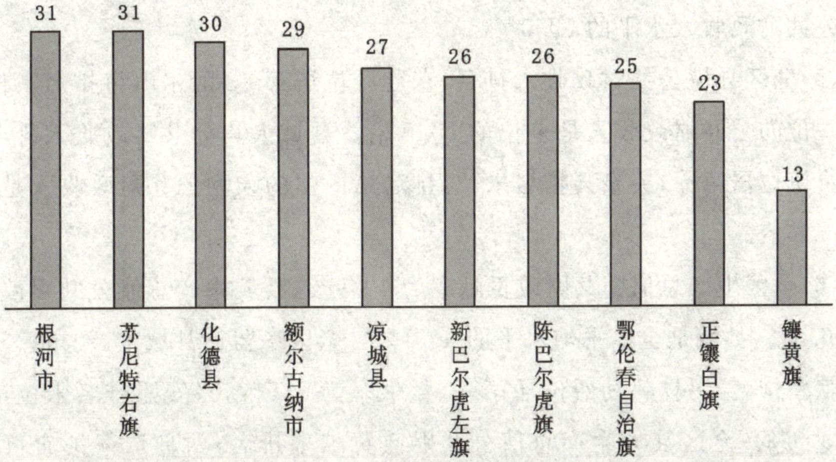

图4-31 2015年内蒙古县域固定资产投资排名后10名(亿元)

三、数据小结

(1)全区县域生产总值占全区生产总值的74.0%,其中,从区域来看,蒙东区域占全区生产总值的30.5%,蒙西区域占全区生产总值的43.5%。从盟市来看,鄂尔多斯市生产总值占比最大,占全区生产总值的23.6%,占县域生产总值的31.9%,为阿拉善盟生产总值的13.2倍。全区三次产业结构比重为9.0:51.0:40.0,县域三次产业结构比重为11.2:52.6:36.2。

(2)全区县域生产总值排名,准格尔旗位居第一,蒙西区域囊括全区前10位次的8位,鄂尔多斯市占其中6位;阿尔山市排名末位,后10位的7位分布在蒙东区域。排名第一位的生产总值是末位的65.2倍,后10位生产总值总和仅占排名第一位准格尔旗的35.3%。

(3)全区人均生产总值约为7.2万元,县域人均生产总值约为7.0万元,为全区平均水平的97.2%。全区县域人均生产总值排名,鄂托克旗位居第一,蒙西区域囊括前10位次的7位,鄂尔多斯市占其中5位;商都县排名末位,后10位次的6位分布在蒙东区域,排名第一位的人均生产总值是末位的24.2倍。

(4)县域占全区公共财政收入的比重为45.0%,其中,鄂尔多斯市占比最大,占全区公共财政收入的 18.3%,占县域公共财政收入的 40.7%。全区人均公共财政收入为 7823.2 元,县域人均公共财政收入为 4616.9 元,县域为全区人均公共财政收入水平的 59.0%。

(5)全区县域公共财政收入排名,东胜区位居第一,阿尔山市排名末位,排名第一位的公共财政收入是末位的 90.0 倍。县域人均公共财政收入排名,伊金霍洛旗位居第一,突泉县排名末位,排名第一位的人均公共财政收入是末位的 105.6 倍。

(6)全区生产总值公共财政贡献率为 10.9%,县域生产总值公共财政贡献率为 6.6%,县域是全区平均水平的 60.1%。全区各盟市县域生产总值公共财政贡献率排名,锡林郭勒盟位居第一,贡献率为 8.5%,兴安盟排名末位,贡献率为 3.5%。全区县域生产总值公共财政贡献率排名,西乌珠穆沁旗位居第一,贡献率位 16.5%,突泉县排名末位,贡献率为 1.9%,第一位的贡献率是末位的 8.7 倍。

(7)全区县域规模以上工业总产值为 14810.8 亿元,鄂尔多斯市占比最大,占县域规模以上工业总产值的 30.9%,是末位兴安盟的 11.5 倍;从县域来看,全区县域规模以上工业总产值排名,准格尔旗位居第一,阿尔山市排名末位,排名第一位的规模以上工业总产值是后 10 位总和的 5.7 倍。

(8)全区县域固定资产投资为 8735.0 亿元,占全区固定资产投资的 63.2%。其中,鄂尔多斯市占比最大,占全区固定资产投资的 19.4%,占县域固定资产投资的 30.6%。全区县域固定资产投资排名,鄂尔多斯市囊括全区前 10 位次的 7 位,排名第一位的准格尔旗固定资产投资是末位镶黄旗的 39.1 倍。

附录：

内蒙古自治区全区 102 个县级行政区划单位

（22 个市辖区、11 个县级市、17 个县、0 个自治县、49 个旗、3 个自治旗）

内蒙古自治区 84 个县域行政区划单位

（4 个市辖区、11 个县级市、17 个县、0 个自治县、49 个旗、3 个自治旗）

地盟市	县域	行政区域面积（平方千米）	户籍人口（万人）	地区生产总值（万元）	人均生产总值（元）	第一产业增加值（万元）	第二产业增加值（万元）	第三产业增加值（万元）	公共财政收入（万元）	人均公共财政收入（元）	生产总值公共财政贡献率	规模以上工业总产值（万元）	固定资产投资（万元）
赤峰市【3 区、7 旗、2 县(市)】不包含：红山区、元宝山区、松山区	阿鲁科尔沁旗	14555	30	1090063	36335.4	184620	484814	420629	34843	1161.4	3.2%	1083661	546935
	巴林左旗	6459	35	1235948	35312.8	219248	622810	393890	50100	1431.4	4.1%	1394003	1001505
	巴林右旗	9837	19	771298	40594.6	113804	418354	239140	41462	2182.2	5.4%	1262212	603463
	林西县	3933	24	765060	31877.5	124631	353331	287098	39950	1664.6	5.2%	1195714	711225
	克什克腾旗	20673	25	1471357	58854.3	179189	938238	353930	75600	3024.0	5.1%	2116530	820296
	翁牛特旗	11882	49	1446499	29520.4	411695	637786	397018	42020	857.6	2.9%	2263894	1013690
	喀喇沁旗	3050	35	706436	20183.9	130496	290470	285470	47610	1360.3	6.7%	733645	577447
	宁城县	4305	62	1677784	27061.0	334529	709331	633924	66850	1078.2	4.0%	1909571	934692
	敖汉旗	8294	61	1639872	26883.1	409596	698059	532217	78861	1292.8	4.8%	778371	1083862

续表

地盟市	县域	行政区域面积（平方千米）	户籍人口（万人）	地区生产总值（万元）	人均生产总值（元）	第一产业增加值（万元）	第二产业增加值（万元）	第三产业增加值（万元）	公共财政收入（万元）	人均公共财政收入（元）	生产总值公共财政贡献率	规模以上工业总产值(万元)	固定资产投资（万元）
呼伦贝尔市【2 区、7 旗、5 县(市)】不包含:扎赉诺尔区	海拉尔区	1440	28	2878539	102805.0	77945	1375417	1425177	150663	5380.8	5.2%	1882597	2305852
	阿荣旗	12063	32	1595044	49845.1	479863	723520	391661	55381	1730.7	3.5%	1220050	1078926
	莫力达瓦达斡尔族自治旗	10356	32	1048109	32753.4	474303	251749	322057	30317	947.4	2.9%	230554	321427
	鄂伦春自治旗	59880	26	667554	25675.2	237385	84403	345766	17775	683.7	2.7%	87224	245527
	鄂温克族自治旗	19111	14	1115644	79688.9	80446	760719	274479	86741	6195.8	7.8%	1019100	622793
	陈巴尔虎旗	18634	6	909200	151533.3	97610	609951	201639	59006	9834.3	6.5%	857020	259572
	新巴尔虎左旗	21634	4	359071	89767.8	64993	179359	114719	19875	4968.8	5.5%	40127	262160
	新巴尔虎右旗	24840	4	777973	194493.3	41206	609876	126891	51420	12855.0	6.6%	903130	318653
	满洲里市	732	17	2257860	132815.3	38093	580178	1639589	149565	8797.9	6.6%	1231250	1101250
	牙克石市	27803	34	2308754	67904.5	375877	1128569	804308	59859	1760.6	2.6%	2507967	1120805
	扎兰屯市	16800	41	1815034	44269.1	421598	941656	451780	48719	1188.3	2.7%	2406412	1164217
	额尔古纳市	28958	8	461181	57647.6	154073	130203	176905	24402	3050.3	5.3%	296805	286629
	根河市	20012	14	412394	29456.7	105237	109840	197317	17991	1285.1	4.4%	137994	308600

续表

地盟市	县域	行政区域面积（平方千米）	户籍人口（万人）	地区生产总值（万元）	人均生产总值（元）	第一产业增加值（万元）	第二产业增加值（万元）	第三产业增加值（万元）	公共财政收入（万元）	人均公共财政收入（元）	生产总值公共财政贡献率	规模以上工业总产值（万元）	固定资产投资（万元）
兴安盟【3县（市）、3旗】	乌兰浩特市	2728	32	1618518	50578.7	97744	762174	758600	77397	2418.7	4.8%	1370257	963084
	阿尔山市	7409	5	168104	33620.8	27258	40058	100788	10148	2029.6	6.0%	9433	370000
	科尔沁右翼前旗	16964	33	966020	29273.3	346949	351003	268068	29079	881.2	3.0%	826724	885098
	科尔沁右翼中旗	15613	25	634138	25365.5	182005	240060	212073	20574	823.0	3.2%	474127	706985
	扎赉特旗	11837	39	898774	23045.5	363656	273129	261989	23988	615.1	2.7%	701072	591008
	突泉县	4797	32	734116	22941.1	233866	323359	176891	13640	426.3	1.9%	604908	660700
通辽市【1区、5旗、2县(市)】不包含:科尔沁区	科尔沁左翼中旗	9573	52	1586900	30517.3	401100	614200	571600	37306	717.4	2.4%	2168742	828785
	科尔沁左翼后旗	11500	41	1618737	39481.4	343274	652321	623142	45000	1097.6	2.8%	2008697	877311
	开鲁县	4488	40	2144206	53605.2	521993	925461	696752	42836	1070.9	2.0%	3232377	1167623
	库伦旗	4714	18	685476	38082.0	179465	264224	241787	33301	1850.1	4.9%	934608	642373
	奈曼旗	8130	45	1502200	33382.2	306000	675900	520300	45700	1015.6	3.0%	1472210	980600
	扎鲁特旗	16492	30	1970938	65697.9	340832	1033047	597059	150596	5019.9	7.6%	2669338	1266986
	霍林郭勒市	585	8	2802800	350350.0	32600	1834100	936100	303014	37876.8	10.8%	4101835	1845275

续表

地盟市	县域	行政区域面积（平方千米）	户籍人口（万人）	地区生产总值（万元）	人均生产总值（元）	第一产业增加值（万元）	第二产业增加值（万元）	第三产业增加值（万元）	公共财政收入（万元）	人均公共财政收入（元）	生产总值公共财政贡献率	规模以上工业总产值（万元）	固定资产投资（万元）
锡林郭勒盟【3县（市）、9旗】	二连浩特市	4015	3	1007308	335769.3	6276	357991	643041	52023	17341.0	5.2%	705486	388198
	锡林浩特市	14780	18	2101811	116767.3	155966	1056385	889460	264530	14696.1	12.6%	1700401	1492101
	阿巴嘎旗	27495	5	673551	134710.2	76918	493093	103540	19788	3957.6	2.9%	762781	411065
	苏尼特左旗	34240	4	498179	124544.8	59673	338334	100172	22213	5553.3	4.5%	452606	310387
	苏尼特右旗	22455	7	595391	85055.9	51053	398523	145815	29608	4229.7	5.0%	786155	306394
	东乌珠穆沁旗	52321	8	1361953	170244.1	204466	914010	243477	159748	19968.5	11.7%	1469314	845232
	西乌珠穆沁旗	22459	8	1153290	144161.3	152848	835040	165402	189725	23715.6	16.5%	1052563	830272
	太仆寺旗	3426	21	501190	23866.2	128707	204011	168472	11885	566.0	2.4%	319106	312672
	镶黄旗	5137	3	554047	184682.3	60306	399164	94577	23192	7730.7	4.2%	758601	131666
	正镶白旗	6215	7	310757	44393.9	48455	156076	106226	12257	1751.0	3.9%	198210	234021
	正蓝旗	10206	8	696799	87099.9	69284	473039	154476	50079	6259.9	7.2%	703996	522331
	多伦县	3864	11	820473	74588.5	91050	568025	161398	35712	3246.5	4.4%	1015406	473694
呼和浩特市【4区、4县(市)、1旗】不包含：新城区、回民区、玉泉区、赛罕区	土默特左旗	2765	37	2462287	66548.3	390423	806126	1265738	133987	3621.3	5.4%	4040562	1373617
	托克托县	1320	20	2424539	121227.0	211616	1670577	542346	276532	13826.6	11.4%	4410118	860111
	和林格尔县	3448	20	1531266	76563.3	225039	692336	613891	112972	5648.6	7.4%	1969200	1165100
	清水河县	2818	14	700855	50061.1	71657	291734	337464	19150	1367.9	2.7%	264845	380191
	武川县	4682	17	836637	49213.9	96313	437070	303254	19446	1143.9	2.3%	217706	520193

续表

地盟市	县域	行政区域面积（平方千米）	户籍人口（万人）	地区生产总值（万元）	人均生产总值（元）	第一产业增加值（万元）	第二产业增加值（万元）	第三产业增加值（万元）	公共财政收入（万元）	人均公共财政收入（元）	生产总值公共财政贡献率	规模以上工业总产值（万元）	固定资产投资（万元）
乌兰察布市【1区、6县（市）、4旗】	集宁区	407	32	1816327	56760.2	42821	792443	981063	280268	8758.4	15.4%	1301355	1386868
	卓资县	3119	21	639760	30464.8	90207	303516	246037	28307	1348.0	4.4%	754176	380786
	化德县	2527	17	516852	30403.1	77325	303036	136491	18544	1090.8	3.6%	718000	300010
	商都县	4284	33	599488	18166.3	131488	249000	219000	18351	556.1	3.1%	640300	322089
	兴和县	3519	32	645801	20181.3	114391	266794	264616	33652	1051.6	5.2%	4580401	384628
	凉城县	3451	25	764377	30575.1	171843	359660	232874	40801	1632.0	5.3%	459938	270174
	察哈尔右翼前旗	2440	22	895866	40721.2	135966	506115	253785	38154	1734.3	4.3%	1100409	620614
	察哈尔右翼中旗	4200	23	565228	24575.1	132397	252321	180510	14332	623.1	2.5%	413124	459000
	察哈尔右翼后旗	3910	23	711727	30944.7	107295	409865	194567	26980	1173.0	3.8%	1650122	525244
	四子王旗	24036	22	562297	25559.0	153526	185230	223541	18494	840.6	3.3%	690023	415685
	丰镇市	2722	32	1420483	44390.1	166648	810290	443545	49405	1543.9	3.5%	1993122	696629
包头市【6区、1县（市）、2旗】不包含：东河区、昆都仑区、青山区、石拐区、白云鄂博矿区、九原区	土默特右旗	2368	37	3463300	93602.7	405300	1997300	1060700	206689	5586.2	6.0%	3310000	2526849
	固阳县	5025	21	1185900	56471.4	141500	816800	227600	30083	1432.5	2.5%	1217000	1184700
	达尔罕茂明安联合旗	17482	11	2087800	189800.0	153800	1279100	654900	154249	14022.6	7.4%	2660900	1945778

续表

地盟市	县域	行政区域面积（平方千米）	户籍人口（万人）	地区生产总值（万元）	人均生产总值（元）	第一产业增加值（万元）	第二产业增加值（万元）	第三产业增加值（万元）	公共财政收入（万元）	人均公共财政收入（元）	生产总值公共财政贡献率	规模以上工业总产值（万元）	固定资产投资（万元）
鄂尔多斯市【1区、7旗】	东胜区	2526	28	9625930	343783.2	13440	3453000	6159490	904363	32298.7	9.4%	5534000	4928378
	达拉特旗	8241	36	4718237	131062.1	324527	2665300	1728410	213612	5933.7	4.5%	6348168	2150000
	准格尔旗	7692	32	11077799	346181.2	92499	6642300	4343000	790000	24687.5	7.1%	10150900	5082124
	鄂托克前旗	12221	8	1289900	161237.5	112100	791600	386200	160016	20002.0	12.4%	2003790	2320576
	鄂托克旗	20367	10	4357500	435750.0	75252	3325400	956848	354348	35434.8	8.1%	6016697	3000070
	杭锦旗	19253	14	896100	64007.1	176611	361500	357989	122980	8784.3	13.7%	278660	1551308
	乌审旗	11674	12	3989100	332425.0	126135	3014700	848265	281236	23436.3	7.1%	7087457	3805218
	伊金霍洛旗	5487	17	6598912	388171.3	69012	3948900	2581000	772600	45447.1	11.7%	8321000	3933009

续表

地盟市	县域	行政区域面积（平方千米）	户籍人口（万人）	地区生产总值（万元）	人均生产总值（元）	第一产业增加值（万元）	第二产业增加值（万元）	第三产业增加值（万元）	公共财政收入（万元）	人均公共财政收入（元）	生产总值公共财政贡献率	规模以上工业总产值（万元）	固定资产投资（万元）
巴彦淖尔市【1区、2县(市)、4旗】	临河区	2333	52	2870842	55208.5	432642	1350600	1087600	162985	3134.3	5.7%	2995417	1585812
	五原县	2503	28	1100800	39314.3	284660	422200	393940	38229	1365.3	3.5%	566296	681882
	磴口县	4167	12	508616	42384.7	93516	297900	117200	24393	2032.8	4.8%	576149	388491
	乌拉特前旗	7476	34	1407827	41406.7	315396	603783	488648	93821	2759.4	6.7%	785564	1019884
	乌拉特中旗	22868	14	995731	71123.6	162231	718900	114600	87778	6269.9	8.8%	1258591	1364220
	乌拉特后旗	24525	6	630400	105066.7	35100	492500	102800	75000	12500.0	11.9%	1196762	912485
	杭锦后旗	1752	30	1356435	45214.5	332835	636800	386800	62885	2096.2	4.6%	1431953	692221
阿拉善盟【3旗】	阿拉善左旗	80412	15	2526446	168429.7	81883	1840825	603738	164253	10950.2	6.5%	4413743	2648844
	阿拉善右旗	74485	3	275156	91718.7	21457	166455	87244	18156	6052.0	6.6%	337739	322044
	额济纳旗	114606	2	410959	205479.5	16883	174073	220003	41966	20983.0	10.2%	357425	511283
合　计	84个	1183805	1915	133483830	69704.3	15023915	70157409	48302506	8841366	4616.9	6.6%	148108396	87349502

第二章 广西篇

一、整体概况

(一)全区概况

广西壮族自治区简称“桂”,首府南宁,是中国唯一沿海的自治区。广西地处中国西南地区,东临广东省,南临北部湾并与海南省隔海相望,西与云南省毗邻,东北接湖南省,西北靠贵州省,西南与越南社会主义共和国接壤。行政区域土地面积23.76万平方千米,管辖北部湾海域面积约4万平方千米。2015年末全区常住人口为4796.0万人。全区拥有14个地级市,110个县级行政区划单位(其中37个市辖区、8个县级市、53个县、12个自治县)。全区行政地域分布主要分为14个地级市,分别为南宁市、柳州市、桂林市、梧州市、北海市、防城港市、钦州市、贵港市、玉林市、百色市、贺州市、河池市、来宾市、崇左市。

2015年,全区实现生产总值16803.1亿元,人均生产总值约为3.5万元。其中,第一产业增加值2565.97亿元,第二产业增加值7694.7亿元,第三产业增加值6542.2亿元。全区三次产业结构比重为15.3∶45.8∶38.9。全部工业增加值6338.3亿元,全年财政收入2332.96亿元,其中公共财政预算收入1515.1亿元,全社会固定资产投资16227.8亿元,社会消费品零售总额6348.1亿元,其中城镇实现社会消费品零售额5600.3亿元,乡村实现社会消费品零售额747.8亿元。

(二)县域概况

自治区110个县级行政区划单位,纳入县域体系的有81个县级行政区划单位(其中8个市辖区、8个县级市、53个县、12个自治县),行政区域面积21.6万平方千米,户籍人口4418.0万人。县域生产总值为9126.4亿元,人均生产总值约为 2.1 万元。其中，第一产业增加值 2106.1 亿元，第二产业增加值 4025.4 亿元，第三产业增加值 2994.8 亿元，三次产业结构比重为 23.1∶44.1∶32.8。县域公共财政收入为 520.1 亿元，县域固定资产为 8864.0 亿元。

二、经济分析

(一)生产总值

1. 占比分析

(1)各地市县域占全区生产总值比重

2015 年，县域生产总值为 9126.4 亿元，占全区生产总值的 54.3%。其中，各地市县域占全区生产总值比重为：南宁市占 5.8%、柳州市占3.7%、桂林市占 8.3%、梧州市占 3.2%、北海市占 1.2%、防城港市占 0.9%、钦州市占 2.2%、贵港市占 3.0%、玉林市占 6.3%、百色市占 5.8%、贺州市占 2.8%、河池市占 3.7%、来宾市占 3.3%、崇左市占 4.1%(见图 4-32)。

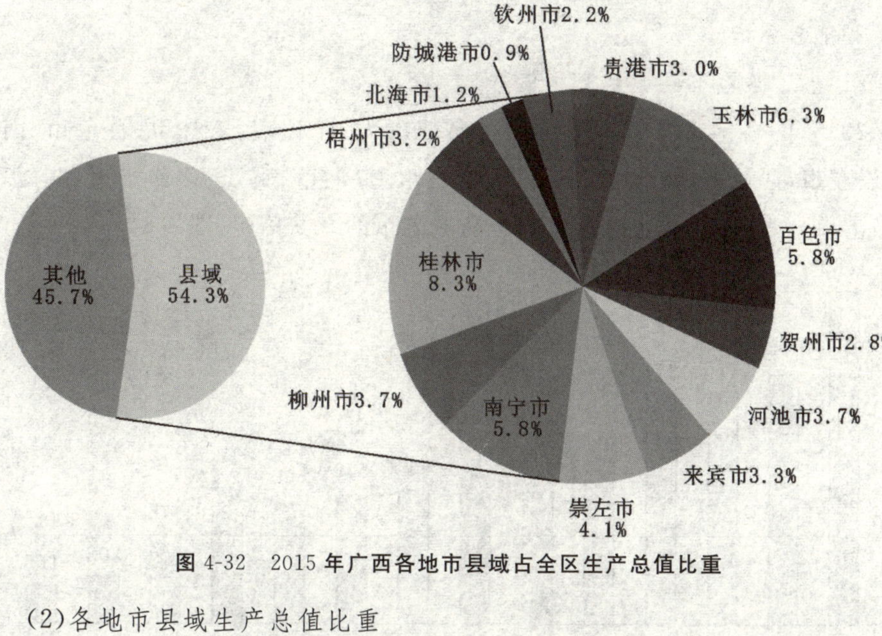

图 4-32　2015 年广西各地市县域占全区生产总值比重

(2)各地市县域生产总值比重

2015 年，各地市县域生产总值比重为：南宁市占 10.6%、柳州市占6.8%、桂林市占 15.4%、梧州市占 5.9%、北海市占 2.2%、防城港市占 1.7%、钦州市占 4.1%、贵港市占 5.6%、玉林市占 11.5%、百色市占 10.7%、贺州市占

5.1%、河池市占6.8%、来宾市占6.1%、崇左市占7.5%(见图4-33)。

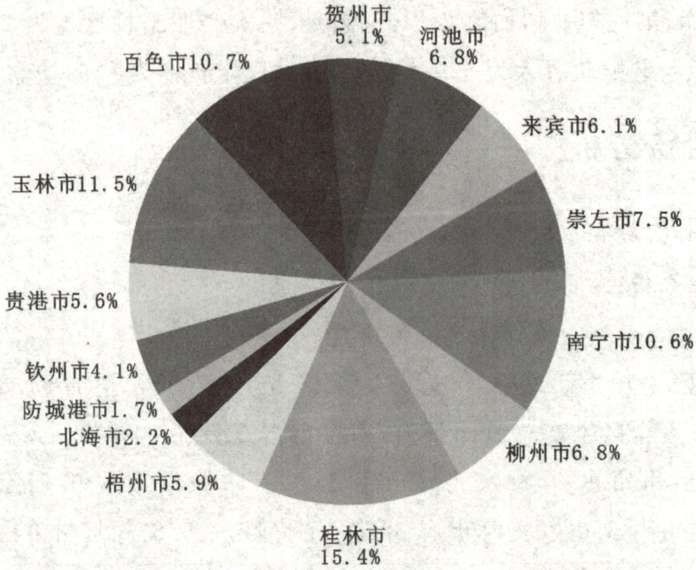

图4-33 2015年广西各地市县域生产总值比重

2.排名分析

(1)全区各地市县域生产总值排名

2015年,各地市县域生产总值排名依次为:桂林市、玉林市、百色市、南宁市、崇左市、河池市、柳州市、来宾市、梧州市、贵港市、贺州市、钦州市、北海市、防城港市。其中,桂林市生产总值是防城港市的9.0倍(见图4-34)。

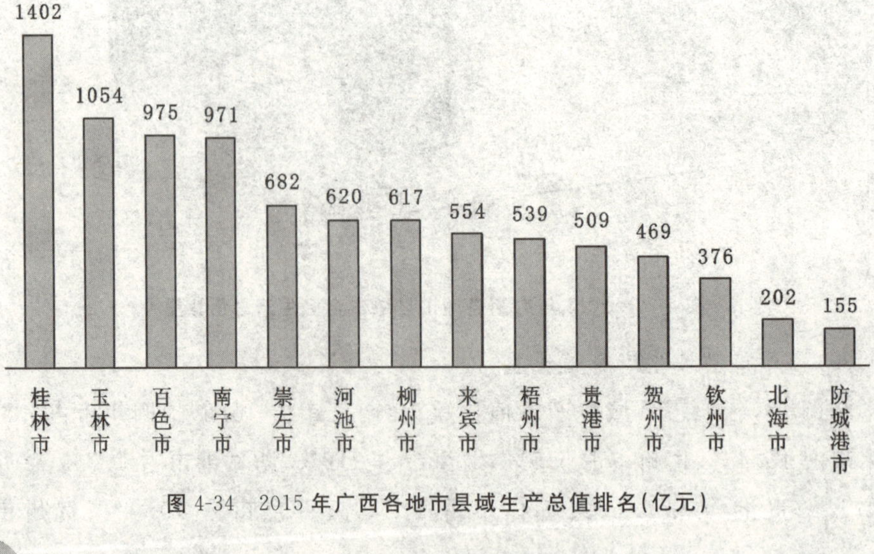

图4-34 2015年广西各地市县域生产总值排名(亿元)

(2)全区县域生产总值排名

2015年,全区县域生产总值排名前10位的依次为:桂平市、武鸣区、北流市、八步区、横县、兴宾区、博白县、岑溪市、临桂区、陆川县。其中,前10位次的3位分布在玉林市(见图4-35)。

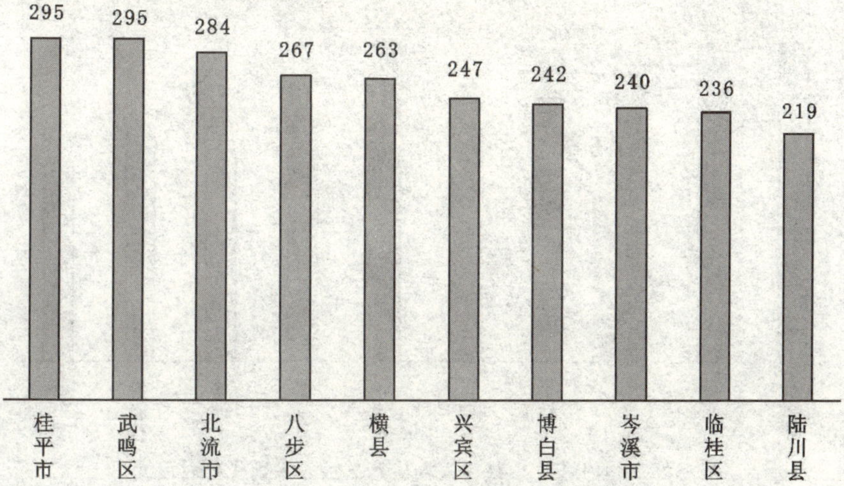

图4-35 2015年广西县域生产总值排名前10名(亿元)

2015年,全区县域生产总值排名后10位的依次为:巴马瑶族自治县(以下简称巴马县)、苍梧县、合山市、凌云县、金秀瑶族自治县(以下简称金秀县)、东兰县、那坡县、西林县、乐业县、凤山县。其中,后10位次的4位分布在百色市,排名第一位的生产总值是末位的14.8倍,后7位的生产总值总和仅占排名第一位桂平市的55.9%(见图4-36)。

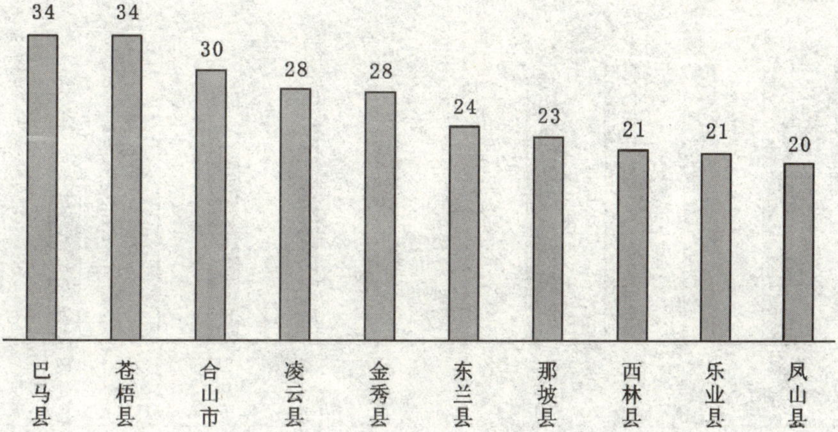

图4-36 2015年广西县域生产总值排名后10名(亿元)

(3)全区县域人均生产总值排名

2015年,全区县域人均生产总值排名前10位的依次为:右江区、东兴市、凭祥市、临桂区、武鸣区、荔浦县、永福县、江洲区、兴安县、柳江县。其中,前10位次的4位分布在桂林市(见图4-37)。

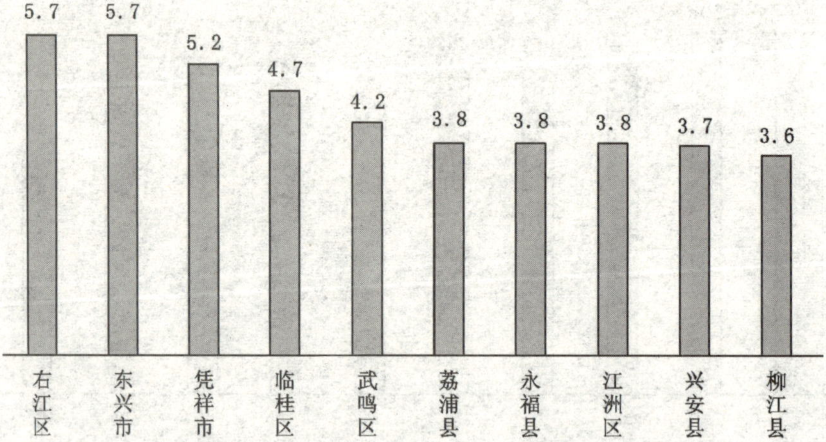

图4-37 2015年广西县域人均生产总值排名前10名(万元)

2015年,全区县域人均生产总值排名后10位的依次为:隆林各族自治县(以下简称隆林县)、罗城仫佬族自治县(以下简称罗城县)、三江侗族自治县(以下简称三江县)、那坡县、上林县、凤山县、苍梧县、马山县、东兰县、都安瑶族自治县(以下简称都安县)。其中,后10位次的4位分布在河池市。排名第一位的人均生产总值是末位的9.5倍(见图4-38)。

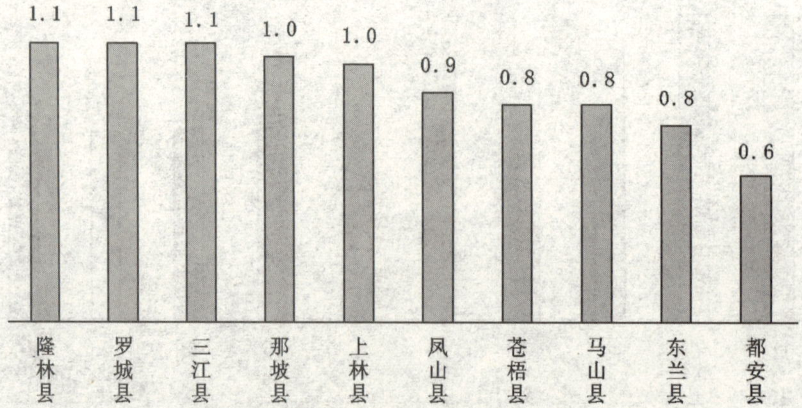

图4-38 2015年广西县域人均生产总值排名后10名(万元)

(二)产业结构

1.全区三次产业增加值比重

2015年,全区实现生产总值16803.1亿元。其中,第一产业增加值2565.97亿元,第二产业增加值7694.7亿元,第三产业增加值6542.2亿元。三次产业结构比重为15.3:45.8:38.9(见图4-39)。

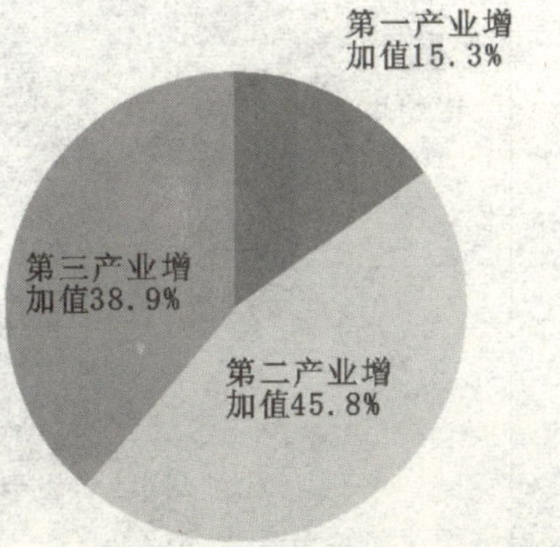

图4-39 2015年广西三次产业增加值比重

2.县域三次产业增加值比重

2015年,全区县域生产总值为9126.4亿元。其中,第一产业增加值2106.1亿元,第二产业增加值4025.4亿元,第三产业增加值2994.8亿元,三次产业结构比重为23.1:44.1:32.8(见图4-40)。

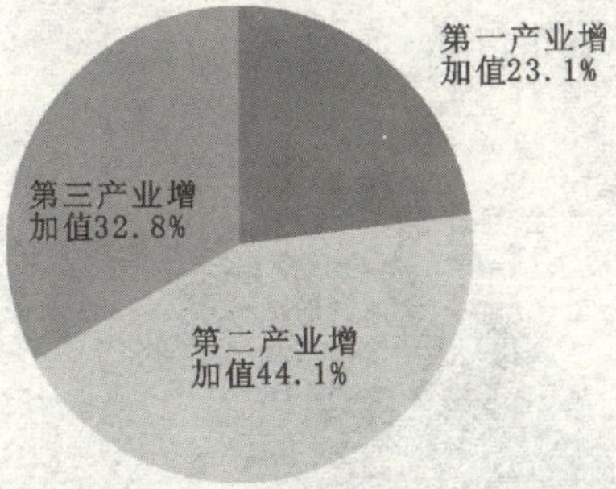

图4-40 2015年广西县域三次产业增加值比重

(三)财政收入

1.占比分析

(1)县域占全区公共财政收入比重

2015年,县域公共财政收入为520.1亿元,占全区公共财政收入的比重为34.3%。其中,各地市县域占全区公共财政收入的比重为:南宁市占3.6%、柳州市占1.9%、桂林市占5.4%、梧州市占2.6%、北海市占0.4%、防城港市占1.2%、钦州市占1.0%、贵港市占1.3%、玉林市占3.9%、百色市占4.3%、贺州市占1.8%、河池市占2.3%、来宾市占1.2%、崇左市占3.4%(见图4-41)。

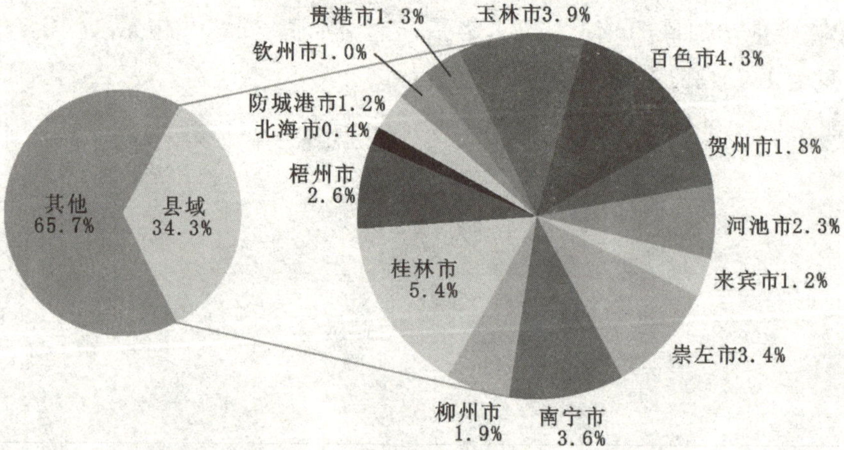

图4-41 2015年广西县域占全区公共财政收入比重

(2)各地市县域公共财政收入比重

2015年,各地市县域公共财政收入的比重为:南宁市占10.5%、柳州市占5.6%、桂林市占15.8%、梧州市占7.5%、北海市占1.4%、防城港市占3.4%、钦州市占2.9%、贵港市占3.7%、玉林市占11.4%、百色市占12.5%、贺州市占5.3%、河池市占6.6%、来宾市占3.4%、崇左市占10.0%(见图4-42)。

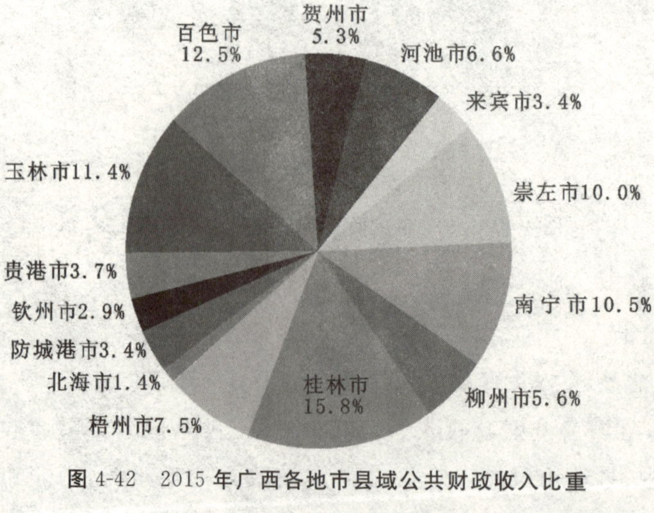

图4-42 2015年广西各地市县域公共财政收入比重

2.排名分析

(1)县域公共财政收入排名

2015 年,各地市县域公共财政收入排名依次为:桂林市、百色市、玉林市、南宁市、崇左市、梧州市、河池市、柳州市、贺州市、贵港市、来宾市、防城港市、钦州市、北海市。其中,桂林市的公共财政收入是北海市的 11.7 倍(见图 4-43)。

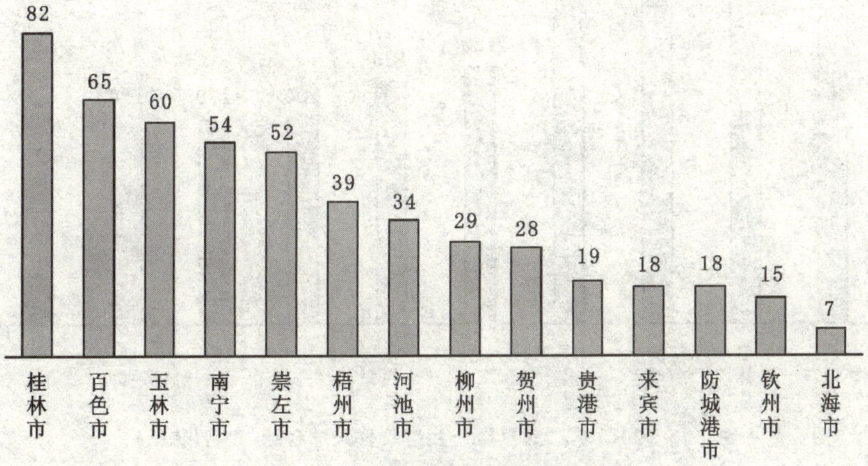

图 4-43 2015 年广西各地市县域公共财政收入排名(亿元)

2015 年,全区县域公共财政收入排名前 10 位的依次为:岑溪市、八步区、临桂区、北流市、宾阳县、平果县、博白县、武鸣区、横县、藤县。其中,前 10 位次的 3 位分布在南宁市(见图 4-44)。

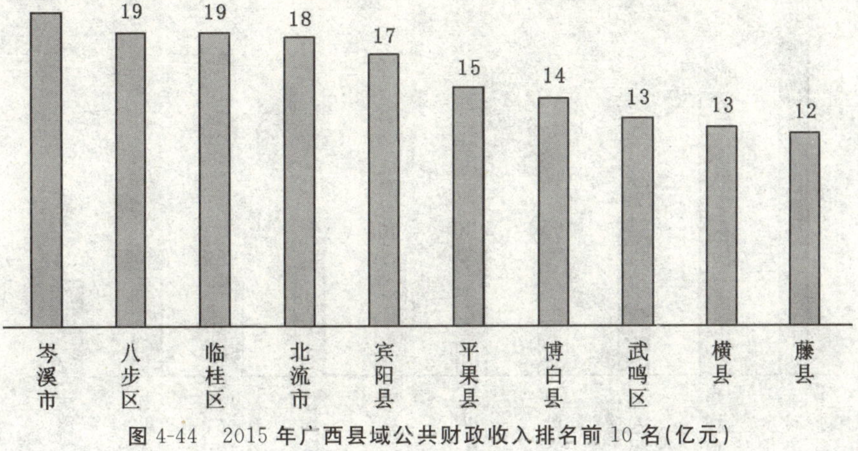

图 4-44 2015 年广西县域公共财政收入排名前 10 名(亿元)

2015 年,全区县域公共财政收入排名后 10 位的依次为:天峨县、田林县、忻城县、乐业县、凌云县、东兰县、金秀县、合山市、西林县、凤山县。其中,后10位次中各有3位分别分布在河池市和来宾市,排名第一位岑溪市的公共财政收入是排名末位凤山县的22.2倍(见图4-45)。

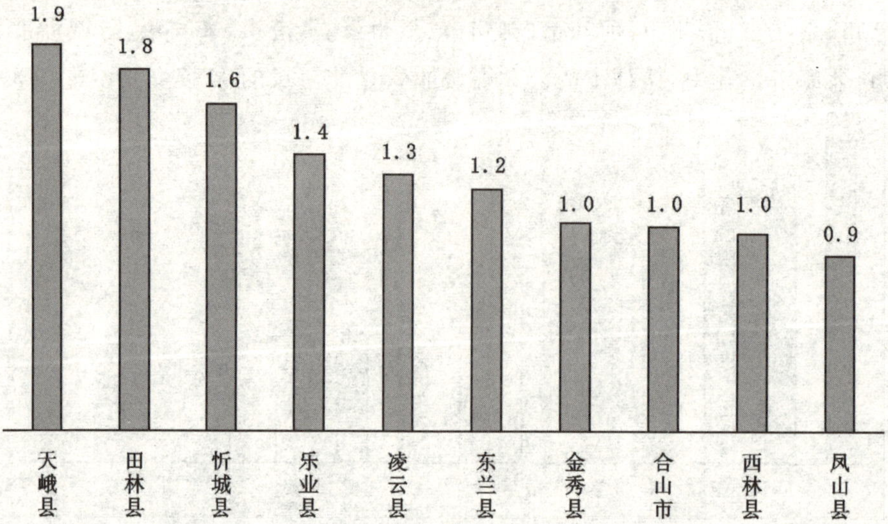

图4-45 2015年广西县域公共财政收入排名后10名(亿元)

(2)县域人均公共财政收入排名

2015年,县域人均公共财政收入为1177.2元,全区县域人均公共财政收入排名前10位的依次为:东兴市、凭祥市、临桂区、龙胜各族自治县(以下简称龙胜县)、灵川县、平果县、江洲区、兴安县、上思县、扶绥县。其中,前10位次的4位分布在桂林市(见图4-46)。

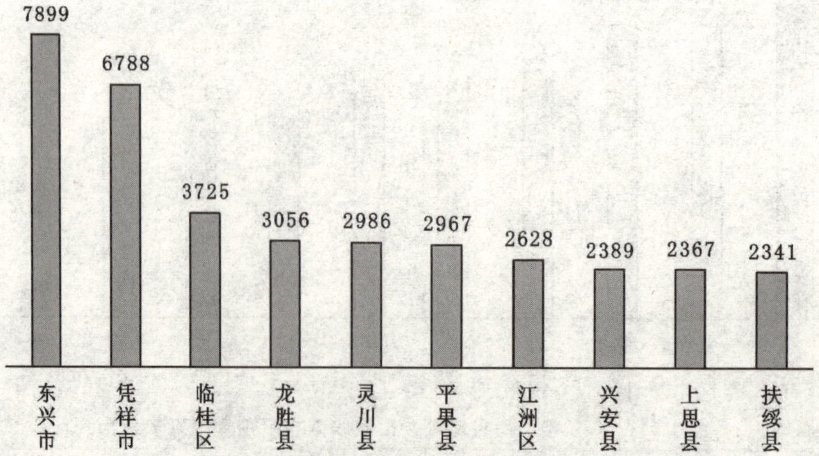

图4-46 2015年广西县域人均公共财政收入排名前10名(元)

2015年,全区县域人均公共财政收入排名后10位的依次为:环江毛南族自治县(以下简称环江县)、全州县、三江县、桂平市、兴宾区、灵山县、凤山县、东兰县、忻城县、马山县。其中,后10位次的3位分布在河池市,排名第一位东兴市的人均公共财政收入是末位马山县的21.4倍(见图4-47)。

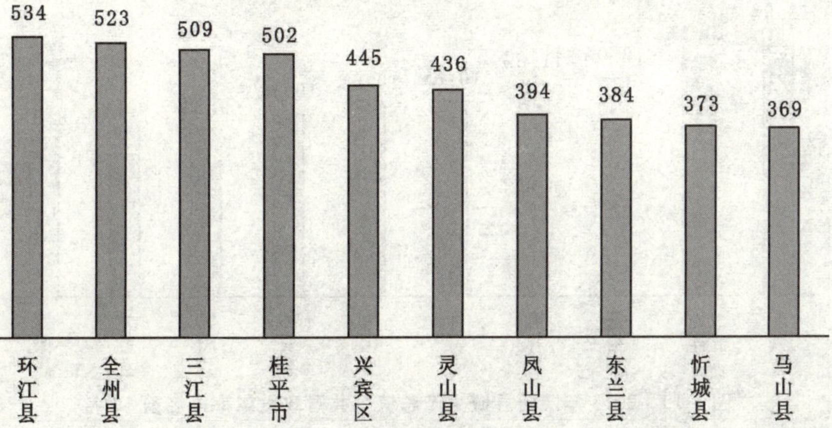

图4-47　2015年广西县域人均公共财政收入排名后10名(元)

(3)县域生产总值公共财政贡献率排名

2015年,全区生产总值公共财政贡献率为9.0%,县域生产总值公共财政贡献率为5.7%。各地市县域生产总值公共财政贡献率排名依次为:防城港市、崇左市、梧州市、百色市、贺州市、桂林市、玉林市、南宁市、河池市、柳州市、钦州市、贵港市、北海市、来宾市(见图4-48)。

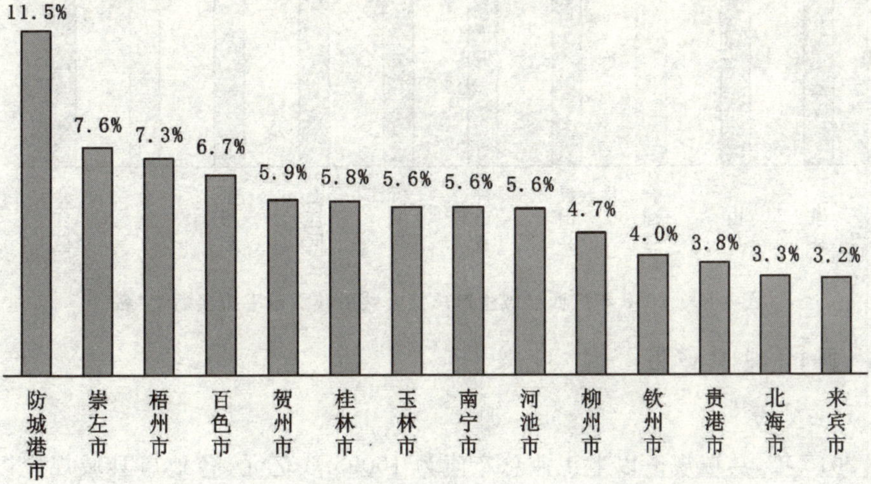

图4-48　2015年广西各地市县域生产总值公共财政贡献率排名

2015年,全区县域生产总值公共财政贡献率排名前10位的依次为:东兴市、凭祥市、苍梧县、隆林各族自治县(以下简称隆林县)、平果县、大化瑶族自治县(以下简称大化县)、都安县、宾阳县、龙胜县、德保县。其中,前10位次的3位分布在百色市(见图4-49)。

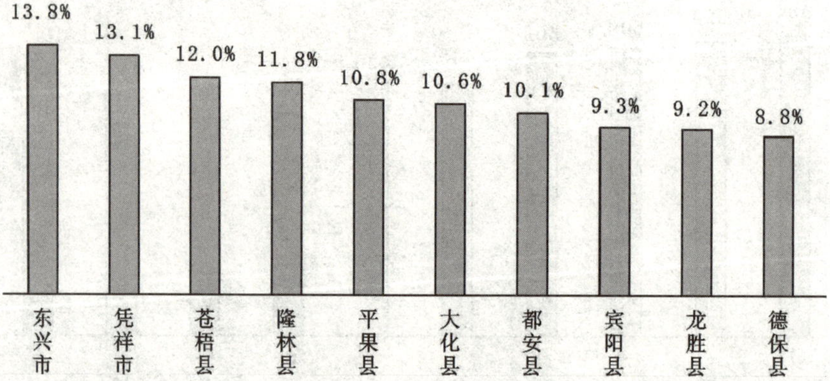

图4-49 2015年广西县域生产总值公共财政贡献率排名前10名

2015年,全区县域生产总值公共财政贡献率排名后10位的依次为:天峨县、合山市、合浦县、灵山县、钟山县、忻城县、右江区、全州县、金城江区、兴宾区。其中,后10位次的3位分布在来宾市(见图4-50)。

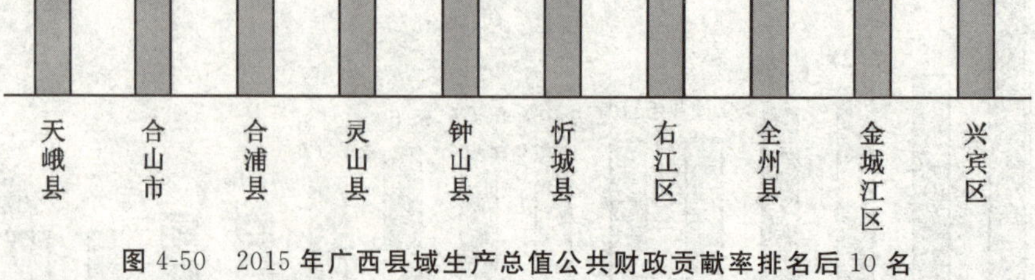

图4-50 2015年广西县域生产总值公共财政贡献率排名后10名

(四)工业总产值

1.占比分析

2015年,县域规模以上工业总产值为10095.5亿元,各地市县域规模以上工业总产值比重为:南宁市占9.2%、柳州市占6.1%、桂林市占17.9%、梧州市占 8.8%、北海市占 1.4%、防城港市占 2.4%、钦州市占 4.7%、贵港市占 5.1%、玉林市占 12.2%、百色市占 12.7%、贺州市占 4.2%、河池市占 3.7%、来宾市占 5.1%、崇左市占 6.5%(见图 4-51)。

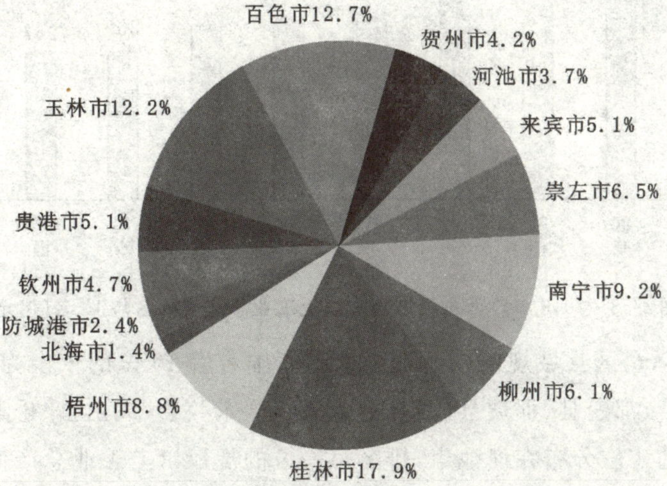

图 4-51　2015 年广西各地市县域规模以上工业总产值比重

2. 排名分析

2015 年，各地市县域规模以上工业总产值排名依次为：桂林市、百色市、玉林市、南宁市、梧州市、崇左市、柳州市、来宾市、贵港市、钦州市、贺州市、河池市、防城港市、北海市。其中，排名第一位的桂林市规模以上工业总产值是末位北海市的 12.8 倍(见图 4-52)。

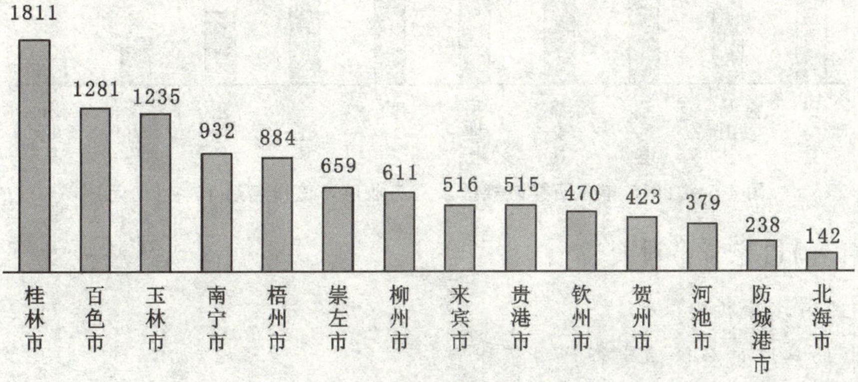

图 4-52　2015 年广西各地市县域规模以上工业总产值排名(亿元)

2015 年，全区县域规模以上工业总产值排名前 10 位的依次为：岑溪市、武鸣区、临桂区、北流市、桂平市、陆川县、藤县、八步区、靖西市、柳江县。其中，前

10位次中各有2位分别分布在梧州市和玉林市(见图4-53)。

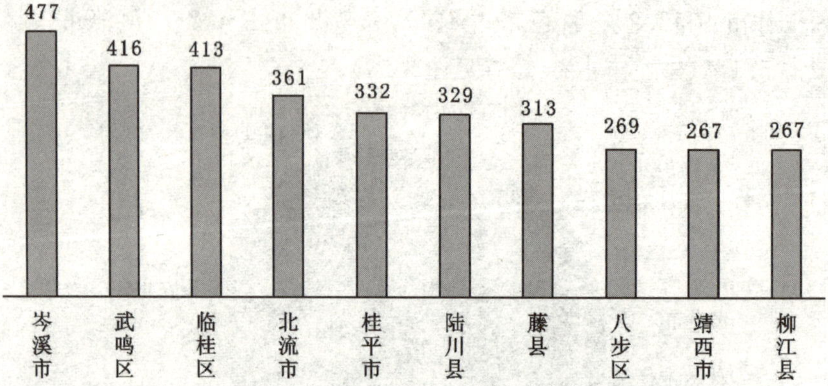

图4-53　2015年广西省县域规模以上工业总产值排名前10名(亿元)

2015年,全区县域规模以上工业总产值排名后10位的依次为:巴马县、马山县、金秀县、都安县、那坡县、西林县、三江县、东兰县、凤山县、乐业县。其中,后10位次的4位分布在河池市,排名第一位的规模以上工业总产值是后10位总和的7.2倍(见图4-54)。

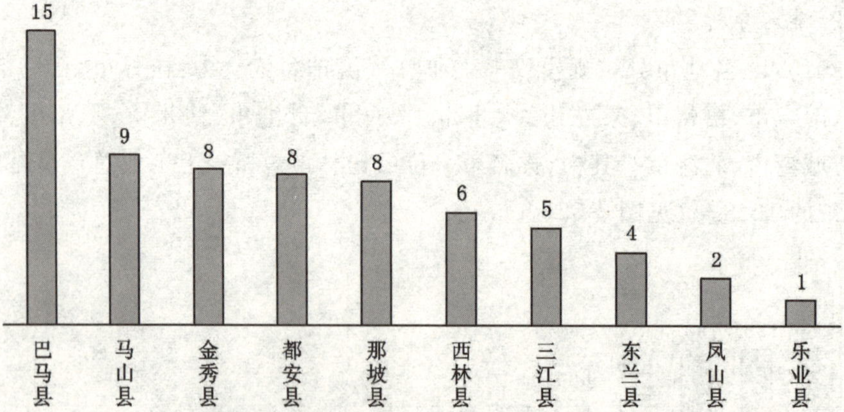

图4-54　2015年广西县域规模以上工业总产值排名后10名(亿元)

(五)固定资产投资

1.占比分析

(1)县域占全区固定资产投资比重

2015年,全区县域固定资产投资为8864.0亿元,占全区固定资产投资的54.6%。各地市县域占全区固定资产投资比重为:南宁市占6.4%、柳州市占4.4%、桂林市占8.9%、梧州市占3.5%、北海市占1.1%、防城港市占1.0%、钦州市占 1.9%、贵港市占 2.2%、玉林市占 5.5%、百色市占 6.3%、贺州市占 3.9%、河池市占 2.4%、来宾市占 2.8%、崇左市占 4.3%(见图 4-55)。

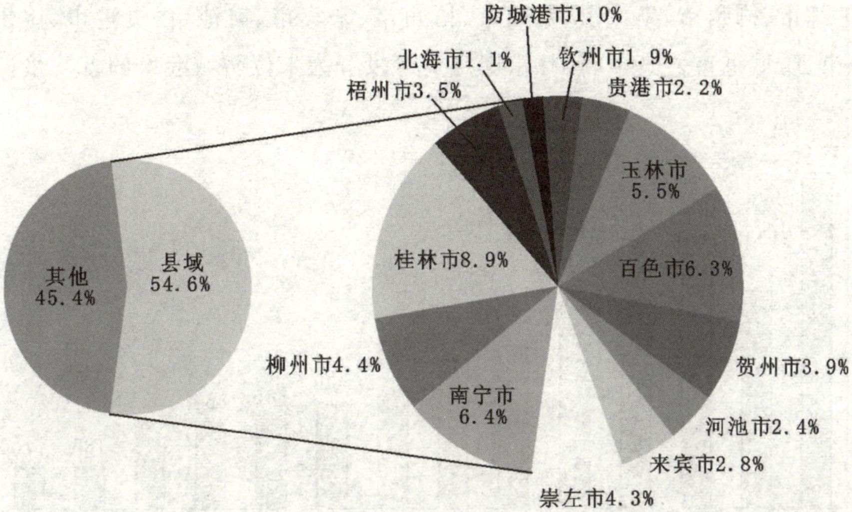

图 4-55 2015 年广西县域占全区固定资产投资比重

(2)各地市县域固定资产投资比重

2015 年,各地市县域固定资产投资比重为:南宁市占 11.6%、柳州市占 8.3%、桂林市占 16.3%、梧州市占 6.3%、北海市占 2.1%、防城港市占1.8%、钦州市占 3.4%、贵港市占 4.2%、玉林市占 10.1%、百色市占 11.5%、贺州市占 7.1%、河池市占 4.3%、来宾市占 5.2%、崇左市占 7.8%(见图4-56)。

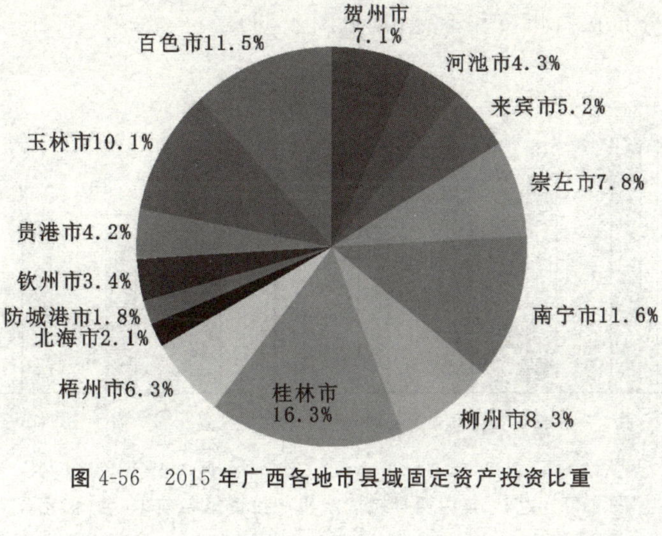

图 4-56 2015 年广西各地市县域固定资产投资比重

2. 排名分析

2015 年,全区各地市县域固定资产投资排名依次为:桂林市、南宁市、百色市、玉林市、柳州市、崇左市、贺州市、梧州市、来宾市、河池市、贵港市、钦州市、北海市、防城港市。其中,桂林市固定资产投资为末位防城港市的 8.5 倍(见图 4-57)。

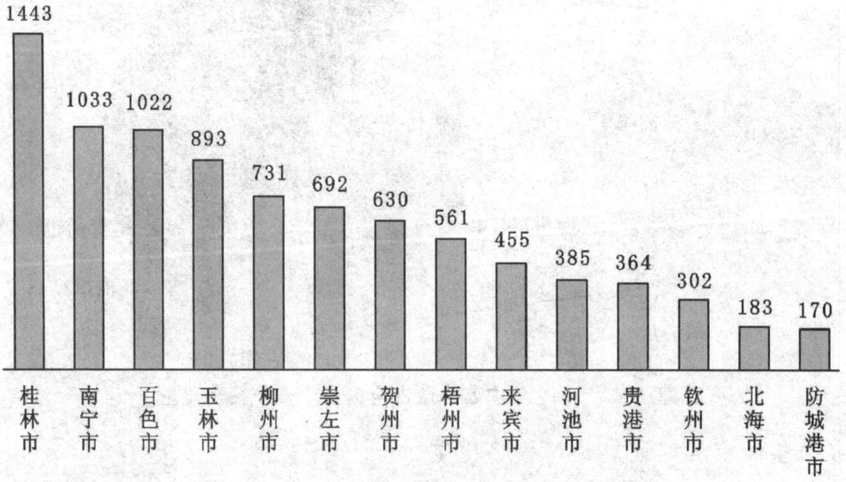

图 4-57 2015 年广西各地市县域固定资产投资排名(亿元)

(2)全区县域固定资产投资排名

2015 年,全区县域固定资产投资排名前 10 位的依次为:八步区、武鸣区、临桂区、岑溪市、藤县、博白县、兴宾区、横县、柳江县、北流市。其中,前 10 位次的 2 位分别分布在梧州市和玉林市(见图 4-58)。

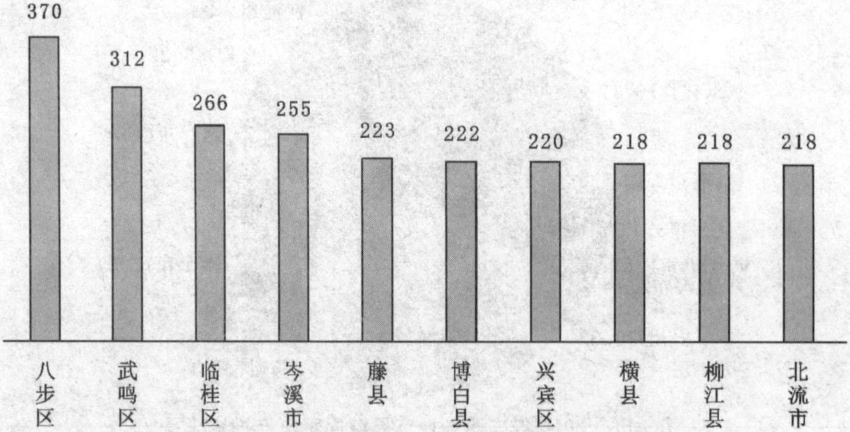

图 4-58 2015 年广西县域固定资产投资排名前 10 名(亿元)

2015年,全区县域固定资产投资排名后10位的依次为:乐业县、那坡县、苍梧县、田林县、西林县、合山市、凤山县、大化县、金秀县、天峨县。其中,后10位次的4位分布在百色市,排名第一位的八步区固定资产投资是末位天峨县的185倍(见图4-59)。

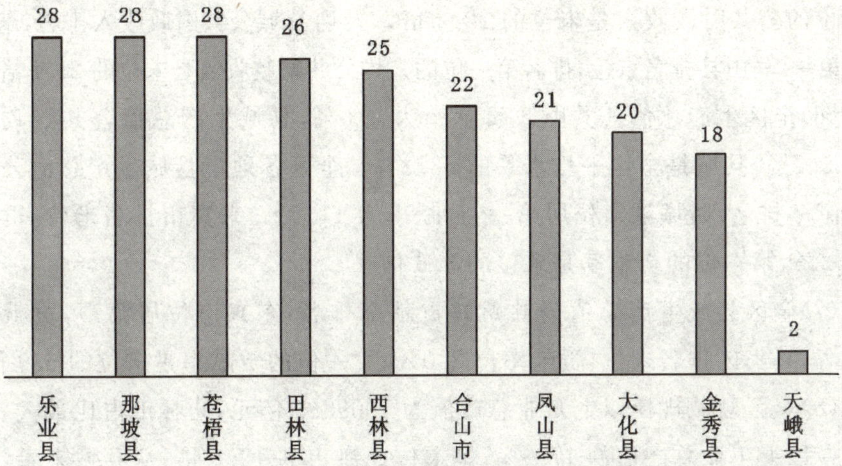

图4-59 2015年广西县域固定资产投资排名后10名(亿元)

三、数据小结

(1)全区县域生产总值占全区生产总值的54.3%。其中,从地市来看,桂林市生产总值占比最大,占全区生产总值的8.3%,占县域生产总值的15.4%,为防城港市生产总值的9.0倍。全区三次产业结构比重为15.3∶45.8∶38.9,县域三次产业结构比重为23.1∶44.1∶32.8。

(2)全区县域生产总值排名,桂平市位居第一,前10位次的3位分布在玉林市;凤山县排名末位,后10位次的4位分布在百色市。排名第一位的生产总值是末位的14.8倍,排名后7位的生产总值总和仅占排名第一位桂平市的55.9%。

(3)全区人均生产总值约为3.5万元,县域人均生产总值约为2.1万元,为全区平均水平的60.0%。全区县域人均生产总值排名,右江区位居第一,前10位次的4位分布在桂林市;都安县排名末位,后10位次的4位分布在河池市,排名第一位的人均生产总值是末位的9.5倍。

(4)县域占全区公共财政收入的比重为34.3%,其中,桂林市占比最大,占全区公共财政收入的5.4%,占县域公共财政收入的15.8%。全区人均公共财政收入为3159.1元,县域人均公共财政收入为1177.2元,县域为全区人均公共财政收入水平的37.3%。

(5)全区县域公共财政收入排名,岑溪市位居第一,凤山县排名末位,排名第一位的公共财政收入是末位的22.2倍。人均县域公共财政收入排名,东兴市位居第一,马山县排名末位,排名第一位的人均公共财政收入是末位的21.4倍。

(6)全区生产总值公共财政贡献率为9.0%,县域生产总值公共财政贡献率为5.7%,县域是全区平均水平的63.3%。全区各地市县域生产总值公共财政贡献率排名,防城港市位居第一,贡献率为11.5%,来宾市排名末位,贡献率为3.2%,第一位的贡献率是末位的3.6倍。

(7)全区县域生产总值公共财政贡献率排名,东兴市位居第一,贡献率为13.8%,兴宾区排名末位,贡献率位2.0%,第一位的贡献率是末位的6.9倍。

(8)全区县域规模以上工业总产值为10095.5亿元,桂林市占比最大,占县域规模以上工业总产值的17.9%,是末位北海市的12.8倍;从县域来看,全区县域规模以上工业总产值排名,岑溪市位居第一,乐业县排名末位,排名第一位的规模以上工业总产值是后10位总和的7.2倍。

9.全区县域固定资产投资为8864.0亿元,占全区固定资产投资的54.6%。其中,桂林市占比最大,占全区固定资产投资的8.9%,占县域固定资产投资的16.3%。全区县域固定资产投资排名,八步区位居第一,天峨县排名末位,排名第一位的八步区固定资产投资是末位天峨县的185倍。

附录：

广西壮族自治区 110 个县级行政区划单位（37 个市辖区、8 个县级市、53 个县、12 个自治县）

广西壮族自治区 81 个县域行政区划单位（8 个市辖区，8 个县级市，53 个县、12 个自治县）

地市	县域	行政区域面积（平方千米）	户籍人口（万人）	地区生产总值（万元）	人均生产总值（元）	第一产业增加值（万元）	第二产业增加值（万元）	第三产业增加值（万元）	公共财政收入（万元）	人均公共财政收入（元）	生产总值公共财政贡献率	规模以上工业总产值（万元）	固定资产投资（万元）
南宁市【7区5县(市)】不包含在内：兴宁区、青秀区、江南区、西乡塘区、良庆区	邕宁区	1231	35	676344	19324.1	244044	155931	276369	29018	829.1	4.3%	239797	1282561
	武鸣区	3389	71	2954064	41606.5	728387	1461640	764037	132507	1866.3	4.5%	4159270	3117287
	隆安县	2306	42	626497	14916.6	239466	184929	202102	34361	818.1	5.5%	533041	686388
	马山县	2345	56	471541	8420.4	161357	101957	208227	20659	368.9	4.4%	88659	343906
	上林县	1871	50	503892	10077.8	193116	113642	197134	28234	564.7	5.6%	289466	564103
	宾阳县	2298	105	1845818	17579.2	433523	647699	764596	172380	1641.7	9.3%	1381905	2149009
	横　县	3448	126	2633734	20902.7	673798	1109151	850785	126610	1004.8	4.8%	2623661	2182009
柳州市【4区6县(市)】不包含在内：城中区、鱼峰区、柳南区、柳北区	柳江县	2577	56	2005163	35806.5	365445	992418	647300	85148	1520.5	4.2%	2671788	2178809
	柳城县	2114	41	1143068	27879.7	387388	415283	340397	49144	1198.6	4.3%	861812	1105836
	鹿寨县	2975	43	1245211	28958.4	291475	575587	378149	57264	1331.7	4.6%	1489920	1667373
	融安县	2900	32	582525	18203.9	158930	203302	220293	37886	1183.9	6.5%	459991	885452
	融水苗族自治县	4638	52	766780	14745.8	158963	327556	280261	41806	804.0	5.5%	579215	891488
	三江侗族自治县	2417	40	427198	10680.0	170725	88979	167494	20373	509.3	4.8%	50638	583476

续表

地市	县域	行政区域面积（平方千米）	户籍人口（万人）	地区生产总值（万元）	人均生产总值（元）	第一产业增加值（万元）	第二产业增加值（万元）	第三产业增加值（万元）	公共财政收入（万元）	人均公共财政收入（元）	生产总值公共财政贡献率	规模以上工业总产值(万元)	固定资产投资（万元）
桂林市 【6区11县(市)】 不包含在内：秀峰区、叠彩区、象山区、七星区、雁山区	临桂区	2247	50	2360916	47218.3	384321	1522774	453821	186227	3724.5	7.9%	4131664	2658540
	阳朔县	1436	33	1081967	32786.9	232071	411094	438802	59285	1796.5	5.5%	535177	1074495
	灵川县	2302	39	1385970	35537.7	350203	645033	390734	116462	2986.2	8.4%	2042176	1723326
	全州县	3875	84	1618885	19272.4	468215	650658	500012	43905	522.7	2.7%	1759030	1509479
	兴安县	2333	39	1461389	37471.5	320358	759492	381539	93186	2389.4	6.4%	1910384	1820601
	永福县	2795	29	1108990	38241.0	241005	675226	192759	37580	1295.9	3.4%	1840138	1028248
	灌阳县	1835	29	685750	23646.6	169642	346552	169556	34024	1173.2	5.0%	949807	540961
	龙胜各族自治县	2538	17	565962	33291.9	106226	305797	153939	51945	3055.6	9.2%	541290	494898
	资源县	1954	18	492297	27349.8	103835	245124	143338	27374	1520.8	5.6%	500900	537486
	平乐县	1919	46	1019568	22164.5	389963	362285	267320	34739	755.2	3.4%	950117	957134
	荔浦县	1760	38	1453548	38251.3	296893	713817	442838	86800	2284.2	6.0%	1970681	1212477
	恭城瑶族自治县	2139	30	789643	26321.4	229494	354574	205575	48237	1607.9	6.1%	977771	872579

续表

地市	县域	行政区域面积（平方千米）	户籍人口（万人）	地区生产总值（万元）	人均生产总值（元）	第一产业增加值（万元）	第二产业增加值（万元）	第三产业增加值（万元）	公共财政收入（万元）	人均公共财政收入（元）	生产总值公共财政贡献率	规模以上工业总产值（万元）	固定资产投资（万元）
梧州市【3区4县(市)】不包含在内：万秀区、长洲区、龙圩区	苍梧县	2758	40	338006	8450.2	142126	109462	86418	40711	1017.8	12.0%	195305	278688
	藤县	3946	108	2066392	19133.3	471598	1126453	468341	122731	1136.4	5.9%	3126323	2229139
	蒙山县	1280	22	589470	26794.1	117136	256927	215407	28079	1276.3	4.8%	750222	547160
	岑溪市	2784	95	2396129	25222.4	335895	1530320	529914	200035	2105.6	8.3%	4771582	2553300
北海市【3区1县(市)】不包含在内：海城区、银海区、铁山港区	合浦县	2762	107	2021480	18892.3	786996	525725	708759	67349	629.4	3.3%	1416896	1833287
防城港市【2区2县(市)】不包含在内：港口区、防城区	上思县	2814	25	695525	27821.0	185172	327498	182855	59173	2366.9	8.5%	1098619	532408
	东兴市	589	15	856053	57070.2	156155	362265	337633	118487	7899.1	13.8%	1279664	1167794
钦州市【2区2县(市)】不包含在内：钦南区、钦北区	灵山县	3558	164	2145500	13082.3	605778	744962	794760	71449	435.7	3.3%	2335017	1521257
	浦北县	2526	94	1613675	17166.8	372625	779946	461104	78550	835.6	4.9%	2360000	1499600
贵港市【3区2县(市)】不包含在内：港北区、港南区、覃塘区	平南县	2984	151	2132001	14119.2	528601	779118	824282	90640	600.3	4.3%	1837617	1468972
	桂平县	4071	200	2954931	14774.7	601286	1439350	914295	100401	502.0	3.4%	3316041	2173643

续表

地市	县域	行政区域面积（平方千米）	户籍人口（万人）	地区生产总值（万元）	人均生产总值（元）	第一产业增加值（万元）	第二产业增加值（万元）	第三产业增加值（万元）	公共财政收入（万元）	人均公共财政收入（元）	生产总值公共财政贡献率	规模以上工业总产值（万元）	固定资产投资（万元）
玉林市【2区5县(市)】不包含在内：玉州区、福绵区	容县	2257	85	1723420	20275.5	342391	876183	504846	90386	1063.4	5.2%	2437339	1438486
	陆川县	1551	109	2189348	20085.8	311949	1076653	800746	101264	929.0	4.6%	3287505	1777432
	博白县	3830	184	2418856	13146.0	746384	946304	726168	144133	783.3	6.0%	1954570	2216037
	兴业县	1468	76	1363620	17942.4	375627	559661	428332	75551	994.1	5.5%	1057503	1318402
	北流市	2472	148	2844394	19218.9	428033	1438777	977584	183717	1241.3	6.5%	3611463	2175984
百色市【1区11县(市)】	右江区	3718	36	2055139	57087.2	254612	959637	840890	58320	1620.0	2.8%	2297763	1408547
	田阳县	2373	36	1192232	33117.6	249544	671711	270977	81246	2256.8	6.8%	1600224	1381890
	田东县	2813	43	1312213	30516.6	260319	749549	302345	68955	1603.6	5.3%	1911381	1681346
	平果县	2457	51	1406827	27584.8	146654	926824	333349	151304	2966.7	10.8%	2451079	1680834
	德保县	2580	37	724224	19573.6	99150	446731	178343	63916	1727.5	8.8%	981819	880178
	那坡县	2223	22	226866	10312.1	68544	52712	105610	19719	896.3	8.7%	75163	280162
	凌云县	2058	22	279011	12682.3	76637	109312	93062	12585	572.0	4.5%	214434	301705
	乐业县	2636	18	208711	11595.1	66218	40884	101609	13587	754.8	6.5%	13789	280835
	田林县	5526	26	403017	15500.7	131092	124129	147796	17684	680.2	4.4%	227958	261043
	西林县	2997	16	211247	13202.9	87200	38297	85750	9677	604.8	4.6%	58656	251667
	隆林各族自治县	3518	42	457533	10893.6	102383	181786	173364	53781	1280.5	11.8%	308100	330515
	靖西市	3326	66	1274459	19310.0	150632	823348	300479	101633	1539.9	8.0%	2674378	1481809

续表

地市	县域	行政区域面积（平方千米）	户籍人口（万人）	地区生产总值（万元）	人均生产总值（元）	第一产业增加值（万元）	第二产业增加值（万元）	第三产业增加值（万元）	公共财政收入（万元）	人均公共财政收入（元）	生产总值公共财政贡献率	规模以上工业总产值（万元）	固定资产投资（万元）
贺州市【1区3县(市)】	八步区	5736	118	2665798	22591.5	472816	1151322	1041660	187258	1586.9	7.0%	2685996	3704204
	昭平县	3273	44	599050	13614.8	192227	176769	230054	33401	759.1	5.6%	249632	794012
	钟山县	1472	44	803429	18259.8	157220	329780	316429	25135	571.3	3.1%	735566	987810
	富川瑶族自治县	1572	33	623256	18886.5	208433	237616	177207	30011	909.4	4.8%	554746	813466
河池市【1区10县(市)】	金城江区	2346	34	1140979	33558.2	116343	384583	640053	27417	806.4	2.4%	830108	893911
	南丹县	3905	32	838600	26206.3	112167	350187	376246	50956	1592.4	6.1%	1085209	422690
	天峨县	3184	18	558969	31053.8	69632	344105	145232	18814	1045.2	3.4%	487682	20716
	凤山县	1738	22	196260	8920.9	54121	38553	103586	8676	394.4	4.4%	24614	210003
	东兰县	2437	31	237639	7665.8	67395	49029	121215	11890	383.5	5.0%	38006	291859
	罗城仫佬族自治县	2692	38	406320	10692.6	145908	84744	175668	20620	542.6	5.1%	169507	282795
	环江毛南族自治县	4553	37	431131	11652.2	160623	90227	180281	19764	534.2	4.6%	183789	290040
	巴马瑶族自治县	1976	29	338318	11666.1	95251	83178	159889	23205	800.2	6.9%	154312	286112
	都安瑶族自治县	4116	71	403538	5683.6	127895	69251	206392	40668	572.8	10.1%	79028	371108
	大化瑶族自治县	2750	47	539881	11486.8	87553	258057	194271	57008	1212.9	10.6%	265109	200151
	宜州市	3857	66	1106749	16768.9	372847	260802	473100	65906	998.6	6.0%	468408	582720

续表

地市	县域	行政区域面积（平方千米）	户籍人口（万人）	地区生产总值（万元）	人均生产总值（元）	第一产业增加值（万元）	第二产业增加值（万元）	第三产业增加值（万元）	公共财政收入（万元）	人均公共财政收入（元）	生产总值公共财政贡献率	规模以上工业总产值(万元)	固定资产投资（万元）
来宾市【1区5县(市)】	兴宾区	4404	112	2465324	22011.8	570213	894904	1000207	49795	444.6	2.0%	2337787	2204142
	忻城县	2541	43	559089	13002.1	176599	182587	199903	16024	372.7	2.9%	335925	385563
	象州县	1856	37	957754	25885.2	259854	480800	217100	43656	1179.9	4.6%	1029867	767981
	武宣县	1704	45	985999	21911.1	244120	463819	278060	49668	1103.7	5.0%	1186621	790967
	金秀瑶族自治县	2469	16	275587	17224.2	80226	62846	132515	10235	639.7	3.7%	82110	181033
	合山市	366	14	299021	21358.6	37908	126245	134868	10050	717.9	3.4%	189375	222626
崇左市【1区6县(市)】	江州区	2918	37	1401284	37872.5	242988	602986	555310	97218	2627.5	6.9%	1516529	1096728
	扶绥县	2841	46	1328189	28873.7	395240	538664	394285	107684	2341.0	8.1%	1399111	1422542
	宁明县	3704	44	1084623	24650.5	292876	462495	329252	86685	1970.1	8.0%	1177853	966406
	龙州县	2311	27	926159	34302.2	227495	365921	332743	62418	2311.8	6.7%	851461	887756
	大新县	2748	38	994256	26164.6	212022	452462	329772	50036	1316.7	5.0%	1120928	980098
	天等县	2159	45	520114	11558.1	131957	173368	214789	41787	928.6	8.0%	252900	634883
	凭祥县	645	11	569310	51755.5	49949	164172	355189	74666	6787.8	13.1%	273836	927237
合　计	81个	215790	4418	91263625	20657.2	21061458	40254496	29947671	5200868	1177.2	5.7%	100954723	88639600

后　记

中研智业10余年来长期根植于县域,定位于“中国县域综合解决方案提供商和中国县域发展决策服务高端智库”,并努力为县域提供研究咨询和规划设计等综合服务,取得了一些积淀和成绩。应国家大力推进建设新型智库的号召和要求,依托于中研智业10余年县域服务根基,北京中研智库应运而生,并继续秉承专注县域打造专业高端智库。县域智库如何做,如何破题,如何提供有价值的资讯成果,虽然感觉熟悉,但是顿显茫然,因此清空归零,彻下决心,从县域基础性研究做起,选择西部县域为关注起点,才有了研究编著《中国西部县域经济数据报告》的想法和实践。

《中国西部县域经济数据报告(2015)》的出版,使得我们对西部县域经济的整体情况有了基础、直观和较为全面的认识,同时得到了社会的广泛认可和赞许,也给了我们持续研究的信心。为了尽最大可能提高实效性,我们在较快时间内完成了《中国西部县域经济数据报告(2016)》。截至今年,我们全国县域经济数据库建设已积累了5年数据,正式出版了2年,为我们持续深入比较研究提供了数据支撑。同时我们将依托数据开展更为深入的研究,为社会和决策者提供更有价值的资讯,任重道远。

同样,编著过程中遇到最大的困难仍然是数据量大、部分缺失、辨别及汇总整理难的问题,同时各省、市、县(区)行政区划处于动态调整状态,也增加了甄别和数据整理的难度。本报告虽然仅选择了反映县域经济的主要几个常规和关键指标,但涉及12个省、市、自治区900余个县(区),已形成了庞大的数据库。为了确保数据的正确性、合法性、完整性、一致性,项目组以《中国县域统计年鉴》《中国统计年鉴》《中国乡镇行政区划简册》《各省市自治区统计年鉴》以及各市、县(区)《统计公报》《政府工作报告》等为数据来源渠道,同时电话访问了解相关省、市、区(县)部分业务部门人员,经过查阅、比对、核实、入库等,在项目组的坚持不懈努力下,最终形成了本报告。

中研智业经济系列丛书已正式出版了8本,这将是第9本,但进行县域经济数据报告的编著尚属起步阶段,缘于数据的可得性等现实问题及编者水平的局限,还存在一些不足,恳请读者谅解并批评指正。在以后的县域数据报告编著过程中,我们将进一步更加完善、充实和深化。最后,感谢项目组的艰辛工作和努力付出!感谢为我们项目组提供工作支持和方便的各省、市及区(县)的相关人员!

樊　森

2017年12月